简明中外教育史

Jianming Zhongwai Jiaoyushi

主编　黄明喜

高等教育出版社·北京

内容提要

本书以中国和外国教育制度与教育思想发生、演变的过程及其规律为主要线索，旨在使学生了解和掌握中外教育历史的优秀遗产，丰富文化知识，涵养人文精神和科学精神。本书内容大致分为两大部分：一是自古以来中外教育制度的嬗变轨迹、学校教育制度的建立、教育政策的落实和办学实践的经验，等等；二是自古以来中外杰出教育家的教育思想和若干教育流派的教育理念。

本书覆盖全国考研教育学大纲中外教育史考点，用二维码关联了相关考点讲解的微视频。全书突出简明性和基础性，教学适用性好。本书适合作为高等院校教育学类专业、教师教育类专业的教材，也可供教育管理者和中小学教师阅读。

图书在版编目（CIP）数据

简明中外教育史 / 黄明喜主编 .-- 北京：高等教育出版社，2019.5（2024.1 重印）

ISBN 978-7-04-051618-0

Ⅰ . ①简…　Ⅱ . ①黄…　Ⅲ . ①教育史 – 世界 – 教师培训 – 教材　Ⅳ . ① G519

中国版本图书馆 CIP 数据核字（2019）第 048074 号

策划编辑　魏延娜　　责任编辑　魏延娜　　封面设计　李小璐　　版式设计　马　云
责任校对　刘　莉　　责任印制　刁　毅

出版发行　高等教育出版社
社　　址　北京市西城区德外大街 4 号
邮政编码　100120
印　　刷　三河市华润印刷有限公司
开　　本　787mm × 1092mm　1/16
印　　张　17.25
字　　数　360 千字
购书热线　010-58581118
咨询电话　400-810-0598

网　　址　http：//www.hep.edu.cn
　　　　　http：//www.hep.com.cn
网上订购　http：//www.hepmall.com.cn
　　　　　http：//www.hepmall.com
　　　　　http：//www.hepmall.cn

版　　次　2019 年 5 月第 1 版
印　　次　2024 年 1 月第 7 次印刷
定　　价　38.50 元

物 料 号　51618-00

前　言

作为教育科学体系中的重要分支，教育史是一门研究教育发展过程和揭示教育规律的学科。20世纪以降，教育史学科日臻完善，并已成为许多国家教师教育类专业的必修课程之一。本书即是因应教师教育发展的新时代需求而编写的一本教师教育类教材。

本书之所以取名《简明中外教育史》，主要的考虑是，不仅要适于当前我国大多数师范院校教育史课时数缩短，将“中国教育史”和“外国教育史”两门课程合为“中外教育简史”一门课程的实际状况，而且要融会贯通、鉴古知今，观照中外主流教育制度和教育思想发展的基本轨迹与问题。因此，本书力图做到中外会通、提纲挈领、详略得当、表达清晰，有利于教师在有限的课堂时间内讲授中外教育史的核心知识，使学生能有效地掌握古今中外教育发展的宏观脉络。

一部好的教材应是知识性、科学性及思想性兼备的统一体，应在教学过程中起到指引方向、拓展视野和训练思维的作用。为了学生适切地掌握中外教育史知识，提高对中外教育历史问题的分析能力，进而领会中外教育发展历史的规律，本教材遵循历史唯物史观，参照全国统一制定的教育学专业基础综合考研大纲中“中外教育史”所涉及的相关考点，尝试采用一种新的中外教育史叙述框架，并结合“互联网+”的教学模式，采用二维码的方式关联了课程重点、难点讲解的微视频和相关论文、论著等拓展阅读资源，每一章都有清晰的学习目标和配套的课后练习题，便于学生在学习时可以多角度、多层面地预习和复习。

这里就本教材编写的结构体例问题进行简要说明。一本教材如何发凡起例，是一件颇费工夫的事情，尤其是对“中外教育简史”这样一门内容极为丰富、范围十分广泛的教育学类专业基础课程的教材而言。具体来讲，《简明中外教育史》的凡例首要解决的难题，是怎样认识中外教育史的发展阶段与分期问题，“以时代为经”还是“以问题为经”来安排章节内容。过往的教育史学界，有的学者主张按照教育史自身规律的发展特点来进行阶段划分；有的学者则强调教育与政治的密切关系，主张依照朝代更迭的时间顺序来划分教育发展阶段，这也是许多中外教育史教材通行的编写纲要。我们在综合前人成果的基础上，尝试改变以往中外教育两分的教材结构体例，紧扣教育自身发展规律的基本线索，基于整个人类文明史的视野，将中国和西方的教育发展与文明演进历程置于一体化的历史叙述框架之中，从教育制度和教育思想两大层面分述八章教材内容。

第一章讲述世界主要古文明的起源阶段和教育缘起。公元前3000年至公元前1000年，古中华文明、两河流域文明、古埃及文明和古希腊文明等出现，伴随着不同古文明的繁荣，各类学校也登上历史舞台。

第二章讲述中西方古典文明时代的教育思想。依照雅斯贝尔斯的“轴心时代”理论，公元前600年至公元前100年，世界各种文明体都进入了“精神突破”阶段，中国的孔子、孟子、荀子与古希腊的苏格拉底、柏拉图和亚里士多德的教育思想分别锻造出中西方教育思想的基本特质。

第三章、第四章分别讲述中西方古代教育制度和思想的演化。中国确立了以儒学为主导的文教政策，而西方进入基督教主导教育文化的时代。中西方在此时分别形成了形式多样的教育机构和制度。13—17世纪，中国的宋明理学和实学教育思想，以及西方文艺复兴时代的人文主义者和宗教改革家的教育思想，分别对教育目的、教育内容提出了新的设想，他们的思想既代表中西方古代教育思想的高峰，也在启示一个新时代的到来。

第五章、第六章分别讲述中西方近代教育制度和思想的变迁。在科技革命、启蒙运动和工业时代的推动下，西方近代教育思想家夸美纽斯、裴斯泰洛齐和赫尔巴特等人的教育理论越加精细和科学化。伴随着民族国家逐渐成形，英、美、法、德等各国的国民教育体系也逐渐形成和确立。在“欧风美雨”的冲击下，近代中国的教育思想也逐渐走出了传统形态，如何调和“中学”与“西学”，成为近代中国教育思想家们所关心的核心问题。

第七章、第八章分别讲述中国及世界各主要资本主义国家现代教育制度和教育思想的变迁。第一次世界大战后，中西方国家都依据本国国情来改革教育，积极改革教育宗旨和学制体系，力争通过教育达到民族振兴，或者提升本国国际竞争力的宏伟目标。与之相应，教育思想呈现出竞相争鸣的局面，但影响最大的莫过于实用主义教育思想。中国教育在经历近代模仿，借鉴日本、欧美、苏联的教育体制和教育理念的曲折进程后，结合自身国情，创立了中国特色社会主义的现代教育体系。随着教育现代化向前发展，人才的竞争日趋激烈，为了更好地应对21世纪的战略挑战，各主要发达国家日益重视智力投资和素质教育，充分反映了新时代教育变革的显著特点。

此外，本教材具有以下几个特点。

（1）强调中外会通的意识。本教材克服以往教育史教材“中国教育史”和“外国教育史”的分置现象，建构“中国教育史”和“外国教育史”两者贯通的叙事框架，帮助学生更好地获得中外教育历史文化的智慧启迪，在世界文明发展的视野中展现教育的知识图景和思想魅力。

（2）突出简明扼要的特性。本教材妥善处理好历史性与现实性的关系，力求选入本教材的杰出教育思想既富有时代性，又具有超越性、经典性；正确地解读教育史实、教育现象，促进学习者比较深刻地理解教育名家和教育制度的思想内涵及教育意义。

（3）注重数字资源的开发。本教材在章节和内容的体例安排上，列出各章的学习目标，勾勒出各章的知识导图；配有核心知识点讲解的教学视频和拓展阅读两类二维码；设置课后练习题，等等。以上资源，希望能够帮助使用者检测学习效果，并为进一步深入学习和阅读提供指引。

本教材系华南师范大学教育史学科教学团队多年来教学实践和研究的结晶，各章节的执笔人分别是：

第一章的第一节、第二节，第二章的第一节、第二节、第三节，第三章的第一节、第二节，第四章的第一节、第二节，由黄明喜撰写。

第一章的第三节，第二章的第四节、第五节、第六节，第三章的第三节、第四节，第四章的第三节、第四节，第五章的第一节、第二节，第六章的第一节、第二节、第三节，由孙碧撰写。

第五章的第三节，第六章的第四节、第五节，第七章的第一节、第二节，第八章的第一节、第二节，由杨思机撰写。

第七章的第三节、第四节，第八章的第三节、第四节，由马早明撰写。

全书由黄明喜负责框架设计、统稿和定稿。本教材吸收了前人时贤的研究成果，于此谨致谢忱。还要感谢高等教育出版社编辑团队的辛劳付出。本书如有不当之处，敬请读者不吝指正。

编写者

2019 年 3 月

目 录

第一章　教育历史的缘起

[学习目标]

1. 了解中国原始社会时期教育起源的几种观点和主要内容。
2. 理解西周时期“学在官府”的基本特点。
3. 掌握西周时期“六艺”教育。
4. 了解古希腊文明的历史分期。
5. 掌握斯巴达和雅典的教育形态及其差异。

[知识导图]

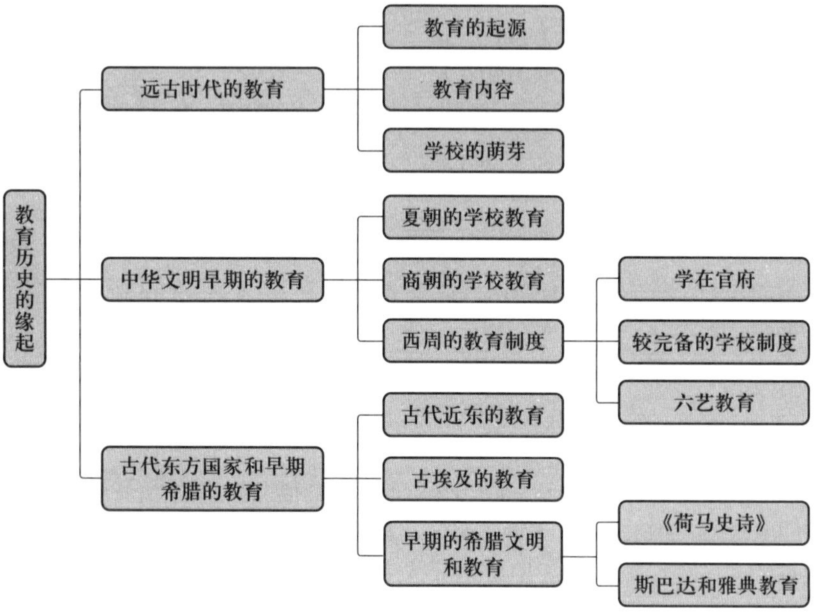

教育是人类特有的社会现象，任何社会生活领域都离不开教育。早期东西方国家都在一定程度上自觉地意识到了这一点，并结合所处时代的现实需要来实施不同形式的教育活动。

第一节 远古时代的教育

教育伴随着人类社会的产生而发展。远古时代的教育活动由当时的生活条件所决定，主要体现在生产劳动教育、体格训练教育和社会风俗教育三个方面。在原始社会末期，中国出现了学校教育的萌芽，根据相关史料可以将之归纳为成均之学和虞庠之学。在长期的发展过程中，原始教育与后来的阶级社会教育有着截然不同的特征。

一、教育的起源

教育的产生和发展受社会生产力和生产关系的制约，反过来也影响着社会生产力的进步。

据考古发现，在 100 多万年以前，中国已出现了原始人群。而关于教育的产生和起源，后世学界众说纷纭。对这一问题的讨论发端于 19 世纪法国的哲学家、社会学家利托尔诺。他用“庸俗进化论”的观点来阐释教育的起源，并受达尔文“进化论”思想的影响，认定教育起源于人类生存竞争的本能。英国教育家斯宾塞等人也赞同此类观点。但美国教育家孟禄对“生物起源说”持反对意见，他从心理学的角度出发，认为教育源于儿童对成人的无意识模仿，于是提出“模仿起源说”。这些观点有所见，也有所蔽。苏联教育界在对上述观点进行批判的同时，提出了“劳动起源说”的观点，认为劳动为教育的产生提供了条件，具有决定性的作用。“劳动起源说”对我国教育理论界影响较大。

结合考古发现和历史唯物主义的基本原理，我们认为，教育起源于人类参与社会活动的需要和人类自身身心发展的需要。

二、教育内容

在原始社会时期，人类主要以群居的方式生存。由于实行生产资料公有制，人与人之间无阶级之分，并无私有财产。大家一起生产劳动、共同生活、相互学习，所以教育也就没有阶级差别。当时，教育的方式主要是言传身教、口耳相传。与这种教育方式相对应的教育内容，主要有以下几个方面。

1. 生产劳动教育

早在 100 多万年以前，从原始人群打制和磨制石器开始，中华民族的祖先便产生了以传授劳动经验为主要内容的原始教育。当时出现了人工取火的技术，分化出渔猎、农耕等生产门类，纺织、制陶等手工业也相继产生。到了原始社会晚期，随着劳动工具的逐渐完善，植物栽培的农业经济和动物驯养的畜牧业经济也不断发展。这些生产经验、劳动技术通过言教或者模仿等教育方式推广和传授给下一代。

2. 体格训练教育

氏族公社要求所有的成员都是生产劳动者，因此成员具备健康的体格是必要的。但氏族公社的体格训练并不是专门组织的，而是在现实生活中自然形成的。

体格训练教育贯穿整个原始社会，但专门组织的军事训练则出现在原始社会末期，尤其是在父系氏族社会时期，部落之间战争频发，部落首领通过军事训练培养能征善战的勇士。司马迁评论道："轩辕乃修德振兵，治五气，艺五种，抚万民，度四方，教熊罴貔貅貙虎，以与炎帝战于阪泉之野。"① 指出当时黄帝率领以"熊罴貔貅貙虎"为图腾标志的氏族部落征战，即表明军事训练已成为教育内容的一部分。

3. 社会风俗教育

社会风俗是历代相沿积久、约定俗成的风尚、礼节、习惯的总和，也是人们在衣食住行、婚丧嫁娶、宗教信仰、文化艺术、岁时节庆等方面的行为规范。在远古时代，社会风俗教育包括婚姻家庭教育、生活习惯培养、民俗活动教育，等等。

此外，原始社会风俗教育还涉及宗教教育和艺术教育。原始社会已有宗教，宗教形式主要包括祭祀神灵、巫术占卜等。"一切万物都有神灵"是原始人群秉承的唯一信念，这也是中国"礼"教思想的一个渊源。原始社会盛行的图腾崇拜、自然崇拜、鬼神崇拜、祖先崇拜等，折射出当时的人们对难以解释的自然现象持有的敬畏之感。在许多崇拜仪式中，巫师肩负着原始宗教的宣传、解释、执行等任务，起到一种教育的作用。可以说，巫师是中国知识分子的原型，是上古精神文化的主要创造者和传播者。

原始艺术构筑在体力劳动和脑力劳动尚未分离的社会生产力基础上，从多方面展示出对美的渴望与追求，当时的艺术形式主要有唱歌、跳舞、绘画、雕刻等。人们在这些艺术形式的创作和享受中，得到了美育的陶冶。

三、学校的萌芽

在原始社会时期，没有专门的教育组织机构和形式。进入父系氏族公社后，政治、经济的变革推动着教育不断发生变化，而学校则是教育发展到一定时期的产物。学校的产生至少需要具备两大要素：一是社会生产力得到较为充分的发展后，让一部分人从生产劳动中脱离出来，有专门的时间和精力从事教育活动；二是文字符号系统的创建和使用，使得文化知识的保存和传播更加便利。丰富的文化知识大大地充实了教育内容。于是就有必要建立有组织、有计划的专门教育机构。这样，学校就自然而然地产生了。

根据有关史料记载，"成均"和"庠"都是原始社会末期施行多种教育活动的学校雏形。

"成均"可称为我国五帝时代的"大学"。"成均"一词最早见于《礼记》《周

① 司马迁．史记·五帝本纪[M]．北京：中华书局，2011：3.

礼》二书。“成均”以乐教为主，这种教育内容不同于在生产和生活过程中进行的教育，而是具有一定独立形态的教育。譬如，五帝时代的舜帝命令夔这个人掌管乐教，专门用来教育贵族子弟。由此可见，“成均”已有较为固定的教育内容、教育者和受教育者，它被视为我国古代学校的萌芽是有依据的。

“庠”被认为是舜帝时期的学校。《礼记·明堂位》记载：“米廪，有虞氏之庠也。”《说文解字》对“庠”的解释是“从广，羊声”，“广”即房舍的意思，“羊”即家畜。也就是说，“庠”的初始含义为饲养家畜的地方，其后变为储存谷物之处，即称为“米廪”，正如郑玄注解中把“米廪”解释为“藏养人之物”，表明舜帝时代的“庠”已发展为养老之所，并承载一部分教育任务。

“成均”和“庠”只是一种萌芽状态的教育机构，有别于后来正式的、有目的、有组织的学校机构。但“成均”和“庠”的出现为其后专门教育机构的产生奠定了一定的基础。

第二节 中华文明早期的教育

夏、商时期生产力的发展进一步推动了社会文化教育事业的发展，教育逐渐脱离生产劳动而成为专门培养人的社会活动，这一变化意味着学校教育的产生。根据先秦文献和西周考古史料的证实，西周教育制度可作为三代教育的典型，“学在官府”是西周教育的核心。西周已有了从中央到地方大致连贯的学校体系，学校教育以“六艺”为教学内容，构成了中国古代最早的课程体系。

一、夏、商时期的学校教育

据有关文献记载，夏代已开始建立学校。孟子认为：“设为庠序学校以教之。庠者，养也；校者，教也；序者，射也。夏曰校，殷曰序，周曰庠；学则三代共之，皆所以明人伦也。”[①]《礼记·王制》记载：“夏后氏养国老于东序，养庶老于西序。”这些说法都主张夏代已有学校。东汉学者郑玄《礼记·王制》注解：“东序，东胶，亦大学，在国中五宫之东。西序，虞庠，亦小学也，西序在西郊。”强调夏代的学校已有了“大学”与“小学”的区分。

商代的学校除了有史籍说明，还有出土的甲骨文字可以佐证。殷墟甲骨卜辞不仅有“庠”“序”“校”字，还出现了“学”字，且有不同写法。一些卜辞对商代较为完备的教育设施有所说明，并对邻近诸侯国的贵族子弟游学殷都的现象加以描述。商代的学校除了“庠”“序”“校”等名称外，又出现了“瞽宗”这种学校形式。“瞽宗”以乐教为重点，是当时贵族子弟学习礼乐的学校。商代学校不仅有类别和层次上的区分，同时还根据不同身份、年龄来划分不同教育阶段。当时学校的教育内容与政治、经济、宗教等活动紧密相连。

---

① 杨伯峻. 孟子译注 [M]. 北京：中华书局，2012：125.

二、西周时期的教育制度

［拓展阅读］易志刚：《“学在官府”和“学术下私人”》

西周继承了夏、商的学校制度，是对夏、商两代历史发展的一次总结。西周在经济上实行井田制，以此为基础在政治上构建起分封制，同时实行与分封制互为表里的宗法制。这一制度体系推动了西周教育文化的发展与繁荣，产生“国学”“乡学”的学校系统，实施以“六艺”为纲的教育内容，形成“学在官府”的教育管理体系。

西周的教育行政体制主要表现为“学在官府”。所谓“学在官府”，是指学术文化完全被官府垄断，政教合一，官师合一，官员既是教育行政官员，也是学校的管理者或教师。“学在官府”讲究严格的等级制，平民和奴隶没有受教育的权利。在这种体制下，学校设在官府之中。大司乐主持国学，制定国学的政令，选拔贵族子弟入校学习，聘请德才俱优的官员任教。中央主管教育事务的最高行政长官是大司徒，主导各项教育政策的制定和贯彻。乡大夫为一乡的最高行政长官，掌管本乡的教化活动。

“学在官府”的教育制度表征有三。一是“唯官有器，而民无器”。国家的典章文物被各级官府控制，礼、乐、射、艺等器物被收藏于国君王侯的宗庙之中，如各种各样的编钟、鼎、簋、盘、俎、豆，平民很难有机会接触。二是“唯官有书，而民无书”。春秋末期生产力水平不高，当时的书是竹简形态，纸本形态的书还未出现。用竹简制作的书册，不仅极其沉重，而且价格十分昂贵，只有官府才具有制作书册的人力和财力，平民百姓囿于政治经济条件，无法制作书册，所以民间无书。三是“唯官有学，而民无学”。在春秋以前学术文化完全被官府、各级贵族所垄断，教育非官莫属，学术官守，而民无学。

西周之所以产生“学在官府”这种现象，有其客观原因。西周时期受其生产力发展水平的限制，以竹简为书写材料，以刀笔为书写工具，制作出的书册极其繁重且昂贵。若想习得历代典制或本朝规章，只有进入官府，请求主管典册的官、司才能获得，编钟演奏等礼器学习更是如此。在等级森严的宗法制下，学术文化被官府把控，造成唯有官学而无私学的局面，即唯官有典册、有礼器、有学术，而民无典册、无礼器、无学术。

西周学校可分为两类：一类是国学，一类是乡学。其中，国学专为上层贵族子弟所设，又有大学与小学之分。周天子所设的“大学”，规模较大，有“五学”之称，分别为“辟雍”“成均”（南学）“上庠”（北学）“东序”（东学）“瞽宗”（西学），“辟雍”居于中心，四面环水。诸侯所设的大学，仅有一学，即“泮宫”。这种差别是西周等级制在教育上的具体反映。西周国学中还设有“小学”，国学之外，另设乡学。乡学是相对国学而言的，它是设于地方的学校机构，由管理地方民政的司徒负责管理。

由礼、乐、射、御、书、数构成的“六艺教育”，重在礼教和乐教。“六艺教育”是夏、商、周三代学校教育的主要内容，西周时臻于成熟，但其发生则可追溯到氏族时代。

礼教是政治伦理课，内容丰富，包括宗法等级世袭制度、礼仪礼节和法律以及道德规范。西周时期的“礼”分为吉礼、凶礼、宾礼、军礼、嘉礼。礼教具有明显的等级性，主要应用于贵族阶层并约束他们的外在行为，集中反映了维护宗法等级世袭制度的需要。

乐教是综合艺术课，用来配合礼教，包含音乐、诗歌、舞蹈、田猎、肴馔等内容。乐教旨在陶冶人们内心的情感，使本来具有强制性的礼教变为能获得自我满足的精神需要，使森严的社会等级关系融化在和谐的情谊之中。

射、御两教是军事训练课，旨在培养能征善战的贵族统治的继承人。到了西周后期，随着统治阶级日益腐朽，射、御两教逐渐失去实战的性质，演变为“礼射”。

书、数两教是基础文化课。书之教是指识字教育，数之教指数学、天文、历法等知识的学习。

总之，“六艺”是西周时期的主要教育内容，指礼、乐、射、御、书、数六种课程。“六艺”之中有“大艺”和“小艺”之分，礼、乐、射、御四者为“大艺”，是大学的课程；书、数二者为“小艺”，主要是小学的课程，礼、乐是六艺教育的中心，目的在于进行伦理道德教育。射、御是军事课程，书、数是基础文化课。可以说，“六艺教育”是中国古代教育史上最早的课程体系。

第三节 古代东方国家和早期希腊的教育

黑格尔曾说：“一提到希腊这个名字，在有教养的欧洲人心中，尤其在我们德国人心中，自然会引起一种家园之感。”[①] 黑格尔的赞叹恰如其分地说明了希腊在西方文明中的源头地位。古希腊人在科学、哲学、文学、艺术上都创造了辉煌的成就，为后世留下了宝贵的教育遗产。今人言必称希腊，然而在古希腊哲学家、艺术家和教育家看来，他们也认为自己拥有两位“老师”：埃及和近东文明。正是近东的两河流域和尼罗河流域灿烂的东方远古文明，为古希腊文明奠定了基础。

公元前4000年左右，在两河流域以及尼罗河流域地区，伴随着农业、城市和文字相继问世，人类文明闪现出了最早的曙光。本节将讲述古代近东和埃及文明中教育的发展和演进，以及在古代东方文明滋养下成长的早期希腊文明与教育。

一、古代近东的教育

今天的幼发拉底河和底格里斯河流域以沙漠为主，但是在六七千年前，这里是土壤肥沃和水草丰美的“新月沃地”。人类的先祖正是在这块宝地上创造了最初的文明。文字和学校，这两项最主要的承载和传递人类文明的发明，也都在近东文明中产生。

古代的近东文明发展经历了苏美尔文明和巴比伦文明两个阶段。公元前5000年左右，两河流域已经有了连续发展的农业文明，公元前3500年左右，用图形符

① 黑格尔．哲学史讲演录：第1卷[M]．贺麟，王太庆，等译．北京：商务印书馆，1983：158.

号记录食物的方法已经出现，楔形文字也由此发展而来。苏美尔创造了在此之前人类社会从未有过的复杂高等文明。除文字外，人口密集的城市、大规模的灌溉种植、结构复杂的神庙、风格奇特的艺术品和频繁的远程贸易也都纷纷出现。苏美尔文明延续千年之久，经历了三个城邦争斗（前 2900—前 2600）、霸主时期（前 2600—前 2340）、阿卡德王朝（前 2340—前 2160）和乌尔第三王朝（前 2111—前 2004）四个阶段。在这千余年的历史中，苏美尔文明也日益精细和繁荣，专门的文士阶层出现，大量的纪事诗歌和歌颂文学逐渐产生。

苏美尔衰落之后，巴比伦王朝逐渐兴起。该王朝第六位君主汉谟拉比（前 1792—前 1750 在位）完成了两河流域的统一，建立了强盛的巴比伦帝国，但公元前 1595 年便走向灭亡。近东文明经历了长达千年的文明黑暗时期。公元前 625 年，新巴比伦王朝建立，巴比伦文明走向高峰，在数学、科学、天文和建筑领域取得了灿烂的成就。公元前 529 年，新巴比伦王朝被波斯帝国所征服，此后中东先后又被亚历山大大帝和罗马帝国征服，两河流域独立的远古文明阶段结束了。

神庙是苏美尔城邦的政治和文化核心机构，而且拥有大量的财产，因而管理神庙需要有文化的祭司阶层来专门负责。据考古学家们推测，楔形文字最早由祭司阶层发明和使用。除祭司阶层外，专门管理寺院财产的书吏阶层也逐渐产生，训练书吏的学校也由此产生。

19 世纪末，考古学家陆续发现了 20 多块教学用的泥板，据推测为公元前 2000 年左右的器物。泥板反映了当时的教学任务主要是培养书写的能力，其次是计算能力。此后，考古学家还发现了公元前 2000 年的学校遗址，这所学校不是坐落在神庙附近，而是在政府机构和宫殿之间。由此推测，此时学校已经不再和寺庙连在一起，逐步成为一种更为世俗的机构。在这所学校中，有一条进入学校的通道，两个房间。大房间长约 13.4m，宽约 7.6m，小房间大概是大房间的 1/3。大房间内，设有四排共可坐 45 人的石凳，小房间设有可坐 23 人的石凳。地上有陶土盆，可能是用来盛水弄湿泥土做泥板用的。地上还散落着贝壳，大概是供计数使用的。

在巴比伦王朝建立之后，塞姆族的亚加德语成为王国的官方语言，苏美尔语成为死的语言，但古教科书和经典读物都是用苏美尔语写成的，因而此时的学校除教亚加德语之外，也教授苏美尔语。此时的学校分为两级，第一级是初等学校，主要教授基本读写知识；第二级是高级学校，传授数学、文学、占星术、法律和医学知识。

在苏美尔和巴比伦时代，教师拥有极高的社会地位和威望，被誉为“人间的神”。如有的出土泥板中记载说：“你真是我敬爱的神，你将我不懂事的孩子培养成有人性的人。”有些出土的泥板还详细地、满怀感恩地回顾教师对于他的成长所付出的辛勤劳动和教育的细节。在学校教学活动中，严格的纪律和体罚普遍存在。如在一块出土的泥板书中记载：“我绝不能迟到，否则教师就会用棍棒打我。”

［拓展阅读］
令狐若明：
《古埃及文明的传统特点》

二、古埃及的教育

在近东文明萌芽的同时，尼罗河流域也迎来文明的曙光。尼罗河每年七月定期泛滥，十月退水，在河谷和三角洲地带留下了肥沃的腐殖质，非常有利于农业的发展。

公元前3100年左右，埃及逐渐从众多的独立小邦融合成为一个统一的政治体，在其间发展出交错盘结的文化、生产、政治和宗教体制，包括以象形文字为主的文献、以法老绝对王权为中心的层级化官僚体系、多神崇拜、死后复活和对永生的追求。当然最重要的是与王权紧密结合的宗教体系：众多和繁复的祭典，庞大和复杂的祭司阶层，以及神庙、金字塔等硕大无比的建筑。古埃及人在天文、历法、数学和医学方面，都取得了令人赞叹的成就。

古埃及的历史大致可分为古王国时期（前2689—前2181）、中王国时期（前2133—前1786）和新王国时期（前1567—前1085）。在古希腊进入文明时期之时，古埃及文明已经进入王朝后期，因此古希腊哲人仰慕其历史之悠久和文明之灿烂，是非常自然的。

相比于近东来说，古埃及的教育制度和学校类型更为丰富，主要有宫廷学校、职官学校、寺庙学校和书吏学校四类。

宫廷学校出现在公元前2500年左右，用于教授王族子孙和贵胄大臣子弟。宫廷学校中所学的主要是读、写、数学、天文等知识。

职官学校的创办稍晚于宫廷学校，大约在中王国时期。政府各部门创建职官学校，用以训练官吏。职官学校一般由政府官吏担任教师，教授普通读写课程，学生毕业之后成为政府部门官吏。

神庙在古埃及社会中享有较高的地位。大的神庙开办有专门的寺庙学校，寺内藏书丰富，研究并教授数学、天文、医学、建筑等，代表古埃及最高水平的科学文化。据说梭伦、泰勒斯和柏拉图等希腊哲人都曾到此游学。

书吏学校以培养书吏为主要目的。学校除教授读、写、算外，也教授数学、天文、医学等。书吏在古埃及社会中占据重要的位置，有一个在宫廷中任高职的显赫人物名叫阿赫托依，在为儿子写的家训中，他把书吏的社会地位与各种工匠和农人地位进行对比，说明书吏不仅生活优越，而且受人尊重，并由此勉励他的儿子要努力学习。古埃及的学校盛行体罚，但体罚并不是绝对的教育教学方法。柏拉图曾游历埃及并考察埃及的教育。他在《法律篇》中详细描述了古埃及人在幼儿教育中“寓学习于游戏”的教育经验。

三、早期的希腊文明和教育

古希腊文明正是在汲取近东和古埃及文明养分的基础之上繁育而来的。古希腊位于地中海东北部，除现在的希腊半岛之外，还包括爱琴海的诸多岛屿、马其顿、色雷斯、意大利半岛和小亚细亚等地。古希腊文明是西方文明的摇篮，它不仅奠定了西方社会发展的文化基础，而且也是西方人的精神殿堂，它形成了完善的教育制度和丰富而深刻的教育理论。

史学界一般将古希腊文明的发展分为四个阶段。第一阶段为公元前1100年至公元前800年。由于后人对此阶段的认识主要来自古希腊经典《荷马史诗》，因此这一时期被称为“荷马时代”。第二阶段是公元前800年至公元前500年的“古风时代”。古希腊的城邦制度在古风时代形成，以雅典和斯巴达为代表的城邦的兴起为古希腊文明的繁荣奠定了基础。第三阶段是公元前500年至公元前330年，史称“古典时代”。这一时期是古希腊文明的巅峰，古希腊的哲学、戏剧和艺术取得了灿烂的成就。第四阶段为公元前330年至公元前30年。这一时期马其顿国王亚历山大征服了希腊等地，创立了横跨欧、亚、非三大洲的庞大帝国，希腊文明也随之得到广泛的传播。这里介绍的是前两个阶段的教育发展情况。

（一）荷马时代的教育

荷马时代的希腊处于从氏族社会向奴隶制社会的过渡时期，随着社会化程度的提高，荷马时代的文化已经达到一定高度，以诗歌和民谣为代表的民间文学相当繁荣，《荷马史诗》中的故事已经成型并且通过行吟诗人和朗诵者代代相传，古希腊的神话传说也是在这一时期逐步形成和完善的。

今人关于荷马时代的古希腊文明和教育的认识主要来自《荷马史诗》。尽管《荷马史诗》中直接论及教育的内容不多，但是已经为人们呈现了荷马时代教育发展的基本框架。《荷马史诗》中记载，阿喀琉斯有两位教师，向他传授了骑马、掷标枪、打猎、弹奏七弦琴和医学等方面的知识。阿喀琉斯的教师福尼克斯的一段话，较为具体地反映了当时贵族子弟所受的教育。他对阿喀琉斯说：“从青年时代开始，我就全心全意用来做成你这样一个人了。你总是记得，除了我一个人之外，你无论外出或是在家里都不肯跟任何人一起吃饭的；总还记得，我一直都在抱你在膝盖上疼着你，从我吃的肉上切小片来喂你，拿我的酒杯凑上你的嘴唇。当初你的父亲送你从佛提亚来帮助阿伽门农的时候，不是要我做你的监护人吗？你还是一个小伙子呢，在可以大显身手的战场上和辩论会上都是没有经验的，他所以要我和你一起来，就是教你做这些事情，教你做一个演说家和行动者。”

在荷马时代，尚未出现学校等专门教育机构，对儿童和青少年的教育主要是在实际生活中进行的。儿童和青少年通过参与成年人的各种活动，逐渐获得社会所需的各种知识和技能。教育内容大致以军事知识为主，同时也注重演说能力的培养。在《荷马史诗》中，包括阿喀琉斯在内的大多数英雄既是武艺高强的战士，又是在议事会上能言善辩的演说家。荷马时代教育的另一个重要方面是道德教育。《荷马史诗》中所歌颂的英雄都是品行高尚、人格健全的道德典范。在他们身上，集中了各种为社会所肯定的美德：勇敢、正义、忠诚、智慧等。在荷马时代，古希腊人最为重视的道德品质是智慧、勇敢、节制和正义。《荷马史诗》本身也成为希腊制度化教育出现后学校教育的基本教材。美国教育史学家孟禄评价说，希腊教育的全部萌芽可以追溯到荷马时代，后世所有的教育基本理念都可以从《荷马史诗》中找到。这也是荷马时代留给后人最宝贵的遗产。

（二）古风时代的教育

公元前800年左右，古希腊进入古风时代。“古风”原是考古学和美术史学等学科对公元前7世纪古希腊建筑和雕刻艺术发展特征的概括，后被历史学界借指荷马时代和古典时代之间的特定时期。与古风时代希腊建筑和雕刻由简单、粗犷走向复杂、精致的发展趋势类似，这一时期的社会形态、文化和教育也逐渐走向成熟，为古典时代希腊文明的高度发展奠定了基石。

在古风时代，希腊社会最为重大的变化就是完成了从氏族社会向以城邦为代表的奴隶制社会的转变。所谓城邦，指以城市为中心的小国家。据估计，古风时代的希腊地区先后出现了300多个城邦。在诸多城邦中，斯巴达和雅典最具典型意义，这两个城邦的教育也代表了这一时期希腊教育的两种不同发展方向。

1. 斯巴达的教育

斯巴达人是多利安人的一支，公元前1200年从北方侵入希腊半岛。公元前8世纪，斯巴达占据了拉哥尼亚地区，把原来的居民希洛人变成奴隶。为了镇压奴隶暴动，制伏占全国人口绝大多数的奴隶，斯巴达人把全国建成军营，成为一个以军事为主导的国家。国家禁止经营工商业，禁止积累个人财富，也不允许任何除歌颂战士之外的诗歌和艺术存在，其教育也由这种尚武精神所决定。

在新生儿出生之后，首先应该交给长老，经检查被认为是病弱或残疾的婴儿，将被丢入山谷，健康的婴儿还给其父母养育。孩子7岁之前，交由父母照看，国家对育儿过程予以监督。

孩子7岁以后离家，由国家负责训练。他们被编入当地小队或者团体，接受艰苦的军事训练，常年赤脚，衣衫单薄，饮食粗劣并且数量很少。斯巴达教育强调绝对服从，不允许有任何个人意志存在。孩子们被鼓励去偷窃公共食堂的饭菜和果园的果实，但是一旦被抓，将遭到毒打。斯巴达教育重视军事体育训练，认为人的价值在于勇敢、服从、坚忍和强健。他们轻视知识和学术，甚至不学读写算，主张说话要简短。古希腊作家色诺芬记载说，在斯巴达听到男孩子说话要比听到石像说话还要难。

进入青年阶段之后，每个人要执行一项秘密服务。他们被派到乡下屠杀希洛人。18岁之后，青年人将开始正式服兵役，这时候他们可以结婚，但仍要长期住在军营之中。到30岁才成为正式公民，可以参加公民大会，并可以被授以官职，但仍要接受军训，到60岁才开始免除兵役。

为了保证妇女能够生育出健康的战士，并且在男人出征之时保卫城池，斯巴达的妇女和男子一样接受教育。女孩子和男孩子一样在运动场上练习五项竞技：跑步、角力、投标枪、掷铁饼、舞蹈和唱歌。

斯巴达的教育中没有给文化知识留下一席之地。他们几乎拒绝一切文化知识学习，造成了整个斯巴达民族文化素质低下的局面。大多数斯巴达人目不识丁，他们对历史、地理和天文知识一无所知，对修辞学抱有鄙视态度。

2. 雅典的教育

雅典的城邦教育则与斯巴达教育完全不同。雅典位于阿提卡半岛，三面临海，有良好的海运条件。公元前594年的梭伦改革和公元前509年的克里斯提尼改革，使雅典逐步向奴隶主民主制度过渡。这对雅典的文化和教育发展产生了深刻的影响。政治上的民主倾向与经济的繁荣发展为雅典形成独特的公民民主意识提供了宽松的社会环境和经济基础。这种民主政治对公民的基本素质提出了更高的要求，因此也直接影响了雅典教育的发展。

雅典高度重视教育，并且把教育视为培养城邦合格公民的有效工具。但与斯巴达国家化体制不同的是，雅典并不干预教育细节，也不对教育进行绝对控制，国立教育机构只对16—20岁的青年进行教育，至于16岁之前的教育，则根据儿童的具体情况由家庭负责，这也是雅典盛行私人办学的原因之一。

雅典教育和斯巴达教育最大的不同之处还在于教育目的的差异。斯巴达教育的宗旨是培养优秀的军人，而雅典教育的主要目的是培养青少年勇敢、强健的体魄以及理智、聪慧和公正的品质，使其既能够担负保护城邦的重任，又能够履行公民参政议政的职责。雅典教育所要造就的就是身心和谐发展的合格公民，是健美的体魄和高尚心灵完美结合的人。

从身心和谐的观念出发，雅典重视对青少年进行多方面的教育，包括道德陶冶、体格训练、文化教育以及音乐、舞蹈等，但反对专业化或者职业化的训练。例如，体格训练和音乐、舞蹈均为雅典教育的重要内容，但这种教育的目的不是培养专业运动员、音乐家或舞蹈家，而是强健体魄、陶冶情操，实现人的各个方面品质的均衡发展。雅典民主政治的不断发展和经济的日渐繁荣，使得教育在发展个人才智、彰显个人品质方面获得极大的空间。雅典之所以在之后的古典时代涌现出众多在哲学、科学、文学和艺术方面彪炳史册的学术巨匠，与这一时期雅典所开创的教育模式不无关系。

在雅典，婴儿出生后也要进行体检。与斯巴达不同的是，雅典婴儿的体检是由父亲负责进行的。7岁前，儿童在家由父母养育。7岁之后，女孩继续在家中由母亲负责教育，学习纺织、缝纫等技能；男孩开始进入文法学校、弦琴学校学习。文法学校主要教授读、写、算等知识，弦琴学校主要教授音乐、唱歌、朗诵等。这种广博的教育内容与雅典对公民的要求是联系在一起的：阅读和书写是雅典公民必备的基本能力，传授算术是为了满足当时城邦工商贸易发展的需要，音乐和舞蹈是古风时代希腊教育的普遍内容。雅典人认为音乐可以陶冶人的心灵，形成高尚的道德。

到13岁左右，雅典青少年除继续在文法学校和弦琴学校学习外，还要进入体操学校接受各种体育训练，但绝不仅仅是为了培养基本军事素质，更是为了形成健康的体魄和健美的体格。16岁后，大多数雅典青少年不再继续上学，而开始从事各种职业，只有少数人进入国立教育机构——体育馆接受体育、智育和审美教育。

从全面的观点看，古风时期并不是雅典文化教育发展的鼎盛时期，尽管如此，此时雅典已初步形成了明显不同于斯巴达的教育特征，两者的对比如表1–1所示。

表1–1 斯巴达教育与雅典教育

	斯巴达教育	雅典教育
教育类别	武士教育	公民教育
教育目的	英勇果敢的城邦卫士	身心和谐发展的公民
教育内容	军事教育和道德教育	多样化的教育内容

续表

	斯巴达教育	雅典教育
教育体制	教育完全由城邦负责	城邦和私人教育机构并行
总体评价	形式单一，程度较低	形式多样，程度较高

从公元前 5 世纪开始，希腊社会进入古典时代，希腊文明和教育也逐渐走向顶峰。

[课后练习]

一、名词解释题

1．六艺教育 2．学在官府 3．官师合一 4．斯巴达教育 5．雅典教育

二、问答题

1．关于教育的起源主要有哪几种学说?
2．世界早期学校有哪些主要特征?
3．为何西周时期会出现“学在官府”的教育现象?
4．西周时期的教育体系如何划分?有何特征?
5．斯巴达和雅典产生不同教育形态的原因是什么?
6．斯巴达与雅典的教育制度有何异同?

第二章　古代教育思想的奠基

［学习目标］

1．掌握孔子、孟子和荀子关于人性论与教育作用的论述。
2．掌握孔子、孟子和荀子的基本教育主张。
3．能够对孔子与苏格拉底教育思想的异同进行对比。
4．掌握苏格拉底的教育思想，尤其是理解“苏格拉底法”的意义和价值。
5．掌握柏拉图的教育思想，尤其是理解“教育是灵魂转向”这一命题。
6．掌握亚里士多德的教育思想，尤其是理解“中道”的道德学说和自由教育理论。

[知识导图]

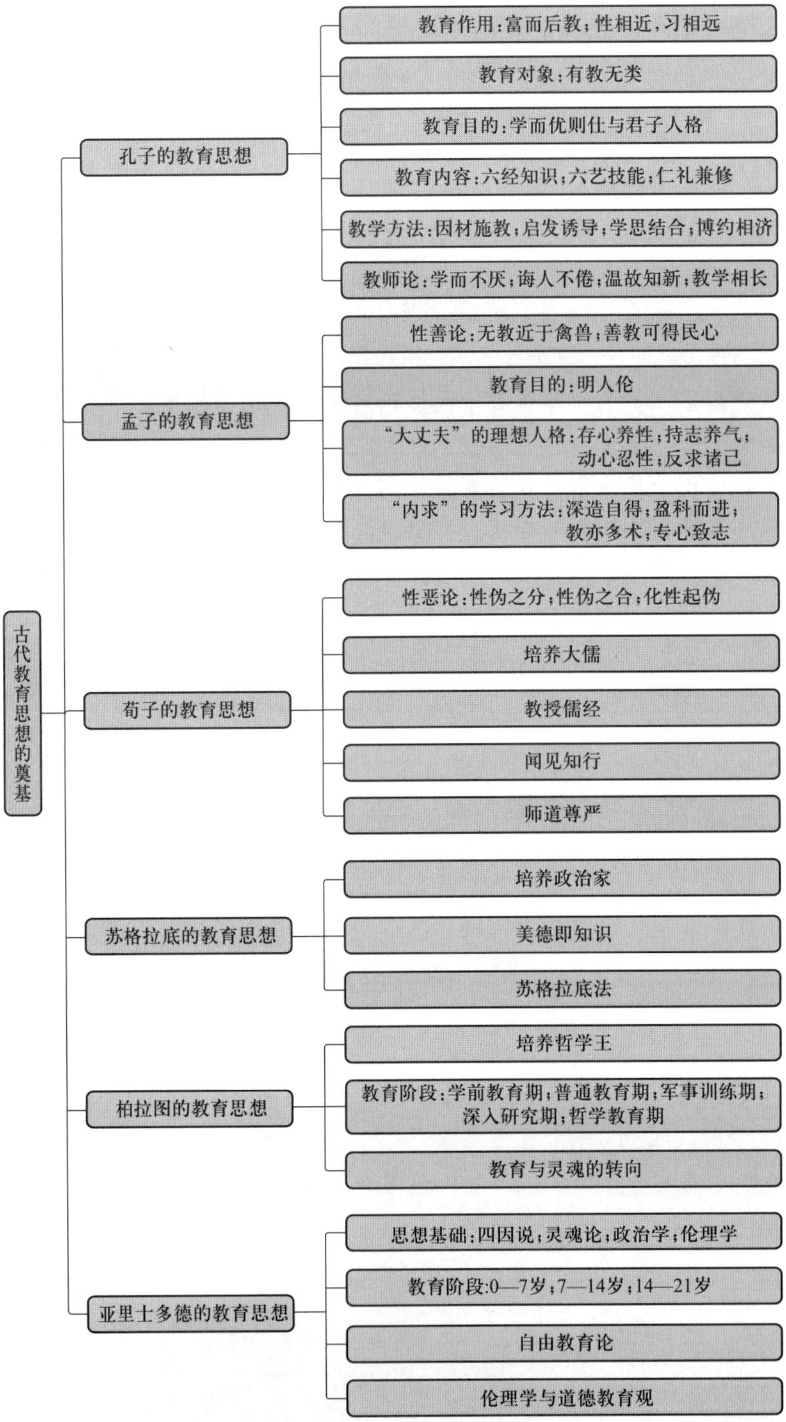
古代教育思想的奠基
孔子的教育思想
教育作用:富而后教;性相近,习相远
教育对象:有教无类
教育目的:学而优则仕与君子人格
教育内容:六经知识;六艺技能;仁礼兼修
教学方法:因材施教;启发诱导;学思结合;博约相济
教师论:学而不厌;诲人不倦;温故知新;教学相长
孟子的教育思想
性善论:无教近于禽兽;善教可得民心
教育目的:明人伦
"大丈夫"的理想人格:存心养性;持志养气;动心忍性;反求诸己
"内求"的学习方法:深造自得;盈科而进;教亦多术;专心致志
荀子的教育思想
性恶论:性伪之分;性伪之合;化性起伪
培养大儒
教授儒经
闻见知行
师道尊严
苏格拉底的教育思想
培养政治家
美德即知识
苏格拉底法
柏拉图的教育思想
培养哲学王
教育阶段:学前教育期;普通教育期;军事训练期;深入研究期;哲学教育期
教育与灵魂的转向
亚里士多德的教育思想
思想基础:四因说;灵魂论;政治学;伦理学
教育阶段:0—7岁;7—14岁;14—21岁
自由教育论
伦理学与道德教育观

“轴心时代”是世界教育思想大放异彩的时代。在教育思想史上，留下了不少教育名篇，譬如《学记》《理想国》等。无论是先秦的儒、墨、道、法四家——特别是以孔子、孟子、荀子为代表的儒家学派，还是欧洲的“古希腊三杰”，他们基于当时的时代背景，以德育为主体，将教育与政治、文化相结合，进而阐释自己的教育主张。这些思想不仅对当时教育变革产生重要影响，是整个古代社会教育理论发展的基石，而且对当今的教育仍有很大的影响。

［微视频］
道家教育思想

第一节　孔子的教育思想

［微视频］
法家教育思想

孔子（前551—前479），名丘，字仲尼，春秋末期鲁国陬邑（今山东曲阜）人，中国古代影响最大的思想家、教育家。他创办私学，打破“学在官府”的局面，培养出三千弟子，其中出类拔萃的有72人。孔子去世后，一些弟子和再传弟子辑录他的言论及其相关活动而编成《论语》。《论语》一书分20篇，篇名顺序依次为：《学而》《为政》《八佾》《里仁》《公冶长》《雍也》《述而》《泰伯》《子罕》《乡党》《先进》《颜渊》《子路》《宪问》《卫灵公》《季氏》《阳货》《微子》《子张》《尧曰》。《论语》所蕴含的思想十分丰富，在教育方面格外突出，是研究孔子教育思想的重要典籍。

［微视频］
《学记》

作为儒家学派的创始人，孔子基于以人为本的仁学思想立场，针对人与社会何以需要教育、教何人、为何教、教什么、如何教、由谁教等基本问题做出富有创见的回答，不仅为其后包括儒学在内的中国教育理论发展提供了话语建构体系，而且对世界教育理论的繁荣具有深远意义。

［微视频］
墨家教育思想

一、教育作用论

孔子非常重视教育对社会和个体发展的促进作用。他认为教育不仅可以培养人的德性，增进人的知识，也可以移风易俗，推动社会进步。他关于教育作用的论述体现在两大方面：“富而后教”的教育社会作用观；“性相近，习相远”的教育个体作用观。

［拓展阅读］
黄明喜：孔子年谱简表

1. 教育对社会发展的作用：“富而后教”

孔子强调经济是教育发展的基础，而教育在社会发展中具有重要的作用。教育的作用主要是通过对人的德性培养来服务社会的。在中国教育史上，孔子率先提出“富而后教”的教育思想。

“富而后教”的命题源自孔子和他的弟子冉有的一次教学对话。在一次进入卫国的途中，孔子发现卫国的人丁兴旺，不由感慨地说道：“庶矣哉！”紧接着，孔子和冉有之间就“人口”“经济”“教育”话题产生问答。“冉有曰：‘既庶矣，又何加焉？’曰：‘富之。’曰：‘既富矣，又何加焉？’曰：‘教之。’”（《论语·子路》）在人口众多的基础上，孔子明确主张“富之”和“教之”，并且是先“富”后“教”。也就是说，一个国家的教育事业开展必须以经济发展为前提，只有在“庶”“富”的基础上开展教育，才能取得良好的局面。国家拥有充足的人口和富足的经济条件，则应适时地开展教育工作，特别是做好以培养德性为核心的礼乐教化活动。只有教育搞好了，国民素质普遍提高，“老者安之，朋友信之，少者怀之”（《论语·公冶长》），整个社会才算真正治理好了。这就是孔子“富而后教”思想的深意所在。可以说，孔子是中国教育史上辩证论述教育与经济发展关系的第一人。

2. 教育对个体发展的作用：“性相近，习相远”

在孔子看来，人性与教育两者相互依存，教育因人性而作功，人性因教育而成善。孔子谈论人性最具代表性的话就是：“性相近也，习相远也。”（《论语·阳货》）这里的“性”意指人先天具有的自然本性；“习”意指后天形成的社会属性。从这句话可以看出，孔子主张人与生俱来的自然本性是相差无几的，而后天发展出来的社会属性则差别甚大。换言之，人之所以会出现千差万别的特征，完全是由“习”造成的，也就是人所处的不同生活环境和习俗导致的，特别是由不同形态的教育因素造成的。

具体来说，“性相近，习相远”的教育意蕴有三。一是“性相近”，即人的天赋素质并无特殊差别。也就是说，人不论高低贵贱，其天赋素质是平等相似的。历史地看，孔子突破了西周以来以血缘评判高低贵贱的藩篱，强调了人性的普遍性。二是“习相远”中的“习”，一般是指习惯、习染。孔子认为，人性差异并不是与生俱来的，主要缘于后天环境的影响。换言之，正是“习”的不同，才造成了人的个性差异。三是落实在教育的层面，“习”具有学得、修养的含义，孔子相当重视礼的教化功能，而礼教的规范获得就是“习”的过程及结果。孔子主张通过礼教的作用，涵养和彰显人性中善的气质。“性”“习”两者相辅相成，缺一不可。在“性习之辨”命题中，第一层意蕴提供了教育的可能性，第二层意蕴提供了教育的必要性，第三层意蕴则提供了教育的可行性。总之，孔子并不漠视人的天赋秉性，但更为重视后天的学习和培养。

孔子提出的“性相近，习相远”这一命题言简意丰，不光为其所主张的“有教无类”提供了人性论依据，而且开启了中国乃至世界教育史上探讨人性论的思想先河。

二、教育对象论

因应“性相近，习相远”的人性论依据，孔子在创办私学时，提出“有教无类”的教育理念，希望打破“学在官府”的教育局面，以适应士阶层的兴起和文化学术下移的潮流。

孔子认为无论知识还是德行都可以通过教育而养成，只要愿意跟他学习的，一概不问贫富贵贱，不分贤愚，不分地域，都一律施教。这就是“有教无类”的基本含义。孔子不仅是这样说的，也是这样做的。这从他的弟子的情况（表 2–1）可见一斑。

实际上，“有教无类”是针对“学在官府”现象提出的。孔子所处的春秋末期，各个诸侯国的学术和教育皆为官方控制，民间没有系统的教育机构，即所谓“学在官府”。能够受教育的都是贵族子弟，而平民子弟几乎接触不到学术文化。

表 2-1　孔子部分弟子的情况

贵贱	贵者	南宫敬叔、孟武伯、孟懿子、司马牛
	贱者	颜路、颜回、冉雍、原宪、曾皙、曾参、闵子骞、颛孙师等人
贫富	贫者	颜路、颜回、闵损、原宪、曾参、子路等人
	富者	子贡
其他		颜涿聚（曾经做过“大盗”）、公冶长（曾经是犯人）
地域		鲁国、卫国、齐国、晋国、陈国、宋国、吴国、楚国、秦国

孔子提出的“有教无类”教育思想，适应了社会发展趋势，突破了贵族对教育权利的垄断，让平民享有受教育的权利，不仅顺应了士阶层崛起的要求，而且促使文化知识向民间传播，生发了教育面前人人平等的意识，为战国时期“百家争鸣”局面的形成奠定了基础。

三、教育目的论

教育目的是指教育家在自己的人性论、价值观的基础上，通过办学活动对受教育者达成理想人格的一种愿景，即期望受教育者通过教育在身心诸方面发生积极向上的变化以适应社会的人才需求，或者塑造出符合社会理想要求的人格范型。教育目的作为教育的出发点和归宿点，是构成教育思想的重要范畴之一，也关乎教育活动的实践问题。孔子依据“性相近，习相远”的人性观和“有教无类”的教育理念，一方面主张“学而优则仕”，要求培养济世安邦的政治人才，另一方面提倡“学为君子”，希望造就仁智统一的君子人格。前者体现了教育的社会目的，后者体现了教育的个体目的。

1. 社会本位的教育目的：“学而优则仕”

“学而优则仕”是孔子政教合一理念的折射。虽然孔子偶尔也有“邦无道，则可卷而怀之”（《论语·卫灵公》）的表达，但其直接的教育目的始终是培养政治人才。在政治上，孔子主张任人唯贤，反对任人唯亲。这种政治倾向映射在教育上，孔子就以培养贤能之士为目的，所以倡导“学而优则仕”（《论语·子张》）。

[拓展阅读]
张鸣岐、毕诚：《也谈“学而优则仕”》

“学而优则仕”的内涵主要是强调为学者的伦理道德修养达到游刃有余的程度时，要通过各种途径用自己的知识影响周围的人，从而实现改造社会的目的。入仕就是将自己所学运用于从政过程之中，也就是孔子提倡的“学以致用”，也是一种个体价值的体现。“不仕无义。……君子之仕也，行其义也。”（《论语·微子》）就是说，“学而优”必“仕”，君子出仕是为了在天下实行道义，否则就是违背道义。

应该说，“学而优则仕”的主张有其功利成分。但“学而优则仕”首先体现的是孔子“举贤才”的政治主张。孔子打破西周以来以血缘为纽带的“亲亲”选官原则，在政治上强调任人唯贤，提倡平民通过良好的教育，进而参与国家政治。孔子这一主张顺应历史的发展和时代的要求，有着积极的进步意义。

当然，在隋唐以降的1300年科举社会里，“学而优则仕”的含义却出现了根本性的变化，即从做官的重要前提“学而优”嬗变为“学而优”的目的就是博取功名利禄，遂而造成“万般皆下品，唯有读书高”的社会风气。

2. 个人本位的教育目的：君子人格

［拓展阅读］张茂泽：《论孔子的君子观及其历史发展》

成就理想人格是孔子教育思想的显著特征。在孔子看来，理想人格的范型就是君子人格。具体而言，君子人格的要义是把仁义礼智信等道德规范内化为个体自觉的内在欲求，并落实在社会实践中。对君子的品格表征，孔子认为主要体现在三个方面：“君子道者三，……仁者不忧，知者不惑，勇者不惧。”（《论语·宪问》）“仁”“智”“勇”即所谓君子的“三达德”。如果一个人拥有仁爱、智慧和勇敢三种美德，就能始终保持积极乐观的精神状态，并恰如其分地处理好人与人、人与物之间的关系。君子人格的“仁”“智”“勇”三要素是德育、智育、体育全面发展的雏形。

孔子不仅要求君子有内在的道德修养，而且强调把道德修养贯穿于日常生活及思想行为中。孔子主张在言行上，“君子欲讷于言而敏于行”（《论语·里仁》），“君子耻其言而过其行”（《论语·宪问》）；在容貌上，“君子正其衣冠，尊其瞻视，俨然人望而畏之，斯不亦威而不猛乎？”（《论语·尧曰》）；在学习上，“君子食无求饱，居无求安，敏于事而慎于言，就有道而正焉，可谓好学也已”（《论语·学而》）；在思维上，君子要有“九思”，即“视思明”（观察事物要明白），“听思聪”（倾听声音要清楚），“色思温”（面部表情要温和），“貌思恭”（容貌态度要矜持），“言思忠”（说话要忠诚老实），“事思敬”（做事要严肃认真），“疑思问”（有疑问要请教别人），“忿思难”（发怒时要考虑后果），“见得思义”（看见有所得就想到是否合乎道义）”（《论语·季氏》）。但是，孔子认为，养成“君子”的理想人格绝非一蹴而就，而必须经过长期的修养过程，善于运用“能近取譬”（《论语·雍也》）的方法，以身边之事为例，并将心比心，推己及人。

四、教育内容论

根据“学而优则仕”和“君子人格”的教育目的，孔子给弟子教授“六经”典籍知识，传授“六艺”技能，培养仁礼情操。《论语》记载：“子以四教：文行忠信。”（《论语·述而》）这句话言简意赅地归纳出孔子的教育内容。孔子所谓“文”之教，主要侧重于《诗》《书》《礼》《乐》《易》《春秋》等文献或学识的习得。所谓“行”之教，主要是指由学“文”而落于实处的礼、乐、射、御、书、数等技能以及社会实践，躬行所学的道德自觉与道德践履教育。所谓“忠”和“信”两方面的教育，不仅仅是孔子所强调的关涉主体自身的“仁”的教育范畴，同时也是自身与他人相联系的“礼”的教育关系范畴。“忠”“信”两教是“仁礼兼修”的品格教育的内在基础。

1.“六经”知识

在文化知识教育方面，孔子所使用的教材即其编纂的“六经”：《诗》《书》《礼》《乐》《易》《春秋》。《诗》教偏向于文学教育，《书》教偏向于历史教育，

《礼》教偏向于行为教育，《乐》教偏向于艺术教育，《易》教偏向于哲学教育，《春秋》教偏向于伦理政治教育。孔子认为，学《诗》"可以兴，可以观，可以群，可以怨"（《论语·阳货》），而不学《诗》，则无法有效地与他人沟通。学《书》可以鉴往知来，治国安邦。学《礼》可以把握为人处世的行为准则。否则，"不学礼，无以立"（《论语·季氏》）。学《乐》可以陶冶情操，涵养德性。学《易》可以融会贯通，辨别是非。学《春秋》可以使人明智，臧否分明。

［拓展阅读］
黄明喜：《孔子教材编订指导思想剖析》

2．"六艺"技能

这里所谓的"六艺"，是指适应实际生活需要的六门技能性课程，即礼、乐、射、御、书、数。作为礼节、音乐、歌舞方面的技能训练，礼、乐是"六艺"教育的中心，目的在于进行伦理道德教育。射、御是射箭、驾车的技能训练，属于军事课程。书、数是书写、计算的技能训练，属于基础文化课。孔子的"六艺"课程体系渊源于西周以来的"六艺"教育。但是，孔子扬弃了西周后期愈来愈形式化的"六艺"教育，而以务实的精神发展出自己的一套"六艺"课程体系。譬如，加强实战性的射箭课程训练以保家卫国，而不太注重礼仪化的"礼射"教学活动。

3．仁礼兼修

孔子强调教育的重心不是典籍知识教育，也不是技能训练教育，而是道德教育。他对人才的培养，最重道德修养。因此，他倡言："志于道，据于德，依于仁，游于艺。"（《论语·述而》）他建构以"仁"为中心的道德教育内容框架。

仁礼兼修是贯穿孔子道德教育内容体系的核心思想。在孔子看来，礼是仁的外在表现，仁是人的内在修养。两者一表一里，相互促进，缺一不可。孔子说："克己复礼为仁"（《论语·颜渊》），教育人们要克制不合理的私欲，并依照礼的规范行事，这样才能成就仁德境界。所谓"克己"，即以礼约身，一切言行举止都要遵守礼的准则，"非礼勿视，非礼勿听，非礼勿言，非礼勿动"（《论语·颜渊》），认为不学礼，无法立身处世。

但是，如果缺乏仁的价值引导，徒具形式的礼则难以发挥作用，所谓"人而不仁，如礼何"（《论语·八佾》）。这也是孔子关于道德教育的一个基本观点：仁主而礼辅。

五、教学方法论

孔子在长期讲学的实践过程中，创造出若干对后世具有深刻影响的教育方法，如因材施教、启发诱导、学思结合、博约相济。因材施教、启发诱导偏重于处理如何教的问题，学思结合、博约相济则偏重于处理如何学的问题。

1．因材施教

孔子是我国历史上首倡"因材施教"的教育家。他认为每个人的能力、性格、志向、兴趣等皆有不同，在教学中应因人而异，采取不同的教法，有针对性地给学生以恰当的答案。典型的教学案例是子路和冉有都问"闻斯行诸？"，孔子观察两人的个性差异，分别给出不同的回答，根据就是"求也退，故进之；由也兼人，故退之"。（《论语·先进》）

2. 启发诱导

孔子也是我国历史上首倡“启发诱导”的教育家。他认为：“不愤不启，不悱不发。举一隅不以三隅反，则不复也。”（《论语·述而》）“愤”，是指学生对某个问题正在努力思考，想求得解决却无法解决的思维状态，此时教师就应促进学生打通思路，这便叫作“启”；“悱”，是指学生对某个问题想表达自己的意见，却一时找不到恰当的言辞，此时教师就应帮助学生理顺话语，这便叫作“发”。另外，孔子还强调在教师的“启”“发”教育下，学生须能举一反三，善于独立思考，自觉地养成联想、推理的学习能力。也就是说，学生没有达到举一反三的程度，就不要再强行灌输下去。否则，结果将适得其反。

在孔子的不断“启”“发”下，颜回感受最深：“夫子循循然善诱人，博我以文，约我以礼，欲罢不能。既竭吾才，如有所立卓尔。虽欲从之，末由也已。”（《论语·子罕》）就是说，孔子能一步一步地诱导他，使他想停止前进都不可能，直到把他的才能充分地挖掘出来。“循循善诱”之语即由此而来，这是对孔子启发式教育的生动概括。

这里必须指出的是，孔子的启发式教学并非只局限于学生呈现“愤”“悱”的当下状态，而是存在于整个教学过程之中。

3. 学思结合

“学”与“思”是教学方法论的一对基本范畴。孔子认为，学习和思考是息息相关的。他说：“学而不思则罔，思而不学则殆。”（《论语·为政》）即只学习而不思考，就会学不透彻而迷惘；只思考而不学习，就会陷于空想而有害。因此，孔子主张既学且思，不可偏执其一，但最好是先学后思。正如他自己所言：“吾尝终日不食，终夜不寝，以思，无益，不如学也。”（《论语·卫灵公》）同时他也指出，学习如果要真正有所收获，必须得勤于思考，善于思考。

4. 博约相济

“博”与“约”也是教学方法论的一对基本范畴。离开专精的广博是不得要领的，而没有广博为基础的专精是靠不住的。孔子提倡博约并重，由博返约，强调在“博”的前提下融会贯通，并回归于“约”。他说：“君子博学于文，约之以礼，亦可以弗畔矣夫！”（《论语·雍也》）即要广泛地学习文化典籍，强调在博学之后才能触类旁通。当然，孔子倡导的博学并非杂乱无章之学，而是博中有约，学习的归宿是涵养德性，最终成就君子人格。

六、教师论

孔子热爱教育事业，讲求为人师表，留下不少关于为师之道的论述。

1. 学而不厌

“学而不厌”（《论语·述而》）是孔子主张成为良师的重要品质之一。“学而不厌”的基本含义可以概括为：学习努力而从不满足，对知识的探索和真善美的追求没有止境。其中，“学”的主要内涵涉及两个层面：一是知识之学，二是为人之学。

孔子自述："十室之邑，必有忠信如丘者焉，不如丘之好学也。"（《论语·公冶长》）他认为自己是个好学者，所以强调好学是成为良师的一大要素。在孔子看来，为师者须要先学好，然后才有可能教好，学好是教好的重要基石。

2. 诲人不倦

孔子学而不厌，而且乐教善教。"诲人不倦"在《论语》中一共出现了两次，分别是："默而识之，学而不厌，诲人不倦，何有于我哉？"（《论语·述而》）"若圣与仁，则吾其敢？抑为之不厌，诲人不倦，则可谓云尔已矣！"（《论语·述而》）"诲人不倦"的教和学的要义精髓在于言教、身教。在教学过程中，为师者既有有言之教，又有无言之教。为师者在教学过程中不仅要采用有言之教，也要运用无言之教。无言之教强调通过榜样的作用，启发学生，即身教。孔子主张把两者结合起来，希望在教学过程中，为师者处理好言教和身教的关系。

3. 温故知新

"温故"与"知新"是为师者必须面对的矛盾问题。他说："温故而知新，可以为师矣。"（《论语·为政》）如果能做到经常温习旧知，并从中获得新的体会和新的见解，这样的人就可以做老师了。在孔子看来，"学而时习之"，不仅可以巩固已学得的知识，而且可以从中获得新的知识。

"温故"是"知新"的基础。"温故"能使所学的知识融会贯通，转化为技能，并应用到位。只知机械地重复旧闻而不能推出"新知"是无法成为良师的。这种既强调温习旧知，又不忽视探索新知的思想，对当今时代仍不乏启发意义。

4. 教学相长

"教"与"学"更是为师者必须面对的矛盾问题。师生一定要通过教学这个最为核心的实践活动来增进知识、培养德行。"教学相长"是指师生双方在教学过程中互相促进，共同提高。孔子指出学生的前途不可限量，"后生可畏，焉知来者之不如今也"（《论语·子罕》）。于是，他鼓励学生要"当仁不让于师"（《论语·卫灵公》）。孔子时常表示在与学生的讨论中会获有启发。譬如和子夏一起研习《诗经》"巧笑倩兮，美目盼兮"时，他欣喜地说："起予者商也。"（《论语·八佾》）对这种相得益彰的教学现象，《礼记·学记》以"教学相长"高度概括孔子这一思想："学然后知不足，教然后知困。知不足，然后能自反也；知困，然后能自强也。故曰：教学相长也。"显然，"教学相长"是中国教育史上一笔重要的思想财富。

孔子是世界公认的杰出的思想家和教育家。他倾心教育事业，所倡导的教育主张对后世社会产生了决定性的影响，以至成为汉代之后整个中国传统社会诸多教育流派，特别是宋明时期程朱理学和陆王心学思考教育问题的一种基本态度和指导理论。概括而言，孔子的教育思想要义涉及这样几个方面：高度重视教育的作用，提出"性相近，习相远"和"富而后教"的命题，开启中国人性论的思想探索和政教关系的理论建构，奠定了中国传统教育思想发展的基本走向；实行"有教无类"的教育方针，打破"学在官府"的教育局面，适应了士阶层的兴起和文化学术下移的潮流；倡导"学而优则仕"的政教合一理念，主张任人唯贤，培养济世安邦的政治人才；编纂"六经"、传授"六艺"以及兼修仁礼，奠定了后世儒家课程教育体系的基础；系统性总结出因材施教、启发诱导、学思结合、博约相济等揭示教育教学规律的富有成效之法；在学而不厌、诲人不倦、温故知新、教学相长等方面对为师之道做了论述。历史地看，孔子的教育思想为中国传统教育发展奠定了理论基础，是中华民族宝贵的教育遗产。

第二节 孟子的教育思想

孟子（约前 372—前 289），名轲，战国中期邹（今山东邹城）人，受业于孔子之孙子思的门人，是继孔子以后儒家的重要代表人物之一，其教育思想主要体现在《孟子》一书中。

孟子一生崇拜孔子，自称："予未得为孔子徒也，予私淑诸人也。"（《孟子・离娄下》）孟子的经历与孔子十分相似，一生致力于授徒讲学，以"得天下英才而教育之"（《孟子・尽心上》）为人生三大乐趣之一，并在多年里率弟子周游各国，四处推行"仁政"学说。虽然"仁政"学说在他生时没有受到统治者重视，但它为几百年后的中国封建王朝准备了治国之道，与孔子思想一同影响了此后两千多年的中国社会。因此，他被尊奉为仅次于孔子的"亚圣"。

一、"性善论"与教育作用

人性问题即人的本质问题，是中国教育思想史上的一个重要理论问题。教育的社会价值表现在社会生活的各个领域，从一定意义上来看，人的确是一种社会文化的创造物。许多儒学教育家在不同程度上都自觉地意识到这一点，并结合所处时代的现实需要，尤其是各自对人性的理解来阐明教育社会化的必要性和可能性。纵观儒学教育思想发展的历程，可以清楚地看出历代儒学家尽管歧异较多，但以人性问题为讨论儒学教育社会化的理论基础，却是始终如一的。这主要是因为儒家学者自孔孟以来，即把目光从玄远的"天道"转向实际的"人道"，使"天道"和"人道"熔铸成一体，进而高扬人在宇宙万物中的地位和价值，教导人们努力成就"天人合一"的境界与追求"修己安人"的理想。因此，儒学总是把人的本质和本性作为教育思想的重心，希望为人的社会化教育提供一个内在合理的理论依据，使人由生物实体的自然人逐渐成为真正的社会人。依据儒家教育思想的观点，要懂得人为什么需要教育，需要接受什么教育以及如何教育，一个最重要的理论前提就是必须认知人性。孟子的"性善论"是战国时期极具理论原创性的一种人性论观点。

孟子以"性善论"作为建构教育思想体系的理论基础，并从个体发展和社会发展两个角度论述了教育的作用。

1. "性善论"的内容与价值

孟子认为，人天生所具有的自然属性，如"口之于味也，目之于色也，耳之于声也，鼻之于臭也，四肢之于安佚也"（《孟子・尽心下》），并不是人性的主要内涵，人所具备的仁、义、礼、智等道德理性与实践才是人不同于禽兽且高于禽兽的本质所在。他提出"恻隐之心，仁之端也；羞恶之心，义之端也；辞让之心，礼之端也；是非之心，智之端也”（《孟子·公孙丑上》）。所谓“端”，是指事物的开头或缘由。在他看来，每个人生来便具有恻隐之心、羞恶之心、辞让之心、是非之心，即仁、义、礼、智四个“善端”，因此“良知”“良能”是与生俱来的，乃人性本身就具有的品质。同时他又提出“人人皆可以为尧舜”（《孟子·告子下》），从人性论上肯定了每个人都有实现其理想人格及人生价值的能力，体现了人性本质上的平等性。

2. 教育对个体发展的作用：无教近于禽兽

孟子主张性善论，但他并不否定教育在人发展中的作用。尽管孟子说仁、义、礼、智乃“人之本性”，但他认为这种本性仅是一种“善端”，充其量只能算是一种道德的可能性。仅有处于萌芽状态的“善端”是不够的，外在的不良因素及自身的自暴自弃均有可能使人任由同禽兽相近的自然欲求肆意膨胀，陷溺其心，泯灭其善端，在后天的环境中彻底遮蔽自己的良知良能。孟子关注“人禽之辨”的问题，主张通过教育来彰显仁义礼智的道德本性，认为这是人有别于禽兽的根本。因此，孟子反复强调要通过自我修养和教育力量，保存、找回固有的“善端”并扩而充之，同时依靠外在的良好环境，使得这种“向善”的可能性转换为必然性，进而使人们实现积善成德的目标。

3. 教育对社会发展的作用：善教可得民心

孟子继承并发展了孔子的“仁”和“德治”思想，创造性地提出了“仁政”学说，认为“仁言，不如仁声之入人深也。善政，不如善教之得民也。善政民畏之，善教民爱之；善政得民财，善教得民心。”（《孟子·尽心上》）他站在政治的高度，认为要实现国泰民安只靠冷冰而强硬的行政措施是远远不够的，最为根本的就是必须以教为本，充分发挥教育“得民心”的社会作用，即切实重视并努力做好教育社会化的工作，通过教育来扩充人性，每个人都自觉地遵守社会秩序，进而达到国泰民安。

二、以“明人伦”为教育目的

孟子曾说：“设为庠序学校以教之：庠者，养也；校者，教也；序者，射也。夏曰校，殷曰序，周曰庠，学则三代共之，皆所以明人伦也。人伦明于上，小民亲于下。”（《孟子·滕文公上》）这是孟子第一次明确提出教育目的在于“明人伦”，并且指出教育就是通过实现“明人伦”来为政治服务的。

“人伦”即“人道”，是人类的本质体现，具体来说是五对关系：“父子有亲，君臣有义，夫妇有别，长幼有序，朋友有信。”（《孟子·滕文公上》）后世称为“五伦”。在“五伦”中，孟子又极为重视“孝”（父子）和“悌”（兄弟），并以此为中心，建立了一个道德规范体系——“五常”，即“仁、义、礼、智、信”。

“明人伦”的教育目的决定了孟子的教育体系是以伦理道德为基本教育内容的，伦理道德以“孝悌”为基础，“明人伦”的教育目的也明确了此后两千多年中国封建教育的性质和主要内容。

三、以“大丈夫”为理想人格

1. 对“大丈夫”理想人格的描绘

[拓展阅读]叶飞：《论孟子人格教育思想的主体精神》

孟子曾说：“万物皆备于我矣。”（《孟子·尽心上》）他认为，人的道德品质和精神境界的价值远高于外在于人的物质财富和权力地位，并以此为标准，对他所追求的“大丈夫”的理想人格进行了描绘：“富贵不能淫，贫贱不能移，威武不能屈，此之谓大丈夫。”（《孟子·滕文公下》）

首先，“大丈夫”要有高尚的气节，他们绝不向恶势力低头，绝不无原则地顺从，而是立足于仁、义、礼、智、信，只承认真理和正义。

其次，自觉地以仁、义、礼等德性来支配自己的言行举止，达到身心合一，具备崇高的精神境界——“浩然之气”，实现仁、智、勇的完美结合。

2. 培养“大丈夫”理想人格的途径

孟子认为培养“大丈夫”理想人格主要依靠内心修养，侧重于自我教育，大致有以下几条途径。

首先，“存心养性”。孟子所说的性指的是仁、义、礼、智四善端，它们只是为善的可能性，只有将其“扩而充之”，这种可能的善才能转化成现实的善。“凡有四端于我者，知皆扩而充之矣，若火之始然，泉之始达。苟能充之，足以保四海；苟不充之，不足以事父母。”（《孟子·公孙丑上》）完善和发展人性，客观环境固然会是影响因素，但根本还是靠人的主观努力。在孟子的理论中，因为人性本身就孕育着善根，向善之心和为善之行可能都已蕴藏在本性之中，所以要做的就是保持和发展“本心”，只要相信为仁由己，求其放心则足矣。

其次，“持志养气”。孟子认为人应当树立并坚持高远的志向。他提出：“夫志，气之帅也；气，体之充也。夫志至焉，气次焉。故曰：‘持其志，无暴其气。’”（《孟子·公孙丑上》）一个人坚定了志向和追求，他就会产生相应的“气”，即精神状态。而志与气又是密切联系、互为因果的，“志壹则动气，气壹则动志也”。（《孟子·公孙丑上》）养气一靠坚定的志向，二靠平时的善言善行来积累道义。人通过志与气的相互作用，以达到“舍生取义”的理想境界。

再次，“动心忍性”。孟子提出：“故天将降大任于斯人也，必先苦其心志，劳其筋骨，饿其体肤，空乏其身，行拂乱其所为，所以动心忍性，曾（增）益其所不能。”（《孟子·告子下》）认为人应当在逆境中磨炼意志，通过应对艰苦生活和灾患来发展自身德行与智慧，故环境越是恶劣，对人的造就越大。

最后，“反求诸己”。“反求诸己”是孟子成人之道中核心的修养法，也是先秦儒家所提倡的进行自我教育的重要方法。孟子说：“爱人不亲反其仁，治人不治反其智，礼人不答反其敬。行有不得者，皆反求诸己，其身正而天下归之。”（《孟子·离娄上》）当你的行动未得到对方相应的反应时，就应当首先从自身寻找原因，对自己提出更高的要求，即凡事必须严于律己，时时反省。同时孟子认为在反求诸己的修养过程中，要重视“寡欲”。“欲”即物质欲望，他说：“养心莫善于寡欲。其为人也寡欲，虽有不存焉者，寡矣；其为人也多欲，虽有存焉者，寡矣。”（《孟子·尽心下》）即要严格要求自己，不要追求过多的物质欲望，否则就会失去先天的善端。

四、“内求”的学习方法

孟子基于性善论的思想，认为知识的学习并非由外而来，强调要遵循和发展人的内在能力，更加侧重于自我教育，具有内倾性。

1．深造自得

孟子提出：“君子深造之以道，欲其自得之也。自得之，则居之安；居之安，则资之深；资之深，则取之左右逢其原，故君子欲其自得之也。”（《孟子·离娄下》）他指出，通过自己自觉主动的学习与钻研，有了自己独到的见解，才能形成稳固而深刻的智慧，遇事则能左右逢源，挥洒自如，强调自己内心对外界事物的独立思考过程。他同时认为，达到深造自得要有正确的方法，对已有之见做到不轻信、不盲从，对文献典籍做到不拘泥、深思考，不能书云亦云，做到由感性学习上升至理性认识。

2．盈科而进

孟子主张在学习和教学的过程中要做到循序渐进。他提出：“其进锐者，其退速。”（《孟子·尽心上》）“流水之为物也，不盈科不行。”（《孟子·尽心上》）认为若进程过于迅速，势必影响实际效果，致使退步也快。正确的进程应当像流水一样，注满了一个洼坎之后再往下流，由此渐次流入大海。由此告诫人们不能忽视教学中自然有序的规律，循序渐进方能逐步通达。

3．教亦多术

孟子强调教学不能千篇一律，教师要善于分析学生的性格特点，对不同的学生采用不同的教法，做到因材施教。他提出：“君子之所以教者五：有如时雨化之者，有成德者，有达财者，有答问者，有私淑艾者。”（《孟子·尽心上》）对于不同学生，有的应及时点化，有的应成就其德行，有的要发展其才能，有的可答其所问，不能及门者则可以间接受教。甚至“予不屑之教诲也者，是亦教诲之而已矣”，（《孟子·告子下》）拒绝教诲，本身也是一种教导。

4．专心致志

孟子强调学习必须持之以恒，集中注意力。孟子以下围棋举例来强调学习过程中专心致志的重要性：“使弈秋诲二人弈，其一人专心致志，惟弈秋之为听。一人虽听之，一心以为有鸿鹄将至，思援弓缴而射之，虽与之俱学，弗若之矣。为是其智弗若与？曰：非然也。”（《孟子·告子上》）

孟子所提出的“人性本善”的人性观反映了发扬人的理性自觉的重要性。他对教育目的的阐释，对“大丈夫”理想人格的描绘，以及对学习过程的论述体现着对人的价值的肯定，为中国人增添了“刚健有为”的性格特征，为后世的知识分子、教育家乃至政治家津津乐道。

第三节 荀子的教育思想

[微视频]
稷下学宫

荀子（约前313—前238），名况，字卿，西汉时因避汉宣帝刘询讳（“荀”与“孙”二字古音相通），故又称孙卿，生活于战国末期。荀子博学多识，先后三次出任齐国稷下学宫的“祭酒”（学官之长）。他打破儒者不入秦国的惯例，不远千里从齐国前往秦国，向秦昭王、范雎宣讲儒家思想的作用。他晚年居楚国兰陵讲学著书。学生中名声赫赫的有韩非、李斯等法家弟子。现存《荀子》一书，共32篇，大部分为荀子所著，其中《劝学》《性恶》《修身》《解蔽》等篇是儒家教育理论的经典之作，也是研究荀子教育思想的主要资料。

作为先秦时期最后一位儒学大师，荀子在继承孔子思想和批判孟子思想的同时，吸收墨、道、法各学派的观点而互补互济，丰富了儒家的哲学内涵及其教育思想。

一、“性恶论”与教育作用

荀子反对孟子“性善论”，主张“性恶论”，以“性恶论”作为建构教育思想体系的理论基础。在荀子看来，人性包含人与生俱来的利欲和能辨能知的能力，“今人之性：饥而欲饱，寒而欲暖，劳而欲休，此人之情性也。”（《荀子·性恶》）“人之所以为人者，非特以二足而无毛也，以其有辨也。”（《荀子·非相》）“凡以知，人之性也；可以知，物之理也。”（《荀子·解蔽》）很显然，荀子的人性论是立足于人的自然属性，而把人的社会性的本质视为后天人为，这和孟子对人性的认识和规定有着较大的分歧。因此，他积极探讨人性问题，提出“性伪之分”“性伪之合”“化性起伪”等命题，强调“性”与“伪”既相互区别又相互联系，并且可以在一定条件下转化。

1.“性伪之分”

荀子提出“性伪之分”，他认为“性”与“伪”是有区别的，他说：“不可学、不可事。而在人者谓之性；可学而能、可事而成、之在人者，谓之伪；是性伪之分也。”（《荀子·性恶》）也就是说，人性是人与生俱来的自然属性，不需要学习、不需要努力就有的；凡是需要后天学习和努力才能做到的，就不是性，而是“伪”，即人为。因此，荀子认为孟子所说的人性之善，实质上是“伪”而不是“性”。

2.“性伪之合”

荀子认为“性”与“伪”是有区别甚至对立的，但是二者也是相互联系、相互统一的。“性者，本始材朴也；伪者，文理隆盛也。无性则伪之无所加；无伪则性不能自美；性伪合，然后成圣人之名，一天下之功于是就也。”（《荀子·礼论》）

荀子认为人性是未经加工改造的原始素材，“性”与“伪”就是素材与加工的关系，没有素材，加工无法谈起；没有加工，素材就不会自动变得完善。只有将加工施于素材，才有完善的人性可言。申言之，“性”与“伪”不能脱离彼此而独立存在，“性”与“伪”互相联结，趋向一致，即“性伪合”。如此，才能学以成圣，达到圣人之性的境界，实现对人的改造，进而实现对社会的改造。那么，性与伪为何可合、能合？荀子说：“‘涂之人可以为禹’。曷谓也？曰：凡禹之所以为禹者，以其为仁义法正也。然则仁义法正有可知可能之理，然而涂之人也，皆有可以知仁义法正之质，皆有可以能仁义法正之具；然则其可以为禹明矣。”（《荀子·性恶》）荀子认为仁义礼法可以被认识、被掌握，任何人都可以通过学习礼教来改变自己的恶性，为善去恶，而成就君子，甚至禹那样的理想人格。

3.“化性起伪”

在荀子看来，人性并非注定不可更改，而是可以通过“伪”来加以改造，因而教育的作用便是“化性起伪”。他说：“性也者，吾所不能为也，然而可化也。情也者，非吾所有也，然而可为也。注错习俗，所以化性也。”（《荀子·儒效》）意思是说，“性”是先天的，不能创造，但是可以改造；“伪”虽不是本来就有的，但是可以创造。这里，荀子就明确肯定了人性改造的可能性。即他的“性恶论”并非认为人性绝对是恶的，不可更改，而是认为可以对人性中不好的倾向加以节制。“性”和“伪”并不是彼此分离的，由于“伪”的存在，可以通过教育对人性进行约束，使其接受礼仪法度，理解道德规范，从而“化性起伪”，达到“性伪合一”的境界。而这种“化”是教育、环境和个人共同努力的结果，不是人性自身可以完成的。为此，荀子把环境对人的影响与教育的作用加以区分：一方面他承认环境对人的作用，把环境对人的影响称为“渐”或“注错”；另一方面，他主张发挥人的主观能动性，认为“涂之人可以为禹”（《荀子·性恶》），即人通过学习和受教育，可以改变人的恶性，化恶为善。

荀子立足“性恶论”，高度重视教育的作用，强调环境与教育对人的影响，在一定程度上揭示了遗传、环境和教育之间的关系，对中国古代教育理论有重大的贡献。

值得注意的是，孟子“性善论”和荀子“性恶论”的分歧，可以归纳为三点：其一，对“性”的理解不同，孟子则以人之所以为人之处为“性”，荀子以天赋的本性为“性”；其二，对成圣途径强调的方面不同，孟子强调个人的修养，即“内求”，荀子强调后天的学习和环境影响，即“外铄”，其三，孟子偏重于先天遗传，荀子偏重于后天环境。两人的观点虽有不同，但是对教育的重视并无二致。

二、以“大儒”为培养目标

荀子十分关注儒者的理想人格培养问题，把儒者分为三个层次：俗儒、雅儒、大儒。

［拓展阅读］
陈来：《“儒”的自我理解》

俗儒是最低一等的儒者。这类人徒有儒者外表，只知道在外在形式上效法前人的所作所为，不懂得审时度势，对《诗》《书》等儒家文献知识能背诵，却全然不知其用。他们迎合权贵，趋炎附势，行为做事只是为了自己的生存，胸无大志。

雅儒是中间一等的儒者。这类人对《诗》《书》等儒家文献知识能进行一些运用，能见机行事，建章立制，推崇礼义，在言行上能遵纪守法，承认无知，不自欺欺人，显得坦荡，但是缺乏足够的智慧，不能灵活应变，不能自如地应对新事物。

大儒是最理想的一类人才，亦是荀子所认为的教育的最高培养目标。这类人不仅知识广博，而且能以已知推未知，以古论今，能自如地应对新事物，自如地治理好国家。

荀子认为，培养各类人才要依据德才兼备、言行并重的标准，教育应当培养俗儒、雅儒和大儒这三类人。但三者相较之下，荀子高度评价大儒的地位和作用。他认为，大儒既忠于君主又不阿谀奉承；既直言善谏又不唯其恭维；既办事公正又不徇私舞弊；既审时度势又不争名夺利。因此，他把培养大儒设定为最高的教育目标。

三、以儒经为教学内容

荀子从“性恶论”出发，主张“化性起伪”，认为后天的教育是“起伪”的过程，是不断积累知识和提高道德修养的过程，是一个人性改变的“外铄”过程。他特别重视文化知识和古代典籍的学习，尤其是儒家经典的学习和传播，为此，他明确地提出，教育的内容以《诗》《书》《礼》《乐》《春秋》等儒家经书为基本教材。值得一提的是，荀子虽以“五经”为教育内容，却尤其重视《礼》，将“礼”视为一切事物的绳墨和一切行为的规范。可以说，“礼”是荀子整个教育理论的核心。此外，他也非常重视乐教，主张礼乐结合，乐以养内，礼以修外，立于礼，成于乐。

荀子以儒家经籍为内容的文化知识传授，重视读经、传经，使先秦儒家经籍得以保存。他整理孔子的“六经”，并加以传授，在学术发展史上具有重要意义。

四、“闻见知行”结合的学习过程与方法

1. 论学习过程

荀子把教学或学习的过程具体化为闻、见、知、行四个环节，并把它看作学习的最终目标。“不闻不若闻之，闻之不若见之，见之不若知之，知之不若行之。学至于行之而止矣。”（《荀子・儒效》）荀子认为闻、见、知、行每个环节都具有充分的意义，由此构成一个完整的过程，闻、见是学习的起点、基础和来源，通过学、思结合而得到的知识，最终是否可靠，还要靠行（实践）来验证，只有通过了实践的检验才算明了了真正的知识。这种以闻见作为起点，以行作为目的和归宿的学习过程观，在中国教育史上做出了一定的贡献，但是认为“学至于行之而止”，认为学习终止于行，违背了发展的观点。

2. 论学习方法

在学习方法上，荀子很重视对学生学习态度和思想方面的培养和指导，提出许多独到的见解，主要有以下几点：

第一，积微见著，积善成德。荀子认为知识是不断积累的，善德是逐步培养的。在学习的过程中，需要“积学”“积善”，从而实现量变到质变的转化。

第二，解蔽救偏，兼陈中衡。就是不偏执于某一事物或事物的某一方面，对事物做广泛的比较、分析、综合，从整体上客观正确地认识事物，全面掌握。“蔽”就是对复杂事物和现象缺乏全面了解，往往只见树木，不见森林。“兼陈”就是把

事物的各个方面或各种情况都展示出来，摆列开来；“中衡”就是通过比较、权衡而确定或选择合适的。

第三，虚壹而静。就是学习时要虚心、专一和集中精神，这是荀子倡导的学习态度。“虚”是指虚心，就是不要先入为主，不要让已有的知识和自满的态度妨碍对新知识和新观点的学习。“壹”是指要在一段时间内把注意力放在一件事情上，目标专一。“静”就是不能因为没有根据的想象而影响到理性思维的学习。

第四，善假于物。即要善于学习和利用前人的成果，以提高自己的认识水平。

第五，行乎动静。就是要把知识落实到行动上，不能仅仅停留在“入乎耳”和“出乎口”等“静”的层面上，反映出荀子注重实践的思想。

五、论教师

在先秦诸子中，荀子最提倡尊师重教，尤其强调教师的地位和作用。他对教师的观点主要可以从教师的地位、教师的作用、教师的标准和师生关系等方面进行归纳和概括。

1．教师的地位

荀子以“天地君亲师”的位置来强调教师的地位，把教师提到与天地、君王、先祖并重的地位，将其作为治国之本。他说：“天地者，生之本也；先祖者，类之本也；君师者，治之本也。无天地，恶生？无先祖，恶出？无君师，恶治？”（《荀子・礼论》）他还提出了“国将兴，必贵师而重傅”（《荀子・大略》）的命题，强调教师在国家政治生活中有着举足轻重的作用，认为统治者必须尊敬教师。

2．教师的作用

荀子认为教师的作用主要表现在两个方面：一是人性本恶，需要教师帮助学生“化性起伪”；二是起正礼的作用。荀子认为，师长是礼义的化身，他们提纲挈领地掌握着仁义的准则和先王的规矩，因此师法是使礼义转化为每个人品质的捷径，学习与教育就没有比跟从师长更有效、更方便的方法了。所以，要实现礼法兼治的社会，就离不开教师的“正礼”作用。

3．教师的标准

荀子提倡尊师，也对为师者有严格的要求。他说：“师术有四——而博习不与焉：尊严而惮，可以为师；耆艾而信，可以为师；诵说而不陵不犯，可以为师；知微而论，可以为师：故师术有四——而博习不与焉。”（《荀子・致士》）意思是说，教师除了有渊博学问之外，应具备四个基本条件：一要有尊严的威信；二要有丰富的阅历和崇高的信仰；三要有讲授儒家经典的能力，能够根据教材的内在逻辑，循序渐进，诵说时有条有理，不凌乱；四要能钻研和精通教材的精粗，以阐发微言大义。简而言之，荀子认为教师除了具有广博的知识外，还必须具备有尊严、有人生经验、有教学能力、能见微知著四个基本条件，如此才算是一位合格的教师。

4．师生关系

在师生关系方面，荀子主张“师道尊严”。他认为教师具有绝对的权威，十分强调学生对老师的尊敬和绝对服从，主张“师云亦云”（《荀子・修身》）。荀子抬高教师的地位和强调教师作用，反映了其时代的要求，有其必要性，亦有局限性。他主张“师云亦云”，盲目服从教师，这种观点毋庸置疑是错误的，亦是不足取的。

当然，荀子的教师观中也透露出一些民主的精神，他在《劝学》篇中提出“青，取之于蓝而青于蓝；冰，水为之而寒于水”的著名论断，折射出荀子鼓励学生后来居上，超越自己的老师。时至今日，这一观点仍然是有积极意义的。

[拓展阅读]
黄明喜：《孔、孟、荀的人性论与教育观探析》

荀子作为战国时期杰出的思想家和教育家，继承和发展了孔子的思想，兼收先秦各学派之长，形成了自己独特的教育思想。他关于人性论、理想人格、教育教学、教师等方面的观点，对中国思想的发展起到了承前启后、继往开来的重大作用。

第四节 苏格拉底的教育思想

从公元前 5 世纪开始，希腊社会进入古典时代，并一直延续到公元前 4 世纪末被马其顿帝国征服。古典时代是希腊文明走向全盛并由盛转衰的时期。古典时代教育思想的高峰便是被后世誉为“古希腊三哲”的苏格拉底、柏拉图和亚里士多德的教育思想，他们对西方教育理论发展产生了深远影响。从本节开始将介绍他们的教育思想。而要理解苏格拉底及其教育思想首先需要理解智者学派（Sophists）的教育思想。

一、智者学派的教育思想

所谓智者，在古希腊泛指在某些方面拥有特别才能的人。公元前 5 世纪后期，智者被用来专门指那些向人传授雄辩术及其他知识并收取一定学费谋生的人，因此也可以把智者视为西方最早的职业教师。智者学派的主要人物包括普罗泰戈拉、高尔吉亚、希庇阿斯、安提丰等人。智者的出现以及智者学派的教育活动对古希腊的文化教育产生了巨大的影响。黑格尔曾高度评价智者的贡献，认为智者是希腊人的教师，智者们以智慧、科学、音乐、数学等教人，代行学校职能，教化青年。

智者学派的共同思想特点是相对主义、个人主义、感觉主义和怀疑主义。在智者看来，一切知识、真理和道德都是相对的，都有赖于具体的感知者。普罗泰戈拉指出：“事物对于你就是它所呈现的样子，对于我就是向我呈现的样子。”[①] 由此，他提出：“人是万物的尺度，是存在者的尺度，也是不存在者不存在的尺度。”[②]

由于智者学派认为不存在绝对的真理和知识，因此教育的主要作用在于教授言辞和演说的能力，也就是“说服的技艺”。智者们适应了雅典民主制度对于辩论和演讲的需要，抱着实用的目的研究与辩论和演说相关的文法、修辞、哲学等科目，并把这些知识传授给他人。西方教育史中沿用长达千年的“七艺”中的“前三艺”（文法学、修辞学和辩证法）就是由智者确定的。

智者学派的教育活动丰富和发展了古希腊的教育思想和实践。智者游走于各个城邦，传道授业，凡缴纳一定学费均可接受教育。这进一步扩大了教育对象的范围，促进了文化的传播和交流。作为职业教师，智者们已经意识到教育活动的特殊

①② 苗力田. 古希腊哲学 [M]. 北京：中国人民大学出版社，1989：183.

性，开始将教育现象与其他社会现象加以区别，同时也认识到教育与政治、道德之间的密切关系，明确了教育在国家生活中的重要作用。可以说，随着智者们的教育内容、教学方法逐渐规范，智者们提出并在不同程度上探讨了希腊教育中的很多基本命题，古希腊教育思想基本成型。

二、苏格拉底的生平

苏格拉底（前469—前399）出生于雅典一个雕刻家的家庭，母亲是助产士。苏格拉底也和孔子一样“学无常师”，他师从当时各种有学问的人，阅读了所有能得到的诗人和哲学家的作品。苏格拉底一生的主要事业是探讨伦理哲学和从事公众教育。与智者不同，他在从事教育活动时从不收取学费。苏格拉底的教育活动是以讲演、交谈的方式在各种场合进行的。他的教育对象广泛，既有贵族成员、豪门巨富的子弟，也有手工业者和穷人。

苏格拉底自称是雅典的“牛虻”，他希望用他的哲学和道德原则来改造希腊人的思维和精神生活。苏格拉底认为，为政必须以正义为准则，雅典之所以陷入无穷动乱之中，就是因为人们只追求金钱地位，丧失了美德和向善之心。公元前399年，他以“败坏青年”的罪名被控告，在法庭上他侃侃而谈，继续针砭雅典时弊。被判处死刑后，他的学生和朋友劝他越狱逃走，被他拒绝，因为他认为自己和城邦之间有神圣的契约，应该遵守雅典的法律，这是他不能违背的。在临死之前，他仍与学生探讨哲学问题。

三、苏格拉底论教育目的

苏格拉底生活在雅典由盛转衰的转折时期，他深刻意识到当时希腊社会发展的内在矛盾。他既反对斯巴达式的寡头政治，也反对当时雅典式的极端民主制，他主张政治专业化，使治理城邦的大权掌握在一部分有专业政治知识且品德高尚的人手中，而不是把权力分散在没有政治知识的普通公民手中。因此，苏格拉底认为教育的核心目的是塑造德才兼备的政治家。

整个古典时代的教育的根本问题，就是如何培养适合时代需要的政治领袖人物。在这个问题上又分为两个派别：一个派别是继承智者学派传统的修辞教育论者，其目标是培养能言善辩的演说家；另一派别就是苏格拉底所代表的以培养政治家为目的的哲学教育论者。

苏格拉底喜欢和青年交往，他在雅典街头巷尾、剧场高谈阔论时，周围常常簇拥许多青年子弟。如何教育青年，培养他们的美德是他的谈话主题。他希望用哲学塑造青年一代，在他们身上寄托自己的理想。当智者安提丰问他自己为何不从政时，他坦白地剖明心迹：“是我独自一人参加政治，还是我专心致志培养尽可能多的人参与政治能起更大的作用？”① 因此，不参政的苏格拉底实际上深深地介入了政治，他的活动起了现实的政治影响，他将对雅典的理想寄托在了青年一代。

---

① 色诺芬．回忆苏格拉底[M]．吴永泉，译．北京：商务印书馆，1984：118.

四、苏格拉底论道德

苏格拉底不仅是位政治思想家，也是一位道德改革家。与培养合格领导者以拯救雅典密切相关的是他要求全体公民改造道德生活，呼吁雅典同胞进行自我反省，寻求真正有价值的生活。苏格拉底认为，智者的相对主义感觉论只能助长个人利己主义和享乐主义，是造成雅典危机的主要根源。因此，他强调普遍的知识和价值，要以理性去探讨伦理观念和道德价值，确定普遍的绝对的善。关于苏格拉底的道德观和道德教育思想，可以用“美德即知识”和“美德可教”两个命题来概括。

（一）美德即知识

苏格拉底说：“正义和其它一切美德都是智慧。因为一切正义的事情和一切道德的行为都是美好的，凡认识这些的人决不会愿意选择别的事情，凡不认识这些的人决不可能将他们付诸实践。所以智慧的人总是试着做美好的事情，愚昧的人就不可能做美好的事情，即使他们试着去做也是注定要失败。既然正义和其他美好的事情都是美德，很显然正义和其他一切美德都是智慧。”①

苏格拉底认为，道德并非与生俱来，只有经过良好的教育，获得了明辨是非的知识，才能够基于正确的判断做出正确的道德行为。“美德即知识”这一命题在教育史上具有重要的意义，尽管其中有不完善之处，但它毕竟为道德教育的实施找到了依据，后世教育家也因此把发展道德意识、道德判断作为德育的重要任务之一。

（二）美德可教

美德是否可教是古希腊思想家们争论不休的一个问题。与“美德即知识”的命题判断相联系，苏格拉底认为知识是最能支配人的行为的美好事物，因为它能够使人辨别善恶。苏格拉底并不否认道德生活中有快乐和痛苦等感情的表现，但它们是复杂的，面对各种现实的可能的快乐和痛苦，人需要对道德行为做出选择。人在选择时必须对它们做出测度衡量，这种测度本身就是知识，只有知识才能做出正确的选择，保证我们获得善的生活，使恶的生活得到拯救。从这个意义上来说，是知识支配快乐和痛苦等情感。苏格拉底认为道德应该有共同的、客观的、绝对的价值标准，美德出自人的理智本性，是一种知识，知识必然是可教的，善恶是非只能由知识来判断，知识出于理性，理性乃是人的天性，所以美德必然是普遍绝对和可教的。

五、苏格拉底论知识

苏格拉底认为，德才兼备的治国者必须具备广博的知识。“在所有的事上，凡受到尊敬和赞扬的人都是那些知识最广博的人，而那些受人谴责和轻视的人都是最无知的人。”为此，他孜孜不倦地以各种知识教人。色诺芬说：“凡是一个善良和高尚的人应该知道的事情，只要苏格拉底知道，他总是非常乐意的去教导他们，如果他自己不熟悉，他就把他们带到那些知道的人那里去。他还教导我们，一个受了良

① 柏拉图．柏拉图全集[M]．王晓朝，译．北京：人民出版社，2002：492.

好教育的人对于各种实际学问应该熟悉到什么程度。”

苏格拉底除教授政治、伦理、雄辩术等实践政治知识外，还第一次将几何、天文、算术列为必学科目。学习这些知识的目的不在于发展理论思维，而在于实用。

六、苏格拉底教学法

在长期的教学实践中，苏格拉底形成了以问答、诘难、诱导为特征的谈话式教育方法，后人称之为“苏格拉底教学法”或“助产术”。苏格拉底认为，真理以潜在的形式存在于人的内心，教师的任务不在于传授既成知识，而在于通过交谈和讨论，消除一切错误与模糊的认识，唤醒学生的意识，从而发现真理。“苏格拉底教学法”由讥讽、助产、归纳和定义四个步骤组成，即在谈话中，通过不断的追问与诘难，迫使受教育者意识到自己的谬误，进而从具体现象中找到事物的共性和本质，并上升到一般概念。

［拓展阅读］黄向阳：《苏格拉底法批判——解读〈美诺〉》

苏格拉底教学法本质上是一种归纳法，也是一种思维训练的方法。这种方法与苏格拉底对道德问题的关注以及对人的心理或认识的见解密切相关，常用于道德教诲之中。美国教育史家孟禄曾分析了苏格拉底方法的意义：从哲学上看，这种方法是概念形成的过程；从教育上看，这种方法是获得知识和真理的过程；从逻辑上看，它是从具体到一般的过程；从心理学上看，它是从感觉形成观念的过程。可以说，苏格拉底关于精神助产术的论述，是西方教育思想史上最早的学习理论和教学理论。

当然这种教学方法有其不足之处，它只是在没有成熟的教材、没有正规的课堂教学制度的特定历史条件下的产物，运用范围受到很多因素的制约。但是从另一个角度而言，这种教学方法在一定程度上遵循了人的认知规律，能使人更加深刻地发现真理，理解教育内容，促使学生的认识不断深化，因此至今仍是教学中的重要方法之一。

在苏格拉底之前，经智者学派的发展，古希腊教育思想已经基本成型，但作为成熟的教育理论，其系统化发展的过程却是以苏格拉底为起点开始的。苏格拉底总结了包括智者学派在内的许多思想家的教育主张，并在此基础上进一步进行理论抽象，使前人关于教育的见解、主张系统化，从而为教育思想的体系化提供了必不可少的工作。从这个意义上来说，在古希腊教育思想史上，苏格拉底发挥着承前启后的转折作用。

第五节　柏拉图的教育思想

从《荷马史诗》的时代到苏格拉底的时代，古希腊教育思想已经达到了相当的高度。从苏格拉底的教育思想中可以看到，他所关注的问题在范围上已经大大扩展，他的认识所到达的深度和高度更是大大超过了前人。尤其重要的是，通过“美德即知识”和“美德可教”等命题，苏格拉底使古希腊人对教育的认识更为系统。但是只有到苏格拉底的学生柏拉图写作《理想国》等著作时，古希腊教育思想的系统化和体系化才真正达到一定程度。柏拉图的教育理论标志着古希腊教育思想体系

［微视频］柏拉图的《理想国》

化的到来，他的《理想国》和卢梭的《爱弥儿》以及杜威的《民主主义与教育》堪称教育思想史上的三座里程碑。

一、柏拉图的生平

柏拉图（前 427—前 347）生活在古典时代末期，也就是古希腊雅典城邦迅速走向衰落的时期。在柏拉图的青少年时代，雅典群龙无首，派系斗争尖锐，社会剧烈动荡。雅典人的自信心和自豪感随之消逝。公元前 399 年，雅典发生了对苏格拉底的审判和处死事件。此事使柏拉图在思想上深受震动。到柏拉图中晚年，雅典已经衰落。

柏拉图出身名门望族，母亲是改革家梭伦的后裔。他 7 岁进入狄奥尼索斯学校学习，12 岁进入巴斯特拉体操学校，对体育、文学、艺术、音乐有浓厚的兴趣，写过一篇史诗和一部悲剧。公元前 409 年，18 岁的柏拉图从体操学校结业，按当时的规定在国内服兵役两年。20 岁时他师从苏格拉底。

［拓展阅读］王晨：《结构、义理与修辞——柏拉图〈理想国〉教育理解引论》

青年时代的柏拉图对政治发生兴趣。雅典的“三十僭主”时代，柏拉图一度想直接从政，但在观察之后他并不认为雅典此时存在良善的政治，特别是对迫害苏格拉底的行为十分厌恶，于是打消了从政的念头，转入哲学的沉思。在苏格拉底死后，柏拉图在地中海世界游历 12 年，成为阅历丰富、知识渊博和卓有声誉的学者。

公元前 387 年，柏拉图在雅典近郊创办学园。他主持学园 40 年，直到去世。他创办的学园存在了数百年，是当时学术的中心，并对中世纪大学和近代大学产生了影响。

现存的柏拉图对话录作品有 40 多篇，其中 28 篇被定为真品。柏拉图的对话有很高的文学鉴赏价值，对话人物性格鲜明、场景生动、充满情趣。《理想国》被认为是柏拉图的中期作品。

二、柏拉图的政治观和哲学观

（一）柏拉图的政治观

柏拉图考察当时地中海世界的诸国政体，发现没有一种政体是理想的。人们感官所及的现实中的政体都不完善，远离真理和正义。完善的、理想的、符合真理和正义的国度不存在于现实中，不是人的感官所能感受得到的。它只存在于头脑中，只是思维的对象。这个存在于头脑中的，超越现实之上的理想境界就是他的大胆构想：“除非哲学家成为我们这些国家的国王，或者我们目前称之为国王和统治者的那些人物，能严肃认真的追求智慧，使政治权力和聪明才智合而为一；那些得此失彼、不能兼有的庸庸碌碌之徒，必须排除出去，否则的话，……对国家甚至我想对人类都将损害无穷，永无宁日。”

依据这一原则，柏拉图构想了一个“理想国”。在理想国中，爱智慧和掌握真理的哲学王居于统治地位，居于辅佐地位的是具有勇敢美德的军人，第三类人是具有节制美德的手工业者和农民。这三类人各安其位，各尽其责，互不逾越自己的本分，分工而又合作，不同而又和谐，这就是正义。智慧、勇敢、节制、正义，这就是理想国中的四种美德。

柏拉图还指出，哲学家生来含有黄金，军人生来含有白银，手工业者和农民生来只含有铜和铁。一个人应归入这三类中的哪一类，并不取决于他的血统和财产，而是取决于他的天赋在教育和实践锻炼中表现出来的美德。

（二）柏拉图的哲学观

柏拉图认为，感性事务中不能得到真实的知识，哲学的任务是超越变化无常的感性世界，追求常驻不变的、不生不灭的永恒世界。柏拉图受到毕达哥拉斯“灵魂不灭”思想的影响，信从“轮回说”和“灵魂转世说”，认为身体是灵魂的囚笼，灵魂只有脱离肉体才能升华，达到灵魂的净化。他将这些哲学观和他的政治观结合起来，提出了“两个世界”的理论，将世界划分为现象世界和理念世界。他认为，现象世界是不完善的、不真实的和暂时的，只有理念世界才是完善的、真实的和永恒的。哲学应该追求真实知识，追求理念，追求普遍永恒的真理。他还认为，在理念世界的众多理念中，最高的理念就是善的理念。

柏拉图认为从感性的个别事务中不能得到真知识，只有通过感性事务引起思维，认识共相，才能达到对真理的把握。他认为思维和共相与外界无关，存在于人的灵魂内部。他说，人在出生以前就获得了一切事物的知识，当灵魂依附于肉体之后，这些已有的知识就被遗忘了，通过接触感性事务，才重新“回忆”起灵魂中已有的知识。认识就是回忆，学习并不是从外部获得知识的过程，而是回忆灵魂中已有的知识。

三、教育目的和阶段

柏拉图的教育思想主要体现在他的代表作《理想国》和《法律篇》中。他将培养和造就哲学家作为教育的最高目标和主要任务。从培养哲学家的教育目的出发，柏拉图提出国家应高度重视教育，将教育视为建设理想国的重要手段。在此基础上，柏拉图对教育阶段进行了较为明确的划分。

教育的第一阶段为学前教育期。柏拉图认为，人在幼年之时，性格正在形成，任何事情都可能在儿童的心灵上留下深刻印象。因此应该抓住这一特点，着重对儿童进行道德陶冶，使其形成良好的品质。儿童自出生后至 3 岁，要在家中接受父母和精心挑选的女仆的养育，3 岁后要进入附设在神庙的儿童游戏场，在国家委派的女公民监督之下接受教育，教育内容包括讲故事、做游戏、音乐和舞蹈等，主要目的在于养成未来公民应具有的勇敢、坚毅、快乐等品性。

教育的第二阶段为普通教育期。年满 7 岁的儿童开始进入国家举办的初等学校，如文法学校、弦琴学校和体操学校，接受普通教育，学习内容以初步的读写算、音乐和体育为主。柏拉图关于音乐和体育教育的思想直接来源于雅典教育的经验，他认为音乐教育不仅是单纯的旋律，还包括诗歌和文学等内容。柏拉图认为，音乐教育可以陶冶人的灵魂，从而熏陶人的心灵，而体育教育则可使人身体健康，避免因体质孱弱而导致精神萎靡，从而影响心灵健全。因此，音乐和体育必须相伴而行，达到使人身心和谐发展的目的。

教育的第三阶段为军事训练期。在普通教育基础上，年满 18 岁的青年将升入高一级的教育机构（埃佛比）接受为期两年的军事训练。在这一期间，青年们的学习内容除军事技能和音乐外，还应该包括初步的科学知识，包括算术、几何、天文。这些知识的学习以实用为主，目的在于培养素质全面的军人。

教育的第四阶段为深入研究期。20 岁后，学业基本宣告结束，大部分青年将投入军营，成为国家的守卫者。少数经过筛选的优秀青年则要继续研究高深的科学理论，进入哲学家的培养阶段，其主要的学习科目是“四艺”，即算术、几何、天文和音乐理论。这些内容虽与前一阶段相同，但目的绝非为了实用，而是要使学习者心灵更加纯洁，更能够逐步接近真理。这一阶段的教育要持续十年，学习者年满 30 岁后，大部分人将充任公职，成为国家的高级官吏。

教育的第五阶段为哲学教育期。学习者在年满 30 岁后，经过非常严格的挑选，极少数最优秀的人开始专门学习哲学（辩证法），一直到 35 岁为止。柏拉图认为，研究哲学是认识真理的唯一方法。他说：“当一个人企图靠辩证法通过推理而不管感官的知觉，以求达到每一事物的本质，并且一直坚持到靠思想本身理解到善者的本质时，他就达到了可理知事物的顶峰了。”经过五年的哲学教育，学习者将投入实际工作中进行锻炼，直到 50 岁时，那些在实际工作和知识学习中成就卓越，特别是在哲学上有着高深造诣的人，才能够最终成为柏拉图理想国中的哲学家兼政治家——哲学王。

可见，柏拉图所提倡的针对哲学家的教育贯穿于人的一生，并且学习和实践锻炼始终是紧密结合的。

四、教育与“灵魂的转向”

柏拉图认为，哲学王的培养，就是通过教育促进灵魂的转向，即从以可见世界为对象的意见状态，转向或上升到以可知世界为对象的知识状态，也就是使受教育者的心灵状态从最低等级的想象，逐步上升到信念、理智，最后达到理性等级，把握最高的“善的相”，进入到至真至美至善的可知世界。这是一个灵魂的转向或上升过程。哲学王的培养过程就是这样的过程。

（一）洞穴比喻的故事

在《理想国》中，柏拉图讲了一个意味深长的洞穴比喻的故事。有一群人世世代代居住在一个洞穴之中，他们从出生时就被铁链锁在固定地点，犹如囚徒。他们的身后有一堆火，在火与囚徒之间有一堵矮墙，墙上有举着各种各样器物的木偶走过，火光将这些木偶投影在囚徒面对的洞壁上，形成多样的、变动着的影像。囚徒们的一生都犹如在看皮影戏，他们不能相互观望，不知道自己的模样，仿佛这些影像就是真实的人、动物和植物。但是，有一个囚徒偶然挣脱了锁链，他移动脚步，回过头来，生平第一次看到炫目的光亮，火光使他感到刺眼的痛楚，使他看不清原先已经习以为常的形象。经过一段时间的适应，他终于能够分清影像和木偶，明白木偶比影像更真实，影像是火造成的投影。他不顾刺目的难受，逼近火光，走向洞口。后来有人把他从陡峭的洞口拉出洞外。当他第一次看到阳光下的真实事物时，再次眼花缭乱，甚于初见火光时所受的痛苦。他只能慢慢适应阳光的照耀，先看阴影，最后直接观察太阳，知道太阳是岁月和季节的原因，主宰着世间万物。这个解放了的囚徒，为了解放他的同胞，他还是义无反顾地回到洞穴里。他的失败是不可避免的。他从光明处来到黑暗处，已不能适应晃动的影像。没有人相信他在外面看到的东西，他不得不在法庭和其他场合同他们论争幻觉和真理、影像和原型的区分，因此激起众怒，恨不得把他处死。

（二）洞穴比喻的含义

可见世界相当于洞穴世界，可知世界相当于洞外世界。第四等级的影像，是想象的对象，相当于洞壁上木偶的影像；第三等级的具体事物，是信念的对象，相当于洞穴中的木偶或器物；第二等级的数理学科，是理智的对象，相当于洞外世界的太阳等的影像；第一等级的“善的相”，是理性的对象，相当于洞外世界的太阳等本身。第四等级，想象和具体事物的影像。柏拉图认为这是最低等级的认识。柏拉图认为，最低级的心灵状态是想象，它的认识对象是生物、自然物和人工制品，就是一切可感事物的阴影或摹本；或者是生物等有形可感事物在水里或光滑物体上反射出来的影像。灵魂的这种状态，乃是前面所述“洞喻”中被囚禁的囚徒的灵魂状态。它存在的真实性最低，认识的清晰性最低，因而相应的价值等级也最低。

第三等级，信念和具体事物。灵魂转向的第二阶段是：从影像上升到影像的原物，即感官面对的有形事物。

第二等级，理智和数理学科。在柏拉图看来，理智虽然可以归入可知世界中，但如果仔细探讨，却发现它是处于可见世界与可知世界的居间世界；从认识的心灵状态来讲，是处于感性认识与理性认识之间，但却接近于理性认识。数理学科是进一步学习辩证法的基础，只有通过研习数理学科，获得理智的认识，才能进一步学习辩证法，上升到认识“善的相”。

第一等级，理性和“善的相”。柏拉图认为，到第二等级为止的理智，尚未完全实现灵魂转向，只有通过辩证法，上升到最高的以“善的相”为对象的理性等级时，才能成功地完成灵魂转向，成为真正意义上的哲学家。它相当于洞穴中的囚徒，来到洞外经过一定时间的适应，终于看到了太阳本身，只有到这时候他才真正认识到太阳主宰着可见世界中的一切，它是万物的终极原因。

概括而言，灵魂转向是从想象、信念到理智、理性的上升过程，是从认识具体事物到认识数理学科，直至最后认识“善的相”的过程，也是充分发挥心灵潜在的认识能力的过程。“洞喻”进一步地说明这一过程及其实现之艰难。这一学说是柏拉图制定教育课程进而培养哲学王的认识论基础。

第六节　亚里士多德的教育思想

亚里士多德（前 384—前 322）是古希腊著名的哲学家和教育家，也是一位博学的思想家。亚里士多德的哲学和教育思想，代表着古希腊哲学和教育理论的高峰。他关于道德、人性和自由教育的观点，为后世的教育理论奠定了基础。

一、亚里士多德的生平

根据普遍接受的观点，亚里士多德的一生大致可分为四个时期。

（一）少年时代：出生至 16 岁

公元前 384 年，亚里士多德出生在马其顿边区，其家庭以行医为业。亚里士多德幼年学习了医学的基础知识，接受了医学的基本训练。丰富的基础知识、严格的实践训练，使亚里士多德自幼形成了注意事实的习惯，树立了尊重经验的作风。医学和解剖学激起了他的好奇之心，使他习惯于从生物学的角度观察事物，把自然看成完整的有机体。这对于他以后形成哲学和教育思想，产生了直接影响。

（二）学园时期：17—37 岁

17 岁时，亚里士多德来到雅典，进入柏拉图开办的学园学习。他广泛钻研政治学、戏剧、诗歌、物理、伦理学等。柏拉图称，他的学园由两部分组成，其他学生构成了学园的身体，亚里士多德则是它的头脑。公元前 347 年，柏拉图去世之后，亚里士多德离开学园。

（三）游历时期：38—50 岁

离开学园之后，亚里士多德四处游历，后受到马其顿国王菲利普的邀请，担任其子亚历山大的私人教师。亚里士多德在学园受到的教育，就是以把君主变为哲学王为最高目的。亚里士多德成功地执行了这一方针，亚历山大即位之后，在武力得天下的同时，积极振兴文化，这与亚里士多德的教导密不可分。

（四）著书立说时期：50—62 岁

公元前 336 年，亚历山大攻陷雅典，亚里士多德得以重返雅典。他创办了吕克昂学园，上午带领学校中的学生，一边漫步，一边探讨哲学问题；下午在运动场的回廊上，向低年级学员讲授基础课目。此外，他开始勤于著述，共留下 146 部著作。

亚里士多德留下了巨大的文化遗产。在西方教育史中，他不仅贡献了一系列教育著作，而且还树立了一种堪称典范的亚里士多德人格：在对纯粹知识的追求中实现自我。他以无与伦比的成就证明了，他就是自己所称颂的那种自我实现的人、幸福的人和自由的人。

二、亚里士多德教育思想的基础

亚里士多德在古希腊哲学和科学发展的基础上，对众多知识进行了认真而独立的研究，从而建立了一个古希腊思想史上最庞大的知识体系。他的教育思想就是以这个理论体系为基础的。

（一）四因说

亚里士多德认为，柏拉图的理念论不能说明事物存在的运动变化，因为理念是与个别事物相分离的。他主张第一哲学研究的是“第一本源和根本原因”。事物是由四个原因构成的，有了这四个原因，事物才能发展和变化。这四个原因是：质料因，即事物构成的根基；形式因，即事物何以是的原因；动力因，即运动自何处来；目的因，即事物何所为的原因。

（二）灵魂论

亚里士多德认为，人是由躯体和灵魂构成的，其中躯体是质料，灵魂是形式。形式是主动的，质料则是被动的。以此为基础，亚里士多德进一步发展了他的灵魂论，认为灵魂可以分为营养的灵魂、感觉的灵魂和理性的灵魂。这三者分别对应植物的灵魂、动物的灵魂和人的生命。营养的灵魂是最低级的灵魂形式，它具有吸收营养和繁殖的作用；感觉的灵魂是动物所具有的比较高级的灵魂形式，即感觉能力、欲望能力和运动能力；理性灵魂是最高级的灵魂形式，这是人类拥有的最高级的灵魂形式。人类灵魂的作用是理性和思维能力，人类灵魂比其他灵魂有更大的优越性。因此，亚里士多德下了一个著名的定义：人是理性的动物。

（三）政治学

亚里士多德认为，人是一种政治动物。个人只有在社会中，才能发挥其能力，实现他自己。社会生活是人类生存的目的，人的幸福在于过社会生活。脱离城邦的，不是神就是动物，而不是人。城邦的责任不只在于维护法律和秩序，抵御外敌侵略，它的更高目的在于使公民幸福地生活。因此，教育就是城邦的一项重要职责。

（四）伦理学

亚里士多德认为，人不论做什么事情，都是为了追求一个目的，这个目的就是善和至善。作为政治动物的人的美德就是实践美德，作为理性动物的人的美德就是认识美德。亚里士多德认为，正确的行为，必须遵循恰当的理性原则，这是判断某一行为道德价值的最根本标准。这种理性原则就是中庸（中道）。他认为，人的行为，无论是过度或不及，都足以败坏人的德性，唯有适度才能造就德行。

三、亚里士多德对教育阶段的论述

亚里士多德认为，由于人是躯体和灵魂的统一体，而灵魂又是由低级层次的非理性灵魂和较高层次的理性灵魂组成的，因此人遵循着先躯体、后非理性灵魂和理性灵魂的发展顺序。根据这一理论，亚里士多德提出，教育应该按照人的发展阶段依次进行，首先是体格教育，使其拥有健全的体魄；其次应以道德教育为主，将人的各种情感和愿望引向良性轨道，形成完善的道德观念，养成良好的习惯；最后是智育和美育，目的在于锻炼和提高人的思维、认识、理解和判断能力，使人的理性灵魂得到充分发展，达到身心和谐——这也是教育的最终目的。另外，要培养身心和谐的人，还必须重视影响人发展的三个要素，即天性、习惯和理性。在亚里士多德看来，重视人的天性，在良好的环境和正当的行为中养成良好的习惯，并通过教育发展人的理性，使天性和习惯受理性的领导，人就能成为良好德行的人。对这三个因素的发展，教育显然有其特殊作用。

亚里士多德在教育史上首次提出教育应“效法自然”的原理，并把儿童和青少年的生理发展作为教育实施的依据。他将教育过程按照年龄划分为三个时期，即从出生到 7 岁为第一个时期，7—14 岁为第二个时期，14—21 岁为第三个时期。由于不同的青少年身心发展的不同特点，教育内容和方法也因此有所不同。

在第一个时期，儿童处于身体生长和发育的关键时期，这一时期的教育应该顺应自然，及时引导儿童做些适合肢体发育的活动，促成儿童体格的健康发展。亚里士多德认为，儿童在5岁之前不可教授任何功课，以免妨碍其身体的正常发育，5岁之后开始课业学习，但也不宜过重，应劳逸结合，以保证充足的体格锻炼。第一个时期的教育是在家庭中进行的，教育内容还包括游戏、讲故事等。

7—14岁为教育的第二个时期，相当于初等教育阶段。这一时期要发展人的非理性灵魂，因此教育应以情感道德培养为主，教育内容包括阅读、书写、体育锻炼、音乐和绘画，学习这些科目的目的是促成人的身心和谐发展。体育锻炼旨在使儿童拥有健康的体魄、培养他们的勇气；音乐和绘画教育则是要使儿童学会善于利用闲暇。亚里士多德特别重视对儿童进行音乐教育，认为音乐不仅能给人娱乐，还能够陶冶性情、涵养理智，从而激荡人们的灵魂，形成高尚自由的心灵。

14—21岁为第三个时期，亚里士多德关于这一阶段教育的著作多已失传，因此无从知晓他对中高等教育的论述。就高等教育而言，从他于公元前335年创办的高等学府—吕克昂学园的课程设置中，我们大致可以推断出14—21岁青年接受的教育内容。在吕克昂学园中，为了发展理性灵魂，亚里士多德开设了包括“四艺”以及哲学、物理、文法、诗歌和伦理学等在内的广泛课程，学校中实行讲授和自由讨论相结合的教育模式，并根据学生的程度分为不同年级，进行分班授课。

四、自由教育论

亚里士多德自由教育论的核心，在于强调自由教育是唯一适合自由人的教育，它的根本目的不是进行职业准备，而是促进人的各种高级能力和理性的发展。自由教育应以自由学科为基本内容，避免机械化、专业化的训练。自由教育的实施需要两个基本条件：闲暇和自由。与大多数古希腊哲学家一样，亚里士多德高度强调闲暇的作用。“哲学研究的开始，只有在全部生活必需品都已具备的时候，在那些人们有了闲暇的地方，那些既不用提供快乐，也不以满足必须的科学才首先被发现。”[①]

亚里士多德把知识分为三大类：实践知识、创造知识和理论知识。实践知识是为了行为而追求的；创造知识是为了制造事物而追求的；理论知识是为它自身而追求的。他认为理论知识包括数学、物理和哲学。哲学乃理论科学之顶峰，以最高的善和理性为对象。亚里士多德认为，那些实用的，为获取钱财或为某种实际功利的知识和技能，都不适宜自由人学习。

亚里士多德坚信求知是人的本性，理智就是每个人灵魂占支配地位并且是最好的部分，过一种理智生活是最大的幸福生活，有智慧的人是最幸福的人。这种幸福的人爱智慧，爱智慧的目的是为了摆脱自己的无知。这种人爱真实、恶虚假，因为“哲学就是为了真理的知识”。这种人潜心于知识，追求的是心灵的快乐，绝不像有的人那样贪婪财富，追求享乐。亚里士多德在《政治学》中就有关于泰利斯

① 张斌贤，方晓东．外国教育思想通史：第2卷[M]．长沙：湖南教育出版社，2002：321.

只爱智慧不爱金钱的记述："世人曾经轻侮泰利斯以哲学见称而贫困得几乎难以自给，讥笑哲学并非救贫的学问。某年冬，他凭星象学预测［明年］夏油榄树将获丰收，于是把自己所有的一些资金，完全交给启沃岛和米利都城的各油坊作为定金，租得了各油坊的榨油设备；这时谁都不去同他竞争，订定的租金很低。收获季节来临时，需要榨油的人一时纷纷到各油坊，谁都愿意照他所要求的高额支付榨油设备的租金。他由此获得大量金钱，向世人证明哲学家不难致富，只是他的志趋却不在金钱。"①

对理性和自由的真挚追求和热情赞美，是亚里士多德对西方文化和教育发挥持续影响的主要方面。从亚里士多德的有关论述中，我们可以看到古希腊那种追求闲暇的理智生活的社会特征。以发展理性为目的，以和谐均衡发展为核心的自由教育，既是古希腊教育实践的主要特色，也是古希腊教育思想的共同特征。它深刻反映了古希腊民族爱智慧、崇尚美与和谐的文化精神，因而成为希腊教育长期追求的基本目标，同时又是古希腊教育留给后世最伟大的遗产。

五、伦理学与道德教育

（一）德性论

亚里士多德认为：美德既非出于本性而生成，也非反乎本性而生成，自然给人们接受德行的能力；它以潜能的形式存在，然后再以现实活动的方式展示出来；人们必须先进行有关德行的现实活动，才能获得德行；只知道德行是不够的，还需要力求在实践中应用或者以某种办法变得善良，公正的人由于做了公正的事情获得善，节制的人由于做了节制的事情获得善，如果不去做这些事情，就无法成为有德行的人。亚里士多德批评那些空谈德行而不实践的人："有些人什么合于德行的事都不做，而是躲避到有关德行的道理言谈之中，认为这就是哲学思考……像这样的哲学也不能改善灵魂。"②

在实践德行中，亚里士多德强调动机与效果的统一、知与行的统一、主观与客观的统一。"合乎德行的行为，本身具有某种品质还不行，只有当行为者在行动时也处于某种心灵状态，才能说它们是公正的节制的。第一，他必须是有知、自觉的；第二，他必须是有意识地选择行为的，而且是为了行为自身而选择的。第三，他必须在行动中勉力地坚持到底。"③ 亚里士多德认为，对于获得德行来说，知识的作用非常微弱，其他条件比知识的作用更重要，因为公正和节制的德行是公正和节制的行为多次重复之后才产生的。正是在这个意义上，他批评苏格拉底"美德即知识"的观点并不完善。

亚里士多德道德教育思想的另一个重要方面就是强调"中庸"原则（或称中道原则）。崇尚中庸之道，可以说是古希腊从荷马时代至古典时代思想家们的共同传

---

① 亚里士多德．政治学 [M]．吴寿彭，译．北京：商务印书馆，2009：35.
② 吴式颖．外国教育史教程 [M]．北京：人民教育出版社，1999：78.
③ 吴式颖．外国教育史教程 [M]．北京：人民教育出版社，1999：78-79.

统。当然，在古希腊的所有思想家中，亚里士多德的中庸论最为著名。他视中庸为调适过度与不足之间的一种合理而有效的方法。亚里士多德的中庸论属于伦理学的范畴，它作为一种行为的道德指南，在当时及后世都具有广泛的影响，在西方学界被称为“黄金中道”，历久不衰。

（二）中道说

亚里士多德认为，在人类的情感和行为中，存在着不及、过度和中间三种状态。他认为，德性从本质上说就是中道，寻求不及和过度二者之间的中间性，是达到幸福的正确途径。亚里士多德具体分析了十余种德性，对于它们的不及、过度和中间状态进行了全面研究。如怯懦—勇敢—鲁莽，放荡—节制—麻木，小气—大度—无度，怀恨—义愤—嫉妒，虚荣—自豪—卑贱。他从这种分析中得出结论，凡行为共有三种倾向：其中两种是过恶，即过度和不及；另一种是德性，即遵守中道。幸福的获得就体现在这些遵循中道原则的选择和行动之中。

亚里士多德认为，对于人的情感和行为而言，要求遵守中道，不仅是可能的，而且是必要的。在他看来，德性是以理性为指导的，它比任何技艺更高级、更优越。既然技艺行于中道就能很好地发挥功能，达到中道，那么，人的德性也是能够发挥其功能，达到中道的。不仅如此，亚里士多德还根据他对人本身性质的分析，强调中庸对人的感情和行为是必要的，因为人的情感和行为有过度与不及的事情，甚至有些“天生易于发生的事情”自然地倾向于耽乐，陷于放荡之中。因此，他认为，必须以德性来处理、调解情感和行为，在过度与不及这两个过失之间持守一个中间位置。

但是，亚里士多德的中庸（中道）并不是折中主义。恰恰相反，他的中庸或中道原则是排斥折中主义的。他认为，道德上的中道不同于几何学中直线上的中点，因为德性必须处理情感和行为，而情感和行为有过度与不及的可能，而过度与不及皆不对；只有在适当的时间和机会，对于适当的人和对象，持适当的态度去处理，才是中道，亦即最好的中道。这是德性的特点。这就是说，道德上的中道指的是人的情感和行为的过度与不及之间的恰当之处，而这个恰当之处是相对的，因人和条件的不同而不同，不是过度与不及的简单调和折中。德性是二恶之间的中点，一恶在“过度”一边，一恶在“不及”一边。二恶即过度与不及，而德性是发现与选择中道的适度的量。因此，就善与恶、正当与不正当的界限来说，它是一个与恶相对立的极端，它是善，是正当，而不是在善与恶、正当与不正当之间的中间状态。一切恶的、不正当的情感与行为，如恶意、无耻、嫉妒等情感，偷盗、谋杀等行为，本身就是恶，就应当受到谴责，并不是由于它在德性中有过与不及才受谴责。

苏格拉底、柏拉图和亚里士多德的教育思想是古希腊长期发展的教育思想及教育实践经验的总结，又是以后两千多年西方教育思想发展的直接源头。古希腊最早有文字记载的教育思想记载应追溯到公元前 7 世纪的《荷马史诗》。此后，毕达哥拉斯、德谟克利特、智者学派都有一些零星的教育观点。到苏格拉底、柏拉图、亚里士多德的时代，古希腊的教育思想已经有了三四百年的历史积累，这是他们教育思想产生的土壤。“古希腊三哲”对之后西方教育思想的发展产生了长远、广泛和深刻的影响。除在哲学、政治、伦理、美学、文学、修辞、科学、神学等方面的影响外，在教育理论方面，诸如和谐发展、理性指导欲望、苏格拉底教学法、德行和知识的关系、自由教育、学园等都是长盛不衰的话题。后世许多重要的教育理论观点，都可以从“古希腊三哲”那里找到源头。“古希腊三哲”的教育思想，是古希腊教育中的璀璨明珠，对整个西方世界，也对人类文化和教育的发展，做出了不朽的贡献。

在古希腊逐渐走向衰败之后，古罗马逐渐成为地中海世界的统治者。古罗马人与古希腊人在民族性格方面有诸多差异。古希腊人擅长思辨，而古罗马人则推崇实用。因此，总体来说，古罗马时代的教育思想相比古希腊诸贤，原创性和深度相差甚远，古罗马教育在内容、目的和形式也只是古希腊教育的延续和变化。西方教育思想的革命性变化，要等到公元5世纪基督教时代的来临。

[课后练习]

一、名词解释题

1. 富而后教　2. 有教无类　3. 化性起伪　4. 智者学派　5. 七艺　6. 苏格拉底法　7. 灵魂转向　8. 自由教育

二、问答题

1. 孔子对我国古代教育的发展有何贡献?
2. 孔子是如何论述教育目的的?
3. 孔子认为应当运用哪些教学方法?
4. 孔子对教师提出了哪些要求?
5. 从“人性论”入手，孟子和荀子的教育思想有何异同?
6. 荀子关于教师地位、作用和条件的主张有哪些?
7. 孔子和苏格拉底的教育思想有何异同?
8. 如何理解“美德即知识”?
9. 如何理解柏拉图的“学习即回忆”?
10. 亚里士多德的“中道”与儒家提倡的“中庸”，有何异同?

第三章　古代教育制度的形成与衍化

[学习目标]

1．理解中国历代文教政策的发展历程。
2．了解中国历代官学教育的机构设置及其特点。
3．掌握中国历代私学教育兴衰原因及其特点。
4．了解西方中世纪时期基督教教育和世俗教育的类型和特征。
5．掌握西方中世纪大学形成背景、主要类型、特权制度和学位制度等知识。

【知识导图】

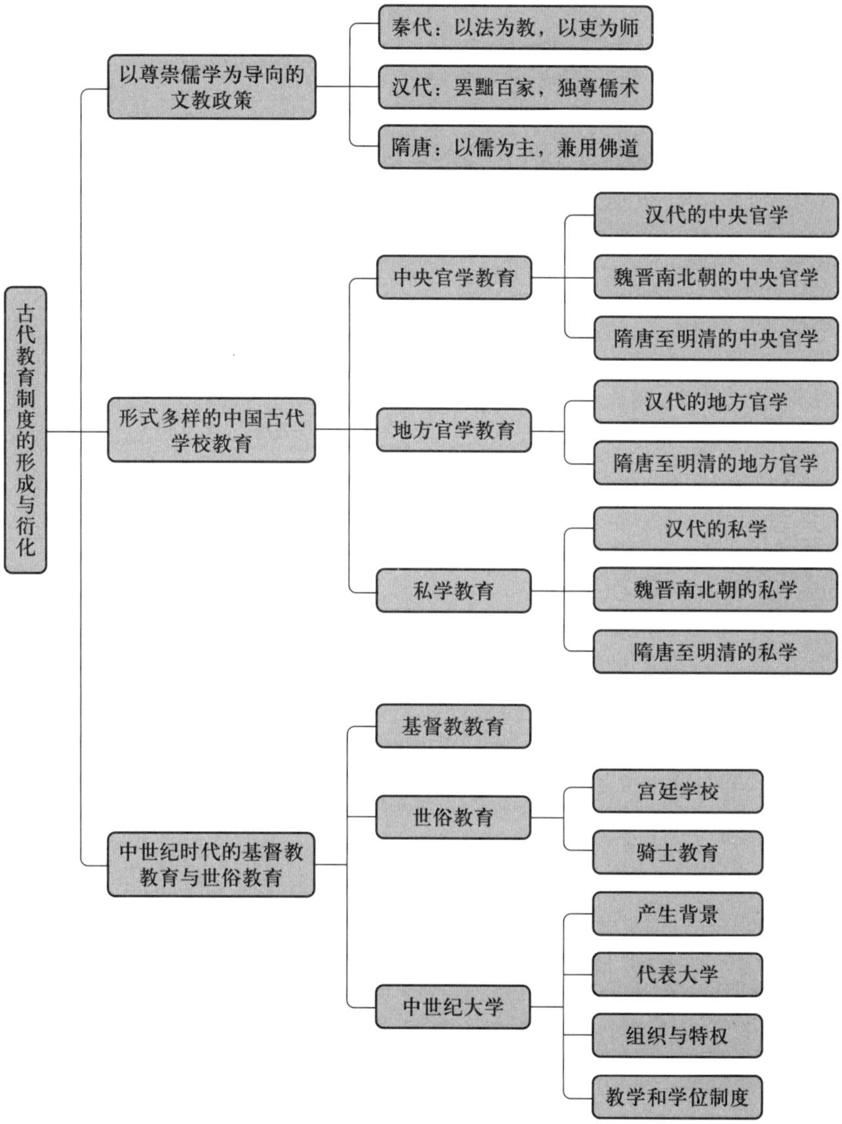
古代教育制度的形成与衍化
以尊崇儒学为导向的文教政策
秦代：以法为教，以吏为师
汉代：罢黜百家，独尊儒术
隋唐：以儒为主，兼用佛道
形式多样的中国古代学校教育
中央官学教育
汉代的中央官学
魏晋南北朝的中央官学
隋唐至明清的中央官学
地方官学教育
汉代的地方官学
隋唐至明清的地方官学
私学教育
汉代的私学
魏晋南北朝的私学
隋唐至明清的私学
中世纪时代的基督教教育与世俗教育
基督教教育
世俗教育
宫廷学校
骑士教育
中世纪大学
产生背景
代表大学
组织与特权
教学和学位制度

中国古代教育制度，主要包括秦汉至明清历代的文教政策、官学制度、私学制度、书院制度和选士制度等。各代教育制度因应其时政治、经济、文化的需求，不断调适相关教育制度，从而维护社会的稳定，推动文明的进步。西方古代教育制度的形成和演化，始终处于与宗教、政治、经济和思想文化变迁的互动之中，包括修道院、主教学校和教区学校在内的基督教教育体系，以及在中世纪时代形成的大学，共同成为现代教育制度的直接根源。

第一节 以尊崇儒学为导向的文教政策

秦朝崇尚法家思想，采取“以法为教、以吏为师”的文教政策。这一政策被汉朝统治集团所摒弃，汉武帝接纳董仲舒提出的“罢黜百家、独尊儒术”的思想，自此形成以儒学为导向的文教政策，深刻影响着汉代以后各级各类学校教育的发展。

一、秦代“以法为教、以吏为师”的文教政策

公元前 221 年，秦国吞并六国，建立了中国历史上第一个封建王朝。为了巩固中央集权制，秦朝尊崇法家思想，实施“以法为教、以吏为师”的文教政策。具体措施有以下三点。

（一）“书同文”“行同伦”

“书同文”是指对文字整理和规范的定型化工作。其目的是为了消除言语异声、文字异形的语言使用混乱现象。文字采用新的形体，即小篆体，这个革新对中华文化的发展有着积极作用。

“行同伦”是指融合各民族、各地区风俗，统一规范道德行为的标准。其目的是为了教化百姓，美化风俗，以促进中华民族共同心理状态的形成。

（二）严禁私学，“以吏为师”

秦朝为了巩固统一的中央集权制度，将法律作为教育的主要内容，由政府统一管理实施，对私学一律取消。在李斯的建议下，秦朝建立集法律、教师、官吏为一体的“吏师制度”。秦朝抑制私学的发展，且转向“以吏为师”，窄化教育内容，片面地强调专制主义的法律教育，并将官吏和教师重新合二为一，这无疑是教育发展史上的一次大倒退。

（三）抑制儒学，“以法为教”

秦始皇推崇法家思想而抑制儒家学说，主张严刑峻法而漠视道德的作用。秦朝实施“以法为教”，在各郡县兴办“学室”，专招史官之子研修律令。

秦朝为了进一步抑黜儒家思想，采取禁儒学、焚诗书的手段，罔顾民众基本的精神自由和文化需求，这不仅是文化专制的反映，也是愚民政策的表现。

二、汉代“罢黜百家，独尊儒术”的文教政策

汉初统治集团在探索治国路线的过程中，为避免重蹈“以法为教”而导致速亡的覆辙，逐渐形成了新的文教政策：罢黜百家，独尊儒术；兴太学，置明师；重选

举，广取士。这一政策的首倡者是具有“汉代孔子”之称的大儒董仲舒。

汉武帝接受董仲舒尊崇儒学的文教政策建议，于建元五年（公元前 136 年）设立《诗》《书》《礼》《易》《春秋》“五经博士”，为他们专门设立“博士弟子”，而对原来设立的传记、诸子等博士皆加以罢黜。这样就产生了“独尊儒术”的局面。

元朔五年（公元前 124 年），汉武帝诏令丞相公孙弘等人制订设立太学的计划，并于当年创办太学，为博士官招收弟子 50 人，跟随名家大师专攻儒家经学。太学的设立，是中国教育史上的一件大事，之后的历代王朝都循例而立。

有了太学这种培养人才的最高学府，还要有一定的选拔人才制度，才能真正造就出国家所需要的官吏。董仲舒深知官吏对于国家盛兴衰亡的重要性，他提出“重选举而广取士”的举措，用察举制取代秦以来的军功爵禄制。元光元年（公元前 134 年），汉武帝采纳董仲舒的建议，下令各郡国推举“孝廉”各一人，使得民间有识之士可以通过荐举的方式踏入仕途。

汉代文教政策改变了先秦儒家私门传学与法家“以吏为师”的做法，为大规模地培养和选拔儒学人才开辟了道路，推动了教育的儒学化，对中国后世的教育发展影响巨大。

三、魏晋南北朝佛、道兴起，文教政策多元化

魏晋南北朝时期，由于南北分治，政权更迭频仍，未能形成统一的文教政策。儒学作为两汉官学的教育指导思想，进入汉末魏晋时嬗变为“名教”。“名教”，也称“礼教”，就是以“正名分”为中心的封建礼教，将适于统治阶级种种利益的政治观念、道德规范以及教育道德价值导向等定为名目，立为名分，制为功名，号为名节，以之教化百姓，包括生徒、官吏，因此称作“以名为教”，其核心为正统儒学所确认的“三纲五常”之道。但是，到了南北朝时期，随着佛教的壮大和道教的崛起，加上士人对“名教”的反思和批判，儒家经学已无法成为统治阶级制定文教政策的唯一依据，儒学、佛教和道教相互杂糅，此起彼伏，或多或少地影响着其时文教政策的制定和实施。故而在文教政策上出现了一个多元化的时代。

四、隋唐“重振儒学、兼采佛道”的文教政策

隋朝结束了 300 多年的战乱局面，建立了统一的封建王朝。统治者以史为鉴，重新审视儒学，确立了“重振儒学、兼采佛道”的文教政策。

［拓展阅读］张先昌：《试论隋代前期的文化教育政策》

（一）尊崇儒学

与隋代一样，唐代统治者也格外重视尧舜之道，推崇周孔之教。他们在政治领域以“律”“礼”来确立和保证儒学的主体地位。反映在文化教育上，则是建立孔庙，设崇贤馆，举儒生作为学官，共商国是。总体上，唐代尊崇儒术的思想取向没有发生变化。

（二）兼采佛道

与汉代“独尊儒术”的文教政策不同的是，隋唐两代除尊崇儒学外，还比较重

视佛教和道教的作用。隋朝统治者为了稳定统一大业，大力提倡佛教，对道教也相当尊敬。隋文帝曾明令各州建佛塔，严禁毁坏佛像，鼓励研究佛经。唐朝虽以儒学为要务，但同时也推崇佛、道二教。大兴佛寺，支持佛经翻译事业。创设崇玄学，专门讲习道教，令百官学《老子》，在科举考试中加试《老子》，还另增“道举”一科。唐代儒、佛、道三者虽然间或有此消彼长的矛盾，但总的来说，文化教育上儒学依然居于主导地位，辅之以佛教和道教。唐代文学气象之所以多样而恢宏，与其文教政策兼容儒、佛、道诸多因素密不可分。

重振儒学和兼重佛道的文教政策，促进了隋唐学校教育的发展和教育思想的新变。这一时期既是儒家教育思想的复兴阶段，又是儒学教育思想同佛、道教育思想的碰撞和交融，并向宋明理学教育思想过渡的滥觞阶段，可谓中国古代教育思想发展史上的一个重要转折时期。

［微视频］科举制度与教育

与文教政策息息相关的还有科举制度。作为以进士科为标志的分科考试来选拔官吏的人事制度，科举制度产生于隋朝，勃兴于唐朝。隋炀帝大业二年（606 年）创设进士科，是中国古代科举制度上的创始性事件。科举制度经过唐代的不断完善，定型于宋代，延续于明清，是我国封建社会中持续时间最长且影响最广的选士制度。科举制度在中国历史上延续了 1300 多年，直到 1905 年才被废除。

五、两宋“重文治”和元代“遵用汉法”的文教政策

960 年，赵匡胤建立北宋王朝。在统治策略上重用文臣，文教政策方面沿用唐制，把尊孔崇儒作为治国的指导思想，同时支持佛、道二教，使儒、道、佛三派进一步融通，相互为用。在统治者的积极提倡下，儒学的发展出现了新动向，为程朱理学的应运而生提供了政策条件。南宋时代的宁宗诏令在学校里建立周子（周敦颐）祠，并诏赐朱熹以“文公”的谥号，把朱熹撰写的《论语集注》《孟子集注》作为法定的教科书。这样，朱熹在中国教育史上的地位被确定下来，理学成为文化教育发展指导思想的性质和作用也被确立起来。之后的元、明、清各代相沿未改，都崇奉理学为教育的指导思想。

元代建立后，一方面采用武力镇压的手段和民族歧视的政策，另一方面“遵用汉法”，笼络汉族士人，兴办学校，推崇孔孟之学，把朱熹最有代表性的《四书章句集注》作为官学教材和科举考试的依据，进一步确定了理学在我国封建社会后期的统治地位。

六、明清时期推崇理学、创八股，实行文化专制的文教政策

［拓展阅读］赵伯陶：《明清八股取士与文学及士人心态》

明清时期统治者力崇程朱理学，推广普及儒家文化教育。明代将程朱理学大众化，向民间和整个社会普及，使其成为社会生活的指导思想，还首创“八股取士”的制度，从“五经”和“四书”中命题，以八股文为固定的考试文体。同时在文教领域里，明清两代统治者都实行种种禁锢思想的措施。如洪武初年，朱元璋下令删节《孟子》一书中若干不利于君主专制的言语。清代统治者为了控制舆论，大兴文字狱，大肆打击知识分子结社。

总之，儒家思想学说在封建社会里一直是历代文教政策的主体，它强调德治教化，促进了我国古代教育事业的发展。

第二节 形式多样的中国古代学校教育

中国古代学校教育主要分官学、私学和书院三大系统。官学是指由中央政府和地方政府举办的学校。私学是指私人创办或者民间机构设立的学校。书院则是一种介于官学和私学之间特殊的教育组织形式。三者共同构成了形式多样的学校体系。

一、官学制度

汉代以降，经过魏晋南北朝，而至宋元明清，逐步形成了比较完备的中央官学和地方官学。

（一）汉代的官学制度

汉代的中央官学最重要的是太学，由太常管理。发展到东汉时期，又创立了鸿都门学、宫邸学。而地方官学的主要代表为郡国学。

1．太学

太学是一所专门传授儒家经典的最高学府。它成立于元朔五年（前 124）。太学的设立，标志着中央把握教育大权，由朝廷来主导人才的培养及选拔。

太学博士，即是太学的教师，需由精通经学之士担任。而博士弟子，是指太学的学生，东汉称为“诸生”或“太学生”。太学建立之初，只招 50 名学生，且选拔非常严格。其后规模不断壮大，到成帝时猛增为 3000 人。到东汉时的质帝时，太学生的数量高达 30000 多人。太学生的来源有两个：其一是由太常选拔京畿之地 18 岁以上且品行端正者入学；其二是从地方上选拔“好文学，敬长上，肃政教，顺乡里，出入不悖者”[①]，通过地方最高行政长官推荐，再由朝廷择优录取。

［拓展阅读］张荣芳：《论汉代太学的学风》

太学教育的基本特点有以下方面。

第一，为国家培养“经明行修”的官吏。“经明”指通晓一种或两种以上的经书，“行修”指具备”三纲五常”的德行。“三纲”的内容是“君为臣纲，父为子纲，夫为妻纲”，“五常”即仁、义、礼、智、信五种道德观念。

第二，御定统一的教材。太学所用的法定教育课程为“五经”，而不是“六经”。由于《乐经》这本书的遗失，所以到了汉武帝时代，只存有“五经”。当时学界解释“五经”有不同学派，但要在太学中传授“五经”，必须要经五经博士评议，最后由皇帝裁决，称之为“立于学官”。

第三，遵守“师法”和“家法”，采用章句教学的传经方式。汉代经学教育主要以章句的形式进行教学，逐章逐句地对儒家经籍的名物典章和思想要义做出讲解。正是在这样一种“章句之学”下，太学博士形成了各自的“师法”“家法”。譬如，某一经师的学说已“立于学官”，成为太学博士，那么他的经说即称为“师

① 班固．汉书·儒林传[M]．北京：中华书局，2007：875．

法”。其弟子代代相传，遂而形成“家法”。如果发现有人篡改了“师法”“家法”，皇帝就要取消他的博士资格。章句之学和“师法”“家法”的结合，使得经学教育呈现出学派性的特点。

第四，建立了定期的考试制度。太学首创“一岁一试设科射策”的制度。“策”是指主考官所出的试题，“射”是指学生对试题的理解和回答过程。“科”是指主考官用以评定学生成绩的等级标记，分甲科、乙科两种程度命题，进行抽签考试，按成绩等第分别授予不同的官职。学习不努力或不能通晓任何一经的太学生则会被开除。设科标准以完成通经多少为依据，学生通过考试取得科名。

2. 鸿都门学与宫邸学

鸿都门学创设于东汉灵帝光和元年（178），因校址设在洛阳的鸿都门而得名。这是中国古代最早的一所传授书法、绘画和文学艺术的专科学校。学生由三公或者地方长官推荐入学，其设置、招生、任官均与太学不同，且毕业后多被封高官，享厚禄。从建校的本质来看，它是宦官集团培植私人势力的场所，有政治斗争的背景，因此，受到门阀官僚集团的猛烈抨击。但从中国教育发展史尤其是专科教育史而论，它的建立打破了儒学独尊而宰制教育文化的格局，为后代专科学校的发展提供了经验，具有重要意义。

宫邸学是外戚集团创办的贵族学校，创设于东汉明帝年间，又称“四姓小侯学”。所谓“四姓”，即樊、郭、阴、马四大氏族，因他们为外戚子弟，不曾封侯，故称“小侯”。

（二）魏晋南北朝时期的官学教育

三国时期的官学设置，基本上承袭汉朝。曹魏统治者重视儒学，基本沿袭了汉代的太学设置，置五经博士。在此基础上，曹魏又制定“五经课试法”作为选拔考试的方式，以通几经作为选官的依据，基本规定了太学的学习内容和考试方式。曹魏在教育制度上的新发展是律学的创办。227 年，依尚书卫觊所请，魏明帝于廷尉属下设律博士。这是我国律学设置的开端，打破了经学一统的局面。

西晋在传统太学之外，又创办了一所新学校名为“国子学”，其教授内容与太学一样，但有等级性，只有贵族子弟才有资格到国子学学习经学知识。这标志着中央国学形式的多样化。

南朝宋文帝时期，经济发展，社会稳定，教育也得到了发展，经学受玄学影响较深，注重义理之学。最突出的表现是创设了“四馆”，即儒学馆、玄学馆、史学馆和文学馆，四馆并立，各就其专业性质招收学生，提高了玄学的地位。宋明帝时期，国学既废，设立“总明观”，即藏书、研究和教学为一体的机构，置祭酒，设儒、道、文、史四科。这四科虽与宋文帝时期设置形式一样，但意义不同，它由原来四科单科性质的大学发展为多科性质的大学。

（三）隋唐时期的官学教育

隋唐时期是封建官学的繁荣时期，官学制度已相当完备。隋文帝为了稳定统治，使教育适应集权统治的需要，创设了管理中央官学的专门机构国子寺，隶属于太常寺。“国子寺统国子、太学、四门、书、算学，各置博士、助教、学生等员。”

（《隋书·百官志》）即国子寺下设五学：国子学、太学、四门学、书学、算学。隋开皇十三年（593），国子寺从太常寺脱离出来，成为独立部门并改名为国子学。隋大业三年（607）改名为国子监，自此延续到清末。

隋朝的官学制度对唐代学校制度产生深刻影响。唐代堪称我国封建社会的“盛世”，不仅政治经济繁荣发展，教育事业也得到空前发展。官学体系在继承前代的基础上又有所创造和革新。唐承隋制，设立了国家管理中央官学的机构国子监，属于直系，其下设有六学：国子学、太学、四门学、书学、律学、算学。东宫设有崇文馆，门下省设有弘文馆，均为皇族子弟受教育的场所，属于旁系。皇族子孙另设小学，玄学隶属于祠部，集贤殿书院隶属于中书省。此外，唐代专科学校种类较多，朝廷各有关机构还开办各种类型的培训专门人才的机构。专科学校附属于官署，由官署的行政长官直接领导监督。太医院开办医学，并分设医科、针科、药师等专业；司天台开办天文、历数等门类；太卜署办有卜筮学；校书郎办有校书学；等等。唐代官学的发展，不仅为后代王朝办学提供了丰富的经验，而且把这种办学经验传播到周边国家，如新罗、日本等，为世界文化发展做出了极大的贡献。

[微视频]
韩愈的师道观

隋唐时期国子学、太学、四门学称为“三学”，统由国子监管辖，其目标都是培养“经明行修”的官吏。“三学”和汉代太学的不同点有以下方面：

第一，强化了学校的等级性，规定三品官和相当于三品官以上的贵族子弟入国子学；五品官和相当于五品官以上的子弟入太学；七品官和七品官以上的子弟和民间“俊秀”入四门学。太学和四门学的学生，经过毕业考试合格并愿意继续学习者，可依次升入国子学或太学。

第二，制订了较为完备的教学计划。“三学”将各种儒家经典分为大经、中经、小经三类，分别规定了学习年限。

第三，增加了考试类别。除岁试以外，还有旬试、毕业试。

第四，建立了休假制度，即旬假、田假、授衣假。旬假十天一休，放假前，由博士进行旬试。

第五，出仕要经过科举考试。“三学”中的学生通过国子监考试的合格者，除有门荫的高级官吏子弟以外，一般不能直接授官，须再经过科举考试，方能取得出身。

二、地方官学教育

（一）汉代至魏晋南北朝时期的地方官学教育

汉代行政建制以郡国为单位，郡直属朝廷，郡下所管辖为县、乡等。国是分封给各王族的管辖区，因此，汉代地方官学称为郡国学。郡国学发轫于西汉蜀郡太守文翁。汉景帝末年，蜀郡太守文翁重视教化，在成都设立官学，招收郡属各县官吏子弟入学。文翁兴学，开启了蜀郡崇教的先河，改变了当地文教落后的局面。汉景帝曾嘉奖文翁兴学。汉武帝下诏令，“今天下郡国皆立学校官”（《汉书·循吏传》），使郡国学得以在地方广泛传播和设立。汉元帝时期，为了方便对地方官学的管理，在各郡国设立五经百石卒史。郡国学的教师称郡国文学官，或称文学师、郡文学、文学祭酒等，学生称文学弟子或郡学生。东汉时，地方官学大都设在郡、国一级，极少的县设有县学。汉代办郡国学的目的主要有：其一是培养本郡的官吏，进而有效地管理地方政务；其二是培养地方优秀学生，上报太学学习经学；其三是通过举办“乡饮酒”“乡射”等传统的行礼活动，进行社会教化。

曹魏时期颁布的《修学令》提出：“郡国各修文学，县满五百户置校官，选其乡之俊造而教学之。”在州设文学从事，郡设文学掾，进行教化工作。两晋时期地方学校的开办主要得力于某些热心的地方长官。像西晋的虞溥为鄱阳内史时，开办了鄱阳郡学；东晋的庾亮在武昌设置学官；等等。但由于当时动乱的环境，地方教育很不稳定。

（二）隋唐时期的地方官学教育

唐代是中国封建社会盛世，教育事业空前繁荣。因唐代的地方行政建制分道、府州、县三级，唐代地方官学分为府学、州学和县学。地方官学除在府州和县设有由长史管辖的儒学外，还设有直辖于太医署的府州医学，直辖于中央礼部下的祠部的府州“崇玄学”。《新唐书·选举志上》记载：“州县学生，州县长官补，长史主焉。”这表明州县之学由长史负责，开展教学工作，教学内容主要是经学知识。以后在此基础上增添了新的内容，比如医学知识、玄学知识。《新唐书·百官志四下》记载：“贞观三年，置医学，有医药博士及学生。开元元年，改医药博士为医学博士，诸州置助教。”由此可看出，唐朝对医药学的重视，在府州也大力办医药学，这是历史发展的一大进步。《旧唐书·礼仪志四》记载：“开元二十九年正月己丑，诏两京及诸州各置玄元皇帝庙一所，并置崇玄学。”在地方设置崇玄学，该校学生需学习《道德经》及《庄子》《列子》等，实际上显示出唐玄宗对道教的重视。地方官学学生在校除学习儒经外，另外还需习得文史、礼仪。

（三）宋元时代的官学

宋以后中央官学体制基本沿袭前代，但在办学形式、学校管理、教学组织等方面也有所发展。宋代学校制度基本采用唐制，中央官学设有国子监、太学以及律学、算学、书学、医学等专科学校，但在学校形式上增设了画学和武学。元代于国子学之外又设立了蒙古国子学、回回国子学，各以本民族语言进行教授。

北宋为了振兴官学，改革科举，曾有“三次兴学”之举。

[微视频]
苏湖教学法

第一次兴学，是范仲淹主持的庆历兴学。普遍设立地方学校；改革太学；改革科举考试内容，罢帖经、墨义，着重策论；引进胡瑗的“苏湖教学法”是世界教育史上最早创立的分科教学和学科的必修、选修制度，在北宋庆历兴学中得到推广，对中国古代教育的发展产生了一定的影响。

第二次兴学，是王安石主持的熙宁兴学。扩建和整顿地方学校；恢复与创立武学、律学、医学等专门学校；编撰《三经新义》作为统一教材；改革太学，创立“三舍法”，它是对中国古代大学管理制度的一项创新，不仅对宋朝的学校教育产生了积极影响，而且对后世也有较大影响。

第三次兴学，是蔡京主持的崇宁兴学。全国普遍设立地方学校；建立县学、州学、太学三级相联系的学制系统；新建辟雍，发展太学；恢复设立医学，创立算学、书学、画学等专科学校；罢科举，改由学校取士。

宋代地方官学只设州（府、军、监）学和县学两级。各学教官称教授，州学置 2 人，县学置 1 人。州县地方官学的教学内容以儒学经术为主。元代地方官学制度比较完备，在路、符、州、县四级均设相应学校。元代还设有“社学”之制。“社学”设在农村地区，至元二十三年（1286 年）颁布各路，劝农立社，凡各县所属弟子入学，学文有成者，申复官司照验。农家子弟利用农闲时期开展学习活动。它对于发展农村教育文化事业具有一定意义。

（四）明清时代的官学

明清两代的中央官学，与宋元时期大同小异。此外，明代洪武五年（1373）创立监生“历事”制度，作为明朝国子监的教学制度之一。它规定国子监生学习到一定年限，分拨到政府各部门“先习历事”。监生历事时间不同，有的三个月，有的半年，有的一年，甚至更长。监生历事期满经考核分上、中、下三等。设立此制度起因是为弥补明初官吏不足，在实习的过程中监生也获得了丰富的实际经验。此制度是挂职实习的雏形，可以视为中国古代大学的教学实习制度。不过后来监生日增，历事泛滥，监生历事制度已徒具形式，失去了其积极意义。

明代前期，地方官学比较兴盛。明太祖初年，除在全国设立府、州、县学外，在防区卫所设有卫学，乡村设有社学，各地方行政机构所在地还设置了都司儒学和宣慰司儒学等。洪武二年（1369 年），府设教授、州设学正、县设教谕各 1 员，皆设训导。明代地方学校订有周密的考试制度，月考由教官举行，每月举行一次；岁考、科考由地方提学官主持，其在任三年，两试诸生，第一次为岁考，别诸生成绩为六等，凡附学生员考至一等前列可补廪膳生，其次补增广生。第二次为科考，提取岁考的一二等生员，加以复试，上者可获应乡试资格。

清代地方官学基本沿袭明制。依其地方区划设有府学、州学、县学，乡间设社学。各地均设专职学官，府设教授，州设学正，县设教谕各 1 人。此外，清代实施“六等罢黜法”，将地方官学生员分为三等：廪膳生、增广生、附学生。学生按岁、科考试成绩分为六等，决定升降奖惩。岁试得一等递补廪膳生缺额，二等递补增广生缺额，均给赏；三等不升不降；四等罚责；五等降级；六等除名。其基本特点是对生员进行动态管理，把生员的等级与学业成绩紧密挂钩，有助于调动学生学习积极性，提高学校教育质量。这是清朝在地方官学管理上的重要创新。

三、私学教育

（一）汉代私学

汉代初期，政府尚无暇顾及建立学制，此时学术发展、文化传播犹赖于私学。由于秦朝禁止私学的政令开放，政府又奉行“无为”政策，私学教育的环境也较为宽松自由。汉武帝以后，虽创设了太学和郡国学，因只有极少部分学生可进入太学或者郡国学学习，私人讲学现象依然不衰，经师授徒，尤为兴盛。官学数量、名额有限，太学设于京师，远道学生入学很难，朝廷既定儒学于一尊，又开求学问仕之

［拓展阅读］
吴霓：《中国古代私学在教育史上所发挥的作用》

利禄进途，为仕做官必须读书，要读书必须求师，因此他们不得不去跟随经师学习儒学知识。这也是汉代私学兴盛的原因之一。

私学从教学的程度可分为初级程度的书馆和高级程度的经馆。初级程度的书馆建立是因为汉代官学中缺乏蒙学这类机构，所以学生启蒙阶段的教育主要在私学进行。该阶段起初主要进行识字、习基本礼节的教育。当时的教科书有《论语》《孝经》《尔雅》《仓颉篇》《凡将篇》《急就篇》等，其中影响最广的就是记载生活常识的《急就篇》。在学习常识的基础上，进行专门的读写训练，培养学生的思想观念和伦理道德，为进入下一阶段提供保障。

高级程度的经馆相当于太学程度，由经师大儒自立经馆教授“五经”，与太学相辅并行。该阶段学习内容主要是对经学知识的深究。这些私学场所经常有一些著名学者聚徒讲学。这类私学，有的设在经师家里，也有经师带弟子在外传授的。汉代某些经学大师的弟子能多达数千人，但同时在经师门下受教的至多不过数百人。经师面对这么多的学生进行授课，不可能亲自面授，一般采用“次相授受”，即经师只对长时间跟随其学习的学生进行直接授课，再由他们传授给其他弟子。私学对汉代教育事业的发展发挥着重要的作用，尤其是汉代经馆，可以说是后代书院的渊源之一。

（二）魏晋南北朝时期的私学

魏晋南北朝时期，教育有了显著的发展，从中央到地方建立起来一个较为完善的教育体制，保障教育的质量和进步。同时由于朝代的更替，战乱的发生，学校教育处于时断时续的状态。但私人讲学之风却未减退，尤其是家庭教育得到了进一步发展。当时在职官员、被免官员、隐居人士都积极从事私学活动，甚至贵戚富豪子弟也积极办私学。当时著名的经学大师有魏国的国渊，吴国的虞翻，晋国的范平、刘兆，南朝的雷次宗、何胤，北朝的刘献之等。据《晋书·儒林传》记载：“济南刘兆，博学善诱，著作百余万言，从受业者数千人。”由此可以看出当时的私学之风受政治影响较少。魏晋南北朝时期，除名儒聚徒讲学非常兴盛外，还有各家纷纷聚徒讲学文学、历史、道学、巫术、天文、历法等内容，与儒学争雄，大大丰富了私学的内容。

南朝时期在前代私学教育发展的基础之上，特殊性质的家学得到较大发展，家庭教育文献大量出现，主要表现在两方面：一是家风培养和家族学术的传承，二是家训、家诫等的撰写极为盛行，最有代表性的是颜之推的《颜氏家训》。该书是我国封建社会第一部系统完整的家庭教科书，用以训诫子孙后代。童蒙教育也属于私学的一部分。这个时期编写的儿童读物《千字文》是一部重要的儿童读物，包括了天文、万物、伦理、祭祀、历史、饮食等内容。

[微视频]
颜之推与
《颜氏家训》

（三）隋唐时期的私学

隋唐时期随着政治经济的发展与繁荣，学校教育也呈现繁荣景象。隋唐官学极盛，私学颇发达。隋朝大儒王通，门下弟子遍及全国，唐初开国名臣魏征、房玄龄等均出其门下。相比官学所承担的任务，私学的教学任务具有可选性和适应性。私学除了承担基础教育的重要任务，还承担比官学更广泛的民族文化传承的任务。它不只是学习儒家经学，还学习社会所需要的各种知识技术。私学和官学并不是不交融的，在私学场所学习到一定阶段，有的学生被挑选转入官学，有的学生提高文化水平，达到条件就参加科举考试。私学由民间办理，政府对私学的管理较松散，只要是不触犯禁令，就听任私学自由发展。私学的分布面更广，适应性更强。在社会动乱或者是改朝换代时期，官学会受到较大冲击导致教育事业停滞或荒废。而私学虽然也受影响，但由于比较机动灵活，可以避害减灾、转移而延续，因此私学在担负民族文化传承发展中的历史作用是不能忽视的。隋唐时期，私学教育中，不仅儒学极盛，佛教、道家私学亦很流行。唐代时期每所寺庙实质上也是一所佛教学校，由主持专门教授佛教，进行思想教化。

私学的昌盛离不开政府政策的支持。唐高祖武德年间《置学官备释奠礼诏》："州县及乡里，并令置学。官僚牧宰，或不存意，普更颁下，早遣修立。"乡学主要是一些民众在政府支持和鼓励下自办的学校，属于私学性质的。隋唐时期也是封建文化繁荣时期，文化形式多种多样，且传授内容也丰富多彩。当时比较突出的有以下几类：《三礼》学、《易》学、《春秋》学、《汉书》学、谱学、《文选》学、文学。另外科学技术也取得进展，通过私学的形式广泛传播。

（四）宋代私学

宋代私学极为发达，著名私学大师有孙复、胡瑗、张载、程颢、程颐等。朱熹等在做官之余，也时常到私学讲学。胡瑗还以自己开办私学的经验及独创的"苏湖教学法"影响了官学，对后世书院教学也有一定影响。书院多属私立，南宋书院大兴，名儒讲学多在书院。

[微视频]
蒙学教材

宋代私塾蒙学也相当发达，如朱熹著《小学》《童蒙须知》，推动了蒙学的迅速发展。范仲淹为同族所设的义学、苏轼幼年所入的小学都是私塾蒙学。宋代还出现了著名的蒙学教材《三字经》和《百家姓》。宋代蒙学重视礼仪和道德规范教育，学诗、作词也是教学重点之一。

（五）元明清私学

元明清三代，书院官学化，有的遭毁禁，有的成为科举的预备，不能满足学术研究与讲学的需要，新的私学又开始兴旺。元代著名私学大师许谦讲学于东阳之八华山，学者纷纷从之、弟子千余人。明代私学大师有陈献章、王守仁、湛甘泉等人。明清之际私学大师黄宗羲、王夫之、顾炎武，史称"三先生"。清代私学大师颜元、李塨反对程宋理学，倡导躬行践履，世称"颜李学派"。元代乡村普遍设立社学，私立公助，亦属蒙学性质，农闲时遣子弟入学肄业。元代家塾普遍设立。明承元制，各府州县普设社学，蒙学教材也从内容到形式都发生了重大变化。

四、书院制度

书院萌生于唐宋之际，它的创立对中国教育史的发展产生了巨大的作用。它源于唐，盛于宋，衰亡于清末，历时千载，是中国封建社会特有的一种教育组织，在世界教育发展史上独具特色。它对中国封建社会后期学术文化的发展和人才的培养曾起过巨大的推进作用。

（一）历代书院发展和演变

1. 两宋书院

北宋初年，先后出现了许多对后世产生重大影响的书院，为书院制度的完备和发展奠定了基础。受王安石新政的影响，书院曾一度沉寂。新政改革失败后，官学受挫，书院再次兴起。南宋偏安江南，战事不断，政治腐朽，国力衰微，虽然政府鼓励设学，却是有名无实，这为南宋书院的发达创造了条件。南宋理学家把书院当作传播理学的重要阵地，且印刷术的推广，使得书院藏书增多，以至于南宋书院呈现出数量之多、办学质量之高、规模之大的面貌。

白鹿洞书院在江西庐山。唐贞元年间（785—805），李渤、李涉兄弟在此读书。李渤任江州刺史时，于读书处建立台榭，名其地为白鹿洞。宋初初建书院，学生多达千人。南宋朱熹曾重修白鹿洞书院并制定书院学规，各地书院纷纷仿照朱熹手订的《白鹿洞书院学规》。

石鼓书院在湖南衡阳石鼓山。唐元和年间（806—820）李宽结庐读书于此。宋至道三年（997），李士真向郡守申请在原址创建石鼓书院。宋真宗、宋仁宗先后赐匾额及学田，南宋时扩修，影响更大。

岳麓书院在湖南长沙市岳麓山下。宋开宝九年（976）潭州太守朱洞创建。咸平二年（999），潭州太守李允则再加扩充，学生达60余人，并建有藏书楼，并请朝廷颁赐经书。宋真宗赐“岳麓书院”匾额，岳麓之名始盛于天下，著名理学家朱熹曾任讲席，学生云集，多达千余人。

应天府书院在河南商丘市，当时商丘称应天府，故以此命名。宋真宗大中祥符二年（1009）、应天府平民曹诚就戚氏旧居出资三百万金建学含150间，聚书1500余卷，朝廷赐“应天府书院”匾额、命戚同文之孙戚舜宾主持，范仲淹曾在此就读。天圣初年，范仲淹又掌教书院，推行新政时又把办书院经验推广到全国，景祐二年（1035）将书院改为应天府官学。

南宋时期，影响甚大的也有四大书院：白鹿洞书院、岳麓书院、丽泽书院和象山书院。

2. 元代书院

元代对书院采取提倡、扶植和加强控制的政策，这使书院逐渐官学化，以便缓和民族矛盾，笼络汉族知识分子，加强封建统治。太宗八年（1236）行中书省中书令杨惟中创立太极书院，这是元代第一所官办书院。书院在元代出现官学化趋向，主要表现在统治者因势利导，积极加以扶植、控制，政府委派山长并授予官衔、发给官俸。这一举动，一方面保证了书院的正常发展和运行，另一方面，也在一定程度上影响了学术活跃和发展。

3. 明代书院

明初，书院不发达。成化（1465—1466）以后，书院日渐勃兴，至嘉靖万历年间（1522—1619）已达极盛，其发展进程严重地影响到政局，以致于统治者先后四次禁毁书院。明代中晚期书院的繁荣与陈白沙、王守仁、湛若水等心学大师讲学有着直接的关系。陈白沙、王阳明和湛若水均为明代中叶的心学思想家，他们为了宣传各自的学术观点，在其所到之处，建立书院进行讲学，使书院数量大增。明代书院和科举关系更加密切，书院官学化的程度比元代更甚。

4. 清代书院

清代书院的发展，是由其总的文教政策决定的。清初统治者害怕书院讲学，对自身统治不利，因而对书院采取抑制政策。直到雍正年间，考虑到书院在社会上的影响，朝野上下复兴书院的呼声日高，清政府才改变书院政策，由消极抑制转为积极发展，加强控制，令在各省省会必设书院一所。但清代书院官学化达到极点，大部分书院与官学无异，完全丧失了独立性、自主权，成了科举制的附庸，只有极少数书院仍保留一些自由讲学的特点。

书院的发展，为统治阶级培养了大批统治人才，对维护封建制度起了重要作用。书院重视和提倡讲学的风气，并积累了不少有益的教学经验，在教育史上占一定地位。

（二）书院产生的原因

大体而言，书院产生的原因主要有以下四点。

其一，社会动荡与官学衰败。唐末五代战乱不已，社会秩序混乱不堪，政府无力顾及官学教育，导致官学日趋衰败，礼仪不修，造成人们求学苦无其所。这样在客观上便为私人创办书院提供了可能性。历史地看，书院的应运而生也确实发挥出弥补官学教育缺位的功能，为不少向学之士提供了读书上学的场所。

其二，私人讲学的精神传统。我国有源远流长的私人讲学传统。春秋时期，孔子创立私学，倡导有教无类，招徒授课，成就斐然。孔子而后，历经战国的稷下学宫、汉魏两晋的私人书馆，迨至唐末五代，私人讲学的精神传统从未中断，这种精神传统为书院的兴起奠定了强有力的思想基础。

其三，佛教禅林制度的启迪。禅林是指佛教徒生活的寺院。从魏晋南北朝至隋唐，佛教徒大多在山林名胜兴建禅林，宣讲佛经，修禅悟道。书院产生之初，往往借鉴禅林制度，在院址安排、儒经讲解、自由辩论、组织设置、学生管理等方面颇受佛教禅林制度的影响。

其四，书籍的印刷与传播。自从唐代采用雕版印刷术和宋代毕昇发明活字印刷术之后，民间印刷作坊林立，书籍的成本大幅度降低，促使书籍的生产更为便利，传播也更为迅速。可以说，书籍的印刷与传播是催化书院产生的重要技术因素。

（三）书院在管理和教学上的特点

第一，书院管理者学养深厚。书院的创建者或主持人，多是当时较为有名的学者，或是某一学派的代表人物。负责人称为山长（也有称洞主、洞正、堂长，山主等），除山长外，有的还设副山长、助教、讲书等协理其事，学生也参加管理。书院强调教学活动和学术紧密结合，相互促进。

［拓展阅读］
邓洪波：《中国书院的教学管理制度》

第二，书院允许不同学派共同讲学。书院重视学术交流和争辩，有名学者前来讲学，其他书院和外地书院的师生都可聆听，特别是南宋以后书院盛行“讲会”制度，成为书院重要的教学形式。这种“讲会”常常成为一个地区性的学术活动，一定程度上体现了书院包容百家、百家争鸣的精神。

第三，书院教学注重培养学生的自学能力和学习兴趣。书院教学多采用问难辩论式，注意启发学生思维，提高学生的能力。

第四，书院内的师生关系比较融洽。书院教师不仅学识渊博，而且循循善诱，孜孜不倦教导学生。学生尊敬师长，老师爱护学生，师生之间和谐相处。

第五，书院弟子可以递相出入，不拘泥于师门而向其他学派问学。书院大多主张可以自由择师，鼓励弟子往来于不同的学派之间，竞相争鸣，取长补短，以促进学术发展。

第六，书院大多订有“学规”，作为书院教学的办学指南。如南宋朱熹制订的《白鹿洞书院学规》，也称《白鹿洞书院揭示》《白鹿洞书院教条》。

书院教育不仅对我国传统教育和文化产生了重大影响，而且先后影响到日本、朝鲜、东南亚等国。虽然书院制度早已逝去，但书院教育崇尚自由讲学等精神则不会消失。

第三节 中世纪的基督教教育与世俗教育

5 世纪，曾称雄一时的罗马帝国处于崩溃之中。剽悍的日耳曼族于 476 年推翻了西罗马帝国。西罗马帝国的灭亡，在欧洲历史上标志着以古希腊、古罗马文明为顶点的奴隶制社会的终结，此后，西欧进入封建时代。

[微视频]
中世纪时代教育的主要特征与历史意义

西欧的封建社会延续了 1000 多年。其中 5 世纪末至 14 世纪文艺复兴运动之前的这段历史被称为中世纪。西欧中世纪是在罗马帝国的废墟之上，由文明程度远低于古罗马人的外来“蛮族”建立起来的。一方面由于战乱的破坏，另一方面限于占领者的文化水准，他们还不可能欣赏、学习和接受古希腊、古罗马时代辉煌的文化遗产，因此，在中世纪早期，古希腊、古罗马的文化成就为世人所遗忘，西欧的文化教育水准大幅度下降。

一、基督教教育

早在 1 世纪，基督教在罗马帝国统治之下的巴勒斯坦地区萌芽。从犹太教的一个分支到罗马帝国的国教，基督教经历了很大的发展和改变。作为一个社会组织，教会形成了独具特色的组织结构、管理体制与程序，即以主教为中心的教职、教阶体系和具有法律效力的教规、教纪制度。作为一种文化，一种意识形态，基督教不但与西欧社会的风俗习惯、伦理道德相联系，而且对人们的精神、情感、心理产生了重大影响。正是这些特点使基督教会在罗马帝国后期能够经受社会动乱的严重危机，而且在罗马帝国灭亡、蛮族势力全面控制西欧的情况下成为古代文明的唯一载体，基督教信仰也成为影响和教化新兴民族的主要力量。

严格来说，基督教神学与基督教会是两个相互联系而又含义不同的概念。前者是指比较抽象的思想、理论、观念等，后者则指有形的教会团体、组织和系统。中世纪早期，基督教势力在这两方面都达到巅峰的程度，而且明显地对这一时期的西欧教育产生了深刻的影响。

（一）基督教的教育形式和机构

中世纪最典型的教会教育机构分散于各地的修道院。修道院早在罗马帝国时期就已经出现。最初它们并不是真正的教育机构，只是一种教徒集体修行的场所。但是进入中世纪以后，特别是在早期，由于其他教育形式基本不存在了，它们不但承担起教育的基本职能，而且成为西欧最主要的教育机构。

修道是一种对人精神和肉体的训练。这种活动早在古希腊、古罗马时期就已存在，反映了古代社会的人们相信肉体与灵魂分离、肉体在某种意义上与灵魂相敌对的思想。基督教不但继承了这种观点，而且其神学理论在经过奥古斯丁的改造以后，把肉体看作灵魂的监狱，把源于人性的情欲看作人最大的堕落，强调只有克制，乃至消灭肉体欲望才能获得精神上的拯救和神圣。因此禁欲、修行等成为基督教信条中的组成部分。另外，早期基督教所生存的环境使教徒们时刻面临殉教的危险，对教徒进行应付折磨甚至死亡的殉道教育，使他们能从容面对迫害，平静迎接死亡，也是基督教存在和发展的需要。所有这些原因都使基督教的修行、修道制度迅速发展起来。最早的修道院由生于埃及的圣·安东尼在4世纪初创办于尼罗河边，此后，罗马帝国境内的其他许多地区也出现类似机构。

在西方基督教的历史上，一般认为圣·本尼狄克是西方修道制的鼻祖。他于529年在古罗马与那不勒斯之间的卡西诺山上建立起以自己的名字命名的修道院，他亲自为修道院制订了详细严格的“管理条例”，这一条例成为欧洲许多类似的修道院效仿的范本。本尼狄克称这一修道院是“为主效力的学校”。这充分说明了这一机构的性质和目的。本尼狄克对基督教教育发展的主要贡献并不在于他创立了修道院，而在于他制订了一套严整的规章制度，使修道院成为集生产、生活、教育等多重功能于一身的特殊机构。

欧洲中世纪的修道院很注重教育。修道院最初只接收志在侍奉上帝、准备充当神职人员的人进行教育，以后扩大了范围，一些并不以神职为生的人也被接纳。但两类学生分开，前者称为“内学”，毕业后将终生从事圣职；后者称为“外学”，入修道院只为学习知识，学成后仍为俗人。

除修道院学校外，中世纪的西欧还有主教学校和堂区学校。前者设在主教堂所在地，学校的条件较好，水平也整齐，但数量有限。后者设在堂区教士所在的村落，是由教会举办的面向一般世俗群众的普通学校。12世纪中期，教皇要求所有堂区兴办学校，使堂区学校出现大发展，成为中世纪欧洲最普遍的学校教育形式。堂区学校一般由教士或其他指定的教会人员负责，招收7—20岁的男青年入学（少数学校招收女生）。学校的课堂以灌输宗教知识为主，也同时进行读、写、算及简单世俗知识的教学。与修道院学校和主教学校相比，堂区学校的教育范围更大，培养目标更为宽泛，但学校的条件和水平较低。

（二）基督教的教育思想与理论

西罗马帝国灭亡后，基督教会填补了由于罗马帝国政治崩溃而留下的不能由任何“蛮族”首领来取代的巨大空隙。基督教不仅改造了“蛮族”，而且从某种意义上来说也塑造了新的欧洲。这就使罗马帝国之后的欧洲成为基督教的天下，使中世纪成为神性的时代。神性时代有自己占统治地位的教育思想和理论，具体体现为基督教的神学世界观、儿童观、知识观、目的论等。

基督教作为一种一神论宗教，设定了一个绝对的、完善的、超越的神。它无所不在，无所不能，是世界和万物的本源。基督教确立了一个超理性的信仰权威，同时又赋予其极丰富的道德内涵。在基督教看来，人和世上的万事万物一样，也是由上帝创造的。上帝虽然按自己的形象创造了人，但由于亚当、夏娃偷吃禁果，人类犯下了原罪。这种原罪伴随人类始终。但是，作为上帝最高级、最精巧的创造，人除了和动物一样生存之外，还具有动物所不具备的理解力。人能够认识抽象的东西，掌握真正的知识，这就是对上帝的敬畏与信仰。所以，敬畏与信仰上帝被基督教看作人最基本的特性。缺了它们，人类就与动物无异。

基督教对教育对象的看法和对教育性质的认识与基督教的世界观及人生观紧密相连。在奥古斯丁之前，基督教尽管也讲人性恶，但在对儿童的看法上还比较宽容。例如，4 世纪很有名的基督徒演说家约翰·克里索斯托就提出，虽然任何人都要面对灵魂拯救的问题，但儿童特别是幼儿，“像蜡一样”，可塑性很强，如果从他们刚出生起就开始教育他们，使他们不受邪恶事物和语言的影响，他们就会成长为高尚的人。反之，他们就会成为邪恶的俘虏。奥古斯丁的原罪理论成为古罗马教会的官方学说以后，儿童也和他们的父兄一样为“原罪”所败坏。为此，教会要给刚出世的婴儿施洗礼，以后要严格控制儿童的欲望。由于儿童的本性罪恶，要想控制儿童邪恶的本性并使其成为高尚的人就必须惩罚他们的肉体，压制他们的欲望。基于这样的认识，对儿童的约束与惩戒成为中世纪教育的重要特征，戒尺、棍棒是中世纪学校不可缺少的工具。

在整个中世纪，基督教会中也有一些思想家和教育家，对于人的本质及儿童观问题，提出了不同于古罗马教会官方理论的学说，有些还相当具有革命性。如爱尔兰著名神学家埃里金纳的人神统一说，法国神学家阿伯拉尔对罪感与罪罚的区别等。阿伯拉尔在《伦理学》一书中指出：亚当遗传于人类的是罪感，而不是罪罚，不可能设想上帝会因为一个人的父母犯罪而惩罚他。他认为人有善良的动机，因此本心向恶有罪，而过失犯罪无罪，由于无知而做了坏事也无罪。另外，儿童心灵洁白，不会有罪。但是，中世纪的思想家在探讨人的本质时，大都脱离不了宗教神学的束缚，无论是相信性本善还是性本恶，依然把儿童看作上帝的造物。这种观点忽视了儿童自身的主体存在，束缚了儿童健康积极的自主发展。

基督教知识观的典型特征是以神学为最高学问，任何世俗学问都要服从于上帝的学说。第一个用拉丁文写神学著作、被人称为拉丁教父哲学创始人的德尔图良认为：基督教是对上帝的认识，对上帝的认识便是真理。这样的真理不能靠科学和哲学来探讨、取得，而只能凭着人对教会权威的信服、凭信仰才能得到。在他之后的奥古斯丁虽然没有像他那样完全用信仰取代理性，提出“理解为了信仰，信仰为了理解”，甚至大量利用古希腊哲学家的理论论证基督教神学，但是在本质上，奥古斯丁仍然把宗教信仰看得重于理性，而且对古希腊人所研究的物理学等自然科学知识不屑一顾。在中世纪神学家中，托马斯·阿奎那是对古希腊哲学，特别是亚里士多德的各种著作研究最深、运用最多的人，但是，他却用从亚里士多德那里学来的形式与质料说来论证他所提出的宇宙中的知识等级体系。他认为科学依赖于质料，只有神学，其研究对象可以离开物质而存在，是永远不在质料之中的东西，如上帝、天使等。根据这种对科学的分类，低级学科以追求高级学科为目的，而最高的目的是神学，因而科学要服从神学，神学理论高于其他科学。

作为一种宗教信仰，基督教从其形成之日起就把传播教义、争取信徒作为重要目标，教育正是它实现这一目标的重要途径。由于基督教特别是早期基督教，将物质世界与精神世界、人的理性与信仰分离开来、对立起来，把前者看成邪恶的代表，把后者看作高尚与真理的象征。因此，在他们眼中，对人的教育过程就是使人摆脱尘世困扰，逐渐从世俗王国中挣脱出来的过程，教育的最高目的是使人进入绝对真理的世界，成为具有纯粹信仰的人。

在人类社会发展史上，基督教教育理论并非毫无意义，其中一些内容对后世还颇有启迪意义。例如，首先由犹太人创造，进而为基督教所继承和发展的上帝创世说把人视为超种族的历史存在，把世界看作遵循一个统一普遍的规律而运行的文明体，认为人类社会的历史运动是一种有目的、有意义、朝向终极目标前进的过程。这种世界观与历史观打破了此前流行的认为世界和人类社会是地域的、循环往复的、杂乱无序的思想。另外，基督教的人生观借助上帝的名义取消了人与人之间的不平等，原罪说使人的本性有了共同来源。上帝的完美与人的不完美，现世的痛苦与来世的幸福，等等，基督教用充满辩证关系的论证在人与神之间建立起联系。人是上帝的造物，但又拥有自由意志，他既受制于上帝，又与其抗争，人的罪恶既是对上帝的背叛，也是其自由意志的表现。所有这些不仅揭示了基督教在人生问题上丰富的辩证法和深刻的哲理性，而且赋予这一宗教本身强烈的伦理化色彩。基督教强调人的精神追求和道德生活的重要，把人的救赎与社会的教化联系起来。正是由于这些原因，教育成为基督教极为关注的领域。而在教育中，对人的精神、灵魂与智慧的陶冶和培育成为重要内容。基督教明确区别了信仰与理性的不同，并且在两者中明显地偏重于前者，这使其知识观有不可克服的缺陷。基督教的生命和本质就在于其超越感性直观和经验理性的神秘主义，基督教在学理上对理性与信仰的区别，对两者不同含义和相互关系的探讨，恰恰是它对人类知识观的一大贡献。

二、世俗教育

6 世纪以后，在西罗马帝国的废墟之上，西欧封建制逐渐发展起来。封建制不仅仅是一种经济形式，也是一种阶级结构。作为统治者的封建主以国王为最高代表，在分封土地的过程中形成等级。在整个中世纪，虽然基督教教会和高级神职人员是西欧封建主阶级的重要组成部分，但教、俗封建主之间还是存在分野，教权与王权的斗争也一直时隐时现。特别是中世纪中期以后，这种现象十分明显。在文化教育上，8 世纪以后，随着封建制的发展和王权的巩固，有别于教会学校、满足世俗封建主需要的教育形式和机构开始出现。

（一）宫廷学校

宫廷学校是一种设在国王或贵族宫中，主要培养王公贵族后代的教育机构。在中世纪初期，西欧最具实力的国家是由法兰克人建立起来的王国。早在墨洛温王朝后期，法兰克王国的统治者就已经意识到发展文化教育的重要性。著名宫相查理·马特在位期间，就在宫廷中设立了以王室和贵族子弟为对象的学校。查理曼大帝于 768 年即位以后大力发展文化教育，宫廷学校成为欧洲重要的世俗教育形式。

查理曼大帝统治时期是法兰克王国最为强盛的时期，这位国王一生征战五十余次，使王国的版图几乎与强盛时的罗马帝国相同。法兰克人的文化水平低，造成其管理水平和能力差，这使得查理曼大帝下决心通过发展教育来提高法兰克人的文化素质。他于 787 年发布公告，要求全国的“主教管区与修道院，除了维持修道院生活的秩序，进行神圣的宗教活动外，还应当对靠上帝恩赐能够学习的人，按照他们的才能，热忱教他们学习识字”。两年后，他又发表补充通告，要求各教区设立学校，使儿童学习阅读。为给臣民做出榜样，他不但自己潜心学习，还广揽欧洲知名学者，做自己及子孙后代和朝廷官员们的顾问、教师，其中最著名的是英格兰教士、学者阿尔琴。阿尔琴从小在英格兰最著名的约克郡主教学校学习，后来成为这所学校的校长。他于 782 年应查理曼大帝邀请来到法兰克宫廷，协助改进教育工作。他亲自担任法兰克王国宫廷学校校长 14 年，使这所学校成为欧洲最著名的宫廷学校。宫廷学校的学习科目与当时的教会学校一样，主要是“七艺”，教学方法也采用教会学校盛行的问答法。经验丰富的阿尔琴根据法兰克王宫的特殊需要，编写了很多问答体教材，让学生记诵。学生通过记诵这些问答，掌握了有关宗教、自然和社会的各种知识。

宫廷学校主要是培养封建统治阶级所需要的官吏，由于中世纪早期欧洲社会生活的特点，教、俗封建主往往两者合一，世俗官吏教育自然也具有浓厚的宗教色彩。阿尔琴在长期主持法兰克王国宫廷学校以后，又转到图尔的圣马丁修道院学校工作。他在这两所性质不同的学校里，基本上采用了相同的教育形式和方法，这说明早期宫廷学校与教会学校有密切的联系。

（二）骑士教育

骑士教育是西欧封建社会的一种特殊教育形式。它与等级鲜明的欧洲中世纪封建制结构相适应。这一时期的欧洲，封建国家的最高统治者是国王，其下是有爵位的贵族，依次称为公、侯、伯、子、男爵。最低一级的贵族是骑士，他们一般是贵族家庭中的次子，不能继承家庭的封地和爵位，只拥有很少的土地和农民，主要靠替国王和大贵族打仗获得分封和奖赏。骑士制度最盛行的时期是十字军东征的 11、12 世纪。

骑士教育是一种特殊形式的家庭教育，主要目标是培养勇猛豪侠、忠君敬主的骑士精神和技能。骑士教育的实施分为三个阶段。从出生到七八岁为家庭教育阶段。儿童在家庭中接受母亲的教育，主要内容是宗教知识、道德教育和身体的养护与锻炼。七八岁以后进入礼文教育阶段，贵族之家按其等级将儿子送入高一级贵族的家中充当侍童，侍奉主人和贵妇。通过在贵族家庭中与主人朝夕相处，学习上流社会的礼节和行为规范。这种教育有时也包括一些知识内容，如识字、拉丁文法等，但更多的是吟诗、弈棋、唱歌、奏乐等技艺。在此阶段，贵族子弟也开始学习赛跑、角力、骑马、游泳和击剑，以便成长为身体强壮、能征善战的武士，这样的训练一直继续到 14 岁。14—21 岁为侍从教育阶段，重点是学习“骑士七技”，即骑马、游泳、投枪、击剑、打猎、弈棋和吟诗，同时要侍奉领主和贵妇。这一阶段如发生征战，侍从要以生命保护主人。在这种教育过程中，贵族子弟年满 21 岁时要通过授职典礼正式获得骑士称号。

骑士教育的全部内容是一种典型的武夫教育，对文化知识的传授并不重视，重在灌输服从与效忠的思想观念，训练勇猛作战的诸种本领，培养封建统治阶级的保卫者。中世纪备受歌颂的“骑士精神”，体现了当时社会所崇尚的人格品质和道德风范：对主人和君长尊崇忠诚，对贵妇斯文典雅；作战时勇猛果敢，与人交往时慷慨豪侠。

封建领主的女孩受教育极少，主要在贵族官邸中进行，目的在于培养贤妻良母，内容除编织、缝纫等家务外，也包含一些礼仪训练、音乐舞蹈等，尤其注重的是如何持家和管理财产的训练。因为家中男人经常离家征战或为高一级领主服务，管理家务的工作往往就由主妇承担。

封建贵族的世俗教育内容虽然简单，但比较实用。无论是宫廷学校还是骑士教育，都以培养当时社会所需要的实际应用人才为主。以后随着社会的发展，世俗教育日见发达，逐渐形成自己的体系。

第四节 中世纪大学的兴起和发展

中世纪大学是中世纪为人类文明留下的最璀璨的遗产，是中世纪时代出现的新的教育机构，也是现代大学制度的直接渊源。它的产生是社会、经济和文化因素交织的结果。

一、中世纪大学产生的社会政治和文化背景

第一，到中世纪中后期，随着西欧社会的稳定，农业和手工业等出现了复苏和繁荣的景象，原已破败的城市走向复兴。经济的复苏和城市的复兴，为中世纪大学的产生提供了物质条件，同时也为师生组合在一起共同研讨学问提供了必要的场所。

第二，经济的发展和城市的复兴带来了市民阶层的兴起，原有的基督教学校及其教育内容无法满足这种新兴阶层的需要，他们迫切需要一种能满足其自身需要的、新型的和世俗的教育机构和教育内容。

第三，修道院和教会对古典文化的保存以及 9—12 世纪，尤其是 12 世纪的翻译运动，丰富和深化了西欧人对古典文明的认识；十字军东征带来了东方的文化，开拓了西欧人的视野；经院哲学的产生及其内部的论争，繁荣了西欧的学术氛围。在这种背景下，西欧出现了文化教育的复兴，从而为中世纪大学的产生奠定了重要的知识基础。

第四，基督教的教育机构尤其是修道院学校以及中世纪城市的行会组织，为中世纪大学的产生奠定了组织基础，有的大学甚至就是从教会的主教学校和修道院学校发展而来的。

第五，随着文化的复兴，西欧社会出现了追求学问的风气，知识的世俗价值得到了普遍的认可，负笈求学的学生络绎不绝，而设坛讲学的大师也能吸引众多的追随者。对高深知识的渴望成为促进中世纪大学产生和发展的社会需求。

二、中世纪大学的兴起

西文中的“大学”一词，源于拉丁文 universitas，其全名为 universitas magistrorum etscholarium（教师和学生的组合），原指一般职业性或专业性的团体、行会、同乡会，后逐渐发展成为“教师和学生为了学习和教授某项专业的共同目的”而形成的组织，这种组织既服务于人才培养，又保护自己所从事的专业利益。

中世纪大学起源于 11 世纪，按其形成方式划分为三类：自然形成的大学、因迁校而形成的大学、由教皇以及封建领主创办的大学。西欧最早产生的大学是意大利的萨莱诺大学、波隆那大学，法国的巴黎大学，英国的牛津大学和剑桥大学，它们有“母大学”之称，后来的大学大都是以它们为样板而建立起来的。

（一）意大利的中世纪大学

1. 萨莱诺大学

意大利是欧洲中世纪经济较为发达和城市较为繁荣的地区，因而最早的中世纪大学首先在这里孕育而成。意大利南部的萨莱诺风景秀丽，气候宜人，萨莱诺医学中心丰富的矿泉资源使这里成为闻名欧洲的疗养胜地，素有“健康之所”的美名。这里原有一所医学校，到 11 世纪初成为医学研究的中心。11 世纪下半期，曾考察印度、埃及、巴比伦等地医学的阿菲利加诺来到萨莱诺，在此编译了古希腊著名医学家希波克拉底以及其他希腊和阿拉伯的医学名著，并进行讲学工作。此后，原有的医学校逐渐发展成为萨莱诺大学。1099 年，曾参加第一次十字军东征的诺曼公爵来此疗养，把这所大学的名声传播到欧洲各地。1231 年，萨莱诺大学得到政府的正式承认，成为以医学见长的大学。

2. 波隆那大学

意大利北部的城市为了维护自身的独立，以及解决因商业发达而导致的纠纷和民事诉讼的需要，尤为重视罗马法和民法的研究，其中以波隆那的法学研究最为著名。“研究罗马法的学风，在北意各部，原未曾完全歇绝过，不过为求独立之故，遂使这种学问有一种如火如荼的复兴气象出现了。”①12 世纪初，罗马法学者伊尔纳留斯在波隆那编撰解释《查斯丁尼法典》的书籍。1142 年，教会法学者格雷先也在此著书立说，并讲解教会法。两位学者的教学吸引了大批听众，波隆那由此发展成为一所以法学研究和教学而著称的大学。1158 年，波隆那大学获得特许状，1316 年和 1360 年又分别增加了医学和神学学科的教学。

---

① 格莱夫斯. 中世纪教育史 [M]. 吴康，译. 上海：华东师范大学出版社，2005：78.

（二）法国的中世纪大学

巴黎是中世纪基督教世界的知识之都，大批经院学者云集于此，宣传各自派别的理论。12 世纪初，在巴黎圣母院大教堂附属学校的基础上产生了巴黎大学。1108 年开始，著名学者阿伯拉尔在此任教，他因击败唯名论者罗瑟林和唯实论者威廉而名噪一时，并因其雄辩、多才、练达、机变和智慧吸引了数千名追随者。1180 年，巴黎大学得到法国国王的正式批准。1198 年，巴黎大学又得到教皇赐予的许多特权。1200 年，教皇奥古斯都颁布教谕，完全承认巴黎大学，并把大批自己宠信的教士派往巴黎大学任教，使得巴黎大学成为欧洲正统神学理论研究的中心。

13 世纪以后，世俗政权和教会当局竞相建立大学。如英国在 1168 年和 1209 年分别建立了牛津大学和剑桥大学；德国在 1358 年和 1388 年分别建立了海德堡大学和科隆大学。据统计，到 14 世纪，各国新建立的大学分别为：意大利 18 所，法国 16 所，西班牙和葡萄牙共 15 所。到 1400 年，全欧新建大学 23 所，到 1500 年，又新设 35 所，到 1600 年时，欧洲共有大学 105 所。

三、中世纪大学的组织与特权

（一）中世纪大学的组织

中世纪大学的领导体制可分为两类：一类是以波隆那大学为代表的“学生大学”，由学生主持校务，教授的选聘、学费的数额、学期的时限和授课的时数等内容，均由学生决定，欧洲南部的大学多属于此类。另一类是以巴黎大学为代表的“先生大学”，由教师掌管校务，欧洲北部的大学多属于此类。

为了保护自身的利益，大学效仿行会的做法，建立由教师或学生组成的行会性质的社团。其中，最先出现的是学生的社团组织，称为同乡会，旨在扶植兄弟般的博爱、互联互睦、慰病扶贫、理丧和消除仇恨。教师则按照专业组成了教授会。每所大学在建校之初都制定有《大学章程》，规定组织由哪些成员构成、组织成员具有什么样的权利、如何遴选组织的首长、选举出来的首长对内对外如何行使管理职权等。校长的选举以及校长职责与职权的行使是大学组织发展得以生存和发展的核心。在波隆那，校长由学生推选产生；而在巴黎，则由教师推举，而且校长一般由文学院院长兼任。校长的管理工作包括上任时召开会议，让全体成员更好地了解教学场所、教师、教学方法与教学内容；解释大学的规章制度，并成立修改规章制度的委员会；决定每年的人事安排，决定任课教师以及给予多少报酬等；对违反规章制度者进行处罚，与城市当局和社会各阶层沟通，处理各种矛盾和冲突，需要时开庭审理有关案件。校长的任职资格为具有诚实、庄重的品行，尤其要具有坚忍不拔的素质，年龄必须是 25 岁以上的男子。

（二）中世纪大学的特权

中世纪大学在与教会、城市当局以及市民等的斗争中获得了许多特权。中世纪大学的特权主要有两个来源：一是教皇的训令，如教皇塞勒斯丁三世赐给巴黎大学的特权；二是皇帝和国王的敕令，如 1155 年腓特烈一世颁给波隆那大学的《安全居住法》。中世纪大学的特权主要包括以下几方面：

（1）居住权。大学的师生们可以在大学所在地平安而不受干扰地居住。

（2）司法自治权。大学的成员不受城市普通司法体系的管辖。

（3）罢教权和迁徙权。如果大学师生与城市当局或教会发生矛盾，或者教学、学习活动受到干扰时，可以进行罢教；如果问题得不到满意的解决，大学可以迁校。

（4）颁发教学许可证的特权。1292 年，教皇颁布的训令规定，巴黎城内任何学生通过学习考试合格后，都可以获得在他们系科担任教学工作的许可证，并且在其他地方也享有教学权利而无须考试和检查。

（5）免税、免役权。大学师生具有免税和免服兵役的权利等。

四、中世纪大学的教学与学位制度

中世纪大学提供的专业知识来自于四个学部：艺学（或称文学）、医学、法学（含罗马法与教会法）、神学。欧洲大学的四学部设置一直持续到 19 世纪才开始细分为院系。艺学属于低级学部，该名称得自其提供的教学内容被通称为“七艺”之学，即文法、修辞、逻辑，以及算术、几何、天文、乐理。由于所有的中世纪大学都通用拉丁语教学，“七艺”的主旨就是让学生学习拉丁语，为进入后面的三个高级学部做准备。直到 18 世纪，各国的语言才进入了大学课堂。艺学部的毕业生可获得硕士学位，能够在高级学部攻读博士学位的同时在艺学部授课；而所谓的学士学位，只不过说明该学生掌握了拉丁语而已。神学是位于中世纪大学学科顶端的明珠，这是宗教虔信时代的历史环境决定的。不过，神学的学位并不一定是通向教会最高职位的阶梯。多位教宗以及更多的高级教士学习法律特别是教会法，获得教会法与罗马法双博士的也不在少数。而从君王到平民，对医学的需求则不言自明。

中世纪大学最常用的教学方法是演讲，由阅读、评注和介绍作业等部分构成，同时穿插不同程度的讨论。演讲又分为普通演讲（由年长的、富有经验的教师负责）、特殊演讲（是普通演讲的补充，由不太出名的教师负责）和粗略演讲（这是作为教学训练的一部分内容，由学士或年长的学生担任）。此外，还采用辩论的方法。辩论也有两种方式：一种方式是一个人就某个论题的正反两面自己提出论据，自己进行辩论；另一种方式是“问题辩论”，辩论的题目由教师给出，学生分成支持和反对两组展开辩论，然后教师再出面总结这些问题。大学教师中每年也举行两次大型的辩论，讨论一些深刻的问题。

中世纪大学已经有了学位制度。学生学习 3~7 年，修完规定的课程，考试及格便可以获得“硕士”（master）、“博士”（doctor）或“教授”（professor）学位。在中世纪，硕士和博士都是用来称呼大学教师的，并没有高低之分和程度上的差异，只是在不同的大学用法不同而已。直到 15 世纪时，博士才被用来指称高级系的教师，硕士用来指称低级系的教师。硕士考试不公开举行，合格者发给证书，取得教学资格；而博士则通过公开的考试，需要进行演讲和辩论，并伴有隆重的仪式。至于“学士”（bachelor）学位，其起源要比硕士和博士晚，时间约在 13 世纪，起初只是一种获得教授证书的候补者的资格，意味着取得了进一步学习的资格，后来才发展成为一种独立的、低于“硕士”水平的学位。

中世纪大学产生后，迅速成为欧洲文化复兴和传播的中心，也是随后进行的文艺复兴、宗教改革和近代启蒙运动的重要阵地。此外，中世纪大学追求和传播高深学问的宗旨、世俗化的趋向、学术自治的组织原则、教学体系、学业考核制度、师生的法律地位等，乃是近现代大学教育制度的先驱。

五、中世纪后期的大学危机

到了中世纪晚期至近代早期，大学所面临的种种危机日渐凸显，最鲜明的问题是其发展的脚步落后于时代的进步。14—15 世纪，文艺复兴、人文主义、君士坦丁堡陷落后大批希腊学人西迁，这些改变了文化格局与学术风气的因素却未能给大学带来质变。而 16 世纪的宗教改革不但促使天主教与新教阵营的形成，更分裂了欧洲的大学，令其各自依附自己的教派。新教不再承认教宗的权威，在信仰新教的地区创建的新大学无须宗教的许可，却也失去了来自罗马的强大支持。与此同时，随着君主们领土观念的增强，很多大学在近代成为依附当地领主的地方性大学。在新大陆发现之后，大学作为教育的设置被西班牙殖民者于 16 世纪带到了美洲，不过仅是欧陆旧式大学的翻版而已，大学在北美的创建则还要等待来自英伦三岛的移民及其后裔。到了 17 世纪，大学一方面从欧洲走向世界，另一方面时人对欧洲大学的腐化问题诟病良多。例如，大学的教授们或世袭或通过姻亲手段在自己的家族亲属中间传递教席，甚至有个别大学 90% 的教授是亲戚关系，对此批评之声越来越尖锐。而且，当时的大学还没有普遍承担起追求新知的责任，教授们的知识落伍、教学落后，大学教育的目的主要是培养有文化、有涵养的文明绅士。17—18 世纪，科学革命时代的伟大发现大都与大学无关，启蒙思潮也游离于大学之外而活跃在文化沙龙当中。不单如此，大学还面临着诸多竞争者的挑战。学者们组织的学苑、王室成立的科学院吸引了众多一流学者，更有不少学者干脆做起私人的科学研究。各类专科学校也在欧洲各国纷纷成立，大批学子由于可在其中习得安身立命的实用性技术而摒弃了大学。大学的垄断地位被打破，处于失去生存活力的危急时刻。

而此时，大学也在进行着自身的“新陈代谢”。古老的大学被一批新锐的大学超越，莱顿、格拉斯哥、哈勒、哥廷根成为近代大学的翘楚。在这些大学中，研习古希腊、古罗马文明的古典学占据学术主流，逐渐开启了现代学术的新风。至法国大革命爆发之前，欧洲已有 140 余所大学。这个数字比起三百年前翻了一番还要多。所以，欧洲的大学在近代早期完全是一副败象的观点未免过于片面，否则就无法解释数目上的成倍增长。毋宁说，大学在近代早期经历了超长时期的转型阵痛，之后才可能出现 19 世纪的飞跃式蓬勃发展。但此时的领军者已非那些从中世纪走来的历史悠久的大学，而是在德意志崛起的新式学府。

[课后练习]

一、名词解释题

1．独尊儒术 2．汉代太学 3．鸿都门学 4．国子监 5．察举制 6．主教学校 7．骑士教育 8．宫廷学校 9．中世纪大学

二、问答题

1．中国的文教政策基本上均持有“崇儒”的价值取向，原因何在?

2．汉朝文教政策是如何确立的?

3．隋唐时期国子学、太学、四门学“三学”和汉代太学有何异同?

4．我国古代私学发展有何特点?历代私学教育得以发展有何原因?

5．隋唐之际的科举考试有何特点?对我国封建社会政治、文化教育等方面产生了哪些影响?

6．简述基督教的人性观和教育观。

7．简述中世纪大学的主要类型、学位制度和组织制度。

8．简述中世纪大学与中国古代书院的异同。

第四章　古代教育思想的高峰

［学习目标］

1. 掌握理学教育思潮的基本特征。
2. 掌握朱熹关于教育阶段的划分以及朱子读书法的主要内容。
3. 掌握王守仁关于儿童教育思想的论述。
4. 掌握意大利和北欧人文主义者的教育观点。
5. 掌握马丁·路德、加尔文等宗教改革家的教育思想。
6. 理解宗教改革对国民教育制度建立的作用。

[知识导图]

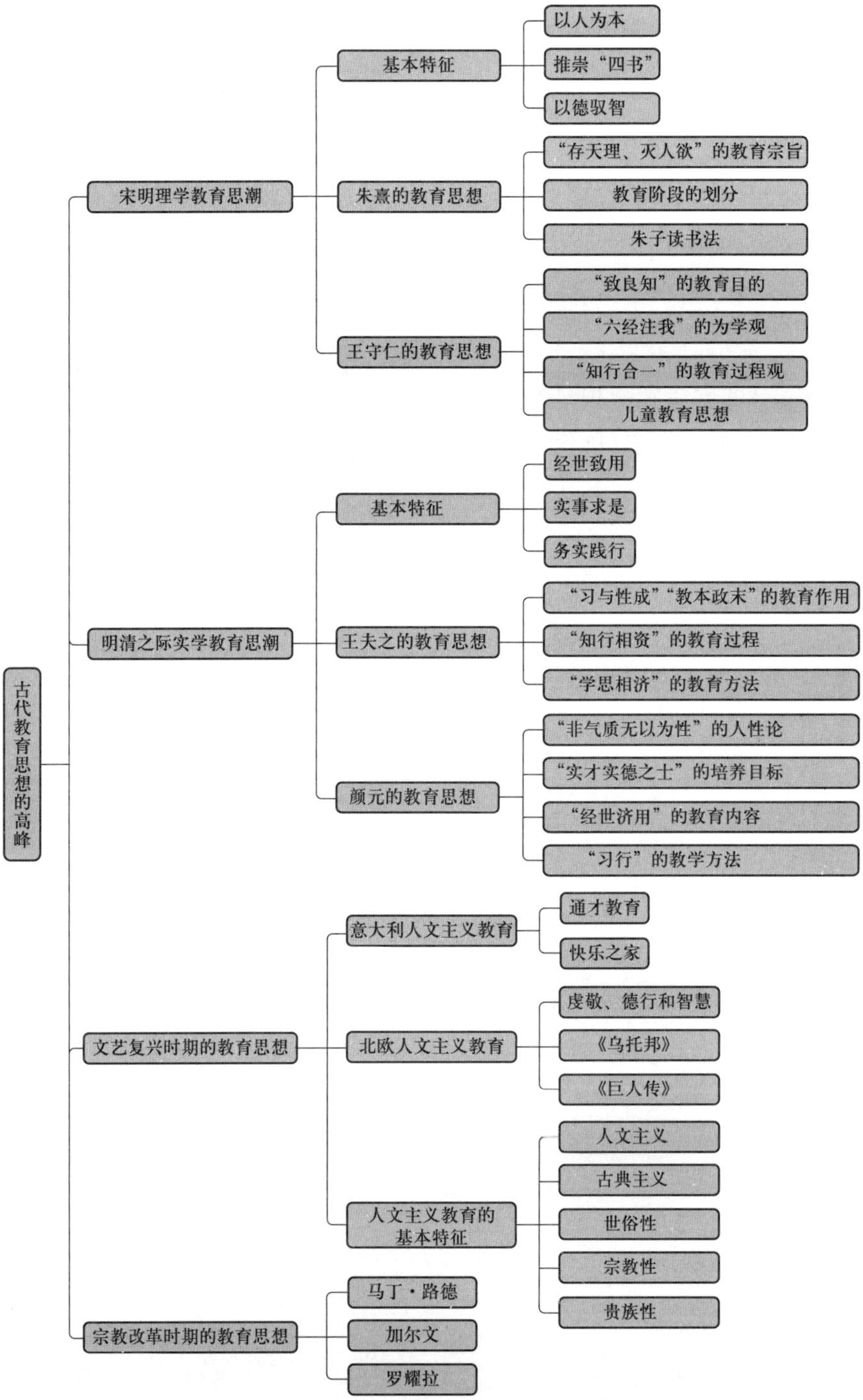
古代教育思想的高峰
宋明理学教育思潮
基本特征
以人为本
推崇“四书”
以德驭智
朱熹的教育思想
“存天理、灭人欲”的教育宗旨
教育阶段的划分
朱子读书法
王守仁的教育思想
“致良知”的教育目的
“六经注我”的为学观
“知行合一”的教育过程观
儿童教育思想
明清之际实学教育思潮
基本特征
经世致用
实事求是
务实践行
王夫之的教育思想
“习与性成”“教本政末”的教育作用
“知行相资”的教育过程
“学思相济”的教育方法
颜元的教育思想
“非气质无以为性”的人性论
“实才实德之士”的培养目标
“经世济用”的教育内容
“习行”的教学方法
文艺复兴时期的教育思想
意大利人文主义教育
通才教育
快乐之家
北欧人文主义教育
虔敬、德行和智慧
《乌托邦》
《巨人传》
人文主义教育的基本特征
人文主义
古典主义
世俗性
宗教性
贵族性
宗教改革时期的教育思想
马丁·路德
加尔文
罗耀拉

中国古代教育思想发展到宋元明清时期，出现了一个高峰，即宋明理学教育思潮和明清之际实学教育思潮。两大思潮竞相争鸣，生发出时代的教育强音。

欧洲的教育思想发展在 14 世纪进入新阶段。人文主义者和宗教改革家发起的教育变革，既是欧洲古代教育思想的延续和高峰，又开启了一个崭新时代的到来，这个时代至今依然在深刻地影响着当代西方教育甚至世界教育的格局。

第一节　宋明理学教育思潮

宋明之际，理学教育思潮居于主流地位。理学是儒学发展的新阶段，在遵循儒家根本宗旨的前提下，理学发展也呈现出不同的派别，有主张读书明理的程朱理学，也有重在发明本心的陆王心学，使得中国传统教育思潮的发展出现了一个高峰。

一、理学教育思潮的基本特征

广义的理学，又称道学，泛指宋、元、明、清时期以讨论理气、理欲、心性问题为主的整个儒学体系。以学派分野来区别，道学可以分为程朱理学和陆王心学。狭义的理学，专指以程颢、程颐、朱熹为代表的以“理”（亦曰“天理”）为最高范畴的学说。理学兴起于北宋，兴盛于南宋，它以儒学思想为主体，同时吸纳佛、道两家思想，进而形成新的学术理论体系，自南宋末年开始被官方统治者尊为官方学术思想，对我国传统社会后期文化教育的发展产生了深远影响。

程朱理学教育思潮的代表人物，主要有北宋的程颢、程颐和南宋的朱熹等人。陆王心学教育思潮的代表人物，主要有南宋的陆九渊和明代的王守仁、陈献章、湛若水等人。他们为应对佛、道两家的挑战，大力振兴孔孟之道而倡导以理为本或以心为本的思想，升“四书”而退“五经”，培养以德驭智的经世致用人才。综括宋明理学教育思潮倡导者的思想建构，这种教育思潮有如下基本特征：

（一）以人为本，深化人性论对教育的重要性

理学教育思想发展的基本轨迹，大体是以人性论为基础，以理欲观、义利观为导向，通过知行之辩、格物之辩、内外之辩、群己之辩、公私之辩、体用之辩等范畴的逻辑推演，来论述教育本质、教育目的、教育功能、教育内容、教育过程、教育方法以及教育管理等问题。

无论程朱理学还是陆王心学，他们都从人本主义的价值立场出发，积极探究人的本质、本性，进而扩及天道本原，即循沿人道—人性—天道的思维路径，以确立本体论—人性论—教育观的理论框架。这样体现出的致思方向即是从教育问题出发，深入哲学领域，最终落实到教育问题上。程朱理学倡言“性即理”的人性论，其理论旨趣是把人的本性设定为道德理性，充分肯定人在教育过程中展现出人之所以为人的自身价值。而陆王心学宣称“心即理”的人性论，其思想要义是着力于道德意识和个体意识的关系问题，更加突出人的道德意识的作用。程朱理学和陆王心学的人性论殊途而同归，不过是侧重点有所不同，但其历史作用是使先秦的孔子、孟子、荀子的人性论思想臻于深化和完善。

（二）推崇“四书”，重构经学教育知识体系

在中国的传统学术文化中，经学是一门地位最高和作用重大的学问。自汉代以降，经学被认为是儒家文化的核心，而以其为载体的经学教育是整个中国传统社会的主导教育模式。就教育形态学的层面而言，经学教育是指以儒家经典为核心的教育内容，是官学、私学以及书院教育制度和儒学教育精神复合的教育形态。经学教育的主要表征有三：以章句之学为基本传授方式；以考据、义理之学为两大学术取向；以学而优则仕为圭臬和传承儒学的知识文化和思想文化体系为目的。

《大学》《中庸》《论语》及《孟子》列称为“四书”并非源自先秦，而是晚至宋代才开始形成“四书”的概念。“四书”概念的确立标志着经学教育的形态出现了重大变异，即升“四书”而退“五经”，正如钱穆所言：“四书结集于程朱，自朱子以来八百年，四书成为中国社会之人人必读书，其地位实已越出在五经之上。而读四书，则必兼读朱子之《论》《孟》集注与《学》《庸》章句，已定为元明清三代朝廷之功令。”[①] 因之，从居于教育主导地位的角度考察，由西汉到唐代的经学教育，可以称为“五经”主体教育形态，而由宋元明清到民初的经学教育则可称为“四书”主体教育形态。

中唐时期，韩愈、李翱、皮日休等开启重视“四书”之先河。北宋时期，张载、二程为阐发义理的需要，表彰“四书”，提高“四书”的地位，逐步确立起“四书”义理之学的主导地位。此后，“四书”越来越受到儒家学者的重视。但真正使“四书”地位进一步凸显，最终超过“五经”，成为儒家最主要的教育经典的是南宋的朱熹。朱熹的《四书章句集注》（简称《四书集注》）重构儒家道统，奠定和代表宋明以后学术文化的主要基调，适切地提供了一个更清晰完整的儒家思想体系，从而成为宋以后封建社会的正统教材。与此相应，在宋、元、明、清教育史上围绕“四书”的解释、注疏以及教科书蔚为壮观。

以“四书”为主要内容的理学教育自宋末以后成为官方教育思想，通过科举对中国教育、政治、学术文化产生了重要影响。除此之外，宋明理学思想及大量“四书”读物也通过书院、游学等教育活动走向民间。总之，伴随宋明理学教育思潮的发展，“四书”教育日益成为中国传统教育演进的主体形态。

（三）以德驭智，突出德育的价值地位

宋明理学教育思想从萌生的时候起，就把道德教育摆在首要的位置。不管是程朱理学教育家，还是陆王心学教育家，都认为教育的目的不仅仅是促进知识的增长，更重要的是要教人“知道”“成德”，即明白做人的道理，成就有德性的君子人格。“存天理，灭人欲”的德育观始终贯穿在宋明理学教育思想之中，但明确用这六字对理学教育宗旨加以概括表述，则是由程颐发端的。程颐说：“礼即是理也，不是天理，便是私欲，……无人欲即皆天理。”（《程氏遗书》卷十五）程颐所讲的“人欲”，在不同的语境中也叫私欲、嗜欲、内欲。但归纳起来，所谓“天理”，其核心含义是指仁、义、礼、智、信等社会道德规范，而所谓“人欲”是指不符合

① 钱穆. 朱子学提纲[M]. 北京：生活·读书·新知三联书店，2002：180.

“天理”要求的个人物质满足和精神欲求。自程颐之后，“存天理，灭人欲”这一教育宗旨成为理学家们的共同主张。朱熹认为“天理人欲，不容并立”(《孟子集注·滕文公上》)，强调天理存则人欲灭，人欲胜则天理灭。王守仁教育弟子“静时念念去人欲存天理，动时念念去人欲存天理”(《传习录上》)，湛若水教育弟子“随处体认天理”(《明儒学案·甘泉学案一》)，引导人们重视道德教育，加强自身道德修养。如此，则不难理解包括心学家在内的宋明理学家们为何那么重视知行之辩、格物之辩、内外之辩、群己之辩、公私之辩、体用之辩等教育哲学命题，特别是辨明“天理”与“人欲”这一对根本性的道德教育关系范畴。

宋明理学家倡导的教育宗旨以及诸多修养方法，有所利也有所弊。它对于维护社会生活的正常秩序无疑有着一定的合理性和必要性。但其教育体系在总体上强调的是个体对群体意志的服从，或多或少束缚了人们的创造性和主观能动性，以致王学末流热衷空谈道德性命之学，而忽视经世致用。这就与程朱陆王的教育理想背道而驰了。

二、朱熹的教育思想

朱熹（1130—1200），字元晦，后改为仲晦，号晦庵，后世尊称其为朱子。他是南宋时期著名教育家、思想家，程朱理学的集大成者，一生主要从事学术活动和教育事业。朱熹曾先后做官五任，累官不足10年，官至焕章阁宁宗侍讲。毕生从事教育活动40多年，即使为官也积极举办州学、县学，修复书院，推进各地教育的恢复和发展。同时，他极为重视编著教材，对后世影响最大的莫过于《四书章句集注》，包括《大学章句》《中庸章句》《论语集注》《孟子集注》，元、明、清三代都把它列为官学的必读教科书，规定科举考试必须以朱熹的注解作为标准答案，影响中国封建社会后期的学校教育长达数百年之久。

[拓展阅读]
黄明喜：《程颐与朱熹理学教育思想三题》

（一）“存天理，灭人欲”的教育作用

“理”与“气”是朱熹思想的核心范畴。朱熹完全继承了程颐的观点，从“理”一元论的客观唯心主义思想出发来解释人性论。程颐认为，一切事物莫不有其“所以然”，事物的“所以然”即事物的“理”。他说：“万物皆只是一个天理。”[1] 由此出发，程颐提出了著名的“性即理”的观点，认为社会的道德原则是人类永恒不变的本性。朱熹继承了孟子的“性善论”、张载“天地之性”与“气质之性”以及程颐“理一分殊”的观点，具体区分出两种“性”，即“天命之性”和“气质之性”。“天命之性”（又称“道心”）是人生来就具有的属性，为性之根本，具有唯一性和普遍性，是纯然至善的；“气质之性”（又称“人心”）是因人生来禀受不同的气而形成的，由于“气”有清浊、昏明的差别，所以气质之性亦有善恶贤愚之分，是性之表现，具有多样性和特殊性，是善恶混杂的。二者既相互区别又相互联系。同时朱熹指出：“仁义礼智，岂不是天理？君臣、父子、兄弟、夫妇、朋友，岂不

[拓展阅读]
蒙培元：《朱熹关于世界的统一性与多样性》

① 程颢，程颐．二程集·河南程氏遗书卷第二上[M]．2版．北京：中华书局，2004：30.

是天理？”[①]“理便是仁义礼智。”[②]他提出了人性就是“理”，就是“仁义礼智”封建道德规范的观点。“理气”人性论成为朱熹主张“存天理，灭人欲”和“明人伦”教育主张的理论基础。

朱熹说：“学者须革尽人欲，复尽天理，方始是学。”“圣人千言万语，只是教人明天理，灭人欲。”[③]朱熹认为，既然天理与人欲是对立的，放纵人欲，就必然遮掩天理；要保存天理，就必须去掉人欲。想要达到圣人的境界，就必须彻底地去掉人欲，使心中充满天理，这就是所谓“存天理，灭人欲”的基本含义。

朱熹用理学思想论述教育的作用，把以“三纲五常”为核心的封建伦理道德说成必须遵守的“天理”，又把违背或反抗封建道德的言行统归于必须禁止和根除的“人欲”，是为了论证封建社会伦理道德的合理性和永恒性，以统一思想、维护封建专制统治。因此，“存天理，灭人欲”不仅是朱熹对教育作用的表述，而且是其道德教育的根本任务。

（二）“明人伦”的教育目的

朱熹说：“古之圣王，设为学校，以教天下之人。……必皆有以去其气质之偏，物欲之蔽，以复其性，以尽其伦而后已焉。”[④]在他看来，要克服“气质之偏”，革尽“物欲之蔽”，以恢复具有的善性，就必须“尽（明）人伦”。所以，他在《四书章句集注·孟子·滕文公》“滕文公问国章”注说：“父子有亲，君臣有义，夫妇有别，长幼有序，朋友有信，此人之大伦也。庠、序、学、校皆以明此而已。”在《白鹿洞书院揭示》中，也明确把上述五伦列为“教之目”置于首位，指出“学者学此而已”。

从“明人伦”的教育目的出发，朱熹严厉抨击了当时以科举为目的的学校教育。他认为：“古昔圣贤所以教人为学之意，莫非使之讲明义理以修其身，然后推己及人，非徒欲其务记览、为词章，以钓声名取利禄而已。”[⑤]然而，当时的学校教育却反其道而行之，士人“所以求于书，不越乎记诵、训诂、文辞之间，以钓声名，干利禄而已”，完全违背了“先王之学以明人伦为本”的本意。他尖锐地指出，这样的学校，其名“虽或不异乎先王之时，然其师之所以教，弟子之所以学，则皆忘本逐末，怀利去义，而无复先王之意，以故学校之名虽在，而其实不举，其效至于风俗日敝，人材日衰”[⑥]。因此，他要求改革科举，整顿学校，重视伦理道德教育，改变“风俗日敝，人材日衰”的状况，重新申述和强调“明人伦”的思想。

（三）教育阶段的划分

中国早在西周时期就把学校教育划分为“小学”和“大学”不同的阶段。朱熹

---

① 朱熹．朱子全书第二十三册·朱文公文集卷五十九[M]．上海：上海古籍出版社，2002：2837．

② 黎靖德．朱子语类卷三·鬼神[M]．北京：中华书局，1994：37．

③ 黎靖德．朱子语类卷十二·学六·持守[M]．北京：中华书局，1994：207．

④ 朱熹．朱子全书第二十册·朱文公文集卷十五·经筵讲义[M]．上海：上海古籍出版社，2002：692．

⑤ 朱熹．朱子全书第二十四册·朱文公文集卷七十四·白鹿洞书院揭示[M]．上海：上海古籍出版社，2002：3587．

⑥ 朱熹．朱子全书第二十四册·朱文公文集卷七十八·静江府学记[M]．上海：上海古籍出版社，2002：3741–3742．

在总结古代教育经验的基础上，根据人的年龄特征和心理发展特征，明确将学校教育划分为小学与大学，并把两者看作统一的教育过程中相互衔接的两个阶段。

1. 小学

8—15 岁为小学教育阶段。小学教育的任务是培养“圣贤坯璞”，教学内容应是“学其事”，即须从“洒扫应对进退”等日常生活事务开始，让学生掌握最基本的伦理道德准则，然后再教给他们礼、乐、射、御、书、数等方面的知识，为他们以后成为圣贤奠定牢固的根基。朱熹认为，小学教育是打基础的阶段，若儿童时期没有打好基础，长大后再要弥补，就极为困难了。朱熹十分重视这个阶段的教育，并且专门编著了《小学》作为这个阶段的教科书，还亲自制定《童蒙须知》《训蒙斋规》等，其中引用许多格言故事，力求浅近具体、生动形象，使儿童即知即行，极为符合儿童心理特点及其教育规律。

在小学教育的方法上，朱熹强调了三点。首先，主张先入为主，及早施教。在朱熹看来，小学儿童很容易受各种思想的影响，而一旦接受了某种异端邪说，再教以儒家的伦理道德就会遇到抵触，因而必须及早进行教育。其次，要求形象生动，能激发小学儿童兴趣，使之乐于接受。最后，首创以《须知》《学则》的形式来培养的儿童道德行为习惯。并且，朱熹认为，为了养成儿童最基本的道德行为习惯，实行一定的强制性教育手段是必要的，只有到了一定时期以后，才能“积久成熟，自成方圆”。

2. 大学

15 岁以后为大学教育阶段。大学教育是在“小学已成之功”基础上的提高、深化和发展，其任务是在小学教育阶段打好“圣贤坯璞”的基础上“加光润色”，进一步精雕细刻，把学生培养成为国家有用的人才。大学的教育内容重在“教理”，即探究“事物之所以然”，按照格物、致知、正心、诚意、修身、齐家、治国、平天下的步骤，使学生“明明德”，最后达到“止于至善”的目的。

在大学教育方法方面，朱熹在长期的教育实践中，积累了许多成功经验，其中有两点值得注意。一是重视自学指导。他曾对学生说：“书用你自去读，道理用你自去究索，某只是做得个引路底人，做得个证明底人，有疑难处同商量而已。”[①] 在教师指导下重视学生的自学与研究，确是大学教育中一种重要的方法。二是提倡不同学术观点之间的相互讨论交流。朱熹不囿于门户之见，提倡并进行不同学派、不同学术观点之间的交流，吸收各家之长以融会贯通。

3. 小学教育与大学教育的关系

朱熹认为，尽管小学和大学是两个相对独立的教育阶段，具体的任务、内容和方法各不相同，但是这两个阶段又是有内在联系的。首先，它们的根本目标是一致的，都是围绕着“存天理，灭人欲”展开的，并不是像“薰莸冰炭”那样截然对立。其次，它们之间是相辅相成的，小学是打基础，大学是提高。小学进行具体事物的现象与事实教育（“事之所当然”），大学进行事物的规律及其原理教育（“事之

① 黎靖德. 朱子语类卷十三・学七・力行 [M]. 北京：中华书局，1994：233.

所以然”)；小学重在具体做事行为训练，大学重在理性思维能力培养；小学是普通素质教育，大学是专门人才教育。前者是后者的基础，后者是前者的提高。

朱熹关于“小学”“大学”教育阶段的划分及其教育内容、方法的主张，尽管以传授封建伦理道德规范为内容，以培养“君子”“圣贤”为目的，但这种由近及远、由事及理，由低到高，由简单到复杂，由具体到抽象，照顾学生年龄特征的观点及做法，反映了人才成长和培养的某些客观规律，在古代教育理论中为数不多，今天仍值得重视。

（四）朱子读书法——关于学习方法

程朱重视读书穷理，总结出了一套自己读书治学的经验和指导学生读书学习的方法，这是程朱教学思想中非常重要的组成部分。其后学将其归纳为六条：循序渐进、熟读精思、虚心涵泳、切己体察、着紧用力、居敬持志。

1．循序渐进

所谓循序，是指遵循教材的客观顺序与学生的主观能力去设计学习的课程或进度以及步骤。所谓渐进，是不求速达的意思。朱熹主张读书时“当循序而有常”。首先，“以二书言之，则通一书而后及一书”，不可凌越。他强调读书应先《近思录》，次“四书”，后“五经”。读“四书”的顺序是：先《大学》，后《中庸》，再《论语》和《孟子》。南宋后“四书”地位居“五经”之上，也是朱子读书法产生影响的表现。其次，“以一书言之，篇、章、文、句，首尾次第，亦各有序而不可乱也”，要求扎扎实实，稳步前进，“字求其训，句索其旨；未得乎前，则不敢求乎后；未通乎此，则不敢志乎彼。”最后，以个人实际的阅读和理解能力而言，要求“量力所至而谨守之”①，反对超越自己的水平，做不切实际的非分之想。

2．熟读精思

朱熹说：“大抵观书先须熟读，使其言皆若出于吾之口；继以精思，使其意皆若出于吾之心，然后可以有得尔。然熟读精思既晓得后，又须疑不止如此，庶几有进。”② 所谓熟读，就是要把书本背得烂熟。所谓精思，即是反复寻绎文义。依朱熹的看法，“余尝谓读书有三到：心到、眼到、口到。”“三到之中，心到最急。心既到矣，眼口岂不到乎？”③ 读书时必须多看、熟读、精思。但熟读和精思必须相结合，熟读是精思的基础，精思是熟读的提升。

3．虚心涵泳

朱熹说：“学者读书，须要敛身正坐，缓视微吟，虚心涵泳。”④ 所谓虚心，是说如果碰到疑惑，众说纷纭，一时难以决定取舍，则应客观静心，谨慎对待。所谓涵泳，初始意是在水中沉潜浮游，引申为品味玩索，思索深远。朱熹认为读书应当虚怀若谷、沉潜玩索，反对读书抱有先入己见、主观臆断、穿凿附会的态度。

① 张文治．国学治要·朱元以来各家论学名著[M]．北京：北京理工大学出版社，2014：1176.
② 黎靖德．朱子语类卷九·学四·读书法上[M]．北京：中华书局，1994：168.
③ 朱熹．朱子全书第十三册·童蒙须知·读书写文字第四[M]．上海：上海古籍出版社，2002：374.
④ 黎靖德．朱子语类卷十一·学五·读书法下[M]．北京：中华书局，1994：179.

4. 切己体察

朱熹说："今人读书，多不就切己上体察，但于纸上看，文义上说得去便了。如此，济得甚事！"① 所谓切己体察，就是主张读书不能脱离现实，应当设身处地去观察思索，使书中道理与自己经验或生活结合起来，并以理论去指导自己的实践，做到"从容于句读文义之间，体验乎操存践履之实"②。

5. 着紧用力

所谓着紧用力，即是要求抓紧时间，以刚毅勇猛、坚持到底而不懈怠的精神去读书。朱熹主张读书既要在时间上争分夺秒、毫不松懈、持之以恒，又要在精神上专一精进、多管齐下、发奋努力。"如撑上水船……一篙不可放缓。"③

6. 居敬持志

朱熹主张读书时要挺立并保持心思专一，坚守远大志向，以达到"存天理，灭人欲"的目的。所谓居敬，即为收放心思、严谨认真与精神专一的态度，无论读书做事，均须收敛此心。所谓持志，即是锁定预设目标，坚守学习志向，"志向专一而功可成"。二者相辅相成，"持志"是"居敬"的前提，而"居敬"则是"持志"的保障。

朱熹的学生汇集他的训导概括归纳成为《朱子读书法》一书，它是朱熹关于读书方法论述的总结，集中体现了他的读书论和读书经验，很有见地。后人依据他的读书法，订立读书程序，在封建教育实践中影响很大。他的读书法在一定程度上反映了学校教育条件下学生学习的特点和规律，是我国古代学者论述读书最充分、最系统的学习方法，至今仍有重要的借鉴参考价值。但需要注意的是，他的读书法不曾注意到书本知识和实际调查的配合，更谈不到实验或实践。

三、王守仁的教育思想

王守仁（1472—1529），浙江余姚人，字伯安，自号阳明子、阳明山人，学者称之为阳明先生。作为明代中叶著名的教育家和哲学家，王守仁学宗陆九渊，是继陆九渊之后心学最重要的代表人物。他所构建的心学，世称"阳明学"或"王学"，亦称"姚江之学"，在明代中后期产生了广泛而深刻的影响。

[拓展阅读]
黄明喜：《陆九渊的"易简"教学法及其历史意义》

（一）"致良知"的教育目的

王守仁反对朱熹"性即理""即物穷理"的教育思想，并继承和发展了陆九渊的学说，提出了"心即理""心外无物"的心性论和"致良知"的教育目的观，决定了心学教育思想的理论走向。

一方面，王守仁认为"理"并不表现在客体上，而是蕴含于作为主体的动机意志之中，提出"理在心上"及"心即理"。他反对程颐"在物为理"的客观主义观点，指出："'在物为理'，'在'字上当添一'心'字，此'心'在物则为理。如

① 黎靖德. 朱子语类卷十一·学五·读书法下 [M]. 北京：中华书局，1994：181.
② 张伯行. 学规类编卷四·诸儒读书法 [M]. 上海：商务印书馆，1936：36.
③ 黎靖德. 朱子语类卷八·学二·总论为学之方 [M]. 北京：中华书局，1994：137.

此‘心’在事父则为孝，在事君则为忠之类。”[1] 在王守仁看来，无论哪一种“理”，它们都可能在主体动机意识中找到存在的根据。另一方面，王守仁把理、性、意、知、物等归为一事，并把这些概念视为“心”的不同规定，进而得出“心外无物”的结论。对于“心外无物”这一说法，许多人都不甚理解。譬如，王守仁有次与友人郊游，友人手指岩石上的花树，说你经常说，心外无理，心外无物，天下一切物都在你心中，受你心的控制，你看这朵花，在山间自开自落，你的心能控制它吗？难道你的心让它开，它才开的；你的心让它落，它才落的？王守仁回答说：“你未看此花时，此花与汝心同归于寂，你来看此花时，则此花颜色一时明白起来。便知此花不在你的心外。”[2] 王守仁有意规避朋友所提“花是否在人心之外独立存在”的问题，而巧妙地把它变成“花离开人心能否被认识”这样一个认识论问题。也就是说，“心外无物”说的理论意蕴主要是强调只有当主体意向与客观外物发生关系时，外物才呈现出其为物的价值意义，而不是说心外无客观事物，漠视客观外物的存在性。如果说，“心即理”还具有某些客观色彩，那么，“心外无物”则是纯粹主观的了。

［拓展阅读］
曹国庆：王守仁的心学思想与他的乡约模式

王守仁从“心即理”“心外无物”观出发，在继承陆九渊“发明本心”思想基础上进一步提出“致良知”的教育目的。“良知”之说源于孟子，但孟子只说“人之所不虑而知”为“良知”（《孟子·尽心上》），并未具体加以说明。王阳明进一步进行了阐发。他认为，“良知”包括两个方面的含义。一方面，“良知”与生俱来，不虑而知，不学而能；人所具有，不分贤愚；一手昏蔽，不会泯灭，“虽妄念之发而良知未尝不在，虽昏塞之极而良知未尝不明”。[3] 另一方面，“良知”就是天理，是与天地万物相通的本体，既是“天理”也是人性；“良知”即是情感，“盖良知虽不滞于喜怒忧惧，而喜怒忧惧亦不外于良知也”[4]；“良知”发出即是意念，“良知”处于未发状态或未被邪欲遮蔽即是善的，反之便是不善的。

从这种“良知”观出发，王守仁提出了“致良知”的教育目的。他说：“吾平生讲学，只是‘致良知’三字。”[5]“吾教人致良知，在格物上用功，却是有根本的学问。”[6]“尔那一点良知是尔自家底准则，尔意念着处，他是便知是，非便知非，更瞒他一些不得。尔只不要欺他，实实落落依着他做去，善便存，恶便去。他这里何等稳当快乐！此便是格物的真诀，致知的实功。”[7] 他认为，教育的根本目的是自家良知的培养和达到，并不是向外追求知识的学习和积累。在王守仁的教育思想中，“良知”作为内在的理性原则，始终都被赋予精神本体的意义，而“致良知”更多地表现为后天的功夫。“致良知”的“致”有两个方面的意思：一是“至”，即“到

① 王守仁．王阳明全集卷三·传习录下[M]．上海：上海古籍出版社，1992：121.
② 王守仁．王阳明全集卷三·传习录下[M]．上海：上海古籍出版社，1992：107-108.
③ 王守仁．王阳明全集卷二·传习录中[M]．上海：上海古籍出版社，1992：61.
④ 王守仁．王阳明全集卷二·传习录中[M]．上海：上海古籍出版社，1992：65.
⑤ 王守仁．王阳明全集卷二十六·寄正宪男手墨二卷[M]．上海：上海古籍出版社，1992：990.
⑥ 王守仁．王阳明全集卷三·传习录下[M]．上海：上海古籍出版社，1992：99.
⑦ 王守仁．王阳明全集卷三·传习录下[M]．上海：上海古籍出版社，1992：92.

达”，但它并不意味着经验知识尤其是书本知识的学习和增加，而是为学应以培养和增强“良知”的自觉意识为目标；另一方面是“做”或“推行”，强调教育要成于内而形于外，特别是道德教育及修养的最终目的是要见诸行动。这样，以“致”为纽带，“良知”与“致良知”的关系，在教育实践上便自然展开为本体与功夫、目的与方法的统一。

和朱熹一样，王守仁也主张“存天理，去（灭）人欲”。由于“心理”“良知”容易受到外物、“私欲”的“昏蔽”，所以为了实现“发明本心”“致良知”的目的，必须“学以去其昏蔽”“去其人欲”①。

（二）“六经注我”的为学观

1.“六经皆我注脚”

王守仁作为封建时代的理学家，同前人一样，将儒家经典视为最有价值的教材。但与前人不同的是，他基于“发明本心”的心学立场，认为儒学经典本身不能构成人生价值的终极根源，不过是“我心”的注脚罢了。在王守仁看来，“六经”只不过像那些专门记录各色货物及其数量的账簿一样，是记录圣人乃至吾辈心之价值宝藏的登记簿而已。“六经”所承载的基本价值并不只是停留在表面的文字章句上，若想获得其中的真谛就只能发明本心，遵从先天德性，张扬个体的自由意志，并做到学以致用，知行合一。世间学者，不知道发挥自我内在本心去研读《六经》，只考证求索于形影声响之间，在经文的细枝末节上下功夫，浅薄而又固执地以为这样就算得到六经的要义了。如此一来，儒学经典的真正价值及其权威就势必被弱化甚至消解。

2.“以尊德性为宗”

“尊德性”与“道问学”出自《礼记·中庸》，既指教育目的也指教育（治学）方法。王守仁强调“尊德性”，提出“良知”即“德性”，是“体用一源”的，“致良知”必然要求“尊德性”。他认为，世人只知从知识上着力而不知从“良知”即“德性”上着力，“徒弊精竭力，从册子上钻研，名物上考索，形迹上比拟，知识愈广而人欲愈滋，才力愈多而天理愈蔽。”②“吾教人致良知，在格物上用功，却是有根本的学问。日长进一日，愈久愈觉精明。世儒教人事事物物上去寻讨，却是无根本的学问。”③他认为，“尊德性”是本，而“道问学”是末。“致良知是学问大头脑，是圣人教人第一义。今云专求闻见之末，则是失却头脑而已，落在第二义矣。”④由此可见，王阳明的“良知”“德性”既是治学的出发点和基础，又是治学的方法，更是治学的最终目的。

（三）“知行合一”的教育过程观

王守仁反对朱熹读书穷理的做法，明确提出“知行合一”的教育过程观。他说：“我今说个知行合一，正要人晓得一念发动处，便即是行了；发动处有不善，

① 王守仁．王阳明全集卷二·传习录中[M]．上海：上海古籍出版社，1992：63．
② 王守仁．王阳明全集卷一·传习录上[M]．上海：上海古籍出版社，1992：28．
③ 王守仁．王阳明全集卷三·传习录下[M]．上海：上海古籍出版社，1992：99．
④ 王守仁．王阳明全集卷二·传习录中·答欧阳崇一[M]．上海：上海古籍出版社，1992：71．

就将这不善的念克倒了，须要彻根彻底，不使那一念不善潜伏在胸中。此是我立言宗旨。”[①] 王守仁反复强调，知与行是教育认知和过程的两个方面。“知行原是两个字说一个工夫。”[②] “知是行的主意，行是知的功夫；知是行之始，行是知之成。若会得时，只说一个知，已自有行在；只说一个行，已自有知在。”[③] 知中含行，行中含知，知行两者之间相辅相成，不可分离。

知行合一过程并不是一个静态的认知过程而是一个动态的实践过程。“知”从局部的静态来讲是认识活动的意识过程，而从整体的动态过程来看是认识活动的始基阶段，这就是“知是行的主意”“知是行之始”，这样就可将“知”视为“行”。同理而推之，“行”从局部的静态来讲是认识活动的实践过程，但是这种行为实践活动总是包含着意识观念活动，唯有包含“知”的行为实践才是真正完成的“行”。亦即如王守仁本人所言“行是知的功夫”“行是知之成”，这样亦可把“行”看作“知”。总之，在王守仁看来，如何把握好知行的转化和互动是能否成就道德理想人格的重要因素。

王守仁极力提倡“知行合一”的教育方法，意在教导学生要懂得真正的“知”——“致良知”并不是纯粹观念上的，而必须落实在行为实际当中。

（四）儿童教育思想

王守仁十分重视儿童教育，他认识到年幼时不抓好教育，儿童一旦养成不良行为，长大以后就难以改掉。因此，他主张“蒙以养正”，儿童教育必须顺应其身心特点适时展开。王守仁不仅深刻地批判了传统儿童教育的弊端，而且较为全面地阐述了自己的儿童教育思想，集中反映在《训蒙大意示教读刘伯颂等》一文中。

1. 揭露和批判当时束缚儿童身心发展的教育观念及方法

王守仁身处的明代中叶盛行随意责骂和殴打儿童，多采取片面的灌输式教育方式，这种做法对儿童身心健康极为不利。对此，王守仁进行了无情的揭露和尖锐的批判。他说：“若近世之训蒙稚者，日惟督以句读课仿，责其检束，而不知导之以礼；求其聪明，而不知养之以善。鞭挞绳缚，若待拘囚。彼视学舍如囹狱而不肯入，视师长如寇仇而不欲见，窥避掩复以遂其嬉游，设诈饰诡以肆其顽鄙，偷薄庸劣，日趋下流。”[④] 他指出，当时从事儿童教育的教师，每天只知向儿童灌输知识，或者是鞭笞责罚儿童，却不知道用礼义去引导他们，用善来培养他们。这样，儿童自然就把学校看成监狱而不愿上学，把教师看作仇敌而不愿相见。于是，这些儿童经常逃学，并捣蛋撒谎，长此以往，这些儿童就会变得庸俗轻薄，低级下流。从这段描述可以看出王守仁对“惟督以句读课仿，责其检束”的教学方式是持坚决否定态度的，而对“鞭挞绳缚，若待拘囚”的体罚手段是十分厌恶的。可以说，王守仁对当时严重摧残儿童身心的不良教育思想及做法所做的揭露和批判，不但入木三分，而且令人深思。

① 王守仁. 王阳明全集卷三・传习录下 [M]. 上海：上海古籍出版社，1992：96.
② 王守仁. 王阳明全集卷六・答友人问 [M]. 上海：上海古籍出版社，1992：209.
③ 王守仁. 王阳明全集卷一・传习录上 [M]. 上海：上海古籍出版社，1992：4.
④ 王守仁. 王阳明全集卷二・传习录中 [M]. 上海：上海古籍出版社，1992：88.

2. 实施“趋向鼓舞，中心喜悦”的快乐教育

王守仁抓住儿童“乐嬉游而惮拘检”的心理特点，主张实行“趋向鼓舞，中心喜悦”的快乐教育。这种快乐教育，与传统“鞭挞绳缚”“训斥检束”等痛苦教育不同的是，不是采用“督”“责”“罚”的教育方式，而是采取“诱”“导”“讽”“询”的教育方式。“诱”即诱之以歌诗”，“导”即导之以习礼”、“讽”即讽之以读书，“询”即询之以德行。这种教育顺应了儿童的身心发展特点，能够使儿童如沐春风，心中充满快乐而顺利成长。

3. 实施情感、礼仪、知识、德行四位一体教育

王守仁为儿童教育设计的课程包括“歌诗”“习礼”“读书”和“考德”四类。一方面，他认为这四类课程可以分别“发其志意”“肃其威仪”“开其知觉”“教以人伦”，即陶冶其意志情感，养成其礼仪规范，开启其知识智慧，训练其道德行为的作用。另一方面，他认为这些课程具有德、智、体、美等综合教育功能。“诱之以诗歌”不仅能激发儿童的志向，还能使他们有发泄多余精力、宣泄内心愁闷和烦恼的机会，使他们开朗活泼起来，达到愉悦其情感的目的，实现美育与德育的结合。“导之以习礼”不但能使儿童养成一定的礼仪习惯，还能通过“周旋揖让”“拜起屈伸”等动作“动荡血脉”“固束筋骸”，达到锻炼身体、健壮体魄的功效，实现“礼育”与体育的巧妙结合。“讽之以读书”不仅能增长儿童的知识，开发儿童的智力，还能通过“沉潜反复”“抑扬讽诵”达到“存心宣志”的功效，实现德育与智育的结合。王守仁还专设“考德”这门课程，以训练并督察儿童在家庭和街坊中的“言行心术”，以养成良好的道德行为习惯。

王守仁还设计了四类课程的开设顺序，并循序渐进地实行：“每日工夫，先考德；次背书诵书；次习礼或作课仿；次复诵书讲书，次歌诗。”①

4. 实施“随人分限”的教育

王守仁继承了孔孟以来“因材施教”的思想，用他的话说就是“随人分限”。如果说课程设置的主要依据是儿童身心发展的年龄阶段特征，那么具体的教学实施就必须考虑儿童的个别差异性。他说：“我辈致知，只是各随分限所及。……与人论学，亦须随人分限所及。”②“随人分限所及”就是要求教学应当顾及每个儿童的个性差异，考虑每个儿童的接受能力，量力施教。从该观点出发，他提出教学应当给儿童留下阅读和思考的余地，譬如说授书，就应做到“不在徒多，但贵精熟。”③

王守仁的儿童教育思想，虽然旨在“明人伦”，侧重培养儿童养成孝悌忠信、礼义廉耻等传统伦理道德的意识和行为，但他反对粗暴的体罚等不良教育手段，主张顺应儿童身心发展的年龄特征和个别差异，做到因材施教和量力施教，促使儿童在德育、智育、体育和美育诸方面都能够得到发展等思想主张，至今仍有启发借鉴价值。

---

① 王守仁. 王阳明全集卷二·传习录中 [M]. 上海：上海古籍出版社，1992：89.
② 王守仁. 王阳明全集卷三·传习录下 [M]. 上海：上海古籍出版社，1992：96.
③ 王守仁. 王阳明全集卷二·传习录中 [M]. 上海：上海古籍出版社，1992：89.

第二节 明清之际实学教育思潮

鸦片战争前的明清时期是我国封建社会发展的一个重要阶段。在此期间，资本主义的萌芽兴起，使得教育思想更具经世致用和人本主义的色彩，并形成了颇具理论特色的实学教育思潮。

一、实学教育思潮及其特征

［拓展阅读］
王杰：《论明清之际的经世实学思潮》

明清之际的实学教育思潮，主要以天文、地理、兵农、漕屯及音韵、训诂等为主要教育内容，突破以往以传统儒家经典为纲的学校课程体系，并密切关注社会现实问题，强调培养德才兼备的实用人才，是一种经世致用之学。它彰显了当时社会“崇实黜虚”的历史转向，依稀透出近代教育的曙光，是我国由传统教育向近代教育过渡的重要桥梁，起着重要的启蒙作用。

实学教育思潮的启蒙思想家主要包括黄宗羲、顾炎武、王夫之、颜元等。他们批判理学家空疏不实、空言性与天道，并提出了倡导民主议政、工商皆本等经世致用思想，对我国传统教育思想的发展起到了重要的革新作用。实学教育思潮具有以下基本特征：

第一，主张个性自由发展，倡导人的价值。实学思潮重视世俗生活，崇尚实用，要求摆脱空疏浮华的学风，肯定人自身的价值，反映了新兴市民阶层的利益要求。如李贽说：“天下之人，本与仁者一般，圣人不曾高，众人不曾低，自不容有恶耳。”[1]“夫天生一人自有一人之用，不待取给于孔子而后足也。若必待取足于孔子，则千古以前无孔子，终不得为人乎？”[2]他认为，每个人都有自己独立的价值，不必仰赖权威。这种思想突出了对自我的肯定。

第二，主张培养经世致用的人才。理学的官学化使得理论与现实严重脱节，成为一种不合实际、不切人情的极端道德主义。理学末流将理与欲、义与利完全对立，要求“存天理，灭人欲”，片面强调内修，培养空谈义理、道德至善的“圣人”。明清之际的启蒙思想家们对其进行批判，主张体与用、义与利等相统一，提出“实才实德”的人格理想和教育目标，即培养经世致用的人才。如顾炎武提出：“君子之为学也，非利己而已也，有明道淑人之心，有拨乱反正之事，知天下之势之何以流极而于此，则思起而有以救之。”[3]他认为，教育应当培养“仁义”“气节”与“事功”合一的人才。

第三，以“实学”为教育内容。“实学”教育内容主要包括经史之学、考据之学、自然科学技术和技艺以及文艺。具体内容因明清之际启蒙思想家们的侧重点而有所不同，但归根结底都是为了反对理学家的义理之学，批判封建专制主义将学校

---

① 李温陵. 李贽文集・焚书・复京中友朋 [M]. 北京：北京燕山出版社，1998：37.

② 李温陵. 李贽文集・焚书・答耿中丞 [M]. 北京：北京燕山出版社，1998：32.

③ 顾炎武. 顾亭林诗文集・亭林余集・与潘次耕札 [M]. 北京：中华书局，1983：166.

作为宣传其思想、培养顺民的工具，以经世时务的讲求为第一要义。

第四，主张“主动”“践行”的教学方法。与理学家们提倡静坐、读书穷理的治学方法不同，明清之际启蒙思想家们强调积极实践，通过具体的事去学去教。颜元更是将“习”作为教学方法的中心原则，强调通过“格物”，即亲自接触事物，达到“致知”，获得实用知识。

二、王夫之的教育思想

王夫之（1619—1692），字而农，号姜斋，湖南衡阳人。他是明末清初三大启蒙思想家之一，也是一位杰出的教育思想家。他弘扬先秦儒学教育思想，扬弃宋明理学教育思想，提出“性教一贯”“知行相资”“学思相济”等诸多教育命题，进一步发展了先秦儒学与宋明理学教育思想，在中国传统教育思想史上有着继往开来的重要影响。

［拓展阅读］向世陵：《王夫之对理学诸命题的总绪》

（一）“习与性成”“教本政末”的教育作用

王夫之继承了我国儒家重视教育的传统。他认为教育的作用主要可以表现在对个体和社会政治两个方面。

1. “性教一贯”的人性论与“习与性成”的教育个体作用

王夫之在人性与教育作用之间的关系问题上，提出了颇具理论新意的“性教一贯”教育理念，认为人性与教育两者相互依存，教育因人性而作功，人性因教育而成善。就人性的发展和教育的旨趣来说，人性与教育在本质上具有高度一致的贯通性，它们是成就理想人格必不可少的两个基本条件。人性提供了趋善的可能性，教育则使这种可能的善变为现实的善，即所谓“待教而成”。同时，王夫之从“性教一贯”的理念出发，提出“日生日成”“习与性成”的人性论命题，明确指出人的自然本性源自先天而生，而人的仁义等方面的道德属性则是人在日常生活中，经过主观的选择、学习、损益而“习成”的，它不是天生的，更不是一成不变的，用他自己的话说，就是：“先天之性天成之，后天之性习成之也。”[1]“习与性成者，习成而性与成。”[2]

从上述理念出发，王夫之十分重视“习”对个人发展的重要作用。王夫之肯定“习”在人性的形成与发展中起着重要作用，“人不幸而失教，陷入于恶习，耳所闻者非人之言，目所见者非人之事，日渐月渍于里巷村落之中，而有志者欲挽回于成人之后，非洗髓伐毛，必不能胜”[3]。在这段话里，王夫之不但阐明了“习”对于人性变化的重要性，而且指出了不良教育的危害性。那么，“习”究竟怎样形成“性”呢？王夫之认为，要形成良好的个性，必须进行良好的教育，加强自身的学习和修养，否则，人愚昧无知，便无人性可言了。由此可见，王夫之充分肯定了教育对人性的形成与发展的重要意义。他强调，通过教育活动，人的“先天之性”与“后天

① 王夫之．船山全书第六册 [M]．长沙：岳麓书社，1996：962.
② 王夫之．船山全书第二册 [M]．长沙：岳麓书社，1996：299.
③ 王夫之．船山全书第十二册 [M]．长沙：岳麓书社，1996：494.

之性”都可以不断发生变化，而人的感觉器官及其功能的发展变化，会使人的“后天之性”，即思想道德水平和智力水平不断地得到提高。

2. “教本政末”的教育社会政治作用

王夫之关于教育的社会政治作用思想，倾向务实。他总是从国家的兴亡、社会的治乱和反清复明的民族主义出发来论述教育问题。他提出用教育来“濯愚”，造就大批“仁育义植之士”；用政治革新来“刷耻”，以“固其族而无忧”，把教育作为强国的“财、兵、智”三纲领之一。

王夫之认为，治理国家不外乎政、教两大端，但二者有先后本末之分：论先后，则“政立而后教可施”；谈本末，则“教本也”。[①] 因此，应当把教育置于治理国家的根本的地位，进而使得社会安定、经济发展。同样，教育的发展又离不开政治、经济的发展。从教育与政治的关系说，“语其先后，则政立而后教可施焉”[②]。即应政先教后，只有“政立民安”，政治清明，人民安居乐业，教育才能兴旺发达。从教育与经济的关系说，人类文化教育的发展，是由于社会物质生活条件的逐步改善，“衣食足”而“天下治”，“乃可以文。”这种关于教育与政治、经济的辩证关系的论述，是颇有见地的。

（二）“知行相资”的教育过程

知与行是中国教育思想史上十分重要的一对范畴，因为它不仅涉及认识论问题，而且涉及教育过程问题。因此，如何正确处理“知”和“行”的关系，一直深受历代教育思想家的关注。王夫之总结前人，尤其是孔孟的思想成果并结合时代的现实需要，提出“知行相资”“行可兼知”的知行观。

在王夫之看来，行比知具有更加根本的意义，因为行是知的基础，个体的知识、经验要靠行才能获得；而知则是行的目的，人们求知不是为认识而认识，而是为了更好地行动，所以为学者要想成就君子的教育理想，一刻也不能脱离行而以求知。在个体的教育过程中，应该行先知后，知行并进，互相为用。不仅如此，行还可以验知的真伪。所谓“行焉可以得知之效”的“效”，就是征验、效果之意。当然，王夫之提出“行可兼知而知不可兼行”[③]，意在强调行对知的决定作用，而不是要否认知的作用。他认为知和行是两个内涵和功用不同的范畴，它们既相对独立又相互依存，只有相辅相成才可以充分发挥各自的作用。

可以说，王夫之“行可兼知，知不可兼行”“知行相资”的知行观，并把“知行相资以为用”提到对立统一的“定理”高度，正确地揭示出教育过程中的认识规律，这在中国教育思想的发展史上确是一种创见。

（三）“学思相济”的教学方法

王夫之在长期授徒讲学的言传身教活动中，总结自己的教学经验，并且继承前人的教育思想成果，提出了许多有价值的教学方法，其中颇富创新意义的就是“学

---

① 王夫之. 船山全书第四册 [M]. 长沙：岳麓书社，1996：334.

② 王夫之. 船山全书第四册 [M]. 长沙：岳麓书社，1996：334.

③ 王夫之. 船山全书第二册 [M]. 长沙：岳麓书社，1996：314.

思相济”的教学方法。他就如何认识和处理好学与思之间的关系进行了辩证的分析。

首先，学是思的基础。王夫之说：“心之情才虽无形无象，则必依所尝见闻者以为影质，见闻所不习者，心不能现其象。”① 这里所谓的“心”，是一种高级形态的理性思维器官。而“心”之思，是指以耳目等感官所产生的感性认识为基础的理性认识。在王夫之看来，“思”虽然无形无象，却必须以有形的见闻材料作为原料，如果没有学与见闻所获得的感性材料，“心”就无法展开思维活动。所以，他又强调：“废闻见而以私意测理，则为凿为妄，陷于大恶，乃圣人之所深惧。”② 如果脱离耳目所得到的感性材料，而凭空臆想，就会妄测凿空，这是十分令人担忧的。

其次，思是学的内在动力。客观事物的无限性决定了人难以穷尽一切事物，并且耳目感官所获取的感性认识只能把握事物的表面现象，而不能透过现象去深入把握事物内部的本质与规律。王夫之认为，耳目闻见的感性认识具有一定的局限性，要想弥补这种缺憾，就必须重视和发挥“思”的作用。

总之，王夫之认为学与思的关系，是互相结合、互相补充、互相依赖的关系。学习要尽量吸取过去的成就而不可任凭自己的主观臆测，思索一定要发挥自主性，独立思考，千万不能被过往的经验所局限。学习与思索二者应当兼顾，不可偏向一方而忽视另一方。学习不会有碍于思索，而且学习的知识面愈广博，思索的程度就会越深入；思索得越到位就越有利于学习的贯通。如果思索遇到困难，就会倍感学习的必要，因而学习也就必然越来越勤奋。长此以往，学习和思索就会相得益彰，在求知的道路上取得真正的成功。

历史地看，王夫之“学思相济”的思想丰富了孔子“学而不思则罔，思而不学则殆”思想的内涵，为中国教学思想的宝库添上了精彩一笔。

三、颜元的教育思想

颜元（1635—1704），字易直，又字浑然，号习斋，河北博野人，清初启蒙思想家、实学教育家。颜元一生从事教育工作，从 24 岁始设家塾到晚年主持漳南书院，从教 40 多年，弟子遍天下，现有记载并可考者不下 100 余人。颜元的学术教育思想有一个发展转变过程。他最初信奉陆王心学，继而对程朱理学“信之甚笃”，后转而猛烈抨击程、朱、陆、王学说空疏无用，自己建立起着眼于社会现实的独特的以“实文、实行、实体、实用”为旨趣的“实学”教育学说。颜元对理学教育思想的突破主要表现在人性论、教育内容和教育方法诸方面。颜元的实学教育思想与王夫之、戴震等人的经世致用教育思想汇聚成明末清初的实学教育思潮，开中国传统教育向现代教育转向的风气之先。

［拓展阅读］
雷娟利：《近年来颜元教育思想研究综述》

（一）“预远其引蔽习染”“学校乃人才之本”的教育作用

1. “非气质无以为性”的人性论与“预远其引蔽习染”的教育个体作用

人性论是中国古代教育思想家最为关注的问题之一，颜元也不例外。他本着

① 王夫之．船山全书第十二册 [M]．长沙：岳麓书社，1996：134．

② 王夫之．船山全书第十二册 [M]．长沙：岳麓书社，1996：180．

高度的理论自觉与社会责任，循沿孔孟思路，在批判宋明理学（程朱理学和陆王心学）二元人性论基础上提出了“气质为性”这一具有自然人性论特色的一元人性论。

他明确地指出程颐、朱熹的所谓“理善气恶”的人性论存在悖论，是一种自相矛盾的学说。在颜元看来，既然理气不可分，那么说理是善的，则气也是善的。于是，他从理气、性形统一的一元论立场出发，提出“非气质无以为性”的命题，力斥理学教育思想把理与气、性与形进行割裂、对立起来的人性二元论。在颜元看来，人性就是人的气质之性，在气质之性以外别无什么天命之性。所谓气质，应指人身，如耳目、口鼻、手足、五脏、六腑、筋骨、血肉、毛发等，亦即人性之依托者。基于人之所以为人，不同于禽兽且高于禽兽的视角，颜元认为构成气质的每个部分都是善的，也就是说，理气是统一的，性形也是统一的。一言以蔽之，在颜元看来，所谓的“性”是指人的生理作用或机能。

颜元认为人性虽善，却又不尽相同，“性之相近如真金，轻重多寡虽不同，其为金俱相若也。惟其有差等，故不曰‘同’；惟其同一善，故曰‘近’”。[①] 他认同“性相近，习相远”的人性论，但又有所发挥，具体表现在对人性差等的看法上。他说：“人之自幼而恶，是本身气质偏驳，易于引蔽习染，人与有责也，人可自力也。”[②]他指出，人的天生气质虽有差别，有的人易于习染恶习，有的人则不易于习染恶习，但只要通过教育的训练或自己的努力或师友的提携，都可革除积弊恶习，去过而迁善。他以衣服被染为例，说明通过教育去掉“引蔽习染”不仅是必要的，而且是可能的，充分肯定人的可塑性，反复申言教育对人的发展所产生的重要作用。

2.“学校乃人才之本”的教育社会作用

颜元十分重视人才的培养及其对国家治理的作用。他指出，“人才者，乃政事之本也”，将“举人才”作为安定天下的首要因素。他不仅重视人才，而且进一步指出人才的培养主要依靠学校，提出“学校，人才之本也”。[③] 这其中包含了双重含义：其一，学校是培养人才的根本之地；其二，学校必须以培养人才为根本任务。即培养人才既是学校的权利，也是学校的责任。正是从这一思想出发，他说：“昔人言本原之地在朝廷，吾则认为本原之地在学校。”[④]“朝廷，政事之本也；学校，人才之本也。无人才则无政事矣。”[⑤] 因此，学校有权利去培养人才；朝廷不能也不应该侵犯或剥夺学校的权利。从这个角度来说，颜元正确地指出了学校与政府的权责，突出了学校教育的重要地位，以期保证人才培养的质量。

由上可见，颜元“人才为政事之本，而学校尤人才之本也”[⑥] 的思想深刻地揭示了学校、人才、治国三者之间的关系，强调了学校教育的重要地位与作用。

---

① 颜元. 颜元集 · 存性篇卷一 · 性理评 [M]. 北京：中华书局，1987：7.
② 颜元. 颜元集 · 存性篇卷一 · 性理评 [M]. 北京：中华书局，1987：11.
③ 颜元. 颜元集 · 习斋记余卷一 · 送王允德教谕清苑序 [M]. 北京：中华书局，1987：403.
④ 颜元. 颜元集 · 习斋记余卷一 · 送王允德教谕清苑序 [M]. 北京：中华书局，1987：403.
⑤ 颜元. 颜元集 · 习斋记余卷一 · 送王允德教谕清苑序 [M]. 北京：中华书局，1987：403.
⑥ 颜元. 颜元集 · 颜习斋先生年谱卷下 [M]. 北京：中华书局，1987：763.

（二）“实才实德之士”的培养目标

颜元对学校教育的培养目标也有具体主张。他认为学校教育应该培养“为天下造实绩”的实用人才，即“实才实德之士”，即品德高尚、有真才实学的经世致用人才。同时他又突破了传统意义上无所不能的“圣贤”理想人格形象，将人才分为两种：通儒人才和专门人才。

颜元认为，通儒之才就是那些“上下精粗皆尽力求全”的“圣学之极致”之才，即能够通晓周孔之学中的“三物”“三事”“六府”“六德”“六行”和“六艺”的人才，用我们今天的观点来说，就是德、智、体、美、劳诸方面都得以全面发展的人才。颜元认为这是一种“圣人”或“圣贤”，是能够担当各种繁难重负的经世之才，对于社会具有极为重要的意义。

与此同时，颜元也认识到了人的质性、心志与才力各有所异，并不是每个人都能成为“通儒”之才。因此，遵循个人的天赋，以个人之才力，虽六艺不能兼，但“学须一件做成便有用，便是圣贤一流”[①]，同样也可称为“圣贤”。这种“圣贤”就是具有一技之长，一专之能的专门人才。

值得指出的是，颜元认为圣贤须能“斡旋乾坤”，“斡旋”一词可以理解为“服务”之意，即圣贤必须能够服务社会。这体现了他的实用思想，但从另一角度也反映出他培养人才以服务封建王朝的忠君护国的思想。

（三）“经世致用”的实学教育内容

颜元在批判受宋明理学影响的学校教育空疏无用的同时，提出应当实施经世致用的实学教育内容。

所谓“实学”，主要是指那些对国计民生有用的知识技能，即他所倡导的“六府”“三事”“三物”。“六府”“三事”初见于《尚书·大禹谟》，前者指“金、木、水、火、土、谷”，后者指“正德、利用、厚生”；“三物”即《周礼·地官司徒》所提的“六德”（知、仁、圣、义、忠、和）、“六行”（孝、友、睦、姻、任、恤）和“六艺”（礼、乐、射、御、书、数）。所有这些项目中，颜元特重“六艺”，主张“以六艺为要”“于六艺尤致意”。但值得注意的是，颜元强调“六艺”教育，并非真的要重建先秦时期的教育制度，而是意在托古改制，“以复古求解放”，借其来宣传自己的教育理念。

颜元的实学教育内容在他晚年时所创办的漳南书院中得到实践，并成为其设计分斋教学之下的课程体系的理论依据。他将整个书院教学分为六斋，即文事、武备、经史、艺能、理学、帖括。各斋分别设计相应的课程：文事斋课礼、乐、书、数、天文、地理等科；武备斋课《黄帝》、《太公》以及孙吴兵法，并攻守、营阵、陆水诸战法、射御、技击等科；经史斋课《十三经》、历代史、诰制、章奏、诗文等科；艺能斋课水学、火学、工学、象数等科；理学斋课静坐、编著程朱陆王之学；帖括斋课八股举业。前四斋充分体现了他重在培养实用专门人才的思想，而后两斋的设立只是为了“应时制”，一旦时机成熟便将其关闭。

---

① 颜元．颜元集·颜习斋先生言行录卷下·学须第十三 [M]．北京：中华书局，1987：667．

各斋课程及其教学内容既有人文社会学科，又有自然科学技术学科。这些内容远远超出书本知识和传统知识类型，不仅与宋明理学以及当时的理学教育内容呈现出较大差异，而且在广度上和深度上，都大大超越了先秦“六艺”教育，已经蕴含着现代学校课程体系的萌芽。这种课程体系既能兼顾受教育者身心全面发展，又能富国强兵，培养出德才兼备、文武双全的实才。

（四）“习行”的教学方法

为了培养经世致用的实用人才，颜元主张以注重“实事”的“习行”教学法来代替宋明理学教育家所提倡的“穷理”“主静”“读书”的方法。

颜元首先批评了“主静”方法的有害性。他从实学的价值立场出发，认为“但凡从静坐读书中讨来识见议论，便如望梅画饼，靠之饥食渴饮不得”。① 他甚至偏激地认为：“读书愈多愈惑，审事机愈无识，办经济愈无力。”② 他指出，那种静坐读书中得来的学问，一是对解决社会现实问题完全无济于事；二是终日兀坐书房中，不仅影响读书人的身心健康，长此以往，还会造成“天下无不弱之书生，无不病之书生”的局面。

颜元宣称：“读书无他道，只须在‘行’字著力。”③ 所谓“习行”，就是强调发挥学习者的主观能动性，亲自去观察实践，从而获得真知识。具体到教学上，就是强调理论要联系实际，坚持不断地练习和躬行实践。

值得注意的是，颜元所提倡“习行”的教育方法并非完全否定书本知识的作用，而是主张任何学问都难以脱离并且也不可能脱离实际，强调在学习过程中要把读书和“习行”紧密相连，结合实际情况进行练习。

第三节 欧洲文艺复兴时期的人文主义教育思潮

当中世纪的帷幕逐渐落下，一个文化教育的新时代正在来临。文艺复兴时代的人文主义者，在以复兴希腊和罗马时代古典教育的旗帜号召之下，对宗教神学和经院哲学为主导的教育提出了批判，并依据人文主义的理想提出了新的教育目的、教育方法和教育内容。文艺复兴运动起源于意大利，随后扩展至整个西欧和北欧，它标志着现代教育的曙光正在来临。

[微视频]
人文主义教育思想的主要特征及意义

一、文艺复兴运动与人文主义的特征

文艺复兴运动是 14—17 世纪欧洲文化和思想领域发起的一场伟大的革新运动。“文艺复兴”就其词义看，是指古希腊、古罗马人文学科的复活或复兴，但就其实质看，复兴的范围绝不仅限于人文学科，而且复兴过去并不是为了过去，而是为了现在和未来，文艺复兴不仅仅是复兴，而且是新时代对古代文化的继承、利用和发

① 颜元. 颜元集·存学篇卷二·性理评 [M]. 北京：中华书局，1987：66.
② 颜元. 颜元集·朱子语类评 [M]. 北京：中华书局，1987：252.
③ 颜元. 颜元集·颜习斋先生言行录卷上·理欲第二 [M]. 北京：中华书局，1987：623.

展，使古典文化成为表达新文化的媒介。

文艺复兴运动历时久长，持续近三百年；涉及地域广，整个西欧都受其洗礼；涉及领域广泛，并不仅仅是“文艺”的复兴，其成就包括文学、艺术、哲学、科学、宗教、法律、教育等多个方面，不少成就虽以古典文化为基础，但青出于蓝而胜于蓝，尤其是艺术成就至今令人仰之弥高；影响深远，推动着欧洲近代文化的发展，为人类文明的进步开辟了广阔的前景。

人文主义文化是文艺复兴运动的重要成就。人文主义是文艺复兴时代不同国家、不同领域、不同时期的人文主义者所共有的世界观，这种世界观主要体现为以下几个方面。

第一，歌颂、赞扬人的价值和尊严。人文主义文化的核心是提倡人道，肯定人的价值、地位和尊严。人文主义对人的赞颂与整个中世纪特别是中世纪早期对人的贬抑形成鲜明对比。中世纪神学认为，上帝是全知、全能、全善的，而人是卑微的，人具有天生的原罪，人唯有靠上帝的恩惠才能得救，而人文主义是对这种宿命论的反叛。

第二，宣扬人的思想解放和个性自由。中世纪神学宣扬人对教会的教义与教规的绝对信仰和盲目服从，而人文主义与这种权威主义做法相对立，要求把人从教会的教义、教规和其他教条的束缚中解放出来。

第三，肯定现世生活的价值和尘世的享乐。这是对中世纪“禁欲说”和“来世说”等宗教教条的背离。“来世说”以今生受苦受难作为来世欢乐的条件，使人克制甚至泯灭各种合理的欲望与追求。人文主义者将天国的幸福和欢乐移至人间，认为不言今生的幸福，就根本谈不上来世的欢乐。

第四，提倡学术，尊崇理性。有人称中世纪为黑暗时代、愚昧时代，意指其学术的不盛与文明的不举，虽言辞过激，却不乏合理之处。文艺复兴带来了学术的繁荣，知识受到尊崇，理性得以弘扬。

人文主义世界观是人文主义教育的指导思想，在人文主义教育理论与教育实践中有鲜明的反映。

二、意大利人文主义教育的发展

文艺复兴最早发生在意大利。意大利文艺复兴以古罗马文化的复兴为先导，继之以古希腊文化的复兴，这种复兴迅速影响到教育界。人们从古希腊、古罗马的著作中发现了一个崭新的美好世界，对人文学科的狂热崇拜迅速蔓延到整个意大利，一些不同于中世纪教会学校的世俗学校应运而生，教师为世俗人士，教授的专业也是世俗的人文学科，打破了教会对教育领导权的垄断。

[拓展阅读]
徐宗林：《人文主义教育思想之研究》

（一）弗吉里奥的教育思想和活动

弗吉里奥（1349—1420）是率先阐述人文主义教育思想的学者，其思想大大受益于昆体良。他为昆体良的《雄辩术原理》做注释，使之风行于意大利内外。他还写了一篇题为《论绅士风度与自由学科》的论文，认为人文主义教育的目的在于对青少年施以通才教育以培养身心全面发展的人。通才教育（liberal education，或译为自由教育、博雅教育）源于古希腊，其理想为文艺复兴时代的人文主义者所普遍接受。弗吉里奥曾给通才教育下过这样的定义：它是一种符合自由人的价值的，使受教育者获致品德与智慧的，能唤起和发展那些使人趋于高贵的身心的最高才能的教育。在教育方法上，弗吉里奥认为必须使所教内容适合学生的个人爱好和年龄特征。在教育内容方面，弗吉里奥最推崇的三门科目是历史、伦理学（道德哲学）和雄辩术，认为这三门课程最能体现人文主义精神。弗吉里奥还依据亚里士多德的《政治学》提出体育、文学、绘画、音乐四门科目，并讨论了数学、医学、法律、自然知识等科目。他重视体育，认为健全的身体是将来从事任何事业的前提；他重视文学，认为文学（包括文法、写作、逻辑、修辞、诗歌）是学习其他学科的基础；他还赋予自然知识以重要价值，认为这是一门既使人感兴趣又对人有益的学科；他也看重医学和法律的实际价值，但他像亚里士多德一样，将自由教育与职业教育截然对立，因而认为医学和法律与职业相关，对培养绅士是不适宜的。值得注意的是，他在论文中并未讨论神学这一中世纪最重要的学科，显示出意大利人文主义教育世俗性较强的特点。

（二）维多里诺的教育思想和活动

维多里诺（1378—1446）是弗吉里奥教育理想的实践者。他对西塞罗的《论雄辩术》颇有心得，深谙西塞罗精神的内蕴，并热衷于古希腊身心和谐发展的教育理想。他对教育实践热忱很高，曾于1423年开办宫廷学校，并于此终生执教，他把学校称为“快乐之家”，学校环境优美，校风朴素自然，师生关系融洽，学生的生活与学习过程充满欢乐。同弗吉里奥一样，维多里诺也主张通才教育，并以古典学科作为课程的中心。他重视学生品德的培养，重视学生基督教信仰的养成，并认为古典著作所包含的异教道德观念与基督教教义是不冲突的。

（三）格里诺的教育思想和活动

格里诺（1374—1460）也办过宫廷学校，但他的教育观与弗吉里奥和维多里诺有所不同。他认为古典文化教育本身就是目的，而不是促人充分发展的手段，主张一个受过教育的人必须学习特定的科目而不管其内容如何。在学习方法上，他主张先学习语法规则然后学习古典作品，这夸大了语法规则的价值。在古典作品中，他过高地评价西塞罗文体并将其作为作文唯一正确的典范。格里诺对15世纪末意大利“西塞罗主义”的产生起了推波助澜的作用。西塞罗主义反对使用在西塞罗作品中没有出现过的词汇和习语，主张单纯仿效西塞罗。这使得意大利人文主义教育在发展过程中产生了形式主义的弊端，背离了人文主义文化修养的目标，最终因食古不化而走上了穷途末路，人文主义教育的内涵亟须予以丰富和拓展。

三、北欧的人文主义教育

北欧的文艺复兴运动是受意大利的影响而产生的，人文主义教育也随之逐渐发展起来。北欧人文主义教育的重要代表人物主要有尼德兰（今荷兰和比利时）的伊拉斯谟（1467—1536）、西班牙的维夫斯（1492—1540）、英国的莫尔（1478—1535）、埃利奥特以及法国的拉伯雷（1494—1553）和蒙田（1533—1592）等人。

（一）伊拉斯谟的教育思想

在北欧诸国中，尼德兰的教育比较发达，其宗教团体“平民生活兄弟会”所办的教育更是成绩卓著。北欧著名的人文主义教育家和思想家大多出身于兄弟会所开办的学校。伊拉斯谟就是如此。

伊拉斯谟是一位基督教人文主义教育理论家。他虽然对古典文化推崇备至，认为研习古典文化有助于改造社会、改良教会、净化基督教，使人走上虔敬与德行之途，但在古典文化与宗教二者的关系中，他并不像意大利人文主义那样过于偏重古典文化，而是将基督教与人文主义并重，主张人文主义基督教化、基督教人文主义化。他对基督教情有独钟，用人文主义的方法研究《圣经》，认为应使学生成为一个虔敬的基督教徒。他虽然不反对宗教本身，却对教会推行的蒙昧主义和教会的虚伪腐化深恶痛绝，他的《愚人颂》的核心就是对虔敬与道德的呼唤。他在教育方面的代表作主要是《基督教君主的教育》和《论童蒙的自由教育》。伊拉斯谟所要培养的人的品质主要是虔敬、德行和智慧。虔敬意指敬上帝，德行意指应通过教育使人具有宽容人道、公正无私、节制自律、诚实正直、勤奋有为等美德，而智慧则受虔敬与德行的指引。获得虔敬、德行和智慧的必经之路就是学习古典文化，《旧约》和《新约》也是古典文化的重要组成部分。他没有像意大利一些人文主义教育家那样走向“西塞罗主义”和形式主义，反而著文《西塞罗主义》，对之予以抨击批判。在他看来，文以载道，学文重要，学道更重要，最根本的目的是学古人之道以改造现实社会。他还特别重视教学方法问题，要求教师了解学生，因材施教。

［拓展阅读］郭纪青：《从宏观的眼光探讨伊拉斯谟的思想对荷兰在16世纪文艺复兴时期的影响》

（二）维夫斯的教育思想

西班牙的维夫斯的主要教育著作是《知识论》《论灵魂与心灵》，其中《知识论》影响甚巨，被誉为“文艺复兴时期最彻底的教育书籍”。维夫斯的教育观与伊拉斯谟相近，也主张将基督教与人文主义结合起来，认为一切教育皆应引导到虔敬，应在学生心中确立《圣经》的威信，但其人文主义精神较之伊拉斯谟更加强劲。他思想激进，富有民主性，认为一般民众也应有自由发展的权利。维夫斯的教育思想中最具光彩之处在于他提出要以新的哲学方法和心理学方法来解决教育问题。他指出，正确的认识方法不是演绎法而是归纳法。因此，学习过程应该从感觉开始，由感觉到理解，由个别事实到一般事实。维夫斯还认为，教育主要是一个由学习者的本性所决定的过程，他力图把教育和教学建立在心理学的基础上，他对心理的对象、心理活动、心理类型和差异等进行了大量深入的研究。维夫斯的教育理论对夸美纽斯有深刻的影响。

（三）莫尔的教育思想

英国初期文艺复兴对人文主义教育做出积极贡献的主要有莫尔等人。莫尔是英国最著名的人文主义者，其教育思想主要体现在《乌托邦》中。莫尔曾在牛津大学师从林纳克和科利特学习古典语言，对古典文化厚爱于心，尤其陶醉于柏拉图的“理想国”。在《乌托邦》中，莫尔要求废除私有制，实行公共教育制度，所有儿童不分男女皆享有平等的受教育的权利；所学知识主要是古代作家尤其是古希腊作家的哲学、历史、戏剧、医学、植物学等作品；要求培养儿童仁慈、公正、勇敢、诚实、仁爱、合作等品质，培养儿童对神的虔敬。此外，莫尔还重视劳动的价值并要求对青少年进行劳动教育。这些教育观都洋溢着鲜明的进步精神。

（四）拉伯雷的教育思想

法国的文艺复兴开始较晚，其保守势力一直比较强大，极力压制新思想的发展，过分的压制带来了强烈的反抗，一种崭新的教育精神在保守的土地上勃然升起，拉伯雷、蒙田成为新教育精神的象征。

拉伯雷对教育感兴趣主要是因为受到伊拉斯谟和新教教育家斯图谟的影响，其教育思想主要体现在他的讽刺性文学作品《巨人传》中。首先，他阐述了一种新的教育自由观。他要求打破一切戒律，不论是教会的还是世俗的。他认为，理想的社会由享有完全自由的人所组成，“想做什么，便做什么”是他所推崇的准则。他所主张的自由不同于意大利早期文艺复兴的城市自由，而主要是一种个人自由，表现出对个性价值和个人自由的确信。其次，他主张身心并行发展，重视体育。他所列的体育活动的名目非常多，骑马、击剑、角力、跑步、游泳、射箭、登山、攀树等，不一而足。再次，他要求认识所有事物。拉伯雷提出了一个包罗万象的学习知识的范围，古典语言和著作是学习科目的主体，但拉伯雷引入了自然科目，要求对大自然予以尽心的研究。拉伯雷还注重本族语教学，要求日常交往中使用本族语。最后，他提出了新的学习方法和途径。拉伯雷对经院主义烦琐论证、死记硬背的方法深恶痛绝，要求知识的掌握应建立在理解的基础上，认为没经过理解的知识等于灵魂的废物，他要求采用新的教学方法，使教与学的过程轻松愉快。书本是知识的一个来源，观察、谈话、游戏、游学、参观、旅行等也是获取知识的重要途径。

（五）蒙田的教育思想

蒙田的主要著作是《散文集》(《随笔集》)。《散文集》中的文章篇幅长短不等，内容包罗万象。他的教育思想主要体现在《散文集》第一卷第 25 章《论学究式教育》和第 26 章《论儿童教育》中。蒙田具有很强的批判精神，其思想的广度、深度远远超过了同时代人。蒙田反对培养学究，要求培养“完全的绅士”。这种绅士具有渊博的、对生活有益的实用知识，具有良好的判断力，具有坚忍、勇敢、谦逊、爱国、忠君、服从真理、关心公益等品质，具有强壮的体魄。他说：“一切运动和锻炼，如长跑、击剑、音乐、舞蹈、打猎、骑马，都应该是学生学习的一部分，我希望他的外表、态度或礼节和他的心智一起形成起来。因为，我们所训练的，不是心智，也不是身体，而是一个人，我们决不能把两者分开。”蒙田倡导怀疑精神，反对盲信盲从，注重对知识的理解。他说：“我希望做教师的使他的学生谨慎地、严密地吸取一切东西，决不要相信只凭权威或未经考察的东西。”与此相关，蒙田反对死记硬背，认为死读书只能培养出鹦鹉学舌的学究。他反对理智屈从于权威，认为一个人应有判断力，绝不可人云亦云，但人应服从和热爱真理，应虚心好学，敢于并善于纠正自己的错误。蒙田反对空疏无用，崇尚实际效用。他认为学究式的学问是无用的，教师教的和学生学的应是对生活实际有用的东西。在语言学习方面，蒙田认为本族语是最有价值的，其次是邻国语言，最后才是作为一个绅士的重要装饰品的希腊语和拉丁语。蒙田不主张学生过分依赖书本，要求儿童多从生活和事实中学习。在教学方法上，蒙田反对压制强迫，反对严厉的惩罚，主张自然发展。

四、人文主义教育的基本特征

尽管人文主义教育在不同的地域和不同的发展阶段有不同的特色，但在基本特征上有共通之处，这些特征是人文主文在教育上的具体表现。

其一，人本主义。人文主义教育在培养目标上注重个性发展，在教育教学方法上反对禁欲主义，尊重儿童天性，坚信通过教育重塑个人和改造社会的力量，这些都表现出人本主义的内涵。

其二，古典主义。人文主义教育思想吸收了许多古人的见解。人文主义教育实践（尤其是课程设置）具有古典性质，但古典主义绝非纯粹的复古，实际含有古为今用、托古改制的内涵。

其三，世俗性。不论从教育目的还是从课程设置等方面看，人文主义教育洋溢着浓厚的世俗精神，教育应该注重今生而非来世，这是人文主义教育与中世纪教育的根本区别。

其四，宗教性。人文主义教育仍具有宗教性，几乎所有的人文主义教育家都信仰上帝，他们希望抨击天主教会的弊端，造就一种更富世俗色彩和人文色彩的宗教。

其五，贵族性。这是由文艺复兴运动的性质（并非大众运动）所决定的。人文主义教育的对象主要是上层子弟，教育的形式多为宫廷教育和家庭教育而非大众教育，教育的目的主要是培养上层人物，如君主、侍臣、绅士等。

第四节　宗教改革时期的教育思想

自罗马帝国灭亡之后，天主教会一直是欧洲的政治中心与精神支柱。中世纪后期，罗马教会日益腐化，早期基督教所宣扬的淳朴、贞洁、服从、安贫等美德渐渐沦丧，教皇与教士关心手中的权力和财富远超过对信仰和来世的追求。与此同时，受文艺复兴运动的鼓舞，一种独立精神同时也是一种标榜民族生活方式独特性的思想情感在意大利以外的欧洲各国不断蔓延。宗教改革运动拉开帷幕并率先在德国开始。

宗教改革运动沉重地打击了天主教教会势力，导致欧洲宗教世界分裂，同时也促进了欧洲民族意识的觉醒和民族宗教文化的发展。与此同时，基于培养信徒和臣民的需要，欧洲各地的新旧宗教力量与世俗政权都给予民族文化教育事业高度的关注。正是在宗教改革运动中，一些宗教人文主义者大胆改革教育，较早地提出了教育平等和强迫义务教育的主张，并进行了初步的实践，从而为西方近代国民教育的发展和国民教育制度的建立开辟了道路。与此同时，宗教改革运动也促进了天主教内部改革，作为反宗教改革团体的耶稣会，为天主教教育注入了新的活力。

一、马丁·路德的教育思想

德国16世纪的宗教改革家马丁·路德（1483—1546）的教育思想，与他的新教理论和以新教教育促进新教改革的直接动机是密不可分的。虽然不是一位专职的教育家，但是马丁·路德关于教育的许多真知灼见，特别是普及教育思想和对德国语言教育的贡献，其影响则远远超出了他那个时代，对欧美教育的近代化进程产生了持久而深远的影响，这是许多职业教育家所不能够比拟的，他无愧于“世界性的伟大教育家”这一赞誉。

马丁·路德是欧洲宗教改革运动的倡导者，新教路德宗的创始人。1483年，马丁·路德出生于德国埃斯勒本的一个矿工家庭，并先后在马哥德堡和艾森纳赫等地求学。1501年，马丁·路德进入爱尔福特大学攻读法律，并深受人文主义思想的影响。1505年，他加入爱尔福特奥古斯丁会，研习神学，并于1507年升为神父。翌年，转入威登堡大学，先后获得圣经学士学位和神学博士学位。1515年，马丁·路德应聘威登堡大学神学教授，开设神学讲座。1517年之后，他致力于宣扬新教教义，推动德意志各地的宗教改革运动。

马丁·路德的教育思想比较集中地体现在他的《为基督教学校致德国市长和市政官员书》和《论送子女入学的责任》这两篇专门阐述教育问题的论文中，同时也散见在他有关宗教、政治、社会、经济、家庭、婚姻等问题的论述中。他提出的有关国家办学和普及义务教育的主张，对欧洲教育走出中世纪宗教的桎梏，在世俗化和国家化的变革过程中向现代转化起到了思想先驱的重要作用。他翻译的德语本《圣经》和编著的大、小《救义问答集》，对德国语言教育和现代德语的进步所产生的深远影响，则是任何人所无法比拟的。

作为欧洲宗教改革的伟大先驱者，马丁·路德致力于追随原始基督教教会的生活和教义，并以此反对中世纪以来所形成且日益僵化的宗教制度。在原始基督教教义中，蕴含着一种宗教平等的理念，即上帝面前人人平等，每个人的灵魂都需要拯救，接受上帝的教诲是灵魂获救的唯一途径。基于对这种宗教平等理念的反思，马丁·路德对圣保罗在《罗马书》中所说的“因信称义”进行了重新阐释。他指出，每个人的信仰来自于对《圣经》的独立理解和阐释，信仰完全是个人的主观体验和内心活动，在灵魂拯救中，个人的责任与判断决定着一切。因此，实现个人信仰独立的一个基本前提就是人人读书识字、人人直接阅读《圣经》。换言之，人人必须受教育。宗教平等的理念因此转化为教育平等的理念，马丁·路德用宗教的语言表达了普及教育的理想。

1. 论普及教育的必要性

早在12世纪，教育就被当作教会的基本职责。1179年，第3次拉特兰宗教会议规定，教会既要为神职人员也要为贫穷的学生提供免费的教育。但与罗马教会基于宗教慈善理念做出的教育规定不同，路德倡导的普及教育的思想体现出更为浓厚的宗教功利性和世俗政治性。一方面，路德所关心的是增加信奉新教的信徒，以教育促进新教理念的传播，为此他十分强调教育的重要性，即牧师要想提高传教的效率，就必须有知识且受过专门的培训；信徒要想理解新教教义，就必须识文断字。另一方面，宗教改革引发的德国农民起义引起了路德的担忧，他希望借助世俗政权的力量建立起普及的教育体系，进行社会控制，实现世俗社会与精神社会的稳定与安宁。

1524年，路德在《为基督教学校致日耳曼各市郡长书》中强烈呼吁德意志各邦和城市统治者关心教育，兴办学校，担当起教育组织者的职责。在这封公开书信中，路德对德意志“举国日趋衰微”的学校教育情形深以为憾。因此，他恳求当局不要轻视此问题，因为青年的教养乃是基督教以及全世界所关心的问题。他指出，各市镇既然曾经将大量的金钱耗费在修桥铺路、公共防御等事务中，为什么不能将其中一部分用于学校教育？教育事业不仅是为了教会的利益，也是为了国家的利益，因为“即使没有灵魂及天国，亦无地狱，但是为了地上俗世，仍应有学校之必要……为求男人们之善以治理国家，与妇女之善能养育其子女，照料家人与治理家务，世界上亦须有教育的男女”。一个城市的兴旺，并不在于巨大的财富、坚固的城墙和漂亮的住宅，而在于有聪明、能干、智慧、有荣誉感并能够获得、保存和利用一切财富和财产的受过良好教育的公民。“国家的安宁有赖于公民之智慧与美德，因此，创办基督教学校乃是各城市市长与镇长的职责。”①

2．论政府在普及教育中的责任

1530年，路德宣讲了长篇布道词《遣送子弟就学之职责》阐释了国家建立学校并在必要时强制入学的责任。路德认为，强迫儿童上学的权力是基于国家有权保护自己并促进其福利的需要。他指出，对于统治当局来讲，“要求其臣民送他们的孩子上学念书，是义不容辞的。”统治当局只有具有数量充足、素质过硬的公民，才能确保整个国家机器的顺利运转。正如国家有权号召民众起来保卫祖国一样，国家也有理由强迫人民送他们的孩子上学，这是国家和城市生存与发展的必然要求。对于家长来讲，国家强迫孩子们入学，“并非要从他父母身边带走一个孩子，仅仅是为了孩子自身的好处和公众的福利，他应该受到某种职业的教育，而这些职业的教育将因为他的勤奋结出丰硕的果实。”

这种由国家负责的教育应当如何实施呢？路德强调，首先国家或市政当局必须建立起公共的学校教育体系，吸纳臣民的子弟入学。他指出，由国家组织的公共学校的优点是使儿童能够学习语言、艺术和历史。其次，这种公共的学校教育应当由国家政权和教会通力协作共同推进。国家或市政当局应当为公共学校提供一定的财力保障，并在必要的时候“运用他们的权力保证让儿童上学”。而所有儿童，无论贫富贵贱，一律享有平等免费入学的机会。这种公共的教育制度就如同路德所宣扬的福音一样，不存在性别或社会阶级的差别。

路德主张每个市镇都应当设立一般的国民学校，也就是本国的初等学校，为当地的男女儿童提供初等教育。他希望一般儿童都能懂得《圣经》和教义问答，并且身心都能够得到顺乎上帝旨意的发展。因此，他主张在初等学校里开设阅读、书

---

① 吴元训．中世纪教育文选[M]．北京：人民教育出版社，2005：632.

写、体育、唱歌及宗教等科目，并授以职业或家政的知识技能。除了宗教的目的，这些必修科目都是与儿童未来的社会生活需要息息相关的。与那些为可能担任公职、神职的人设立的拉丁语、希腊语、希伯来语学校不同，在这种为平民百姓的孩子所设立的初等学校里，本国语言是规定的教学语言。鉴于他希望人们可以阅读用自己的语言写成的《圣经》，所以他把这种在家里、在市场上以及在教堂里最为常用的语言规定为教学语言也就不足为怪了。路德所写的两本著名的宣讲新教理念的教义问答手册——《教义问答大全》和《教义问答手册》，后来都成为各初等学校开展本国语言和宗教教育的模范初级读本。

[微视频]
宗教改革与国民教育的兴起

虽然马丁·路德并不是西方教育史上第一个提出国家管理文化教育事业、实施强迫义务教育的思想家，其普及义务教育的主张在很大程度上也超出了当时教育发展的实际可能，但借助于宗教改革的推动，路德的教育主张得到了许多封建公国君主以及接受路德教信仰的学者热烈而迅速的反应。由于行政当局和宗教界以及知识界的合作，教育的重建工作得到了一定程度的发展。路德建立公共教育制度、普及义务教育的理念随后在中欧和北欧新教国家的学校教育实践中被不断体现出来。

二、加尔文的教育思想

加尔文（1509—1564）是16世纪西欧著名的宗教改革家和新教神学家，是马丁·路德之后新教教育理论的集大成者。他的思想及其教派对近代西欧新的价值观念的确立起了重要作用。虽然他也不是单纯意义上的教育家，由于新教的改革运动以教育为重要手段，加尔文也塑造了一种新人的形象，因此他在教育史上的地位是不应被忽视的。加尔文在日内瓦的教育改革对苏格兰、荷兰、法国及美国等地区的教育发展起了积极作用。

加尔文出身于法国皮卡迪一个律师家庭，父亲当过主教秘书及贵族的法律顾问。加尔文14岁去巴黎读书，学习哲学、神学，19岁改学法律。1533年，由于宣传路德的新教而被罗马教会指控为异端，被迫流亡。1535年来到瑞士的巴塞尔，在这里完成了他的《基督教原理》一书。在对待旧教上，他比路德激进，企图论证新教教义比罗马教会更接近古代基督教的思想。他用“因信得救”来反对中世纪基督教的等级观念，取消教皇、主教、神父统治人民的权力。加尔文在日内瓦工作20余年，帮助日内瓦市建立了加尔文教派的神权共和国。

在日内瓦，由加尔文教派所控制的日内瓦共和国及其国家机构成为教会的工具。为了达到宣传宗教的目的，国家为教会兴办学校。加尔文派主张普及初等义务教育，对贫苦儿童进行免费教育。加尔文制订了《日内瓦小学计划》，计划中规定的教学内容是：用国语教学，宗教是加尔文教，注重文法练习。加尔文派的小学教育，一方面重视宗教和道德教育，同时也重视理智的培养以及公民教育，使受过初等教育的儿童成为有初级知识、有德性、守纪律的公民。

在加尔文控制日内瓦以后，他在这里创办了一所典型的加尔文教派的学院。在加尔文的亲自关怀和管理下，学院成为当时一所著名的公立中学。学院分成七个年级，七年级是最低年级，一年级是最高年级。从《法规》所规定的各年级的学习科目，可以看到加尔文派的学院性质与路德派的教育主张相类似，是以宗教与人文主义相结合为其教育宗旨的，近乎斯图谟的文科中学。它明显地反映出文艺复兴的影响。从加尔文派的学院出来的青年，大都在文学和其他人文学科方面受到良好的训练，在自然科学方面也具备一定的知识。其中的一些人，从事政府和新教教会中的各级领导工作。

加尔文派的教育家，对欧洲各国的影响较大。在加尔文当权时期，日内瓦成为各国受压迫的新教徒的避难所。他们在日内瓦吸收加尔文派的宗教教义和教育思想，又把它们带回到本国，所以加尔文派的教育思想不久就风靡了法国、德国、荷兰、苏格兰，甚至美国。

三、罗耀拉和耶稣会的教育思想

伊纳爵·罗耀拉（1491—1556）是耶稣会的创始人，同时也是耶稣会教育的奠基者。耶稣会成立于宗教改革运动如火如荼的16世纪上半叶。此时，欧洲统一的基督教世界正在分化，罗马教皇的权威急剧下降。作为一名虔诚的天主教徒，罗耀拉将自己亲手创建的耶稣会置于教皇的麾下，成为天主教进行反宗教改革的急先锋。耶稣会与其他宗教团体不同，它把创办系统的学校教育作为实现自己的宗教及政治目的的主要手段。由于其卓有成效的工作，它在欧洲乃至世界教育史上都具有极其重要的地位。

1．教育目的

罗耀拉创建耶稣会的最终目的是“为了上帝的更大光荣”。耶稣会教育和耶稣会的其他工作一样，都是紧紧围绕着这一最终目的。要达到这一目的，需要耶稣会教士努力提高和完善他们自身以及周围的人，这包括两个方面：一是要求他们具有良好的道德品质和宗教信念，二是他们要有良好的知识基础及运用知识的能力。可以说，教育是实现耶稣会最终目的的重要工具，因此罗耀拉极为重视教育的作用。

在耶稣会教育所要培养的两种素质中，良好的道德品质和坚定的宗教信仰是服务于上帝的精神基础，而知识及其运用方法则在其中发挥着重要作用：一方面，通过知识的学习，认识和了解上帝所创造的世界，在体验和欣赏世界的统一和谐之美的过程中，产生对上帝的热爱与崇敬之情。这样人们就会放弃世俗的、低级的追求，献身于服务上帝的活动；另一方面，掌握了知识及其运用的方法，才能更好地、更有效地帮助自己和他人的灵魂，引导他们去为上帝服务。

罗耀拉及其后继者所理解的教育包括两方面，一是培养耶稣会会士，为了提高耶稣会士的素质进行的教育；二是培养天主教在世界范围内的发展，由耶稣会士对他人所进行的教育。耶稣会士担负着在世界各地传播天主教教义的重任，任务的艰巨性和所面临的环境条件的复杂性对他们的道德信仰、意志品格、知识能力等各方面的素质提出了很高的要求，因此需要一种系统的教育来培养合格的耶稣会士。罗耀拉也看到，耶稣会教育不必局限于培养神职人员。当它向社会敞开时，就会有更多的人了解耶稣会的宗旨和理想，掌握为“上帝青睐”的知识。因此，他建议耶稣会学校招收校外学者，向公众开放学校，至少人文学科教育方面的学校，在条件许可的情况下，可以开办更高层次的公共教育。

因此，耶稣会教育实际上是一种兼有培养耶稣会会士的职业教育和面向大众的普通教育双重职能的教育。

2．宗教道德教育

在罗耀拉所设计的学校教育中，宗教道德教育是世俗知识教育的前提与准备，它能使学习者明确学习的目的，提高学习的兴趣，增强学习的意志。此外，与马丁·路德等宗教改革家不同，罗耀拉认为基督教会当时所面对的问题不在于其教义发生了偏离，而在于人们偏离了天主教的传统和信条。因此宗教改革的关键不是改造教会，而是改造个体。基于以上两方面的原因，罗耀拉赋予宗教道德教育重要的地位，特别是在培养耶稣会会士的教育中，宗教道德教育贯穿于其教育的整个过程。

宗教道德教育的手段与方法除了教会学校普遍使用的忏悔、圣事、听弥撒、祈祷及阅读宗教经典之外，罗耀拉还运用了一种特别的方法，即“精神训练法”。罗耀拉的精神训练法是从人本有罪这一基督教的基本原理出发的。他认为，人们的心灵中原本都存有罪恶，这种罪恶可以被神性所取代，但是要经过严酷和痛苦的磨炼和斗争。“精神训练”的含义，罗耀拉本人是这样阐述的：“就像散步、行车、跑步是对身体的训练一样，精神训练是指使心灵摆脱一切放纵的欲望，进而寻求并获得使灵魂得救的上帝意志的各种方法。”可见，精神训练的目的在于克服人性的缺陷，提高精神的境界，磨砺意志品格，形成像耶稣那样的人生态度。

为了让人们更容易接受和实践这种方法，罗耀拉设计了一个固定的、循序渐进的程序，整个过程历时 30 天，分为 4 段，每段 1 周左右。第一段首先从认识人的罪恶入手，在内心用意志的力量与之进行斗争，使灵魂得到净化。后面的训练以形成精神上的人神交流为主旨，练习者通过回忆和在头脑中再现耶稣基督从降生、下凡，到受难、复活、升天的全过程，获得神性的体验。在整个训练过程中，罗耀拉要求每位训练者每天进行反省，逐步克服自身的缺点，不断完善自己的道德，以此来改造自己的行为。

除了这种集中时间、固定程序的精神训练外，罗耀拉还把精神训练法运用于日常的宗教道德教育中，学生每天都有固定的时间，在专门人员的组织下进行集体训练。另外，每个人还要根据自己的情况进行自我训练。经过训练，宗教信念深深地植入了训练者的思想中。

3．教育内容

罗耀拉虽然具有狂热的宗教热情，但他同时具有务实精神和对现实社会的深刻洞察力，在把神学和哲学置于耶稣会学校教育突出地位的同时，他也把受社会普遍欢迎的人文主义学科纳入了课程体系。人文学科与神学、经院哲学的关系不是主次关系，而是基础与上层的关系，人文学科、哲学和神学构成了一个相互衔接的知识体系。

人文学科包括语言和古典文学，后来演变成为包括低级语法、中级语法、高级语法、人文学、修辞学在内的完整结构，它们是学院一级教育机构的教学内容，学习时间一般为 5 年。在语言教学中，罗耀拉要求学院学者掌握若干种语言，这些语言可以分为两类：一是研究《圣经》及其他宗教经典所需的语言，其中最重要的是拉丁语，它是整个天主教会的宗教用语，也是耶稣会学校的教学用语。其次是希腊语和希伯来语；二是传教用语，因为耶稣会士将被派往世界各地传教，熟悉和掌握当地的语言是完成使命的重要条件。所以罗耀拉在会章中就明确提出可以传授阿拉伯语、印度语以及其他国家和地区的语言。

哲学由逻辑、自然哲学、伦理学、形而上学等组成，自然哲学又包括数学和自然科学中的许多学科。罗耀拉规定用不少于 3 年的时间学习自然科学，这表明了他对自然科学的重视。完成哲学学业并通过考试者，可以获得硕士学位。

神学是耶稣会教育中最高层次的教学内容，罗耀拉安排了 6 年的学习时间。它的内容相对狭窄，主要是《圣经》、经院哲学和其他基督教经典。通过最后的严格考试者可获得“神学博士”的学位。

罗耀拉为耶稣会学校教育所设计的是一套以拉丁语为基础、以古典知识为主架、以宗教神学为皇冠的课程体系，之后课程设置的变化也都是在这个框架内进行充实和调整，没有根本的变动。教学内容的选择紧紧围绕着耶稣会的宗旨，凡是对实现这一宗旨作用不大的知识、学科都被排除在外。

综上所述，罗耀拉为耶稣会所设计的教育是：将文艺复兴精神和古代经典纳入服从基督教理想和教会之中，将产生于文艺复兴思想的新个人主义引导到为上帝服务。由他一手开创的耶稣会教育，不仅有严密的组织管理、良好的师资、自成一体的教学内容，而且还有有效的教学方式及手段，所有这一切保证了当时的耶稣会学校的学生“在 6 个月的时间里学到比在其他学校中 2 年还多的东西”，使得耶稣会能从当时众多的教育组织中脱颖而出，并经久不衰。但同时应该注意到，耶稣会教育依然是一种宗教性教育，它的教学目标、内容及方法的选择无不受此束缚。随着时代的进步，这种局限性最终限制了其自身的发展。

[课后练习]

一、名词解释题

1. 理学　2. 存天理，灭人欲　3. 致良知　4. 知行合一　5. 随人分限　6. 六斋教学　7. 文艺复兴　8. 人文主义　9. 快乐之家　10. 宗教改革

二、问答题

1. 简述理学教育思潮的基本特征及其对中国传统教育的影响。
2. 简述朱熹的“小学”“大学”教育思想。
3. 简述朱子读书法及其当代价值。
4. 简述王守仁的儿童教育思想。

5．简述实学教育思潮的基本特征。

6．简述王夫之关于“学”与“思”之间关系的表述。

7．简述颜元的教学思想。

8．人文主义教育思想的主要特征是什么?

9．简述莫尔、拉伯雷、伊拉斯谟、蒙田等人文主义者的教育思想。

10．意大利的人文主义者与北欧人文主义者们的教育思想有何异同?

11．简述马丁·路德的国民教育思想的主要内容。

12．简述加尔文教育思想的主要内容。

第五章　近代教育制度的建立与嬗变

[学习目标]

1. 了解英、法、德教育制度与本国文化传统的关系。
2. 掌握英、法、德教育制度近代化过程中的重要事件。
3. 掌握美国近代学校体系的历史沿革。
4. 掌握壬寅－癸卯学制与壬子－癸丑学制的主要内容及特点。
5. 掌握中国近代教育制度转型的发展历程。

[知识导图]

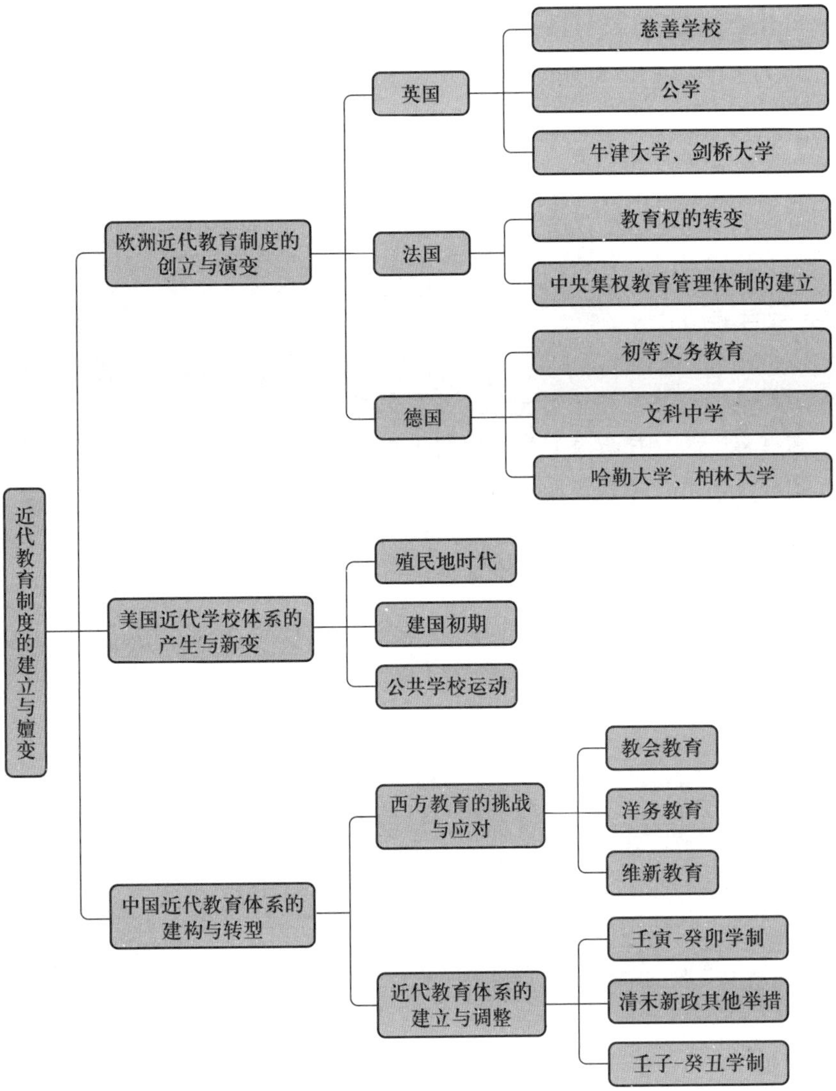
近代教育制度的建立与嬗变
欧洲近代教育制度的创立与演变
英国
慈善学校
公学
牛津大学、剑桥大学
法国
教育权的转变
中央集权教育管理体制的建立
德国
初等义务教育
文科中学
哈勒大学、柏林大学
美国近代学校体系的产生与新变
殖民地时代
建国初期
公共学校运动
中国近代教育体系的建构与转型
西方教育的挑战与应对
教会教育
洋务教育
维新教育
近代教育体系的建立与调整
壬寅-癸卯学制
清末新政其他举措
壬子-癸丑学制

近代以来，各国政府普遍加大对教育的投入，并且设置了专门教育行政管理机构，建立了上下衔接的学校教育制度，使得学校教育的管理更加制度化、科学化。鸦片战争后，西方列强用武力打开了中国的大门，受其影响，我国一些有识之士对包括学校教育在内的一系列领域进行改革，无疑推进了我国近代教育制度建立的进程。

在科学革命、启蒙运动和工业革命的推动下，西方近代教育思想家夸美纽斯、裴斯泰洛齐和赫尔巴特等人的教育理论越加精细和科学化。伴随着民族国家的逐渐成形，英美法德各国的国民教育体系也逐渐形成和确立。在“欧风美雨”的冲击下，近代中国的教育思想也逐渐走出了传统形态，如何调和“中学”与“西学”，成为近代中国教育思想家们的核心问题。

第一节　欧洲近代教育制度的创立与演变

从 17 世纪开始，伴随着民族国家的逐渐兴起，教育的国家化趋势逐渐明显。17—19 世纪，英国、法国、德国三国的教育发生了重大的变化，国民教育制度体系逐渐建立和完善。这些欧洲国家近代教育制度发展的共同趋势包括：教育管理权从教会转移到政府、教育内容的世俗化、义务教育和强迫入学制度逐渐建立、教育中的双轨体制逐渐形成。但是由于这三个国家的历史文化传统和具体社会政治环境不同，它们的教育制度的发展也呈现出不同的特色和发展路径。

一、英国的近代教育发展

在“光荣革命”之后，英国逐渐确立了君主立宪制政体，教育中自由放任的根基开始形成。17—18 世纪，英国教育发展得十分缓慢，学校教育主要沿袭了文艺复兴时期和宗教改革时期形成的传统，初等教育一直由国教会掌管。此外，非国教会的个人或团体创办了一些慈善学校，如“免费学校”“贫儿学校”“流动学校”等。18 世纪后期出现的“星期日学校”，后来也曾流行欧美各地。此外还有依照洛克的主张所建立的集中贫苦儿童或流浪儿童以职业劳动为主的“工作学校”、收容犯罪儿童的“感化学校”等。按 1601 年《济贫法》的规定，教区应将父母不能教养的儿童分配给手工业师傅管教，这称为学徒制。

初等学校的教学条件很差，教学内容极为简单，重宗教、阅读而轻计算；教师不是专门职业，多由手工业者、教堂人员、伤残军人、老年人担任，地位很低。因此学校的教育对象主要是贫民儿童，富人则聘用家庭教师对子女进行启蒙教育和中学预备教育。

中等教育主要是富家子弟的升学预备教育。文法学校和“公学”都是私立寄宿制学校，也接受来自教会等社会团体的资助。文法学校是沿用传统的名称，“公学”则是相对于私人延聘家庭教师的教学而言的，强调这种学校由公众团体集资兴办，教学目的是培养一般公职人员，学生是在公开场所接受教育。“公学”与一般的文法学校相比，师资及设施条件更好、收费更高，是典型的贵族学校。文法学校和“公学”修业年限通常为五年，以升学教育为宗旨，注重古典语言的学习，同时为适应上层社会交往的需要，也注重体育和军事训练，养成学生的绅士风度。但有的学校到18世纪还未教授英国历史、地理和文学等课程，于是受到一些有识之士的批评。

英国近代高等教育始于中世纪后期牛津大学的设立。古老的牛津大学、剑桥大学一直是英国高等教育的象征，它们注重古典文化，贵族性强，为英国造就了众多政治人才和学术巨匠，从而受到英国王室、贵族及政府的重视。17世纪，牛津大学和剑桥大学已拥有众多学院，规模扩大，经费宽裕，学术气氛浓厚，学生中来自社会中下层的人数有所增加。18世纪初，牛津大学和剑桥大学开始将培根的唯物主义哲学和牛顿等人的科学研究成果渗入教学内容，并开设了一些自然科学讲座，对亚里士多德的研究日益减少。英格兰本土之外，苏格兰等地的五所大学较之牛津大学、剑桥大学更为重视自然科学和实用学科，力求与社会保持密切联系，学费也较低廉。非国教派学者所建立的学院常常遭到国教会的排斥，大多只能维持几年或十几年。

17—18世纪，英国的学校教育从整体上看仍然沿袭旧制，如国家采取放任政策、教会渗透学校、学制双轨、通行初等慈善教育等。至19世纪中期，尽管教会、部分政客、资本家及思想家出于各自利益的考虑，反对政府承担管理教育的责任，但随着社会的发展，要求国家管理教育的呼声越来越强烈。国家干预教育，使工人阶级子女接受一定的初等教育，符合资产阶级的整体利益；广大工人阶级也越来越认识到接受教育的重要性；一些有远见的政治家和思想家主张发展国民教育事业，以保证国家的长治久安与繁荣进步。这些都成为英国政府此后颁布教育改革方案及设立教育管理机构的基础。

1810年，英国政府成立枢密院教育委员会，具体负责教育拨款的分配与使用。1856年，该机构改组成教育局，负责管理初等教育，成为英国政府设立的第一个教育管理机构。1899年，英国成立由国会直接领导的国家教育委员会，统一管理初等及中等教育事业的发展。

19世纪上半期，英国初等教育主要由宗教团体和慈善机构办理，教育质量低下，学校数量与入学人数均严重不足。发展初等教育的师资极为欠缺，为此还盛行“导生制”的教学方法。“导生制”又称为“贝尔－兰开斯特制”，由英国传教士贝尔和兰开斯特创立。“导生制”的具体实施办法是：教师选择一些年龄较大、学习成绩较好的学生担任导生，教师先对导生进行教学，然后由他们去教其他学生。运用这种方法，可使学生的数额大大增加，因而一度广受欢迎。但因其难以保证教育质量而终被人们所抛弃。

这一时期英国初等教育的发展还深受1833年颁布实施的《工厂法》的影响。该法案规定，9—13岁童工每天应在工作时间内接受2个小时的义务教育；工厂主雇用的童工必须持有厂医开具的年龄证明和教师出具的入学证明，否则就要受到惩罚。《工厂法》的实施在一定程度上改善了工人阶级子女的受教育状况。在此基础上，英国政府在1870年颁布了《初等教育法》，规定国家对教育具有补助权与监督权，设立学校委员会管理地方教育，对儿童实施强迫性初等教育。

19 世纪英国的中等教育基本沿袭了 18 世纪的传统，至 19 世纪 30 年代，温彻斯特公学、伊顿公学、威斯敏斯特公学、查特豪斯公学、哈罗公学、拉格比、什鲁斯伯里、圣保罗和泰勒商会学校已发展成为英国著名的九大公学，但公学课程内容陈旧、教学方法保守。为采取相应的改进措施，1861—1864 年，克拉雷顿委员会对九大公学进行调查。1864 年该委员会发表调查报告，就公学存在的弊端提出了改进措施。之后公学发生了一些变化，课程内容有所扩充，管理机构也有所变革。

1864—1868 年，汤顿委员会对英国 900 余所捐办文法学校实施调查，在 1868 年提交的调查报告中建议设立三类中学：第一类中学专为贵族与大资产阶级子弟设立，学习经典学科以升入大学；第二类中学专为中产阶级子弟设立，主要学习现代语、数学与自然科学等实用学科，培养商业、医学、法律等专门人才；第三类中学专为中下层平民子弟设立，培养普通职业人才。由于当时英国政府关注的是初等教育的普及问题，汤顿委员会的建议未被采纳。

[微视频]
英国教育的历史传统与特征

在产业革命的推动下，19 世纪英国高等教育的发展主要表现在新大学运动与大学推广运动上。1828 年，伦敦大学学院的成立标志着新大学运动的开始。该学院重视自然科学的教育，不再实施宗教教育。1829 年，国教派成立英王学院，除在宗教教学问题上与伦敦大学学院存在分歧外，英王学院也对实科教育持较为重视的立场。1836 年，两院合并成立伦敦大学。在伦敦大学的带动下，19 世纪下半叶，英国城市学院纷纷成立，如曼彻斯特学院、南安普顿学院、纽卡斯尔学院、伯明翰学院等。城市学院的兴起极大地改变了英国高等教育的传统，科学教育被列入大学的讲坛，高等教育从此面向中产阶级子弟开放。

大学推广运动最早出现于 19 世纪 40 年代，主要指全日制大学以校内或校外讲座的形式将教育推广到非全日制学生。伦敦大学、牛津大学、剑桥大学在大学推广运动中发挥了关键作用。大学推广运动加强了大学与社会的联系，强化了大学的社会服务职能，促使英国中下层阶级和女子获得更多的接受高等教育的机会。

二、法国近代的教育制度

自中世纪中期起，法国一直是欧洲大陆上强大的封建专制国家。在宗教改革的风潮中，一些罗马天主教徒借此得到了较多的保护，在法国保持了强大的势力。资本主义的发展也因此受到更多的压制，法国资产阶级革命比英国晚一百多年才发生。18 世纪的法国思想界也因此产生了影响整个欧美历史的启蒙运动，出现了卢梭、爱尔维修、拉夏洛泰等一批在思想界革故鼎新的人物。

由于上述社会特点，从总体上看，17—18 世纪的法国教育被天主教会所控制，直到 18 世纪中后期才发生重大改变。

由于法国政府不直接办学，加之新教力量弱小，所以初等学校大多还是掌握在天主教派手中。由天主教神父拉·萨尔于 1684 年建立的“基督教学校兄弟会”，后来成为法国举办初等教育的主要力量。

当时的初等学校以宗教教育为主，辅以读、写、算的教学；采用班级授课制，以法语讲课；面向下层社会的子女，免收学费。在1618—1764年近一个半世纪的时间中，耶稣会所办的学院在中等教育方面占据统治地位。17世纪初成立的“耶稣基督圣乐会”在中等教育中的力量仅次于耶稣会。特别是在18世纪中期耶稣会被逐之后，“耶稣基督圣乐会”更成为举办中等教育的主要力量。“耶稣基督圣乐会”的教育受到笛卡尔理性哲学的影响，重视历史特别是法国史，此外还拓宽了数学教学的范围，以此训练人的理智，力学、地理、现代外语及拉丁文也受到重视。18世纪末，“耶稣基督圣乐会”的各种教育机构达70多个。

由于法国王朝的重商政策，专业技术的实用价值受到重视。加之教会对这方面控制得较弱，一些技术专门学校得以建立。例如，路桥学校（1747）、矿业学校（1778）、皇家军事学校（1752）及各兵种的专门学校等，还建立了法兰西科学院、自然历史博物馆等机构。法国女子教育的理论和实践也走在欧洲各国前列，面向上层贵族子弟、培养善于应世接物的官吏的宫廷教育也一度成为各国的样板。

法国高等教育也获得很大发展。到18世纪法国共有22所大学，超过欧洲其他各国。最古老的是巴黎大学，其保守性也是最突出的。在法国大革命之前，巴黎大学排斥新思想、新学科，奉亚里士多德的著作为经典；打击新教学生或不授予他们学位；禁止和焚烧笛卡儿、爱尔维修、卢梭等人的著作等。加上学费及其他费用昂贵、学习年限过长等原因，学生逐渐减少。

19世纪的法国政局动荡不安，但在动荡之中也逐渐确立了中央集权式的教育管理体制，又建立了完整的学制，各级各类教育事业也都获得了较大的发展。

法国中央集权式教育管理体制确立于法兰西第一帝国时期。为牢固掌握教育管理权，拿破仑授意颁布了《关于创办帝国大学及其全体成员的专门职责的法令》（1806年5月）、《关于帝国大学组织的政令》（1808年3月）和《关于帝国大学条例的政令》（1808年9月）。这些教育法令规定：以帝国大学的名义建立专门负责整个帝国公共教育管理事务的团体；帝国大学总监为最高教育管理长官，具体负责学校的开办、取缔、教职员任免、提升与罢黜等事宜；帝国大学下设由30人组成的评议会，协助总监管理全国教育事务；全法国共划分为27个大学区，每一个大学区设总长1人，并设由10人组成的学区评议会。

关于学校开办权，法令明确规定，帝国大学全面负责整个帝国的公共教育；未经帝国大学首脑的批准，不得在帝国大学之外成立任何教育机构或学校。在教师管理上，公立学校的教师被视为国家官吏，薪金由国家支付。教师必须忠于皇帝，并致力于法兰西帝国所需人才的培养工作。

法兰西第一帝国时期确立的中央集权式教育管理体制，虽在此后各历史时期也发生了某些变化，但其基本框架得以保留和延续，并对法国国民教育发展产生了深远影响。

法兰西第一帝国时期，初等教育的发展未受到政府足够的重视。宗教势力的不断渗透致使教会在初等教育阶段的影响逐渐加大，最终导致该时期法国初等教育发展缓慢。“复辟王朝”时期，社会经济发展表现出对初等教育的巨大社会需求，科学技术进步也为大规模地发展初等教育提供了技术保障。政府因势利导，遂于 1816 年颁布法令，要求在每一市镇设一名委员，具体承担指导初等教育的职责，宗教及各类慈善团体可以向初等学校提供教师。有关资料显示，截至 1830 年，基督教学校兄弟会共创办初等学校 1420 所，其他 13 个修道会创办初等学校 281 所。

“七月王朝”时期，初等教育继续保持着较为强劲的发展势头。《基佐教育法》的颁布与实施为初等教育的发展提供了必要的法律保障。该法规定．政府与教会联手发展初等教育；扩大初等学校的办学自主权；在法国每一乡区设立初等小学一所，超过 6000 人的城市则须设立高级小学一所。法令明确规定了初等学校的教育任务：初级小学要向学生提供读、写、算教学，传授生活基本知识，树立法国国民团结统一的精神，实施道德教育与宗教教育。除实施初级小学的全部教育外，高级小学还需进行职业教育，使学生获得有关工厂和田间活动的实际知识。《基佐教育法》对初等教育的发展所产生的积极影响是显著的。初等学校数量不断增加，1832—1947 年，法国初等学校数量增加了 1.5 倍，初等学校在校生数量也有大幅度增长。

第二共和国时期，由于私人及宗教势力参与初等教育的兴办与发展，初等学校数量大增。第三共和国初期，初等教育的发展是与共和党人、律师费的名字联系在一起的。1881 年和 1882 年先后颁布的《第一费里法案》和《第二费里法案》，不但确立了国民教育义务、免费、世俗化三大原则，而且把这些原则的贯彻实施予以具体化：6—13 岁为法定义务教育阶段；对不送儿童入校学习的家长予以罚款；免除公立幼儿园及初等学校的学杂费，免除师范学校的学费、膳食与住宿费用；废除《法卢法》赋予教会监督学校及牧师担任教师的特权，取消公立学校的宗教课，改设道德与公民教育课。应该说，“费里法案”的颁布与实施为这一时期初等教育的发展提供了必要的法律保障，指明了进一步努力的方向，标志着法国初等教育步入一个新的历史发展阶段。

三、德国近代的教育制度

17 世纪和 18 世纪的德国实际上处于四分五裂的封建割据状态，并不是一个统一的国家。17 世纪的“三十年战争”，使欧洲大陆的经济发展受到严重挫折，德国在各方面远远落后于英国、法国。分裂的各邦之中，普鲁士因地处对外通商要道，经济恢复较快，势力最强。18 世纪，普鲁士出于对内统治和对外扩张的需要，加之欧洲新思想、新科学的流行，统治者和民间团体在教育上都有所作为，成为德意志各邦国的表率和欧美各国的榜样。

[微视频]
法国和德国教育的历史传统与特征

受马丁·路德思想的影响，德意志各邦国从 16 世纪中期起先后颁布了有关国家办学和普及义务教育的法令。这比当时经济较为发达的英国等国家要早得多。例如，威丁堡 1559 年的法令决定国家在每个村庄设立初等学校，强制家长送子女入学；魏玛公国 1619 年的法令要求开列 6—12 岁男女儿童的名单，以保证适龄儿童入学。特别是进入 18 世纪以后，从 1713 年起普鲁士国王腓特烈一世接连颁布了多项教育法令，详细规定了政府设校、强迫义务教育、学校课程、办学经费、教师等方面的具体要求和措施。他的后继者腓特烈二世在 18 世纪中期也颁布了多项法令，

1794 年法令进而宣布了大、中、小学均由国家兴办的具体规定和措施，其他各邦也相继仿效。虽然 17、18 世纪的许多教育法令由于种种原因未能很好地实施，但这些法令毕竟表明德国是较早由世俗政权掌握教育事业的国家。

在中等教育方面，普鲁士的文科中学相当于英国的文法学校和公学，是 17—18 世纪德国中等学校的主要类型。这种学校于 1537 年由斯图谟创办，其前身是新教人士梅兰克顿在 1528 年教育报告中倡导的分级式拉丁学校。拉丁学校主要训练牧师，斯图谟式的文科中学则尤重古典。17—18 世纪时，文科中学既保持了古典传统，又把升学预备教育和培养中上层职业者（医生、律师、牧师、官吏等）作为重要任务。

德国的实科教育因工商业的发展和城市生活的日渐丰富而走在欧洲各国前列。弗兰克于 1695 年在哈勒开办了一所国民学校，以实科内容和直观方法施教，并对贫家子弟免费提供教材，此后又设立科学学校、诊所、印刷厂、师范学校及文科中学等。1708 年，哈勒学园副主教席姆勒创办了数学机械经济学实科学校，教授数学、物理学、机械、天文、地理、法律、制图、绘画及宗教科目。肄业于哈勒学园的赫克又于 1747 年建立了类似的学校，所开设的实科课程更为广泛，又附设工艺学习班、师训班，影响更大。

高等教育方面，1694 年建立的哈勒大学，是欧洲第一所新式大学。新大学的特征之一是积极吸收最新的哲学和科学研究成果，排除宗教教条。学校为此大胆选用了崇尚理性、善于思考和具有冒险精神的学者任教，为大学注入了新的生机并奠定了高水平科研和教学的基础。

哈勒大学的另一特色是提倡“教自由”和“学自由”，这为摆脱传统的束缚和促进科学进步提供了宽松的条件，在高等教育中首开民族语（德语）讲课的风气，重视现代外语。1737 年建立的哥廷根大学则进一步注重科学研究，设有藏书丰富的图书馆和各种研究所，上课多采用讨论、实验观察等新方法，即使对古典文化的研究也抛弃了背诵、模仿等做法。此后，其他大学也以这两所大学为榜样，进行了程度不同的改革，为 19 世纪柏林大学的建立和德国大学成为欧洲最高学府奠定了基础。

19 世纪的德国，在教育理论与教育实践方面取得了令世界瞩目的成就。这一时期的德国出现了赫尔巴特、第斯多惠、福禄培尔等具有世界影响的著名教育思想家，而洪堡、费希特等人在高等教育、中等教育、初等教育领域所倡导实施的一系列改革，则极大地推动了 19 世纪德国教育实践的发展。

德国学前教育发展较早，19 世纪 40 年代以前出现过一大批幼儿教育机构。1840 年，福禄培尔将他自己在 1837 年创立的学前教育机构正式命名为幼儿园，标志着世界上第一所幼儿园的诞生。在福禄培尔的倡导下，德国各地纷纷创办幼儿园。幼儿园运动在劳默尔任普鲁士文化教育部长期间遭遇障碍，在 19 世纪 60 年代之后又得以复苏和发展。

19 世纪之后，德国初等教育获得快速发展。一些公国进一步颁布《初等义务教育法》，为初等教育的发展提供了相应的法律保障。适龄儿童入学率提高：1816

年，普鲁士适龄儿童入学率为60%；1846年达到82%，初等学校数量增加到24044所，在校生数达到2434万人；19世纪60年代，适龄儿童入学率达到95%以上，初等学校的教学内容也得以扩展和丰富，在基本的读、写、算和宗教教育外，增加了数学、博物学、自然、几何、地理等学科。初等教育的发展进一步提高了德国国民的整体素质，国家实力也得以增强。

为适应普鲁士初等教育快速发展对大量合格师资的需要，1808年，洪堡派遣17名教师到布格多夫和伊夫东学习考察裴斯泰洛齐的教育理论和教育经验。1809年，柏林师范学校创办；1820年默尔斯师范学校创办；到1831年，普鲁士的每个省都创设了师范学校。这些师范学校注重按照裴斯泰洛齐的精神与方法训练教师，注意采取新的理性主义的教学方法，成为传播资产阶级民主、自由思想的得力机构。具有进步性质的师范学校招致了普鲁士反动势力的镇压与阻挠。19世纪50年代，政府对师范学校的教学进行控制。时任普鲁士文化教育部长的劳默尔在1854年颁布的一项法规中，规定在师范学校中只能讲授读、写、简单算术和宗教，取消教育原理、教学理论、人类学或心理学、德文原著等学科，并对历史、地理、博物学、自然科学、数学的教学也做出了相应限制。19世纪70年代后，此种局面得以改观。

在洪堡新人文主义思想的影响下，19世纪德国中等教育也实施了改革。洪堡任职期间所提出的“柯尼斯堡计划”与“立图尼安学校计划”，被其继任者苏佛恩付诸实践，对这一时期德国中等教育改革产生了重要影响。

发展中等教育的一大举措便是对文科中学进行改革。首先，把以前的文科中学、高级女子中学、学院、拉丁学校、阿卡德米学校五种古典中学统称为文科中学，并且规定只有文科中学的毕业生方有进入大学学习或担任国家官吏的资格。其次，规定文科中学教师的任职资格。1810年，普鲁士规定教师的考核工作由“教育代表团”承担。考核科目包括语文、科学、历史等所有文科中学所开设的科目。此举意味着未曾接受文科中学教育的牧师便不能进入中学任教。最后，推行新的文科中学教学计划和课程体系。新的文科中学以拉丁语、希腊语、德语和数学为主课，同时开设历史、地理、绘图以及其他语言课程，同时在文科中学推行严格的升留级制度。

实科中学的改革与发展也是这一时期中等教育发展的主要内容。早在18世纪，德国便出现了少量的实科中学。19世纪实科中学得以迅速发展，其主要职责在于传授自然科学和历史科学知识。1832年，普鲁士率先颁布《实科中学毕业考试章程》，标志着实科中学得到政府认可。1859年，普鲁士颁布《实科中学课程编制》，规定高级实科中学修业年限为九年并修习拉丁文。1870年以前，实科中学的毕业生不具备进入大学学习的资格，不过即便在获得升入大学的资格后，实科中学的毕业生也只能学习数学、自然科学和现代语言。

1810年柏林洪堡大学建立。在洪堡看来，国家不能使大学仅仅服务于眼前利益，不能把大学仅仅视为高等古典语文学校或古典专科学校。大学的真正使命在于提高学术研究水平，为国家长远的发展开拓更广阔的前景。为实现这一理想，柏林洪堡大学着意在以下方面体现自己的特色。首先，柏林洪堡大学拥有充分的办学自主权。教师与学生享有研究与学习的自由，即“教学自由”与“学习自由”。其次，聘请一批学术造诣深厚和教学艺术精湛的教授到校任教，切实提高柏林洪堡大学的教学质量与学术声望。最后，重视柏林洪堡大学的学术研究与培养学生的研究能力。在哲学院、法学院、神学院与医学院等大兴学术研究之风。除创办柏林洪堡大学外，19 世纪德国高等教育的发展还表现为高等工业学校或其他专业性学院的创立，这类机构为社会发展与经济建设培养了大批专门人才。

第二节　美国近代学校体系的产生与新变

美国文化和教育制度的源头虽然在欧洲，但是由于美洲新大陆独特的社会和人文环境，美国近代教育发展逐渐在欧洲传统的基础上有了自己的特色，为 20 世纪后美国教育在世界的崛起奠定了基础。

一、殖民地时代的北美教育发展

17 世纪初，欧洲刚刚经历过如火如荼的宗教改革运动，基督教形成了众多的派别，有的相互之间水火难容；这一时期又是欧洲资本原始积累继续蓬勃发展的时期，对海外资源的渴求成为新兴阶级进军世界的强大动力。此时，原始美洲的发现，既为人们提供了取之不尽的物质资源宝库，又为人们提供了逃避宗教和政治迫害的避难所。各种宗教势力都力图在新大陆扩张势力。从 17 世纪开始，英国相继在大西洋沿岸建立了 13 个相对稳定的殖民地管辖区。一般将北美 13 个殖民地划分为北部、中部、南部地区进行研究。

北部殖民地称“新英格兰”，移居这里的多是英国的清教徒。根据清教徒教义，儿童负有原罪，因此必须敬畏上帝，并学会阅读《圣经》、祈祷罪赎等。所以，教会儿童阅读和培养合格牧师就成了清教教派移民美洲后兴办教育的目的。在这里，宗教是教育的灵魂。

为了培养清教牧师，1636 年马萨诸塞殖民地的清教徒们开办了美洲第一所高等学府——哈佛学院。由于经济拮据，整个 17 世纪哈佛学院仅设一名校长兼任教师，负责全部工作。该校仿照英国剑桥大学，只招收男生，以拉丁文为教学语言，课程涉及宗教神学、拉丁文、希腊文、历史、天文、算术、几何等，教学方式主要是教师宣读教材，学生跟读、复述、写大纲、讨论。每周课堂上课时间很少，学校规模与欧洲古典大学不可同日而语。

为了培养儿童的宗教观念、阅读能力，使他们长大后能够很好地履行社会义务，1642 年和 1647 年马萨诸塞州还制定了强迫教育法令，要求家长和师傅对自己的孩子或学徒进行教育，要求各乡镇居民点的居民共同出资兴办初等学校和中等学校等，否则处以罚款。结果在各殖民地出现了一些公办的初等读写学校，也称乡镇学校。其他如年老妇女或手工业师傅在家中招收儿童进行教学，开办拉丁文法学校等，照搬了英国的做法。最早的中等学校是 1635 年在波士顿设立的拉丁文法学校，后来成为哈佛学院的预备学校。北部殖民地的学校基本上移植了英国的学校模式，但也不是完全照搬，而是因地制宜，相应地进行调整。地方政府出资或征税设校，也不同于英国学校的私立性质。

南部的殖民者大多属于英国国教会。他们在英国本土不像清教徒那样受到排斥，主要由于经济利益的驱使来到美洲。他们带着契约奴，又役使黑人奴隶，在北美南部开辟一个个庄园，利用丰富的农业和土地资源，在与欧洲等地的贸易中发财。孩子的初等教育或中等教育大多由家庭教师完成，然后便送往欧洲中学和大学深造，因此南部殖民者对举办公共教育并不热心。南部殖民地虽然比北部开发得早一些，但直到 17 世纪末（1693 年）才建立了一所初期为中等水平的“威廉—玛丽学院”，比哈佛学院迟了近 60 年。至于劳动者的子女，也像在英国本土那样只能接受有限的慈善教育和学徒教育。

中部殖民地的移民来自欧洲各地，因此教派林立，民族众多。人们各自生活在自己的群体中，教育搬用各宗主国的学校模式。堂区学校是这一地区教育的主要机构，面向平民子弟，既重宗教教育，也重读写和计算。中等学校为数很少，更无学院与大学。17 世纪后期中部地区英国国教会势力增长，私立慈善教育机构和学徒制教育有所增加。

总之，17 世纪北美殖民地的教育事业以移植欧洲教育模式为主，宗教是教育的主要出发点和归宿。但教育又与殖民地的生活状况紧密联系在一起，数量少、水平低是殖民地学校的明显特点。

17 世纪中期以后，北美洲与欧洲、南美洲、非洲的海上贸易日益频繁，欧洲移民也因各种原因继续大量移居北美洲，工商业迅速发展，城市数量增多，生产规模扩大，城市生活更为丰富。资产阶级势力雄厚起来，教育也随之发生了新的变化。简单的读写教学和古典气息浓厚的少数文法学校都不适应当时的需要。

18 世纪初，北部和中部殖民地城市私人教学开始兴盛。这种私人教学虽然把一股新风吹进当时宗教教育和古典教育充斥的教育界，但它并非完整意义上的学校，也不能满足人们的更高要求。

在私人教学之风兴盛的背景下，富兰克林于 1751 年在费城创办了一所文实中学。这是 18 世纪中期美国中等教育界的新生事物，是美国中等教育的发展进入新阶段的标志。该校既对青年施以升大学的预备教育，又教给学生就业所需要的知识，以英语作为教学语言，也招收女生，从而使美国中等教育从完全古典的升学预备性的文法学校向实际生活迈进了一大步。

18 世纪 40—60 年代，是北美殖民地大学迅速增加的时期，30 年间出现了 6 所，而此前的 100 年间只有哈佛大学、耶鲁大学和威廉玛丽学院等 3 所大学。新产生的学院大部分是由各教派兴办的，向学生提供一些测量、航海、商业、物理等课程。

为解决农村儿童的受教育问题，从 1725 年开始，马萨诸塞殖民地周围的乡村设立了若干教学点，各教学点附近的儿童定时集中，由市镇学校的教师去各教学点巡回上课。后来又在各教学点所在区域采取了独立办学的做法，这便是“学区制”

的萌芽。1766年，康涅狄格殖民地最先承认了将市镇以外地区划分为若干学区的必要性。1789年，马萨诸塞州颁布法令规定了50户、100户、150户、200户四种规模的学区，并赋予学区与市镇同样的办学权，学区制度从此得以确立。

学区制度适应当时农村地广人稀的实际，也便于当地人民直接参与教育的管理，解决了儿童就近上学的问题，所以后来各州相继确立了学区制度。但学区制度也强化了教育的地方主义，引起各地教育水平差距拉大，妨碍了教育的进一步发展。

二、美国建国初期的教育和教育理想

1776年的《独立宣言》宣告了北美殖民地的新生，但教育事业并没有立即发生大的变化。《独立宣言》以及1787年宪法等诸多重要法令都对教育问题避而不谈。1791年批准的《权利法案》即宪法修正案第10条指明："宪法既未授予合众国，也未禁止各州行使之权力，皆由各州或由人民保留。"这句话中虽未见教育一词，但教育恰好属于"未授予"和"未禁止"的范围，这便成了教育分权的法律依据，从此联邦政府对于各地教育事业便失去了直接干预的法权，只能施加间接影响。

尽管联邦政府无权直接干预地方教育，但本着宪法序言中所述的"保证国内安宁、筹备公共防务"和"增进全民福利"的要求，必要时还是可以以法案或经济的手段参与教育决策的。1787年的土地法令中就有为建立学校而要求各州划出专用土地的原则性规定。这个法令虽是在宪法修正案被批准之前制定的，但此后这类法令或案例仍然不断出现，成为联邦政府指导和平衡各州教育的重要手段。

美国建国初期，由于宪法修正案承认宗教信仰的自由，鼓励了城市中各派教会的办学热情，教会学校大为增加。英国的海外福音传教会也在各州开办了许多学校。与此同时，慈善教育团体也纷纷活动，加之黑人解放团体的积极性提高。另外，从1786年起"星期日学校"也从欧洲传入美国，逐渐流行开来。

在中等教育方面，文法学校依然是美国中等教育的主要机构，它接受各种资助而兴盛起来。文实中学已有取代文法学校的趋势，后者的数量逐年减少。

美国建国后高等教育发展的特点之一是速度较之前更快。1780年后近二十年间共建成了18所大学，包括原有的9所，共达27所学院或大学。特点之二是州立大学的出现，私人或教会已不是兴办大学的唯一力量。这些都反映出各地方当局振兴本地文化教育的决心。大学和中学教学内容中也增加了新学科的内容，有的大学还取消了录取新生时的教派限制，神学课中也减少了教派的影响。

杰斐逊的《知识普及法案》是18世纪美国建国后倡导普及教育和公共教育制度的典型。

在法国革命思想和欧洲资产阶级民主教育思想的影响下，作为美国独立自由和民主政治的捍卫者，杰斐逊认为让无知的民众掌握自由和组织政府是十分危险的，受过教育的民众才是自由最可靠的保障；民众中杰出的人才也应当有施展才华的机会，以便他们为国家做出更大的贡献。这种普及教育与精英教育相结合的观点，是

他主要的教育指导思想。由此，杰斐逊在提案中设想了一个单轨制和筛选性的学校阶梯。按他的计划，弗吉尼亚州每 5~6 平方英里分为一个学区，每学区都设立三年制的免费公立小学，让所有的儿童获得初等教育。小学之上是公立文法学校，收小学中的优秀学生寄宿读书，对其中家庭经济困难者，以公费助学。这种学校既教授古典语文，也教授自然科学知识。在学习的六年中进行多次淘汰，毕业时约有一半学生是其中的优秀者，可免费进入设在弗吉尼亚州的威廉－玛丽学院学习，未能升入学院的，可任小学教师。不过杰斐逊对威廉－玛丽学院的非公立性质并不满意，曾试图将其改造成州立大学。其他州也曾有类似的愿望。但由于私立学校的抵制，特别是 1816 年著名的“达特茅斯学院案”，使私立学校的存在受到了法律保护，改造私立大学的势头遭到遏止。杰斐逊建立弗吉尼亚州大学的愿望到 1819 年才得以实现。

［拓展阅读］
陈露茜：托马斯·杰斐逊教育观中的精英话语释义

杰斐逊关于实行普及免费的初等教育和建立单轨制免费公立学校系统的理想，是十分清晰、具体、前所未有的，成为 19 世纪公立学校运动的先声，表达了美国建国时期政治界、知识界先进人物的共同愿望和教育理想，具有重要的历史意义。

三、公共学校运动

美国的公共教育制度是通过 19 世纪前期的公共学校运动逐渐形成的。所谓公共学校运动，是指建立由公共税收维持、公共行政机构监督，向所有儿童免费开放的初等学校的运动。它在 19 世纪 20 年代以后从新英格兰地区向各地扩展，最终推动了美国公共教育制度的形成。

1. 公共学校运动的兴起

公共学校的兴起，除了受美国城市发展、工商业发达、进步势力的增强以及选举权扩大等因素的影响之外，教育改革家贺拉斯·曼等人的大力倡导也起了重要作用。贺拉斯·曼认为：公共学校的宗旨是把儿童培养成合格的公民，所有 4—16 岁的儿童不分经济地位和宗教信仰都应该成为公共教育的对象；公共学校是国家培养公民的机构，它有助于形成一个具有共同文化的统一体，同时有助于增加民族认同感；公共学校应当是免费的，为大众服务，应由公共机构管理和支持，将征收公共教育税作为其主要财政来源。

贺拉斯·曼在担任马萨诸塞州教育委员会秘书期间，积极投身到推进和改善全州公共教育体制的活动中，使马萨诸塞州在普及初等教育方面走在了美国各州的前列。1848 年，该州在部分地区开始实行强迫入学制；1852 年，该州颁布了美国第一个由州议会制定并得以贯彻的普及义务教育法，即“强迫就读法”。该法规定，家长必须将 8—14 岁的儿童送入所在市镇的公立学校上学，每年上学时间不得少于 12 周，其中必须有 6 周为连续上学。凡违背此规定者处以 20 美元以下罚款。1853 年，纽约州也颁布了强迫义务教育的法令。南北战争以后，其他州也开始实行强迫入学制度。贺拉斯·曼的公共学校思想和教育活动为 19 世纪美国公共学校运动的发展指明了方向，他被誉为“美国公共学校之父”。

巴纳德是美国康涅狄格州建立免费公共学校议案的发起人和主要倡导者。在他的努力下，康涅狄格州议会通过了包括《联合学校法》在内的几个改革议案，修订了过去的一些法令，奠定了该州教育组织的基础。

2. 公共学校运动的内容

美国公共学校运动的主要内容包括以下几个方面。

第一，建立了以各州为主的教育领导体制。1837 年，马萨诸塞州率先建立州教育委员会，贺拉斯·曼任秘书。此后，佛蒙特、新罕布什尔、康涅狄格、缅因、宾夕法尼亚、俄亥俄等各州也先后在 19 世纪 40—50 年代建立了州教育委员会。州政府对公共学校的监督和组织是公立学校运动的主要组成部分，从而推动了公共教育的制度化。

[微视频]
美国教育的历史传统与特征

第二，确立了征收教育税制度。征收教育税成为稳定的公共教育经费的主要来源。19 世纪 30 年代美国大多数州办学主要依靠捐款捐赠的方式，办学经费主要由学费、土地收入来维持。以贺拉斯·曼、巴纳德为代表的一批教育改革家极力主张征收公共教育税来兴办公共初等学校。到南北战争时，大多数州都已建立教育税收制度。

第三，促进了师范教育的兴起。1839 年，马萨诸塞州在贺拉斯·曼的领导下，在列克星顿市建立了美国历史上第一所师范学校。19 世纪 60 年代初，教育家谢尔顿在奥斯威哥师范学校通过宣传和实践裴斯泰洛齐的教育思想，发起了旨在改善师范教育质量的“奥斯威哥运动”，使公共师范学校迅速发展起来。

第四，加快了学校内部的教学改革。在公共学校运动中，导生制学校获得青睐。而且从 19 世纪 40 年代开始，美国北部大多数城市小学初步实行分班教学，公共小学增设英语、历史、地理、音乐、图画等新学科，教材种类繁多，宗教与教学分离，裴斯泰洛齐教学法逐渐得到推广，这些都提高了公共学校的吸引力。

至 1865 年，美国大多数州先后建立了公共学校制度，儿童普遍获得了接受初等教育的机会。马萨诸塞、纽约、宾夕法尼亚等州的公共学校系统则已经将范围扩大到中学。公共学校运动和公共学校的建立奠定了美国教育制度的基础。

第三节 中国近代教育体系的建构与转型

鸦片战争以后，以四书五经为主体的传统教育逐渐走向瓦解和崩溃，中国教育发展开始了学习西方教育体制的曲折过程。教会教育、洋务教育、维新教育是在外来教育冲击下中国教育从局部缓慢接受向全面激进变革的生动体现，清末的壬寅－癸卯学制和民国初期的壬子－癸丑学制，则标志着“以日为师”的近代学制体系的建立。

一、现代西方教育的冲击与引入

（一）教会教育

明朝末年来华的西方传教士曾经为中西文化交流提供了机会，但其主要任务是传教，附带介绍近代西学，遭到中国朝野疑忌，最终被解散。鸦片战争后，西方传教士依靠军事征服力量，再次涌向中国，开办教会学校成为他们传播西方宗教和世俗文化的有效形式和重要途径。

1．早期教会学校的发展概况

鸦片战争以前，西方传教士已在中国开办学校，传播西学。比较著名的是由美国人布朗开创的马礼逊学堂，该学堂因纪念英国传教士马礼逊而得名。马礼逊学堂于 1839 年 11 月在澳门创办，招收黄胜、李刚、周文、唐杰、黄宽 5 人为第一批学生，容闳第二年也入读该校。马礼逊学堂开设了算术、代数、几何、生理学、地理、历史和英文以及中文等课程，是设在中国境内第一所较为正式的教会学校。1842 年迁至香港，后因布朗离港返美，于 1850 年停办。马礼逊学堂在中国近代教育交流史上具有一定的影响。

鸦片战争以后，列强逼迫清政府签订了一系列不平等条约，西方传教士取得通商口岸的办学等特权，纷纷来华传教、办医院、办学校，教会学校发展迅速。1842 年，马礼逊学堂迁往香港，成为香港开埠后第一所学校。到 1860 年，天主教耶稣会在江南一带已有 90 所小学，五个通商口岸有 50 所基督新教小学，学生 1000 余人。两次鸦片战争时期的教会学校集中在五个开放通商的沿海城市和香港。它们大多附设于教堂，规模小，开始时一般不满 10 人，有的只有两三个学生，程度低，绝大多数相当于小学程度的学塾。办学目的是为“传播福音开辟门路”，在中国人中培植一批传教助手，从而扩展传教范围，加快宗教影响速度。招生对象以贫苦人家孩子为主，有些学生的父母已经成了教徒，还有一些无家可归的难童。为吸引学生，早期教会学校多免收学费和膳食费，甚至还提供衣服和路费等。

第二次鸦片战争后，西方来华传教士通过不平等条约，取得了深入内地传教、办学等特权，教会学校由五个通商口岸延伸到内地，数量迅速增加。同时，西方列强在华开办企业日益增多，清朝洋务运动也在逐渐兴办，需要越来越多的新式人才，客观上促进了教会学校的发展。近代中国教会教育主要由基督教各教会和天主教各教会举办。19 世纪 60 年代以后，在基督教办学层次不断提高的情况下，天主教教会学校虽然数量不断增加，但仍停留在初等教育层次，中等程度以上的学校寥寥无几，因此影响远远不及基督教教会学校。

基督教教会学校大致经历了两个阶段：第一阶段从 18 世纪 60 年代初到 1876 年，学校由不足 200 所发展到约 800 所，学生达到 2 万人左右。程度以小学为主，中学仅占 7%，女生占相当比例。第二阶段从 1877 年第一次基督教传教士大会到 19 世纪末，基督教会逐渐认识到教育是中国人晋升上等阶层的最佳阶梯，强调教会学校对中国基督教事业发展的重要作用，通过引进西方科学、艺术培养中国人才，以此辐射带动。因此，教会学校改变以往零星分散、各自为政的状态，加强相互联系和在教会内部的独立性，着手讨论和解决教会教育的具体问题，如编纂教科书、课程设置、师资培训、考试方式及教学方法等，加速教会学校的制度化。到 19 世纪末，教会学校增加到 2000 所左右，学生增加到 4 万人以上，学校层次提高，中等学校约占 10%，很多学校在中学基础上发展出大学班级。大学生总数虽不到 200 人，但逐渐形成了教会大学。此时，天主教教会在办学层次上已远不及基督教教会。多数基督教教会学校，特别是位于沿海通商口岸的部分，已不再免费招收穷苦人家的孩子，而是吸收新兴资产阶级家庭和其他富裕家庭子弟，收取较高学费，借此提高教会教育的影响力，进行文化渗透同时获取经济利益。

教会学校的课程设置经历了由各自为政逐渐走向统一的过程。在 1877 年之前，各校基本由主办者自行选择编写教材，自行安排课程。1877 年，第一次基督教传教士大会设立“学校与教科书委员会”，希望通过统一编译教科书，引导课程朝规范化发展。“学校与教科书委员会”决议编写初、高级两套中文教材，科目除了教义问答手册外，还有算术、几何、代数、测量学、物理学、天文学、地质学、矿物学、化学、植物学、动物学、解剖学和生理学；自然地理、政治地理、宗教地理和自然史；古代史纲要、现代史纲要、中国史、英国史、美国史；西方工业；语言、文法、逻辑、心理哲学、伦理科学和政治经济学；声乐、器乐和绘画；学校地图和植物与动物图表；教学艺术等。从 1890 年第二次基督教传教士大会开始，对课程统一问题有了较多关注，“学校与教科书委员会”也改成中华教育会，努力推进课程教材编订事项，一般教会学校课程设置包括宗教、外语和普通西学。19 世纪 70 年代后，为了使培养的学生能对中国普通民众产生影响或居于领袖地位，教会学校普遍增加儒经课程，同时强调用基督教和自然科学抵消儒经中的“异端学说”和“伪科学”。

[拓展阅读]
陈建华：《从“中华教育会”透视晚清基督教的教会教育》

2. 早期教会学校的历史影响

教会学校是西方世界殖民扩张的产物，最终目的是要以“基督教征服世界”。来华西方传教士身处中西文化竞争的最前线，秉持文化不可分论，强调西方列强的船坚炮利不过是文化优越的具体表现，千方百计地要在文化上、思想上征服中国。因此，传教士的活动领域并不限于文化和宗教，传教士从事文化教育活动的目的也不是单一的，而是与各宗主国的政治、经济甚至军事紧密结合的，带有强烈的殖民性质。

不过，早期教会学校的历史影响又是复杂的。一方面，教会学校是对中国教育主权的粗暴侵略。19 世纪后期，西方传教士在华开设的教会学校，没有一所在中国政府立案。它们以武力开道，以不平等条约为保护伞。清政府在自己办理的洋务学堂里明确禁止洋教习的传教行为，但对教会学校如何教育中国儿童和青年，则只能任凭传教士的愿望，基本无力制止。这是教育主权不能独立的表现，是近代中国半殖民地的国家性质在教育上的反映。另一方面，教会学校也是中国传统教育向近代教育过渡的促进因素。教会学校与洋务学堂都是新式学堂，但教会办学的整体规模大于洋务教育的规模。除宗教课程外，教会学校的课程设置和洋务学堂并无显著差别，特别是其中的“西文”和“西艺”部分，都是当时中国人急需了解的西学成分。他们传播的西方科学技术知识，与同时期教会组织允许的范围大体同步，并未特别针对中国人而有所删减。教会学校的广泛设立，无疑加速了西学在中国的传播进程。由于来自相对发达的资本主义国家，它们普遍带有近代教育的特征，客观上传播了西方近代教学体制、课程规划、教学方法、考试管理、教材编写，成为中国人学习西方教育的“样本”。诸如开放女子教育、设立幼儿教育机构等，中国人都是首先从教会学校渠道了解到的。教会学校毕业生至少在结构上符合新式教育的需要，成为此后相当长时间内新式学堂师资的重要来源。

值得注意的是，教学体制本身限制了教会学校对中国新式教育的影响程度。教会学校的教育方式名为中西学分途并重，实则西体中用，只是以科学和宗教为体。也就是说，中西学相对，西学为体；学与教相对，以宗教为体，中西学皆为用。这种教育体制局限决定了教会学校未能积极参与晚清时期中西学合流产生新学的过程，只能仿照来自日本的东学形成新学，结果不但在教育目的和教育方式等问题上产生诸多困惑，而且在新学制设置与演进方面贡献有限，结果始终处于边缘地位。因此，当中国近代新学制逐渐完备之后，教会学校只能向本土学制靠拢。

（二）洋务教育

清朝洋务运动时期在传统教育主体之外兴办新式学堂，派遣学生留洋，中国开始主动引进现代教育。

［拓展阅读］桑兵：《教会学校与西体中用》

1．洋务教育的发展概况

洋务教育的发展，以外国语、军事和技术实业三大类学堂，以及留学教育为主要内容。

第一，外国语（“方言”）学堂共 7 所。它们和奏请设立者是：京师同文馆（恭亲王奕訢）、上海广方言馆（江苏巡抚李鸿章）、广州同文馆（广州将军瑞麟）、新疆俄文馆（新疆巡抚刘襄勤）、台湾西文馆（台湾巡抚刘铭传）、珲春俄文馆（吉林将军长顺）、湖北自强学堂（湖广总督张之洞），起初主要学习洋文，后来有些兼习自然科学。①京师同文馆是近代最早由官方设立的外国语言学校，1862 年设立于北京，隶属总理事务衙门，目的是培养清政府所需要的外事专业人才。最初只在俄罗斯馆基础上设英文馆，后来陆续增加法文馆、俄文馆、德文馆、东文（日文）馆。1866 年增设算学馆，学习天文、算学、西方制造技术等，此后又增设观象台、格致馆等。这些自然科学课程的设置、实验教学的开展，使京师同文馆从单纯外国语言学校发展为兼习西方科学技术的综合性学校。②上海广方言馆，1863 年江苏巡抚李鸿章仿照京师同文馆设立于上海，1869 年与江南机器制造局开设的学堂合并，教学内容扩大，加强了自然科学教学，1899 年建立工艺学堂，分机器、化学二馆，教学内容也扩大。③广州同文馆，1864 年广州将军瑞麟等奏请设立。④新疆俄文馆，1887 年新疆巡抚刘襄勤奏请设立。⑤台湾西文馆，1888 年台湾巡抚刘铭传奏请仿照京师同文馆设立。⑥珲春俄文馆，1889 年吉林将军长顺奏请设立，专门培养俄文翻译。⑦湖北自强学堂，1893 年湖广总督张之洞奏请在武昌开办。初设方言、格致、算学、商务四斋，但只有方言斋学生住堂肄业，1896 年改为专习泰西语言的外国语学堂，分为英文、法文、俄文、德文四门，1898 年添设东文（日文）。

第二，学习军事（“武备”）为主的学堂，共 14 所。它们及其奏请设立者分别是：福州船政学堂（闽浙总督左宗棠）、上海江南制造局操炮学堂、广东实学馆（两广总督刘坤一）及广东水陆师学堂（两广总督张树声）、广东黄埔鱼雷学堂（两广总督张之洞）、天津水师学堂（直隶总督李鸿章）、天津武备学堂（直隶总督李鸿章）、北京昆明湖水师学堂（总理衙门大臣醇亲王奕譞）、山东威海卫水师学堂（北洋海军提督丁汝昌）、江南水师学堂（两江总督曾国荃）、旅顺口鱼雷学堂（北洋海军）、山东烟台海军学堂（直隶总督李鸿章）、江南陆师学堂（两江总督张之洞）、直隶武备学堂（督办军务处袁世凯）、湖北武备学堂（湖广总督张之洞）。其中福州船政学堂于1866年设立，目的是造就制造和驾驶现代船舶技术的人才。分前堂、后堂两部分，前堂主要学习法文和训练造船技术；后堂主要学习英文和训练驾驶技术，分别聘请法国、英国教师和技术人员担任教学。不久，前堂增设“绘事院”和“艺圃”两个学堂，绘事院的目标是培养图纸的制作人员，包括船图和机器图的绘制和说明。艺圃招收船政局各生产部门的青年工人，实行半工半读的学习方式，开我国近代职工在职教育的先河。上海江南制造局操炮学堂设立后，并入江南制造局新设的工艺学堂。广东实学馆及广东水陆师学堂，仿照福州船政学堂分设制造和驾驶两科，但仅习英文而不学法文。天津水师学堂也称北洋水师学堂，学习英文、地舆图说、数学、天象测量、驾驶诸法、化学格物等内容，学习时间超过四年后，学生上船实习一年，成为以后各水师学堂模仿的“样本”。北京昆明湖水师学堂，目的是培养满洲八旗海军人才，日后取代汉人掌握海军。

第三，学习技术、实业为主的学堂，共7所。它们及其奏请设立者分别是：福州电报学堂（福建巡抚丁日昌）、天津电报学堂（直隶总督李鸿章）、上海电报学堂、天津西医学堂（直隶总督李鸿章）、湖北矿务局工程学堂、山海关铁路学堂、南京储才学堂（两江总督张之洞）。福建电报学堂从广州、香港等地和福州船政学堂内选择学生，商请丹麦大北电报公司派员教习电报原理、操作方法和有关设备的制造方法，是我国最早的电报学堂。天津西医学堂，前身是1881年设立的直隶总督医院附属医学校。总督医院是伦敦传教会医生梅琴兹于1880年在李鸿章资助下开办的新式医院，当年梅琴兹建议对撤回国内的一些留美学生进行现代医学训练，以充任海陆军医官，因而设立附属医学校。1888年梅琴兹去世后，总督医院被伦敦传教会收购，李鸿章另建天津总医院，并于1893年将原来的附属医学校扩充而成北洋医学堂，即天津西医学堂，又称天津海军医学校。它是我国近代最早的官办西医学堂。湖北矿务局工程学堂，原为湖北矿务局建立的一个矿石分析实验室，1892年发展为工程学堂。山海关铁路学堂，1895年由津榆铁路公司在山海关创办，是我国最早的铁路学堂。南京储才学堂分交涉、农政、工艺、商务四门，继任两江总督刘坤一将其改名为江南高等学堂，后更名为南京格致书院。

洋务运动时期清政府派遣学生留学，主要包括留美和留欧两部分。幼童留美由中国留学教育的先驱容闳首先提议，获得曾国藩、李鸿章、丁日昌等洋务派官员的赞同和支持。1871年9月，曾国藩和李鸿章上书清政府奏请选送聪颖子弟出国留学，得到朝廷批准。后又经各方函商和总理衙门复议，确定了最终方案和有关事宜，拟定《选派幼童赴美肄业办理章程》十二条，详细规定了赴美留学事宜，并在上海设立“出洋局”，筹备出洋事务。章程规定，自1872年至1875年，每年选派30名幼童赴美留学，四年共120名，学习年限为15年。首批30名在广东、江苏、浙江、福建、安徽等地区挑选“志趣远大、品质朴实”的12—16岁聪慧幼童，经

[拓展阅读]
李志茗：《夭折的创举——晚清留美幼童的悲剧命运》

在国内考试合格后录取。留学费用由海关洋税（进口关税）拨付。学生在外国学校主要学习军政、船政、制造、测算等专业。除学习“西文”、“西艺”外，须在留学监督领导下，“随时课以中国文义”，如《孝经》《五经》《国朝律例》等。[①] 遇有国内节日还要宣读《圣谕广训》，甚至早晚拜孔子神位。

为了深层次学习现代海军制造和轮船驾驶原理，沈葆桢、李鸿章于1876年上奏，请求派学生到欧洲留学，以福建船政学堂的学生为主。1877年1月，李鸿章等奏请派遣福建船政学堂学生留欧，并将议定的《选派船政生徒出洋肄业章程》附呈。清政府照准执行。他们认为，西方的造船技术日新月异，中国经过一段时间的学习后，虽已能仿造，但如果不掌握基本原理并及时跟进，最终仍不免受制于人。因此，只有“前赴西厂观摩考索”，才能“探制作之源”。在驾驶方面，测量天文、沙线、遇风保险等事项，都没有得其“深际”，驾驶铁甲兵船在大洋狂风巨浪中，布阵应敌，如何离合变化，“皆未经见”。“自非目接身亲，断难窥其秘钥”。具体目的是，法国制造技术最好，学习者“务令通船新式轮机、器具无一不能自制”；英国驾驶技术最精，学习者“务令精通该国水师兵法，能自驾铁甲船于大洋操战”；如果学生天资杰出，也可学习矿学、化学以及交涉公法等。[②] 清政府前后共派出三届，第一批38人，第二批18人，第三批34人，共90人。

2．洋务教育的历史影响

洋务学堂的教育创新，主要表现在培养目标、教学内容、教学方法和教学组织形式等方面。培养目标是造就各项洋务事业需要的专门人才，广泛分布于外交、律例、水陆军事、机械制造、电报、矿务、铁路、冶炼、企业管理、科技出版和教育等诸多领域。大多数洋务学堂带有部门办学的性质，是洋务机构的组成部分或附属单位，直接针对本部门和机构的需要培养人才，和传统学校培养科举入仕的人才有所不同。教学内容以学习“西文”“西艺”为主，课程多包括外语、数学、格致、化学等一般性以及与各自专业相关的科学技术科目，注意学以致用，明显区别于传统学校的经史义理和八股文章。在教学中能按照知识的接受规律由浅入深、循序渐进地安排教学内容，重视理解，一定程度上改变了偏重死记硬背的传统学风。有的学堂建立了实习制度，不似传统学校完全把学生禁锢在书斋之中。教学组织形式普遍制订分年课程计划，确立了学制年限，采用班级授课制，突破了传统进度不一的个别教学形式。概言之，洋务学堂以西方近代科技文化作为主要课程，在形式上引入了资本主义因素，初步具备了近代教育特征。尽管它们只能在以科举为核心的旧教育体制中容身，但逐渐动摇和瓦解了旧教育体制，实际上开启了近代中国教育改革的进程。

洋务留学教育虽然规模小、人数少，但却是中国教育走向世界过程中最名副其实的一步，更是引进“西学”的有效途径。留美幼童尽管多数没有完成计划中的学业而撤回，但归国后仍然在近代中国科技、实业和管理等领域做出了突出成

① 陈元晖．中国近代教育史资料汇编·洋务运动时期教育[M]．上海：上海教育出版社，2007：91–93．
② 陈元晖．中国近代教育史资料汇编·洋务运动时期教育[M]．上海：上海教育出版社，2007：951．

就，有力地回击了守旧派“终鲜实效”的预言，也改变了人们的科举正途观念。例如，铁路工程师詹天佑、开滦煤矿矿冶工程师吴仰曾、北洋大学校长蔡绍基、清华学校校长唐国安、第一位美国华裔律师张广仁、民初交通总长梁敦彦、民初国务总理唐绍仪、1884 年中法战争中英勇殉国的薛友福等，都是中国近代史上的知名人物。留欧学生从 1879 年起陆续学成归国，虽然并非人人得以尽展其才，但对近代中国社会的影响也不容低估，特别是在近代中国海军建设事业中发挥了重要的作用。首先，留欧学生归国后把中国近代军舰制造技术推进到一个新水平。其次，许多留欧学生成为近代海军重要将领的人选。如北洋舰队最大的巡洋舰“镇远”号和“定远”号的管带林泰曾和刘步蟾、“靖远”号管带叶祖珪、“超勇”号管带黄建勋、“济远”号管带方伯谦、清政府筹办海军处副大臣萨镇冰、长江舰队统领沈寿堃。民国成立后，留欧学生刘冠雄、萨镇冰、李鼎新等先后出任海军总长。最后，留欧学生在近代海军教育事业上大显身手。例如严复担任北洋水师学堂总教习和总办长达 20 余年，蒋超英、魏瀚也曾分别担任江南水师学堂和广东黄埔水师学堂总办，其他担任各水师学堂教习者比比皆是。此外，留欧学生在外交、实业和其他科技领域均有建树。例如，严复通过翻译世界名著宣传进化论和天赋人权思想，对近代思想解放做出了重大贡献，影响则更为深远。总之，洋务留学教育对中国教育近代化的推进之功不可磨灭。

（三）维新教育

甲午战争后，在洋务运动时期孕育的早期改良主义思潮迅速转变为朝野声势浩大的要求变法维新的政治运动。维新变法运动中，文教方面的除旧布新占据着重要位置，朝野首次表现出建立近代学制的强烈愿望，部分措施付诸行动。

1．维新教育的发展概况

在晚清自强运动中，早期改良派已经提出了全面学习西学、改革科举制度、建立近代学制、兴办女子教育等思想。在此基础上，维新派普遍认为，改革教育、开通民智是实现维新变法的基础，为此他们创办了两类新式学堂。

[微视频]
康有为教育思想

第一类是维新运动代表人物为培养维新骨干、传播维新思想而设的学堂。例如：万木草堂和湖南时务学堂。万木草堂是 1893 年康有为在广州讲学三年基础上设立的，以《长兴学记》作为学规。学生 100 余人，以陈千秋、梁启超为学长。1898 年戊戌政变后自行解散，并被清朝查收。万木草堂在传统书院办学方式和教学方法基础上注入了新内容，教学内容虽沿用了义理、考据、经世和文字之学等提法，但包括了西方哲学、万国史学、地理学、数学、格致、外国文字、政治原理学、中国政治沿革得失、政治应用学、群学等学科内容。湖南时务学堂由谭嗣同在湖南巡抚陈宝箴、按察使黄遵宪和学政江标等人的支持下，于 1897 年推动创立。聘梁启超为中文总教习，李维格为西文总教习。梁启超以万木草堂学规为蓝本，制定《湖南时务学堂学约》，在教学中着重宣传维新变法思想，倡导民权学说。

第二类学堂在办学类型与模式、招生对象、教学内容等方面沿袭洋务教育而来，但对洋务办学观念有所突破，领风气之先，例如，北洋西学堂与南洋公学、经正女学三校。1895 年，津海关道盛宣怀呈请北洋大臣王文韶奏准，在天津开办中西学堂，亦称北洋西学堂。内分头等学堂（大学专科程度）和二等学堂（中学程度），并各分四班（年级），学制共8年。后发展成北洋大学。1896年，盛宣怀又奏请在上海仿照北洋西学堂，设立南洋公学，以后逐年开办了师范院，外院（小学程度），中院（中学程度），上院（大学程度，分内政、外交、理财各专门）和特班。后发展成交通大学。这两所学校较早明确采取西方近代学校体系的形式，分初、中、高等级，相互衔接，并按年级逐年递升，具有近代三级学制的雏形，虽为洋务派创办，但寓有维新观念。又如经正女学，又称“中国女学堂”，1897年，梁启超、经元善等人倡议在上海设立，得到中外维新人士赞助，教师和管理人员皆聘中外女士担任。课程分中西两大类，中文课程授中国传统女性读物及女红、绘画、医学等；西学课程有英文、算术、地理、体操等。经正女学创办虽仅一年多，但作为近代第一所国人自办的正规女子学校，开风气之先。

［拓展阅读］欧七斤：《论南洋公学“四院制”的建立与衍变》

其他具有维新性质的著名学堂，还有严复协助张元济在北京创办的通艺学堂（1897）、徐树兰捐资创办的绍兴中西学堂（1897）、谭嗣同发起创办的浏阳算学馆（1897）等。

“百日维新”中，清政府颁布了约40项文教措施，占所有改革法令的1/3左右，主要表现在除旧和布新两个方面。在除旧方面，主要是改革科举制度。1898年6月23日，光绪皇帝下诏“着自下科为始，乡会试及生童岁科各试，向用‘四书’（即八股）文者，一律改试策论”[①]。八股废除，促进了西学传播。7月23日，光绪皇帝下诏催立经济特科，选拔维新人才。“百日维新”失败后，虽然复八股考试，罢经济特科，但人们开始向往富有朝气的新式教育，科举考试人数锐减。在布新方面，主要是建立新式学堂。1898年6月11日，光绪帝在《明定国是诏》中即特别提出：京师大学堂为各行省之模范，尤应首先举办。总理衙门委托梁启超草拟《京师大学堂章程》于7月3日上报，光绪帝当即批准，并派吏部尚书、协办大学士孙家鼐为管学大臣，管理京师大学堂。《京师大学堂章程》共8章，对大学堂的性质、办学宗旨、课程、入学条件、学成出身、教习聘用、机构设置、经费筹措及使用都做了详细规定。课程设置遵照“中学为体，西学为用”的办学宗旨，分普通学和专门学两大类，学制都是3年。普通学即基础课程，包括经学、理学、掌故学、诸子学、初级算学、初级格致学、初级政治学、初级地理学、文学、体操学10门，学生年龄在20岁以下者必须从英、法、俄、德、日五国语言文字中，认习一种。专门学分高等数学、高等格致学、高等政治学（包括法律学）、高等地理学（包括测绘学）、农学、矿学、工程学、商学、兵学、卫生学（包括医学）共10门，学生从中选学1~2门。在6年课程规划中，西学比重高于中学。此外，光绪帝又令各省督抚督饬地方官将各省府厅州县之大小书院，一律改为兼习中学、西学的新式学堂。以省会之大书院为高等学堂，郡城之书院为中学堂，州县之书院为小学堂，社学、义学等一律中西学兼习。凡民间祠庙不在祀典者，也一律改为学堂。所有中小学，使用官书局统一编译印行的课本。

［微视频］梁启超教育思想

① 陈元晖. 中国近代教育史资料汇编·戊戌时期教育[M]. 上海：上海教育出版社，2007：76.

2．维新教育的历史影响

维新教育的历史影响主要不在于设立学堂的数量多少和课程内容本身，最重要的是引领思想风气。维新派还以学会为阵地，以报刊为传媒，讲西学，论国事，宣传变法主张，抨击封建势力，进行维新思想的启蒙。学会与维新学堂相互补充，起到了扩大教育面、开民智、新民德的作用。“百日维新”期间，还计划设立铁路、农务、茶务、蚕桑等实业学堂，广派人员出国游学游历，设立译书局和编译学堂，奖励开设报馆，开放言论，书籍、报纸免税等，这些教育改革措施反映了资产阶级维新派的主张和愿望，对传统教育产生了强大冲击。因为时间短，变法激进，大多数官僚因循守旧，废八股、改祠庙为学堂等又触及一些人的切身利益，这些措施在推行中遭到抵制和拖延，大多未及施行即被守旧派宣布废止。但是，“百日维新”形成了“人人谈时务，家家言西学”的局面，激荡起一股思想解放的潮流。放眼世界、渴求新知，已成为不可遏止的士林风尚，学习西方近代教育的改革趋势已经不可逆转。

[拓展阅读]
王晓秋：《戊戌维新与京师大学堂》

事实上，庚子事变后的清政府兴学举措，大多是沿着“百日维新”未竟道路继续前进的。例如，京师大学堂以“萌芽早，得不废”，继续由孙家鼐筹办，于1898年11月正式开学。与原《京师大学堂章程》的规划相比，正式开办的京师大学堂仅设有仕学院及附设中小学堂，其封建性明显加强。学生不到100人，分为“诗”“书”“易”“礼”四堂。所招收的学生，完全是五品到八品的官员和举人，学生在学堂被称为“老爷”。恢复八股取士后，大学堂又被学生当成了科举准备的场所。1900年，京师大学堂毁于八国联军战火，1902年恢复开办，并被纳入清末学制系统，规模逐步扩大。1901年，清政府正式下令改书院为学堂，传统书院教育从此退出历史舞台。

二、近代教育体系的建立与调整

（一）壬寅－癸卯学制

1902年，清政府正式颁布了中国第一个新式学制《钦定学堂章程》，即“壬寅学制”，但未及全面施行，旋即于第二年年底颁布并实施第二个新式学制《奏定学堂章程》，即“癸卯学制”。由于前后继承性明显，教育史上一般合称“壬寅－癸卯学制”。

1．壬寅学制

1902年8月15日，管学大臣张百熙主持拟定了系列学制系统文件，包括《京师大学堂章程》《考选入学章程》《高等学堂章程》《中学堂章程》《小学堂章程》和《蒙学堂章程》共六件，统称为《钦定学堂章程》，即“壬寅学制”。

壬寅学制是中国近代第一个以中央政府名义颁定的新式学制，它规定了一个纵向贯通衔接且较为完整的学校系统。学制由纵向三段七级、横向三类学校所组成。三段七级是：第一段为初等教育，包括蒙学堂4年、寻常小学堂3年、高等小学堂3年，总计10年。小学堂的宗旨是授以道德知识及一切有益身体之事；第二段为中等教育，设中学堂4年，为高等专门之始基；第三段为高等教育，办学宗旨为激发忠爱、开通智慧、振兴实业，分为高等学堂或大学预科3年、大学堂3年（政、文、商、农、格致、工艺、医七科），大学院以研究为主，年限不定。横向三类学校是：普通教育、实业教育和师范教育。与普通高等小学堂平行的有简易实业学堂，与普通中学堂平行者有中等实业学堂和师范学堂，与普通高等学堂平行者有高等实业学堂、师范馆等。

[拓展阅读]
张洪萍：《试论壬寅学制的实施》

壬寅学制的进步性表现在：强调国民教育，提出了普及义务教育的思想；注重实业教育，提出了建立各级实业学堂的设想；重视师范教育，加强教师培养。但其不足也很明显，主要表现在：女子教育没有受到应有的重视，学制系统中缺失女子教育的地位；修业年限太长，学校教育的总学程共计二十余年，不利于人才成长；自高等小学堂始，毕业生授予科举出身，依然拖着科举制尾巴。不过，壬寅学制毕竟是中国近代学制的开端，开创了中国教育的新纪元。

2. 癸卯学制

1903年7月，清政府命令张百熙、荣庆、张之洞以日本学制为蓝本，重新拟订学堂章程，并于1904年1月13日公布《奏定学堂章程》，即“癸卯学制”，1911年辛亥革命以后废止。

（1）癸卯学制的内容

《奏定学堂章程》由《学务纲要》《各学堂管理通则》、不同类型学堂的章程和《各学堂奖励章程》《各学堂考试章程》等组成。同样以普通教育为主干，保持纵向三段七级、横向三类结构。纵向三段七级是：第一段为初等教育，包括蒙养院4年、初等小学堂5年、高等小学堂4年，总计13年；第二阶段为中等教育，设中学堂5年；第三段为高等教育，分为高等学堂或大学预科3年、大学堂3~4年、通儒院5年。横向三类学校是：普通教育、实业教育、师范教育。与普通高等小学堂平行的有各类初等实业学堂和师范预科以及实业补习普通学堂和艺徒学堂，与普通中学堂平行者有中等实业学堂和初等师范学堂，与普通高等学堂平行者有各类高等实业学堂和优级师范学堂。

普通教育中，初等教育包括蒙养院、初等小学堂和高等小学堂三级。蒙养院招收3—6岁幼儿。初等小学堂为强迫教育性质，以启其人生应有之知识，立其明伦理爱国家之根基，并调护儿童身体，令其发育为宗旨。以识字多少衡量教学成效，每星期教学时数不得超过30小时，5年期满毕业。课程有修身、读经讲经、中国文字、算术、历史、地理、格致、体操等。视地方情形，可增加手工、图画一科或两科。贫瘠地区可设简易科，课程视具体情况酌减。高等小学堂的宗旨是培养国民之善性，扩充国民之知识，强壮国民之气体。课程有修身、读经讲经、中国文字、算术、中国历史、地理、格致、图画、体操等。视地方情形可增设手工、农业、商业等科目。

中等教育设中学堂一级，属普通教育性质，兼有升学和就业双重任务。宗旨为以施较深之普通教育，俾毕业后不仕者从事于各项事业，进取者升入各高等专门学堂均有根底，课程有修身，读经讲经，中国文学，外国语（东语、英语或德语、法语、俄语），历史，地理，算学，博物，物理及化学，法制及理财，图画，体操等。

高等教育分为三级。大学预科以教大学预备科为宗旨，以各学皆有专长为成效。每日功课六点钟，3 年毕业。成绩合格者升入大学本科。大学本科亦称为分科大学，分经学、政法、文学、医学、格致、农学、工学、商科 8 科，每科均规定了明确的课程体系。另设平行于分科大学的译学馆，修业年限为 5 年，分为英文、法文、俄文、德文、日文等科，培养各类翻译人员。通儒院招收分科大学毕业生，属研究院性质，修业年限为 5 年。

实业教育分为初等、中等、高等三类。初等实业学堂分为农业、商业、商船 3 类，均招收初小毕业生和同等学力者，相当于高小程度，授以各业最浅近的知识和技能。初等农业学堂分农业、蚕业、林业及兽医 4 科，3 年毕业。初等商业学堂不分科，3 年毕业。初等商船学堂分航海、轮机 2 科，2 年毕业。

中等实业学堂分农业、工业、商业、商船 4 类，相当于普通中学程度，教授农、工、商、商船各业所必需的知识和艺能。农业学堂设农业、蚕业、林业、兽医、水产 5 科。工业学堂设土木、金工、造船、电气、木工、矿业、染织、窑业、漆业、图稿绘画 10 科。商船学堂分航海、轮机 2 科。各类学堂均设有本科和预科。预科招收初小毕业生和同等学力者，2 年毕业，学习科目主要有修身、中国文学、算术、地理、历史、格致、体操、图画、外国语等。本科招收年 15 岁以上的高小毕业生和同等学力者，3 年毕业。另设专攻科，招收本科毕业生，农业 1 年，工业 2 年。

高等实业学堂分农业、工业、商业、商船 4 类，相当于高等学堂（大学预科）程度。农业学堂设农学、森林、兽医 3 科。工业学堂开设应用化学、染色、机织、建筑、窑业、机器、电器、电气化学、土木、矿业、造船、漆工、图稿绘画等 13 科。商船学堂设航海、机轮 2 科。农业学堂和商业学堂皆设本科和预科。预科 1 年毕业，本科除农业学堂的农学科 4 年外，其余均 3 年毕业。工业学堂和商船学堂只设本科，前者 3 年毕业，后者 5 年至 5 年半毕业。招收普通中学堂毕业生和年在 18 岁以上的同等学力者。另设一年制的选科和招收本科毕业生的专攻科。此外，还设有实业补习普通学堂和艺徒学堂，属于成人教育性质。实业补习普通学堂，分农业、工业、商业、水产 4 科。招收年龄在 16 岁以上的已从事工、农、商各业和准备就业、具有初等小学毕业程度和同等学力者。除授以农、工、商各业知识外，还补习小学普通教育，3 年毕业。艺徒学堂招收年在 12 岁以上粗知书算的幼童，学习年限不定，最长 4 年。修身、中国文学为必修课，其余课程可自选。

师范教育分为初级师范学堂和优级师范学堂两级。初级师范学堂以培养初等小学堂和高等小学堂教员为宗旨，相当于普通中学程度。根据实际需要，设完全科和简易科两类。完全科招收 18—25 岁的高小毕业生和同等学力者，5 年毕业。省级初级师范学堂除完全科外，还设置简易科招收 25—30 岁者，1 年毕业。另设有预科和小学师范讲习所。预科招收普通学力未达高小毕业者，小学师范讲习所招收学力不足的在职小学教员，为补习增强学力之性质。规定师范学堂附设小学一所，为师范生实习之地。

优级师范学堂培养初级师范学堂与普通中学堂教员和管理人员，相当于高等学堂（大学预科）程度。招收初级师范学堂和中学堂毕业生及同等学力者，年龄在18—25岁，学制4年。其中第一年学习公共科目，分人伦道德、群经源流、中国文学、日语、英语、辨学、算学、体操八科；后三年学习分类科目：第一类为中国语文、外国语文等，第二类为地理、历史等，第三类为算学、物理学、化学等，第四类包括植物、动物、矿物、生理学等。后三年同时要学人伦道德、经学大义、教育学、心理学、体操等科目。此外，有一年的加习科。本科毕业的学生自感管理法、教授法不足者自愿加习，加习内容可选修五科，选修内容包括教育学、教育制度、教育政令、学校卫生、儿童研究、美学、实验心理学、教育实习等。优级师范学堂须附设中学堂和小学堂各一所，为学生教育实习之场所。

［拓展阅读］刘虹：《癸卯学制百年简论》

（2）癸卯学制的作用

癸卯学制是过渡时期传统性和近代性的综合产物。传统性主要表现在：核心思想是“中学为体，西学为用”，读经科目在课程中均占有很大比例，对广大师生仍有许多维护专制统治的禁令和严厉的惩儆条例，试图培养学生效忠专制王朝；广大女子被排除在学校教育的大门之外；学制年限过长，不利于人才成长和培养；各级各类学堂尽管没有等级限制，但进入大学堂后仍需高官保荐；学堂实施奖励科举出身。近代性主要表现在以下方面：仿照西方流行的三级学制系统模式，规划了义务教育的目标，反映了对教育普及性和平等性的要求；培养目标已不再是传统士大夫，而是现代实用人才，对现代中国新型人才培养起到了积极的推动作用，适应了现代工商业发展的需要；在学制各阶段特别是初等教育阶段，教育目标确立了德智体三方面协调发展的“三育”模式；外国语以及博物、物理、化学、格致等现代学科和实用学科的设置，明显体现了社会价值观念的变化，促进了西方自然科学知识和社会政治思想学说在中国的传播；为了学制的推行而确立学年制和班级授课制教学组织形式的合法存在，体现了教育教学实践的先进性；要求尊重儿童个性，禁止对13岁以下儿童实行重于罚站的体罚；课程整体比例，西学占据主导地位，等等。

总的来说，“以日为师”确立的癸卯学制，作为废除科举制前确立的第一个全面施行的新式学制，加速了旧教育的崩溃，奠定了中国现代教育发展的方向，完成了中国教育从古典形式化向现代制度化的转型，极大地促进了新式学堂的发展。癸卯学制为我国现代学制建立了基石，对于中国教育现代化具有里程碑意义。

［拓展阅读］罗志田：《科举制废除在乡村中的社会后果》

（二）清末其他教育举措

癸卯学制颁布后，清政府对教育采取了一系列改革，包括议改科举制度、厘定教育宗旨、设立教育行政机构、发展女子教育，等等。

1. 议改科举制度

科举制度既是清朝的抡才大典，也是清朝教育的指挥棒，在晚清普遍被批评为制约新式学堂发展的重大障碍。因此，在探索新学制的同时，如何处置科举制度，长期以来充满争议，改革之路步履蹒跚。晚清科举制度改革，先后经历了两个时期，体现了两种截然不同的思路。

［微视频］清末教育宗旨

第一个时期，总体思路是把学堂的实学内容引进科举考试，可称“纳学堂于科举”。具体又有两种做法，一是增加“实科”。道光、咸丰、同治三朝至光绪戊戌年期间，清朝内外官员先后至少提出了 18 个以上的议改科举方案，以奏章形式呈递朝廷，朝廷多次谕令有关部门议复。他们普遍认为，科举弊端不在于制度本身，而在于自王安石改革以后，有科无目，故而改革思路是强调学以致用，增加实科。包括 1870 年提出增加算学科，1888 年列入科考，1898 年变法期间开设经济特科。“经济”即经国济世之意，“经济特科”就是以仿照博学宏词科的特别形式，选拔各类国家需要的实用人才。经济特科议设内政、外交、理财、经武、格物、考工等各专门科目，以实学实政内容为主，不以书法楷法优劣为标准。然而，算学科在官场并不比传统科目优厚，录取人数寥寥，吸引力始终有限。经济特科从提出到被采纳用了 23 年，甲午战争前夕基本被否决，1901 年恢复，1903 年举行，共录取了 27 名。由于经济特科仍然需要高官保荐等条件，且官场出路同样不比普通科优厚多少，也没有收到预期成效。以老树接新枝的办法延续科举考试制度的实践证明失败了。

二是取消八股，改试策论。百日维新期间由康有为、梁启超等人提出，光绪帝下令实施。此后，张之洞、陈宝箴还提出，乡、会、殿试三场考试中，首场考中国史事、国朝政治五道，录取十分之一；二场考时务策五道，五洲各国政治、专门技艺，录取三分之一；三场考《四书》义两篇，《五经》义一篇，只排名次，目的是降低儒家经典在科考中的比重，强调对于国情及西政、西艺的掌握。然而，策论仍是汉宋以来文体的固有形式，不仅很难恰当地表现西学（声光电化）、实学（数学物理）的多样化内涵，难以通过实验、统计、测试、演算、操作、演示，展示物质性状的变化，反映量与质关系的规律，而且很容易使望文生义的举子格义附会。由于考试时更多只能考查概念，所以只需要背诵相关备考工具书即可应付，看似改头换面，实际换汤不换药。1901 年，清政府下令推行新政措施后，戊戌变法期间设立经济特科、取消八股考试的改革措施得到恢复，但学堂处于各行其是的状态，非但没有显示优势以吸引举子，甚至无法使学生抵御科举诱惑，造成科举妨碍学堂的普遍印象。

第二个时期，总体思路是把科举考试的选拔方式移到学堂，可称“纳学堂于科举”。1901 年 7 月，两江总督刘坤一和湖广总督张之洞联衔发出的“江楚会奏三疏”中提出：“俟学堂人才渐多，即按科递减科举取士之额，为学堂取士之额。”并说明保留科举考试只是“稍宽停罢场屋试士之期……兼顾统筹潜移默化而不患其窒碍难行者也”。[①] 这意味着，废除科举为期不远。1903 年，张之洞、袁世凯上书疾呼停废科举，并确定最后期限、具体步骤和时间表，并提出按科递减的方案，“学政岁科试分两科减尽，乡会试分三科减尽”。[②] 后来，张百熙、荣庆、张之洞据此方案拟定了《递减科举注重学堂折》，请自下届丙午科起，每科分减中额三分之一，俟末一科中额减尽以后，即停止乡会试。亦即 10 年后停止科举。1904 年 1 月 13 日，此折与《奏定学堂章程》同时呈奏获清政府批准。日俄战争爆发后，日本通过明治

① 陈元晖．中国近代教育史资料汇编·学制演变 [M]．上海：上海教育出版社，2007：19．

② 陈元晖．中国近代教育史资料汇编·学制演变 [M]．上海：上海教育出版社，2007：526．

维新实现强国并在中国土地上战胜俄国的残酷现实，迫使清朝多数官僚感到时不我待。1905年，张之洞、袁世凯联合各省督抚会奏立停科举以推广学校："科举一日不停，士人皆有侥幸得第之心，以分其砥砺实修之志。民间更相率观望，私立学堂者绝少，又断非公家财力所能普及，学堂决无大兴之望。"同时强调："凡科举抡才之法，皆已括诸学堂奖励之中。然则并非废罢科举，实乃将科举学堂合并为一而已。"[①] 迫于形势，1905年9月2日，光绪皇帝下令自丙午科（1906年）开始，所有乡会试一律停止，各省岁科考试亦即停止，宣告实行了一千多年的科举考试制度的终结。

一方面，停废科举有力配合了学制颁布后兴学政策的落实。科举废除后，出现了中国近代史上难得的兴办新学热潮，促进了留学潮流的高涨，加速了传统教育观念、人才观念、价值观念的改变。另一方面，停废科举的具体做法也带来了一些消极影响。当时的人普遍相信，既然学堂可以吸收科举的优长，而科举无法替代学校的作用，奖励学堂初衷是减少举子的阻力，有利于学堂发展，必将促进人才辈出。然而，结果多少有些出乎意料，科举取士功能不但基本延续，而且过度膨胀，人们普遍怀疑学堂成为变相科举，造成学界和官场混乱。频繁的各级各类考试，由检验学业程度的手段畸变为学习目的，教育宗旨由培养人才异化为考试附属，反而削弱了学堂的应有优势。学堂本来应该成为培育人才之地，不应是选拔人才之地。奖励学堂出身误导士人，"宽筹出路"耽误了他们转向实学，结果学堂培才没有兴盛，而科举反而日渐发达，弊端类似于王安石以太学三舍法取代科举考试。科举三年一试，额数限定，官场相对还不至于十分拥挤，而各级各类学堂每年都有毕业生，也就意味着每年都有举人、进士诞生，造成新旧科举人才大幅度膨胀，仕途更加拥挤，必须设置更多官职予以安排。一些官员看到兴学可以获得政府嘉奖，遂以开办学堂为邀宠幸进的途径，盲目模仿西方学制，片面追求规模数量，结果花钱无数，现代教育短期内未必普及，某些地方识字率反而下降，甚至加剧了社会矛盾。从根本上说，奖励学堂出身的做法混淆了科举与学堂。科举的抡才旨在选官，而近代西式学堂的培才旨在育成现代国民，使其拥有一技之长，可以自谋生计。两者本意途径不一，功能各异，自唐代以后分为二途，现在再度合并，无疑是一种倒退。

总体而言，科举制度具有选拔做官人才、教育、以举业为职业、价值内化、道德教化和文化传承等综合性功能，前三项功能朝野均有所关照，清政府曾出台配套措施，但对于后三项功能，新式教育不易接续。科举废除催生的学堂与私塾之争，贯穿了近现代中国教育发展全过程；新式教育的贵族化倾向明显，义务教育的免费性长期没有得到有效落实，加重了人民负担，成为晚清毁学风潮此起彼伏的重要原因。总之，以西为尊的观念深刻影响外来教育中国化的探索。此后，中国教育必须解决社会与教育转型带来的道德重建、教育均衡、教育公平、专才培养与通才育成的协调等一系列难题。

---

① 陈元晖．中国近代教育史资料汇编·学制演变[M]．上海：上海教育出版社，2007：534-537．

[拓展阅读]
杨天平：
《晚清教育宗旨史论》

2．厘定十字教育宗旨

《奏定学堂章程》明确提出了教育宗旨，虽然核心是“中体西用”思想，但表述烦琐，过于宏阔，不利于具体把握和传播贯彻。1906年4月25日，清政府颁布上谕：“朝廷锐意兴学，特设专部以董理之，自应明示宗旨，俾定趋向，期于一道同风。兹据该部所陈忠君、尊孔与尚公、尚武、尚实五端，尚为扼要。”前二条是“中国政教之所固有，而亟宜发明以距异说者”，后三条是“中国民质之所最缺，而亟宜而碱砭以图振起者”。[①] “忠君”“尊孔”体现“中学为体”，是宗旨的核心思想，目的是强调维护君主专制制度和儒家礼教，反映了传统教育的根本性质，即培养忠实的“臣民”；“尚公”“尚武”“尚实”效法日本，针对当时中国所存在的弊端“私”“弱”“虚”，表现“西学为用”的深刻内涵，形式上分别与德育、体育和智育相对应，出发点都是国家本位，即培养合格的“公民”。

清末十字教育宗旨保留了浓厚的传统性，但借用资本主义教育体制培养挽救专制王朝统治末日的人才，是一对永远无法调和的矛盾。不过，“尚公”“尚武”“尚实”的理念，毕竟体现了传统专制王朝转变为现代民族国家过程中，学习西方社会科学和自然科学的时代要求，为清末数年学校教育的发展提供了国家的法制保证，也影响了民国初年教育宗旨的改革方向。

3．设立教育行政机构

1905年，为了保证癸卯学制的切实执行，清政府特设专门教育行政机构，建立起从中央到地方的教育行政管理体系。

在中央，清政府最初设立总理学务大臣以统领全国教育，下设专门、普通、实业、审订、游学、会计六处。为振兴全国学务，1905年12月6日，清政府效仿日本文部省之成规，设立学部作为中央级教育行政机构。最高长官为尚书，另有左、右侍郎分工辅佐，左、右参议各一人，为学部顾问。此外，学部直属单位还有编译图书局、京师督学局、学制调查局、教育研究所、高等教育会议所等。原国子监归并学部，教官一并裁撤，监生另行安排，只保留监丞一员负责孔庙管理及祭祀等有关职能。学部是中国现代最早独立设置的中央教育行政管理机关，结束了古代教化由礼部掌管、文教不分的历史，使教育的独立地位得以提升，教育的作用进一步得到确认；也结束了中央与地方教育行政各不相干、各自为政的历史，促进了中国教育制度的进一步完善和统一，是中国教育行政现代化发展的重要标志。

癸卯学制颁行后，与督抚同为皇权化身，作为钦差大臣的各省学政已不能适应教育发展的要求，向着日本中央视学官及地方教育行政官的目标进行改革，刻不容缓。1906年4月，学部与政务处联合建议，裁撤学政，各省改设提学使司，统辖全省地方学务，归督抚节制，并受学部直接指挥与监督。清政府根据学部奏请，裁撤学政，改设提学使司，统辖全省学务。提学使司办公机构称学务公所，设置议长一人、议绅四人，协助提学使参赞学务，并接受督抚咨询。学务公所下设总务、专门、普通、实业、图书、会计六课，与学部各司职能对应。1906年5月，学部奏

① 陈元晖．中国近代教育史资料汇编・学制演变[M]．上海：上海教育出版社，2007：547-548.

定在各厅、州、县建立劝学所，管辖本地学务。设视学一人，由省提学使委派曾出洋留学或曾习师范者担任，监督地方官办理学务。采取划分学区的方式，以城关为中区，次第扩展到四方乡镇村坊，约三四千家划为一区。视学兼任学区总董，每区设劝学员一人，由地方官委派品行端正、留心学务者担任。各村推举学董，负责本地筹集款项，按学部规定的程式办学。

清末自中央学部到省厅州县乡各级教育行政管理机关的设立，虽发挥效用时间有限，却有效地沟通了各级各类学校教育间的内在联系，结束了中国历史上各类教育横向不联系、纵向不衔接的状况，保障了近代学校教育制度的实施，促进了近代教育的快速发展，为中国教育现代化奠定了基本的制度框架。

4．女子教育纳入学制

面对清末以来振兴女学的呼声，1907 年，学部颁布《女子小学堂章程》和《女子师范学堂章程》，规定女子可接受初等教育和初级师范教育。尽管女子接受教育的层次和年限均有严格限制，但毕竟女子接受学校教育的权利首次被国家承认，女子学校教育被纳入国家学制。

（三）壬子－癸丑学制

1．壬子－癸丑学制的制订

1912 年 1 月 19 日，以蔡元培为总长的中华民国南京临时政府教育部颁布了《普通教育暂行办法》和《普通教育暂行课程标准》。《普通教育暂行办法》力求改变与中华民国精神不相符合的具体内容和措施，包括：一律废止小学读经科，注重手工科、算术科，加强兵式体操；教科书必须合于民国宗旨，清学部颁行的教科书一律废止；初等小学可以男女同校；废止旧时科举奖励出身；各类学堂一律改称学校，监督、堂长一律改称校长；中学为普通教育，文实不分科。《普通教育暂行课程标准》具体规定了中、小学设置科目、各科教学时数及教学计划等，除废除读经科目外，其他内容基本沿袭清末旧制。这些措施对改造传统教育发挥了重要作用，直接体现了辛亥革命的成果。

为了建立更加适合国情的学制体系，1912 年 3 月间，南京临时政府教育部欲发表《拟议学校系统草案》，广泛征求全国教育界意见，并且召集一批留学归国人员和国内教育名士，召开临时教育工作会议，分别草拟各级学校规程。最初意向是以欧美学制之长，结合本国实际情形，成就最完美的学制。考虑到欧美学制不适合中国国情，且欧美归国人员中缺少专习教育之人，对欧美学制缺乏深入了解，最终仍参照日本学制，拟订新学制草案。经过广泛讨论，最终制定了《学校草案系统》，并于 1912 年 9 月 3 日由北京政府教育部以《学校系统令》为名公布。至 1913 年 8 月，教育部将临时教育会议决议通过的《小学校令》《中学校令》《师范学校令》《专门学校令》《实业学校令》进行适当增删，并陆续向全国颁布，同时配套发布了相应的学校法令和规程，使学制内容进一步具体化。因 1912、1913 年为农历壬子、癸丑年，上述法令章程综合为统一的学校系统，故而合称为“壬子－癸丑学制”。

［拓展阅读］
周文佳：
《民国初年“壬子癸丑学制”述评》

2．壬子－癸丑学制的内容

壬子－癸丑学制同样以普通教育为主干，以师范教育和实业教育为两翼。纵向学程为 17 或 18 年，共分为三段四级。小学之前有蒙养院，大学之上有大学院，均不计年限。师范教育分师范学校和高等师范学校两级，实业教育分甲乙两种；还有专门学校，相当于大学阶段的教育。学制对各级各类学校的目的任务、课程设置、学校设备、入学条件、教职员任用、经费及领导管理都做出了具体规定。

普通教育中，初等教育分为初高两级，6—13 岁入小学，以留心儿童身心之发育，培养国民道德之基础，并授以生活所需之技能为宗旨。初小 4 年为义务教育阶段，男女同校，毕业后可进入高等小学校或乙种实业学校，课程有修身、国文、算术、手工、图画、唱歌、体操七种，女子增加缝纫课；高小 3 年，男女分校，毕业后可进入中学、师范学校或甲种实业学校，课程有修身、国文、算术、本国历史、地理、理科、手工、图画、唱歌、体操十种，男子增加农业，女子增加缝纫。农业课可根据情况改成商业，有条件的还可开设外语。

中等教育设中学校一级，学制 4 年，以完成普通教育，造成健全国民为宗旨，毕业后可进入大学、专门学校，或高等师范学校。课程有修身、国文、外国语、历史、地理、数学、博物、物理、化学、法制经济、图画、手工、乐歌、体操 14 种，其中外国语以英语为主，也可择法、德、俄语。此外，女子加授家事、园艺、缝纫，但园艺可缺。

高等教育分为预科和本科两级。大学预科 3 年，本科 3 年或 4 年；专门学校本科 3 年毕业（医科 4 年），预科 1 年。大学以教授高深学术、养成硕学闳才，应国家需要为宗旨，分文、理、法、商、医、农、工七科，并分预科及本科；大学毕业可进大学院，修业期不限。取消癸卯学制中的高等学堂，以专科学校代之，入学资格为中学毕业生。专门学校以教授高等学术、养成专门人才为宗旨，种类有法政、医学、药学、农业、工业、商业、美术、音乐、商船、外国语等。

师范教育分师范学校和高等师范学校两级。师范学校以造就小学教员为目的，女子师范学校以造就小学教员及蒙养员保姆为目的，高等师范学校以造就中学校、师范学校教员为目的，女子高等师范学校以造就女子学校、女子师范学校教员为目的。两级学校均设选科、专修研究科。

实业教育以教授农工商业必需之知识技能为目的，分甲乙两种。甲种实业学校施完全之普通实业教育；乙种实业学校施简易之普通实业教育，亦得应地方需要授以特殊之技术。

3. 壬子－癸丑学制的特点

壬子－癸丑学制依据中华民国共和民主的新宗旨，反映了政权鼎革之后，社会发展对人才培养的新要求。其特点主要有三个方面：

第一，贯彻了教育平等精神。在教育中禁止体罚，主张尊重学生人格；要求教育联系儿童实际，适合儿童身心发展特点；基本废除了在受教育权上对女性的歧视，规定初等小学可以男女同校，除大学不设女校不招女生外，普通中学、师范学校、高等师范学校和实业学校都可以设立女校；取缔了清政府专门为贵族开设的贵胄学校，废除了封建教育特权。

第二，体现了反对专制精神。以养成独立人格、培植克尽国民责任之能力为学制制订初衷，取代了传统教育“忠臣顺民”的教育办学宗旨；加强中小学实业教育，增加了自然科学课程和生产技能训练；根据民国教育精神对课程进行重大改革，小学废止了读经课，大学取消了经学科，学校取消了尊孔仪式。

第三，突出了现代民主精神。改称学堂为学校，废除了清政府对大学行政管理、教务管理与教学人员的职官名称和品级地位，各科设学长，大学教师分为教授、助理教授、讲师三级，使高等教育管理系统与西方高等教育管理体制逐渐接轨；通过分科高等学校进行根本性变革，实行西式分科治学和分科教学；取消了经学为独立学科的独尊地位，改变了视技术学科为奇技淫巧的旧观念，在中国文化思想史和教育史上具有重大意义。

当然，由于中国兴办新教育的时间不长，经验不多，虽然在主观上努力参照各国学制，使其适合中国的国情，但壬子－癸丑学制实际上仍以日本学制为蓝本，本身存在初等教育修业年限偏长、中学修业年限偏短、学制缺乏弹性等种种不足，但作为一个承上启下的新学制，直接推动了民国初期学校教育的变革和发展，在中国教育现代化过程中，起到了除旧布新、继往开来的历史作用。

（四）民国初期其他教育举措

1. 重新厘定教育宗旨

1912 年 4 月，教育总长蔡元培在《东方杂志》发表了《对于教育方针之意见》一文，提出了对教育方针的理解和解释。他认为，清末十字教育宗旨“忠君”不合共和政体，“尊孔”违背信教自由，都必须去除；“尚公”“尚武”“尚实”虽然内涵有一定偏误，但可以通过修改，注入时代意义，具有借鉴价值。为此，蔡元培提出了“军国民教育”“实利教育”“公民道德教育”“世界观教育”“美感教育”五育并举的教育方针，成为民国初期制订教育方针和教育政策的理论根据。

［拓展阅读］吴洪成、樊凯：《简论民国初年教育宗旨的嬗变》

1912 年 7 月 10 日至 8 月 10 日，全国临时教育会议在北京召开，参会议员 50 余人。开幕式上，蔡元培明确指出此次会议“即是全国教育改革的起点”，阐发了“五育并举”的思想。会议围绕“五育”展开讨论，“世界观教育”的提法因与中国传统文化观念差异较大，意见分歧明显，最终没有被接受，拟定和通过了其他“四育”在内的民国教育方针。具体表述是“注重道德教育，以实利教育、军国民教育辅之，更以美感教育完成其道德。”[①]1912 年 9 月 2 日，教育部正式公布实施。

民国初年教育方针是中国现代第一个明确制订并实行的资产阶级教育宗旨。教育宗旨的制订和实行更新了社会的价值观念，调整了教育的根本立足点，明确了教育的培养目标和人才规格，奠定了民国时期教育改革的思想基础，为现代教育的进一步发展指明了方向。

2. 收回教育权运动

教会教育事业虽然受到义和团运动的强烈冲击，但很快恢复。20 世纪 20 年代，中国建立起一个从初等教育到高等教育，并包括各种专门教育，相互衔接的教会教育系统。尽管基督教各教会为了避免中国民众和广大学生对宗教教育的反感，也

① 朱有瓛. 中国近代学制史料：第三辑上册 [M]. 上海：华东师范大学出版社，1990：90-91.

在学校里传授一定的科学知识，并提出种种口号、采取种种手段进行掩饰。但是，随着中国人民的觉醒及国家观念、民族意识的增强，以及科学主义思想的广泛传播，教会教育日益激起人们的反对，向教会收回教育权的呼声和运动已成不可避免之势。

1922 年 3 月，蔡元培在《新教育杂志》第 4 卷第 3 期上发表《教育独立议》，极力主张教育脱离政党与宗教而独立，率先举起反基督教教育的大旗。世界基督教学生同盟决定于 1923 年 3 月在清华学校召开第 11 次大会，讨论“学校生活基督化”和“如何宣传基督教于现代大学生”等问题。中国进步学生为了反抗，组织“非基督教学生同盟”，广泛宣传和演讲，揭露基督教的反动本质及教会学校里所进行的文化侵略，在全国掀起了一场对教会教育的大声讨。1923 年 9 月，余家菊在《少年中国》月刊上发表《教会教育问题》一文，指出：“于中华民族之前途有至大的危险的，当首推教会教育。教会在中国取得了传教权与教育权，实为中国历史上之千古痛心事。”他率先提出了“收回教育权”的口号，要求对教会学校“施行学校注册法”。① 此语一出，很快引起社会各界特别是教育界和学生界的共鸣。1924 年 4 月，英国圣公会所办的广州圣三一学校当局因阻挠学生的爱国行动而激起全校学生的公愤，许多学生退学以示抗议，得到了广州其他教会学校学生的普遍响应。6 月，“广州学生收回教育权运动委员会”宣告成立。一时间，全国许多社会名流、民间团体、学生组织、报纸杂志等纷纷发表通电和宣言，表明收回教育权立场。7 月，中华教育改进社在南京开会，讨论外国人在华设学和收回教育权问题。10 月，全国教育会联合会在开封召开年会，通过了《教育实行与宗教分离》和《取缔外人在国内办理教育事业》两个议案。

[拓展阅读]
杨天宏：《民族主义与中国教会教育的危机——北洋时期收回教育权运动之背景分析》

1925 年，收回教育权运动在“五卅运动”中达到高潮。全国各地的学生举行声势浩大的游行示威，教会学校的学生纷纷退学，以实际行动投入反对教会教育的斗争中去。一些知名学者也振臂呐喊，声援学生运动，捍卫中国的教育主权。北京政府也采取了一些实际行动，谋求收回教育权。11 月 16 日，北京政府教育部颁布《外人捐资设立学校请求认可办法》，内有 6 条规定：凡外人捐资设立各等学校，遵照教育部所颁布之各等学校法令规程办理者，得依照教育部所颁布关于请求认可之各项规则，向教育部行政官厅请求认可；学校名称上应冠以私立字样；学校之校长，须为中国人，如校长原系外国人者，必须以中国人充任副校长，即为请求认可时之代表人；学校设有董事会者，中国人应占董事名额之过半数；学校不得以传道布教为宗旨；学校课程须遵照部定标准，不得以宗教科目列入必修科。此文件的颁布和执行，为西方宗教文化团体在华文化教育活动套上了紧箍咒。

尽管收回教育权运动并没有彻底收回教会学校的主导权，但在客观上限制了教会学校的权利范围，将教会学校发展纳入中国政府的教育系统之中。在中国政府和民间爱国人士的共同努力下，收回教育权运动还是取得了实际的成果，西方教会团体开始了基督教教育的中国化历程，如削减了宗教课时比例，淡化了教会学校的

① 朱有瓛，高时良．中国近代学制史料：第四辑 [M]．上海：华东师范大学出版社，1993：696-705．

宗教色彩；在教学内容的安排上，加强现代科学课程和中国文化课程，并任用中国教育界人士参与学校管理。此外，西方教会开始调整在华办学策略，努力提升办学质量和办学效率，以追求质量替代追求规模，教会学校数量明显减少。到1927年，在华教会学校数量较1922年下降了一半。虽然之后教会学校数量不断增加，但教学质量和办学效率成为办学的首要目标，逐步成为中国现代教育体系的一个组成部分。1949年以后，随着中华人民共和国建立后教育主权的收回，教会教育便消融在中国现代教育体系中。

[课后练习]

一、名词解释题

1. 公学　2.《费里法案》　3. 洪堡大学　4. 拿破仑的《大学令》　5. 京师同文馆　6. 福州船政学堂　7. 京师大学堂　8. 壬寅－癸卯学制　9. 壬子－癸丑学制

二、问答题

1. 简述近代欧美各国国民教育体系建立的历程。
2. 简述近代欧美各国高等教育发展的主要方向。
3. 简述美国公立学校运动的主要历程和内容。
4. 近代欧美各国分别形成了怎样的教育管理体制？为什么会形成这些差异？
5. 简述早期教会学校的历史影响。
6. 简述洋务教育的历史影响。
7. 简述壬寅－癸卯学制和壬子－癸丑学制的性质和特点。
8. 简述清末新政教育改革的基本内容和历史意义。

第六章　近代教育思想的萌芽与拓展

［学习目标］

1. 掌握夸美纽斯教育思想的主要观点和命题。
2. 理解裴斯泰洛齐关于教育心理学化的理论，以及要素主义教育的主要观点。
3. 掌握赫尔巴特的统觉心理学、教育性教育学和课程教学理论。
4. 掌握张之洞“中体西用”的教育思想及其意义。
5. 掌握蔡元培“五育并举”教育方针和大学教育理念。

[知识导图]

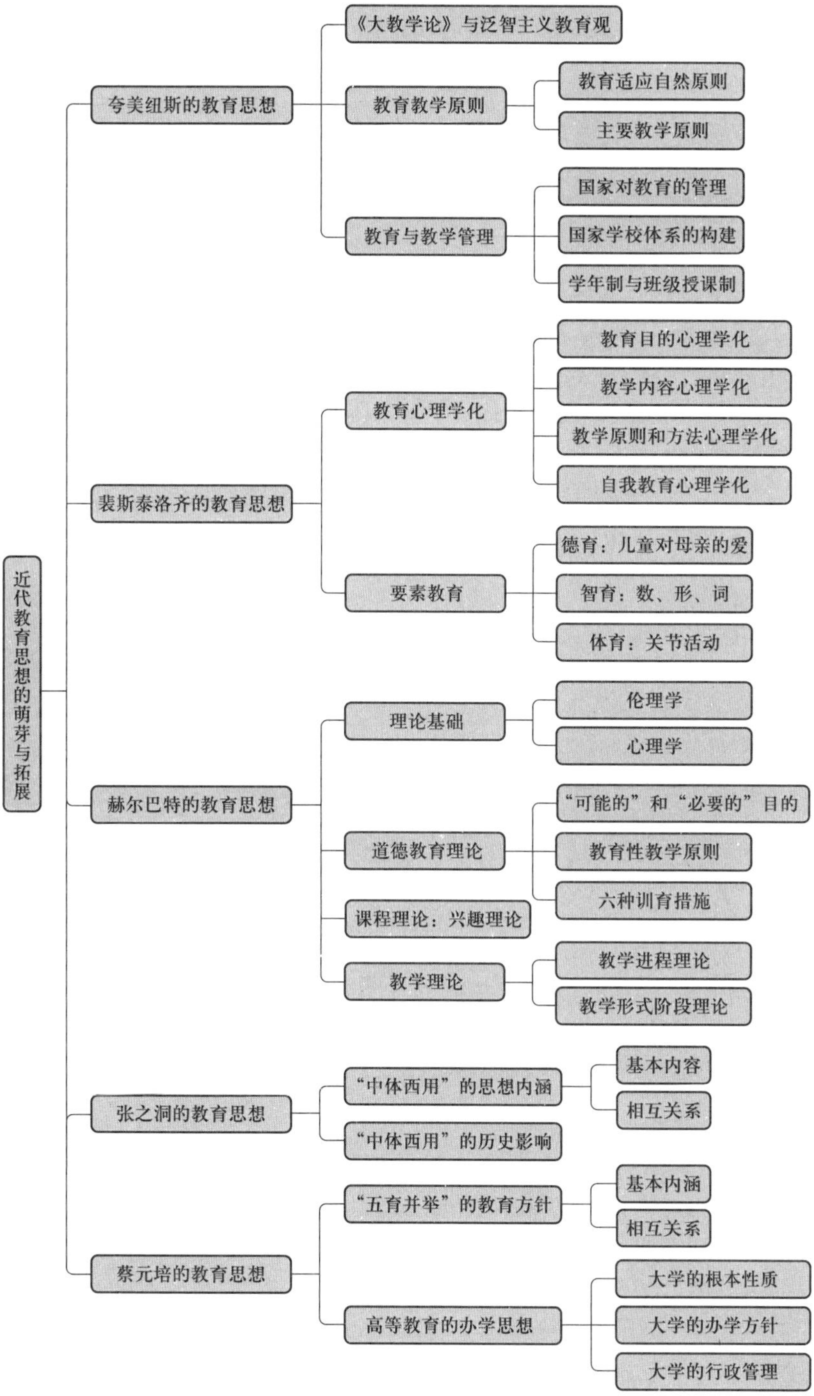
近代教育思想的萌芽与拓展
夸美纽斯的教育思想
《大教学论》与泛智主义教育观
教育教学原则
教育适应自然原则
主要教学原则
教育与教学管理
国家对教育的管理
国家学校体系的构建
学年制与班级授课制
裴斯泰洛齐的教育思想
教育心理学化
教育目的心理学化
教学内容心理学化
教学原则和方法心理学化
自我教育心理学化
要素教育
德育：儿童对母亲的爱
智育：数、形、词
体育：关节活动
赫尔巴特的教育思想
理论基础
伦理学
心理学
道德教育理论
“可能的”和“必要的”目的
教育性教学原则
六种训育措施
课程理论：兴趣理论
教学理论
教学进程理论
教学形式阶段理论
张之洞的教育思想
“中体西用”的思想内涵
基本内容
相互关系
“中体西用”的历史影响
蔡元培的教育思想
“五育并举”的教育方针
基本内涵
相互关系
高等教育的办学思想
大学的根本性质
大学的办学方针
大学的行政管理

如何为当下社会培养理想人才，如何使教育更加符合人的身心发展规律是这一时期教育家的重要议题。该时期是教育思想发展的繁荣时期，教育家们提出了明显区别于传统教育的新主张。

第一节 夸美纽斯的教育思想

夸美纽斯（1592—1670）是 17 世纪著名的新教改革家、教育改革家和教育理论家。在欧洲中世纪和现代社会早期形成的过渡时期，他继承了文艺复兴以来人文主义教育思想的成果，系统论述了教育的理论和实践问题。他所著的《大教学论》是独立形态的教育学的开端。

一、夸美纽斯的生平和著作

1592 年，夸美纽斯出生在捷克一个磨坊主家庭中，其家庭成员大多属于捷克的宗教改革组织“捷克兄弟会”。夸美纽斯 12 岁失去双亲，在兄弟会的资助下进入拉丁学校学习，毕业后去德国上大学。1614 年回国任兄弟会所开办的一所拉丁文法学校的校长。两年后又被推选为兄弟会的牧师。在此期间，他以极大的热情探索教育改革，编写简易拉丁文课本，致力于教育普及和使教育为现实生活服务的事业。

欧洲三十年战争前期，捷克的新教势力战败，捷克兄弟会为了避免受到迫害而不得不藏身于捷克的深山密林之中。1628 年，夸美纽斯与不愿意改信天主教的三万名捷克同胞开始了颠沛流离的生活，最终定居在波兰。在此期间，他完成了《母育学校》《大教学论》和《语言学入门》等教育理论著作和教科书。1642 年，夸美纽斯应瑞典政府要求编写了拉丁文教科书和教学参考书，开始撰写七卷本的巨著《人类事务改进通论》，并且完成了《世界图解》《泛智学校》和《论天赋才能的培养》等著作。其中，《世界图解》是欧洲第一部儿童看图识字课本，被译为欧亚各国十多种文字，其经典童蒙读物的地位保持了近两百年。

夸美纽斯晚年定居在荷兰的阿姆斯特丹，并于 1657 年出版了他的《教育论著全集》。1670 年，夸美纽斯逝世，享年 78 岁。

[拓展阅读]
褚宏启：《论夸美纽斯教育理论的历史价值》

二、教育的目的、作用和普及教育

（一）教育的目的

夸美纽斯对教育目的的论述折射出他作为中世纪和现代早期社会转型期过渡人物的思想风貌。一方面，他从宗教世界观出发，认为人生的终极目的是为了达到永生，世间的生活只是永生的一种准备，因此教育的目的应是使人为来世生活做好准备。但另一方面，他的著作中又表达出渗透着现实性的教育目的论。他以宗教的语言论述道：人是上帝“最崇高、最纯粹、最卓越”的创造物，因此人就应该成为“理性的造物”和“一切造物的主宰”，并利用万物来过好现实生活。要通过教育使人认识和研究一切事物，培养和发展他们的各种能力、德行和信仰，以便享受现世的幸福，并为永生做好准备。可以说，夸美纽斯的教育目的论颇具浓厚的宗教色彩，但其内核却洋溢着文艺复兴运动带来的人文精神。

（二）教育的作用

夸美纽斯赋予教育以巨大的社会作用，把它看作改造社会、建设国家的手段。他说，假如男女青年都无一例外地“迅捷、愉快、彻底地成长为精通科学、道德纯正、在虔信上教养有素的人”，社会就“可以少些黑暗，少些困扰和纷争，而是增加光明、秩序、平和和安宁”。夸美纽斯多方面地比较了有教养民族和没有教养民族之间的差别，以此说明教育对于开发自然资源、发展生产、增进人类幸福和加强国家实力的作用。

（三）普及教育

基于教育的崇高目的，夸美纽斯提出“将一切事物教给一切人”的泛智主义教育观，并由此大力主张普及教育于全体儿童和民众。实现教育普及的可能性首先在于人自身具有接受教育的先天条件，知识和道德的种子——天然地种植在人们身上，这种可能性还在于教育具有改进社会和塑造人的重大作用，社会和人的进步离不开教育。

夸美纽斯从他的民主主义观念出发，尖锐地批评当时学校仅仅为富人而设立，忽视穷人，因而埋没了许多卓越人才的现象。基于这种对现实的批判，夸美纽斯提出所有男女儿童都应该上学，“一切孩子，不论男女，不分出身高贵或出身贫民，都应该上学”。

为了实现普及教育的理想，夸美纽斯呼吁帝王和官吏为民众兴办学校，并号召广大民众起来劝说当权者兴办学校，他鼓励教育工作者以无与伦比的热情普及教育事业，他恳请学者和神学家促成普及教育事业，而他自己则致力于教育实践，并且致力于构建良好的学校制度理论，探寻使年轻人快速、愉快、透彻地获取知识的教育教学原则、组织和方法。

三、教育和教学的基本原则

（一）教育适应自然原则

为了能够将“所有知识传授给所有人”，夸美纽斯论述了一系列的教育教学原则，以此保证知识能够更加有效地得到传授和普及。其中，教育适应自然原则是贯穿夸美纽斯整个教育理论体系的一个根本指导性原则。夸美纽斯认为，之前的学校里之所以存在种种弊病，归根结底是因为学校的教育不符合事物的自然规则和秩序。因此他呼吁改革学校，并提出“改革学校的基础必须是万物的确切原则”，“教导的确切原则只能从自然中借取”。[①]

具体来说，夸美纽斯认为宇宙万物和人类社会中存在一种规则，这种规则保证了宇宙万物的和谐发展。因此，人的各种活动包括教育活动在内也应该遵循这些自然的、普遍的规则。

---

① 夸美纽斯．大教学论 [M]．傅任敢，译．北京：教育科学出版社，2014：54.

根据上述原则，夸美纽斯提出了要依据人的自然本性和儿童年龄特征进行教育的要求。这是教育适应自然原则的另一个重要内容。他认为，人是自然界的一部分，人的发展也有其自身的规则。他说："一切学科要这样安排，使之适应学生的年龄，凡是他们不能理解的，都不要给他们学习。""每一样事情的安排都应适应学生的能力。"[①]

夸美纽斯虽然没有完全抛弃引证《圣经》的做法，但是在教育实践中他能够主动追随当时探索自然的时尚，更多地到自然界寻找教育规律，力图引证自然界的普遍规律来说明和论证自己的教育主张和见解。由此，他将以往零散的教育经验上升为系统化的理论论述，引导人们寻求教育规律，将教育理论从神学束缚中解放出来，在走向科学的道路上跨出了一大步，实现了教育理论的突破性进展。但是，他引证自然，采用简单和机械的自然和社会现象类比的方法论述教育问题，一些结论有些牵强附会。

（二）教学原则

［微视频］
夸美纽斯的《大教学论》

夸美纽斯将教育适应自然原则应用于学校教学，其重要的体现就是他提出的主要教学原则。他提出必须寻找一种使教学工作进行得"迅捷、愉快、彻底"的方法。他在《大教学论》中对正确的教学原则和方法进行了较详细的论述，形成了以下几条教学原则。

1．直观性原则

教学的直观性原则由来已久。夸美纽斯第一次从感觉论出发论证了直观教学的重要性和实施方法。他认为："一切知识都从感性知识开始，知识的开端必定永远来自感觉。"因此，他认为，教学应该从观察实际事物开始，在不能直接观察时，可以使用图片和模型。夸美纽斯从理论上论证了直观教学的原则，这在教育思想史中具有划时代的意义。

2．激发学生求知欲望原则

夸美纽斯针对当时学校中普遍存在的强迫学生学习功课的现象，指出我们应该用一切手段和可能的方法激发起孩子学习的意愿。他提出一系列激发学生求知欲望的手段：父母在子女面前赞扬学问和具有学问的人；学校需要精心布置；房舍明亮清洁，各处挂着名人图像、地图，有宽阔的活动场所；所教科目符合学生年龄特征，等等。

3．巩固性原则

夸美纽斯强调要使学生掌握并牢牢记住所学的知识，认为只有巩固的知识储备才能帮助学生随时随地地加以运用。要想方便地记忆知识，首先必须理解知识。他把理解性的教学比作钉子、钩子、夹子，能够把知识牢牢钉在脑子里。此外，经常的复习和练习也是巩固知识的有效方法。

4．量力性原则

夸美纽斯反对教学不考虑学生的接受能力，指责经院主义教育用繁多的抽象教

① 夸美纽斯．大教学论［M］．傅任敢，译．北京：人民教育出版社，1985：115.

材、长时间的教学和死记硬背的方法增加儿童的心理负担。他提出“不强迫智力接受任何它的自然爱好所不喜爱的东西”，学生不要“因学科太多而负担太重”，教学时学生“头脑做好接受教育的充分准备”等要求，如果适应学生的能力进行教学，学生的能力就会“随着学习与年龄自然增长”。夸美纽斯从“教育适应自然”的理论出发，在教育史上首次提出量力性原则，不仅击中时弊，而且反映了教学工作的客观规律，无疑是具有进步意义的，对后世的影响也很大。

5. 系统性和循序渐进性原则

夸美纽斯批评当时学校教给学生的都是一些片断、零碎的知识，学生不易看出知识之间的相互联系，因此就不容易掌握和牢记知识。为了改变这种状况，他提出系统性的教学原则，要求教材的组织要具有系统性和逻辑性，要把一个学科的知识排成一个整体，不省略或颠倒任何东西。教学的系统性原则必然要求教学过程的循序渐进。他的理论根据是“自然不跳跃，而是循序渐进”。因此，教学也应“精心地划分阶段，使先行的为随后的铺平道路”。他还要求教学应遵守从已知到未知、从易到难、从简到繁、从近及远等规则。

四、论教育管理和教学管理

夸美纽斯从事了四十多年的学校管理工作，其间还曾在瑞典和波兰等国从事教育改革，在此基础上他提出了一套完整、系统的教育管理和教学管理思想，这也是他对教育史的伟大贡献之一。

（一）国家对教育的管理

夸美纽斯认为教育对于改造社会和建设国家以及人的发展都起着巨大的作用，因此国家应该重视教育，普遍设立学校。国家既对教育具有不可推卸的责任，也有管理教育的最高权力，而不应该将教育事业拱手让给教会和其他社会力量。

夸美纽斯认为国家应设置督学，对全国的教育进行监督，以保证全国教育的统一发展。督学的主要职责是：第一，培训将成为教育管理者的人，使他们学会组织学校、制定规章制度，从而把各自所管理的学校组织得像一座有序运行的精良的系统；第二，管理各级学校人员，检查学校的教学工作；第三，监督各学校规章制度的执行；第四，到社会上去了解学生家长和监护人是如何教育和指导孩子的，以便使学校与家庭在教育上取得一致。他认为，任命督学是国王和当权者的权力，应该“把受人尊敬的、贤明的、信教的和积极的人推举到领导岗位上去，成为学校的督学”。

（二）国家学校体系的构建

为了使所有儿童都有上学的机会，夸美纽斯还根据“教育适应自然”的原则提出了建立全国统一学制的主张。他把一个人从诞生到成年分为四个时期：婴儿期（1—6 岁）、儿童期（6—12 岁）、少年期（12—18 岁）、青年期（18—24 岁），并主张按这种年龄分期设立相应的学校，使“每个家庭有一所母育学校，每个村庄有一所国语学校，每座城市有一所文科中学，各个王国或每个省有一所大学”。夸美纽斯这种建立全国统一的既分段又连贯的学校制度的思想，对后世影响很大，各国的普及教育及公立学校制度正是在此基础上逐步发展起来的。

夸美纽斯不仅提出了统一的学制，而且为各级学校规定了广泛的百科全书式的教学内容。他非常重视早期教育，在《母育学校》一书中详细论述了对学前儿童的体育、智育、德育和游戏在学前教育中的意义，甚至还谈到胎教问题。夸美纽斯扩大了初等教育（国语学校）的内容，除了读、写、算和教义问答外，增加了几何测量、自然常识、地理、历史、唱歌和手工技艺等。拉丁学校（文科中学）的教学内容除传统的“七艺”（文法、修辞、辩证法、算术、几何、音乐、天文）与神学以外，他要求增加物理、地理、历史和伦理学。他认为大学的课程应该是广博和周全的。

（三）学校的教学管理制度

为了改变当时学校教学活动缺乏统一安排的无序状况，夸美纽斯制订了学校教学活动的学年、学日制度。他在《泛智学校》一书中说，根据学年制度，各年级应在同一时间开学和放假；每年招生一次，学生同时入学，以便使全班学生的学习进度一致；学年结束时，经过考试，同年级学生同时升级。他还强调学校工作要有计划，使每月、每周、每日、每时都按计划进行各项工作。例如，他建议国语学校每日要有 4 小时用于上课；在 1 小时紧张的学习后，要休息半小时；每天要保证 8 小时的睡眠；每周三、周六的下午是学生自由活动时间。每年有四次较长的假期，每次八天，还有其他各种节日。

为了实现普及教育，提高教学效率，改变教师只对学生进行个别教学和指导的状况，夸美纽斯总结新旧各教派学校中实行班级授课的经验，提出并全面系统地论述了班级授课制度。他认为，班级授课是提高教学效率的有力措施，其好处是“教师看到在他面前的学生愈多，对自己进行的工作就愈有兴趣”。“教师本人愈是热心，他的学生表现出来的热情也就愈大。同样，对学生来说，大量同伴在场不仅能产生更大效果，而且也是一种享受（因为有同伴一起辛勤做功课会给他们带来愉快），因为他们可以互相鼓励，互相帮助。”这样一来，教师和学生的负担都可以减轻，一个教师甚至可以同时教几百名学生。

班级教学的具体做法是把全校的学生按照年龄和程度分成班级，作为教学的组织单元。每个班级有一间教室，以免妨碍别的班级。每个班级有一位教师同时对全班学生进行教学，以代替传统的个别施教。每个班级又分成许多小组，每组 10 人，选出一名学习好的学生为组长，帮助教师管理小组同学，考查同学的学业。

五、夸美纽斯的影响与评价

夸美纽斯关于班级授课制的论述，为彻底改革个别教学提供了理论基础，在实践中对普及教育的发展也起到了很大的推动作用，这是他对世界教育的重大贡献。实际上，采取班级授课制，不仅可以扩大教育对象，提高教学效率，而且可以促进学生集体的形成，锻炼学生的交往能力，也为学校教学管理的制度化、标准化提供了可能。但是，夸美纽斯过分强调集体教学，忽视了个别指导，而且认为每班的学生越多越好，这是不科学的。

夸美纽斯是一位伟大的教育理论家和实践家，他善于总结和吸取前人和他自己的教育理论和实践经验，撰写了一系列对后世影响深远的教育理论著作，开创了教育理论研究和教育科学发展。他一生致力于通过教育为人类的幸福和知识的进步服务，是一位具有伟大人格魅力的教育改革家和人道主义者。

第二节　裴斯泰洛齐的教育思想

约翰·亨利赫·裴斯泰洛齐（1746—1827）是具有世界影响的瑞士教育家、教育改革家。他为教育改革和教育科学的发展贡献了毕生精力，也是一位具有人格魅力的教育家和人道主义者。他关于教育心理学化的理论和关于要素教育的学说，都为后世师范教育的发展产生了巨大的影响。

一、裴斯泰洛齐的生平和著作

裴斯泰洛齐 1746 年 1 月 12 日出生于瑞士苏黎世。5 岁时，他的父亲英年早逝。裴斯泰洛齐的童年有很多时间是在他当乡村牧师的祖父那里度过的。在贫困的农村，他目睹了衣衫褴褛的农村孩子、在自然生活中朝气蓬勃的孩子如何在纺织劳作中变得苍白瘦弱。帮助穷人的愿望成了裴斯泰洛齐终生奋斗的目标。

中学毕业后，裴斯泰洛齐进入加罗林学院学习。在求学期间，裴斯泰洛齐受具有人本主义倾向的一些教授如约翰·雅各布，波德默尔的影响，同时受法国启蒙学派的影响，他反复探讨了卢梭的《爱弥儿》《社会契约论》等著作。他通过自己办的刊物《回忆者》发表文章，要求政府进行民主改革，在瑞士建立合理的和大公无私的社会。

年轻的裴斯泰洛齐面临着多种职业的选择。在读了卢梭的著作后，他的理想倾向被“这美梦般的书籍”“激发到非凡热忱的高度”。他说：“我把我的家庭、学校所受的教育，同卢梭对《爱弥儿》的要求做了比较，我便觉得我受的教育太不充分了。”[①] 裴斯泰洛齐受卢梭“回到自然”口号和重农主义的影响，转而寻求“拯救农村，教育救民”的途径，开始了他长达 60 余年艰难的教育生涯。

裴斯泰洛齐首先建立“新庄”示范农场，继而又开办“贫儿之家”，转向教育活动。他在斯坦兹、布格多夫、伊弗东进行教育和实验，进一步丰富和发展了自己的理论。伊弗东学校实验是他教育事业的辉煌时期。

裴斯泰洛齐为健全新的教育制度和教育理论，进行了艰苦的奋斗和不知疲倦的工作，直到生命的最后一刻。在裴斯泰洛齐诞辰 100 周年、逝世 20 周年之际，瑞士当地人民为了纪念这位几十年如一日为贫苦劳动人民的教育事业而献身的伟大教育家，重建了裴斯泰洛齐的墓地，新墓碑上的铭文写道：这里安息着亨利赫·裴斯泰洛齐，新庄和斯坦兹穷人的救星，布格多夫和伊弗东国民学校的创建者，一个人道主义教育家、基督徒、优秀公民和真正的人，毫不利己、专门利人之人。

---

① 朱旭东，王保星. 外国教育思想通史 [M]. 长沙：湖南教育出版社，2002：356.

裴斯泰洛齐一生不仅从事伟大的教育活动，而且还潜心研究教育问题。他撰写的著作为世界教育留下了宝贵的遗产。1780 年，裴斯泰洛齐出版了《隐士的黄昏》，他把它看作将要写的所有书的前言。这是一本以格言文体写成的格言集，它包含了裴斯泰洛齐教育思想的雏形。同年，裴斯泰洛齐的一部轰动一时的教育小说《林哈德和葛笃德》第一卷问世。这部书既是对新庄教育实验的总结，也是他对未来教育的一种构想。此书是他的主要教育著作。在布格多夫新学校工作期间，裴斯泰洛齐完成了他的另一本教育名著《葛笃德如何教育她的子女》，该书于 1801 年 10 月出版。之后，裴斯泰洛齐声名大振，蜚声国内外。这本著作成为 19 世纪初等教育的经典之作，在理论上和实践上都具有深远的影响。

1825 年，伊弗东学院关闭之后，裴斯泰洛齐回到了他早年开始从事社会教育事业的起始地新庄，写下了《天鹅之歌》和《生命归宿》，反思和总结了他一生的教育工作、教育思想和经验。1827 年，裴斯泰洛齐逝世。

二、论教育心理学化

1. 基本含义

在世界教育史上，裴斯泰洛齐是第一个明确提出“教育心理学化”口号和诉求的教育家。在 1800 年发表的《方法》一文中，他首次明确提出：“我正在试图将人类的教学过程心理学化，试图把教学与我的心智的本性、我的周围环境以及我与别人的交往都协调起来。”1801 年，裴斯泰洛齐在《葛笃德如何教育她的子女》这一重要著作中，更明确地写道，他长期寻求一切教学艺术的共同心理根源，因为他确信只有通过这个共同的心理根源才可能发现一种符合人类教养的自然规律的教育形式。裴斯泰洛齐指出，专制主义和经院主义的教育的弊端和危害，首先就在于它“忽视了所有的心理学因素”，违背儿童的本性，采用不适合儿童发展的教育教学方法，所以达不到最终的教学目的。教育心理学化，就是要找到根除这种教育弊病的“教学机制”，而且这种“教学机制”是基于人类本性的永恒规律的。他认为，如果不能成功地把教学的机制化为永恒的规律，那就绝对不可能从整体上纠正学校的弊病。在裴斯泰洛齐看来，实现教育心理学化，建立符合儿童心理规律的教学机制，是建立新式学校教育的关键所在。

裴斯泰洛齐还认为，教育必须提高到科学的水平，教学科学应该起源于并建立在对人类天性最深入的认识的基础上。教育心理学化就是要把教育提高到科学的水平，将教育科学建立在人的心理活动规律的基础上。他说，当时人们对此可能是全然无知的，但他深信全世界都会认识到这一点。

2. 内涵

根据裴斯泰洛齐的论述，他所主张的“教育心理学化”的内涵有以下几个方面。

（一）教育目的和教育理论的心理化

教育目的和教育理论的心理化要将教育目的和教育理论置于儿童本性发展的自然法则的基础上。所有的教育者都必须充分认识到，人生来具有天赋的潜能，这种潜能不但有要求不断发展的内在倾向和内心动力，而且还有一定的发展规律，因此，只有认真探索和遵循儿童的心理活动和心理发展的规律，才能有效地达到应有的教育目的。忽视教育中的所有心理学因素，必将造成教育弊端丛生或教育失败。

（二）教学内容的心理学化

教学内容的心理学化要求必须使教学内容的选择和编制适合儿童的学习心理规律。裴斯泰洛齐主张，首先应基于学生本性即要求得到全面和均衡发展的基本思想，在初等教育阶段，开设阅读、书写、算术、测量、绘画等广泛的基础知识课程，同时努力从客观事物和人的心理过程探索教育和教学内容中普遍存在的基本要素，在他看来，如果各科课程和教学内容都依这些要素为核心来组织和安排，则必定能提高教育和教学的效果。裴斯泰洛齐力图为教学内容心理学化提供科学的依据。

（三）教学原则和教学方法的心理学化

教学原则和教学方法的心理学化是裴斯泰洛齐几乎毕生都在探讨的重要课题。他说："我在寻觅人类智力发展就其真正本性而言所必须服从的那些规律。我认为它们一定跟物质自然规律一样，并且相信从中能找到一条普遍心理学化的教学方法的可靠的线索。"[①] 他还指出，教学艺术的力量依赖它的结果和它的工作跟大自然的基本活动方式相协调，它的整个活动与大自然的活动密不可分。这就是说，教学艺术要遵循自然的规律，要与自然活动的规律相协调。而这里所说的自然规律，其实主要是指人的认识活动规律。教学艺术的力量就在于教学程序、教学原则和教学方法要与学生的认识活动规律相协调。

裴斯泰洛齐认为，人的认识过程包括三个阶段：从模糊的感觉印象到精确的感觉印象，从精确的感觉印象到清晰的表象，从清晰的表象到确定无误的概念。教学过程实际上也是依循这三个阶段进行的。他认为，教学首先把混乱、模糊的感觉印象一个一个地呈现到我们的面前，然后把这些孤立的感觉印象以变化的姿势放到我们眼前，最后把它们跟我们早先已有的整个系统组合起来。清晰概念就是这样形成的。在他看来，凭此可以编制出一种普遍的心理学化的教学方法。

由于裴斯泰洛齐认为对客观事物的感觉印象是人的知识的唯一真实基础，同时也是教学的唯一真实基础，因而他强调应将直观性作为基本的教学原则。例如，要教孩子认识事物的话，首要的法则是始终借助事物而不是单词来教。除非准备向儿童展示物体本身，否则就要尽可能少地向儿童讲述这些事物的名称。当然，只将事物摆在感官面前对形成概念来说是不够的，必须解释事物的性质，说明事物的由来，描述它的各个组成部分，弄清各部分与整体的关系，并阐明它的用法、作用和结果，才能形成清晰的概念。

（四）让儿童成为他自己的教育者

裴斯泰洛齐认为，教育者不仅要让儿童接受教育，还要使儿童自己成为教育中

① 裴斯泰洛齐．裴斯泰洛齐教育论著选 [M]．夏之莲等，译．北京：人民教育出版社，1992：77.

的动因，要适应儿童的心理发展规律，尽力调动儿童的能动性和积极性，使他们懂得自我教育。

由于时代的局限，裴斯泰洛齐对人的心理的理解和解释基本上是感性的，尚未清晰地揭示心理学的基本规律，并不十分科学，但他关于许多心理现象的探讨和描述以及依此强调教育心理学化的思想，不仅成为他自己关于人的和谐发展论、要素教育论、简化的教学方法和初等学校各科教学法的重要理论基础，而且对 19 世纪教育心理学化在欧洲一些国家逐渐发展为一种思潮或一种运动产生了重大影响。

三、论要素教育

要素教育论是裴斯泰洛齐基于教育心理学化理论对初等教育内容和方法的重要论述，也是他为初等教育革新所从事的开创性实践的结晶。要素教育论的基本思想，就是认为初等学校从它的本质讲，要求普遍地简化它的方法，初等学校的各种教育都应该从最简单的要素开始，然后逐渐转到日益复杂的要素，循序渐进地促进人的和谐发展。裴斯泰洛齐说："我们观念中的'要素方法'，其主旨就是追求各种才能的均衡。为此，它要求人的所有基本能力都充分发展。"① 具体地说，要素教育既要求初等学校要使每个学生在德、智、体等方面都能受到基本的教育而得到和谐的发展，又要求初等学校在德育、智育、体育的每一个方面都通过"要素方法"使学生获得均衡的发展。

（一）德育

裴斯泰洛齐认为，德育是培养和谐发展的人的极为重要的方面。德育的任务就是要遵循儿童道德自我发展的基本原理，培养和发展儿童的德行。"整个基本道德教育包括下面三个基本点：用纯感情来培养一种道德情感；用自我克制和力求正确与完美来进行道德训练；最后，让孩子们对他们所处的法律和道德环境进行思考和比较，从而培养对道德的理解力。"② 或者说，基本的道德教育应该：一是唤起儿童富有生气的和纯洁的道德情感；二是必须教导他们练习自我控制，关心一切公正的和善良的东西；三是帮助他们形成应有的道德权利和义务的正确观念。

在裴斯泰洛齐看来，儿童对母亲的爱，是道德教育最基本的要素。这种爱的情感发自亲子之间的自然关系。随着孩子的长大，他便从爱母亲进而爱双亲、爱兄弟姐妹、爱周围的人。当儿童进入学校以后，社会交往和人际关系日益扩大，又把爱逐步扩大到爱所有的人，爱全人类。而爱人类与爱上帝是一致的，这是德行的最高要求，至此，一个人的道德力量也就得到充分发展和实现。

对于道德教育任务的实现，裴斯泰洛齐认为，首先在于家庭教育，然后是学校中的教育，二者应该密切联系。无论在家庭或者在学校，都要对儿童满怀爱心。他甚至主张把学校道德教育建立在类似家庭生活关系和亲子之情的基础上。但是，裴斯泰洛齐也同时指出，用单纯的慈爱办教育也是没有用的，只有慈爱和威严互相结

---

① 裴斯泰洛齐．裴斯泰洛齐教育论著选 [M]．夏之莲等，译．北京：人民教育出版社，1992：413.

② 张焕庭．西方资产阶级教育论著选 [M]．北京：人民教育出版社，1979：202.

合才行。裴斯泰洛齐还认为，道德教育要重视道德说理和道德行为的练习，不能求助于体罚，因而通过智育授给儿童知识、发展他们的智力，对儿童道德发展具有积极影响。

（二）智育

裴斯泰洛齐基于“教育心理学化”和“要素方法”强调指出，智育不仅是教给学生知识，还要着力“帮助促进他们的思考能力、调查研究能力和判断能力的自然发展，以便有意识地占有人类几千年获得的东西。”如何更好地使学生既获得知识又发展智力呢？裴斯泰洛齐认为，培养智力和技能需要有适合于人类本性的、符合心理学规律的一套循序渐进的方法。

首先，教学应从教学的基本要素开始，使教学过程心理学化。裴斯泰洛齐认为，那种孤立的、非心理学化的、无根据的、无组织的、不系统的教学必然带来片面性、判断歪曲、肤浅等弊端。那么，如何依据人的心理活动规律来教学呢？什么是教学的要素呢？他说：“使一切通过感觉印象而获得的认识得以清晰的手段，来自数、形和词。”① 一个有教养的人，当他希望把呈现在眼前的含糊不清的任何对象一一区别开来，并且逐渐使自己获得清晰的概念时，他会注意三件事：他面前的对象有多少？有哪几种？它们的外貌、形状或轮廓是怎样的？它们的名称是什么？如何用一个声音或词去称呼它们？由于数、形、词是一切事物的共同的基本特性，因而也必然成为人们认识的基本要素。而为了回答这三个问题，也就必须具备和发展相应的三方面的能力：按照外貌认出不同对象和讲出对象所包含的内容的能力；说出这些对象的数目并指出它们是多还是少的能力；用语言称呼这些对象以及它们的数目和形状并加以记忆的能力。因此，裴斯泰洛齐把数目、形状和语言确定为教学的基本要素。儿童正是通过计算来掌握数目，通过测量来认识形状，通过言语（说话）来掌握语言，并同时培养和发展自己的计算、测量和言语的能力的。裴斯泰洛齐还从这种思想出发进一步认为，初等学校的智育主要是计算教学、测量教学和语言教学，而这些教学又要分别从数目、形状和言语所含的更简单的要素开始。

其次，要改进初等学校的教学科目和教学内容。裴斯泰洛齐认为，在初等教育阶段，应开设阅读、书写、算术、几何初步、测量、绘画、唱歌、体操、地理、历史、自然等课程，而且，一切课程编制和教学内容都要以各自的要素为核心来组织。

最后，裴斯泰洛齐认为，人内在的任何才能都是和一定的活动相联系的，所以每种能力的发展都来自专门的活动和训练，而智力的发展则主要来自思考，因此教师在教学中应引导和组织学生进行各种思维练习。裴斯泰洛齐强调在教学中通过思维练习来培养和发展学生的智慧和智力，具有积极意义。但他有时过分强调形式上的练习，因而存在一定程度的形式主义的倾向。

（三）体育

裴斯泰洛齐认为，根据儿童本性要求德、智、体全面发展的自然倾向，不仅要

---

① 裴斯泰洛齐．裴斯泰洛齐教育论著选 [M]．夏之莲等，译．北京：人民教育出版社，1992：85.

发展儿童的道德和智慧，还应发展儿童的身体力量。体育和德育、智育及劳动教育是紧密联系的，儿童的认识能力、实践能力的基础都蕴含在儿童的身体发展之中，体育在儿童形成人格的过程中具有巨大的作用，所以忽视体育是不对的。

裴斯泰洛齐指出，体育也要遵循人的力量的自然发展规律。他认为，体育的基本要素是关节活动。打击与搬运、刺戳与投掷、拖拉与旋转、绕圈与摆动等是最简单的体力表现形式。这些体力表现形式虽各不相同，但是或合或分，都蕴含着一切可能的行动的基础，乃至蕴含着构成人类各种职业最复杂行动的基础。而这些最简单的体力表现形式又是基于自然所赋予的关节活动的能力。因而，各种关节的活动应是体育最简单的要素。儿童的体育训练就是要从这些基本动作的训练开始，并随着年龄的增长逐渐进行较复杂的动作训练，以发展他们身体的力量和各种技能。体育应该从儿童的早期开始，母亲们必须熟悉体操原理，以便根据儿童的年龄和体力设计并选择那些最适合、最有益于孩子的体操运动。学校的体育活动应是多种多样的，能够激发儿童体育活动的兴趣和需求。

［拓展阅读］肖朗：《在卢梭与康德之间——裴斯泰洛齐教育哲学思想初探》

四、裴斯泰洛齐的影响与评价

裴斯泰洛齐的教育实践和国民教育理论，对欧美国家的教育曾产生很大的影响。19 世纪初，在欧洲一些国家不仅设立了“裴斯泰洛齐式”的学校，甚至一时形成一种“裴斯泰洛齐运动”。19 世纪上半期的许多著名教育家如赫尔巴特、福禄培尔、第斯多惠、贺拉斯 · 曼等都深受裴斯泰洛齐的影响。到 19 世纪中期的美国，学习和推广裴斯泰洛齐的教育理论，甚至一度蔚然成风。裴斯泰洛齐毕生奉献于教育革新实践和教育理论探索。他在有选择地汲取前人有关理论的基础上，形成了自己的教育思想体系。他的教育思想具有鲜明的民主性和革新性，反映了时代对教育的要求以及一定的教育自身的规律。但是，在裴斯泰洛齐的教育思想体系中也存在缺陷和不足。例如，他的基本教育观具有一定的唯心主义色彩，在论述“要素教育”和教学原则、教学方法时，表现出一些机械主义和形式主义。

第三节　赫尔巴特的教育思想

在裴斯泰洛齐教育思想的影响下，19 世纪德国教育家赫尔巴特以心理学和哲学为理论基础，在理论和实践上认真探索了“教育心理学化”的问题，并对教育目的、教育管理、教学论、德育论等方面做了较先前时代更为系统的论述，试图构建一个完整的教育理论体系。由于赫尔巴特的教育思想把系统知识的传授放在学校教育过程中的首位，因此在西方教育思想上被称为主知主义教育思想，从而成为传统教育理论的主要标志。从教育历史来看，赫尔巴特的教育思想曾对世界上很多国家的学校教育产生过很大的影响，具有极高的历史地位和价值。

一、赫尔巴特的生平和著作

约翰 · 弗里德里希 · 赫尔巴特（1776—1841）是 19 世纪德国哲学家、心理学家和教育学家。他出生于奥尔登堡，1788 年进入奥尔登堡文科中学，接受古典式的学校教育，尤其对沃尔夫和康德哲学感兴趣。中学毕业之后，赫尔巴特进入当时德国哲学研究的中心——耶拿大学，毕业之后曾短暂担任贵族的家庭教师。1802 年，赫尔巴特到哥廷根大学讲授教育学、哲学和心理学。1809 年，因法国拿破仑军队入侵德国，哥廷根大学濒临停闭，赫尔巴特离开哥廷根大学，到哥尼斯堡大学主持哲学和教育学讲座。1835 年赫尔巴特辞去哥尼斯堡大学教授职务，重返哥廷根大学讲授哲学和教育学。1841 年赫尔巴特去世，享年 65 岁。

赫尔巴特一生著作颇丰，在哥廷根大学任教期间，他发表了一系列重要著作，完成了《论展示世界美为教育的主要工作》《普通教育学》《形而上学概要》《逻辑概要》《实践哲学概论》等。在哥尼斯堡大学任教期间，他主要致力于将教育学建立在心理学的基础之上，完成了《科学的心理学》《形而上学》《关于心理学应用于教育学的几封信》等。在哥廷根大学第二次任教中，赫尔巴特完成了《普通教育学》的续篇《教育学讲授纲要》和《心理学研究》，他的教育学理论更加系统而完整。

二、赫尔巴特教育思想的理论基础

赫尔巴特坚信，他建立了“科学的教育学”。因为他的教育学具有坚强的双翼，即把教育学建立在实践哲学（伦理学）和心理学的基础上。他说：“教育学作为一门科学，是以实践哲学和心理学为基础的。前者说明教育的目的，后者说明教育的途径、手段和障碍。”[①] 因此，要研究赫尔巴特的教育学，就必须对其哲学思想和心理学思想加以剖析。

（一）实践哲学（伦理学）

赫尔巴特的伦理学思想源于康德。他赞同康德提出的把理论哲学和哲学分开，以及存在不变的和普遍的道德原则，试图把人类的一切行为都归纳到绝对的道德规范之中。他试图用“道德观念”取代康德的“绝对命令”。他认为，有五种道德观念调节着社会和人的道德行为，这些道德观念是维护社会秩序的永恒不变的真理。他详细阐述了这些道德观念。

第一个观念是“内心自由”。这是指一个人的愿望、倾向和情欲要摆脱外在影响的束缚，服从理性判断。要做到这一点，需要对善有充分的认识和足够的责任感，在欲望和理性发生矛盾时，使理性克服欲望。

第二个观念是“完善”。当人们进行内心的理性判断的时候，容易产生内心矛盾，这时人们不仅应该有正确的辨别力，而且要有完善的意志，不能凭一时冲动行事。理性和意志是相辅相成的。一个人缺乏正确的辨别力，就无以分辨善恶，缺乏坚定的意志，理性所指引的善就得不到坚持。意志本身具有深度、广度和强度三个维度。意志的完善，是指在这三个方面都达到圆满的状态。

第三个观念是“仁慈”。仁慈是“绝对的善”，即宗教所称的仁爱。赫尔巴特认为，人与人相处要仁爱。当个人意志与他人意志发生冲突时，应该以仁慈为本，这

---

① 赫尔巴特. 普通教育学·教育学讲授纲要 [M]. 李其龙，译. 北京：人民教育出版社，1989：190.

样人与人之间就不会产生“恶意的冲突”。

第四个观念是“正义”。在实际生活中，人们之间的意志冲突是不可避免的。当两种以上的意志发生冲突时，为了防止纷争，人们应该以正义的观念调节自己，做到克制自己，遵守法律，互不侵犯。

第五个观念是“公平”。假如一个人的行为违背了上述观念，就应该意识到自己的行为应该受到相当的责罚。

赫尔巴特指出，这五种道德观念是一个不可偏废的相互联系的整体，它们在其间所占的比重是不均等的。

（二）心理学

赫尔巴特把心理学作为教育学的重要理论基础。在《对某教学法文章的思考中》他说：“我以 20 多年时间研究形而上学和数学，同时还进行自我观察、经验和实验，这一切都是为了发现真正的心理学基础。我之所以从事这种并非轻而易举的探索的动机，主要在于我深信在我们教育领域中存在的大部分缺陷是由于缺乏心理学的结果。我们必须首先建立这样一门科学，然后才能把握及确定在一堂课中什么是正确的和错误的。”在《普通教育学》中，他提出：“教育者的第一门科学，虽然远非其科学的全部，也许就是心理学。应当说是心理学首先记述了人类活动的全部可能性。我相信这样一门科学的可能性与困难：我们了解它需要很长时间；而我们要求教育者了解它，将需要更长时间。”① 因此，脱离了赫尔巴特的心理学理论基础，就不可能正确理解他的教育思想。要理解赫尔巴特的心理学，必须理解以下几个关键概念。

1．观念

赫尔巴特认为，世界是由无数个“实在”组成的，人的心灵也是一种“实在”。心灵的活动，便是“观念”。人的全部心理活动是各种观念的活动。观念是指事物呈现于感官，在意识中留下的印象。在赫尔巴特看来，人的一切心理机能只能是观念的活动，心理学就是研究观念活动的科学。

2．意识阈

赫尔巴特认为，由于观念具有引力，人们只能意识到一定的对象和注意有限的范围，不能同时注意两个观念，除非它们连成一个复杂的观念。他由此提出了“意识阈”的概念。他认为，一个观念若要由一个完全被抑制的状态进入一个现实观念的状态，便必须跨过一道界限，这些界限便为意识阈。强有力的观念处于阈限之上，为“意识的”；本质上微弱或因为受到抑制而变的微弱的观念，处于阈限之下，是“无意识的”。可见，被人们意识的观念是从无意识的观念之中，选取那些和自己调和的观念而产生的。在阈限之下的观念，只有和意识相统一调和的时候，才能不遇阻力升入阈限之上。占据意识中心的观念只允许与它和谐的观念出现于意识之上，与它不和谐的观念则被压制下去，降入无意识的阶段。

---

① 赫尔巴特．普通教育学·教育学讲授纲要 [M]．李其龙，译．北京：人民教育出版社，1989：11.

3．统觉

赫尔巴特把观念的同化与相互融合称为“统觉”。他认为，统觉的过程就是把一些分散的感觉刺激纳入意识，形成一个统一的整体，组成“观念团”。教学的过程从心理学上看就是统觉形成的过程。

从观念活动来说，相同或相似的观念容易相互联合，进入意识的领域。因此，在教学中，教师要善于利用可以激发学生观念融合的知识，使新知识与学生头脑中原有的知识更容易、更紧密地结合起来。新旧观念结合得越多、范围越大，学生掌握的知识就越广、越容易被理解和越牢固。

就观念团的产生而言，赫尔巴特认为存在两种情况。第一种是融合。它是指性质相同的观念或同一连续体的观念融为一体。第二种情况是复合。属于不同的连续性的观念不相对抗时，也可以联合起来。不能相互融合的知识可能相互抑制。已经进入意识阈的某种观念由于受到抑制会被贬到阈限之下，造成学习上的遗忘。

[拓展阅读]
王坤庆：
《论赫尔巴特教育学的方法论特征》

三、道德教育理论

赫尔巴特的道德教育理论不仅包括他所说的“训育”，而且涉及教育的一些基本问题。

（一）教育的目的

赫尔巴特认为，教育要达到的基本目的可以分为两种，即所谓的“可能的目的”和“必要的目的”。

所谓“可能的目的”是指与儿童未来所从事的职业有关的目的，也就是学生将来作为成年人本身所要确立的目的。他认为，这种目的同样是非常重要的，是教师必须关注的，教师必须为使孩子顺利达到这些目的而事先使其做好内心的准备。这种准备不应是狭隘的，而应当是多方面的。这是因为，虽然人类劳动分工要求每一个人都必须精通他所从事的工作，但人类要做的事越局限，分得越细，那么每个人从其他人方面要接受的东西也就越多。因此，“这种专一的精通是各人所意向的事情，而多方面的可接受性，只能产生于个人从一开始就做出的多方面的努力之中”。[①] 教育的目的就是要发展这种多方面的兴趣，使人的各种能力得到和谐发展。正因如此，赫尔巴特把兴趣的多方面性称为“教育目的的第一部分”。

所谓“必要的目的”，是指教育所要达到的最高和最为基本的目的。赫尔巴特指出，道德普遍地被认为是人类的最高目标，因此也是教育的最高目标。教育的根本目的就是要养成内心自由、完善、仁慈、正义和公平五种道德观念。

（二）教育性教学原则

教育既然是以道德的养成为最高目的，那么通过什么途径可以有效地达到这种目的呢？赫尔巴特提出了一个非常重要的原则，即教育性教学的原则。依据其对心理学和伦理学的广泛研究，赫尔巴特认为，知识与道德具有直接的和内在的联系。人只有认识了道德规范，才能产生服从道德规范的意志，从而形成符合道德规范的

① 李其龙，郭官义等．赫尔巴特文集 [M]．杭州：浙江教育出版社，2002：38.

行为。他指出，愚蠢的人是不可能有德行的。正因如此，德育应涉及教养的其他部分。德育问题是不能同整个教育分离开来的，而是同其他教育问题必然地、广泛地连在一起的。他明确提出了教育性教学原则，并把它当作教育的基本原则。赫尔巴特指出："不存在'无教学的教育'这个概念，正如反过来，我不承认有任何'无教育的教学'一样。"[①] 在这里，赫尔巴特说明了这样一个问题，即教育（道德教育）是通过，而且只有通过教学才能真正产生实际作用，教学是道德教育的基本途径。

那么，如何通过教学进行道德教育呢？赫尔巴特指出，这首先要求教学的目的与整个教育的目的保持一致。正因如此，他认为，教学工作的最高目的在于养成德行。但他又认为，为了实现这个最终目的，教学还必须为自己设立一个近期的、较为直接的目的，这个目的就是"多方面的兴趣"。所谓兴趣，是指智力活动的特性，而对于教育性教学来说，一切都取决于其所引起的智力活动。在赫尔巴特看来，多方面的兴趣具有一种道德的力量，人们首先应通过扩展了的兴趣来改变个性，必须使其接近一般形式，然后才可以设想个性有对普遍适用的道德规律发生应变的可能。在赫尔巴特以前，教育家通常把道德教育和教学分开进行研究，教育和教学通常被规定了各自不同的任务和目的。在这个问题上，赫尔巴特的突出贡献在于，运用其心理学的研究成果，具体阐明了教育与教学之间存在的内在的本质联系，使道德教育获得了坚实的基础。但另一方面，他把教学完全从属于教育，把教育和教学完全等同起来，不能不说具有一种机械论的倾向。

（三）道德教育

在赫尔巴特的概念体系中，与道德教育直接有关的主要是"训育"这个概念。从某种意义上讲，他所谓的"儿童管理"也是一种道德教育。按照赫尔巴特的观点，儿童管理的目的是多方面的：一方面是为了避免现在和将来对别人与儿童自己造成伤害；另一方面是为了避免不调和斗争本身；还有一方面是为了避免社会参与它本身没有充分权力参与却被迫参与的冲突。简而言之，儿童管理的主要目的是为了型塑一种守秩序的精神。

在训育的具体实施方面，赫尔巴特提出了六种基本的措施或方法。第一，维持的训育。它的作用主要在于巩固儿童管理所取得的结果，使儿童懂得行为的界限和对权威的服从。第二，起决定作用的训育。它的主要作用是引起学生做出选择：要忍受什么、占有什么、进行什么决定以及对自己行为后果的经验。赫尔巴特强调：教育者不应替代学生去做选择，关键在于学生应能根据自身的实际经验证实教育者的告诫，从而使他们以后不用等待证实就相信其他各种告诫。第三，调节的训育。它的主要作用是说服学生，使他们回忆以往的经历，预言未来，剖析自己的内心世界，从中找到他的行为同根源的联系。第四，抑制的训育。它旨在使学生保持情绪的平静和头脑的清晰，以克服狂热的冲动，从而培养审美的判断和道德品质。第五，道德的训育。它的作用在于以上述四种训育为基础，向学生讲明真理，进行真正的道德培养。第六，提醒的训育。它的作用在于及时提醒学生，并纠正他们的错误。

① 赫尔巴特. 普通教育学·教育学讲授纲要 [M]. 李其龙，译. 北京：人民教育出版社，1989：12.

四、赫尔巴特的课程理论

在西欧近代教育史上，课程始终是一个重要课题。夸美纽斯、洛克、卢梭、裴斯泰洛齐等人都曾对课程问题进行了广泛的探讨，积累了大量的思想财富。在前人思想的基础上，赫尔巴特以心理学说为依据，提出了较为完整的课程理论。

赫尔巴特课程理论的一个基本主张是：课程内容的选择必须与儿童的经验和兴趣相一致。他指出，儿童在日常生活中，通过与自然的接触和与人的交往，获得了经验和同情（这实质上也是一种经验，只是更倾向于伦理和社会方面），这是教学活动赖以进行的基础。与卢梭不同的是，赫尔巴特认为，儿童早期的经验并不是完美无缺的，这种经验往往是分散的和杂乱的，因而需要教学加以补充和整理。在此基础上，赫尔巴特指出，课程的内容必须与儿童的日常经验保持密切的联系，而真正符合这种需要的则是直观教材。对直观教材的运用，将使儿童的经验变得更为丰富、真实和确切。因此，应当在课程内容中排除诸如罗马皇帝、天堂的天使这样一些脱离儿童经验的内容。

赫尔巴特认为，只有与儿童经验相联系的内容，才能引起儿童的兴趣。这是因为，兴趣本身就存在于经验之中。由于兴趣是一种使思维的对象保留在意识中的内心力量，或者说它是一种激起心理活动的手段，因此，只有能够引起兴趣的教学内容，才能使儿童保持意识的警觉状态，从而更好地接受教材。他明确指出，要使儿童掌握知识并得到更多的知识，就必须使儿童对课程具有兴趣。

那么，如何使儿童对课程具有兴趣，或者说使课程与儿童的兴趣保持密切的相关呢？在这方面，赫尔巴特依据他的兴趣分类理论做了有意义的探讨。在赫尔巴特看来，兴趣存在于有趣的事物之中，而事物是多方面的，因而兴趣也是广泛的和多方面的。他把多种多样兴趣划分为两大类：经验的兴趣和同情的兴趣。其中，经验的兴趣包括经验的、思辨的和审美的三种，同情的兴趣包括同情的、社会的和宗教的三种。

以此为基础，赫尔巴特深入探讨了儿童的年龄分期，进而提出了课程的程序。他认为，儿童发展经历了四个发展阶段：婴儿期、幼儿期、童年期、青年期。依据这个划分，他认为课程的程序应当是：在婴儿期，对身体的养护优先于其他一切，与此同时应大力加强感官训练，发展儿童的感受性；在幼儿期，教学内容应以《荷马史诗》等为主，发展儿童的想象力；在童年期和青年期，应分别教授数学、历史等，发展儿童的理性。

在欧美近代教育史上，赫尔巴特所提出的课程理论是最为完整和系统的。他继承了前人的合理思想，使之融合到一个有机联系的整体中，并力图赋予它以严格和广泛的心理学基础，从而使课程的设置与编制有了明确的依据，这就避免了课程设置中的盲目性和随意性，克服了课程设计的散乱现象，以保证教学工作的有效进行。客观地说，无论在理论上还是在实践中，赫尔巴特并未真正解决欧美近代学校的课程问题，但他为这个问题的解决进行了有益的探索，并提出了一些卓有见地的主张。

五、赫尔巴特的教学理论

在赫尔巴特教育理论体系的各个组成部分中，对后世影响最大的是教学理论。赫尔巴特教学理论所涉及的内容很广泛，但主要的是关于教学方法和教学阶段的理论。

（一）教学进程理论

在文艺复兴以后，由于许多教育家的大力倡导，直观方法成为近代西欧学校普遍采用的重要教学方法之一。但是，直观方法本身也存在着很大的局限。倡导直观方法的教育家们通常都以经验主义的认识论为理论基础，强调感性经验的意义，但往往忽略了理性的作用。赫尔巴特继承了前人，特别是裴斯泰洛齐的思想，认为直观方法是一种非常重要的教学方法。但他又认为，没有心智的训练，感官将一事无成。为了解决这个矛盾，赫尔巴特力图把哲学领域中的经验主义与理性主义相结合，并在此基础上提出了从感觉经验开始，经过分析和综合，最后掌握概念的教学方法进程。

根据赫尔巴特的主张，统觉过程的完成大体上经历三个环节：感官的刺激、新旧观念的分析和联合、统觉团的形成。与此相应，他提出了三种不同的教学方法：单纯提示教学、分析教学和综合教学。这三种教学方法的联系，就产生了他所谓的教学进程。

赫尔巴特所谓的单纯提示教学方法实际上就是直观教学。在统觉过程的第一个环节，当前刺激所形成的表象要能引起儿童意识中或意识阈下与之相似的观念活动，首先必须有一定的强度和频率，单纯提示教学正起到了这样的作用。赫尔巴特认为，单纯提示教学是直接建立在学生经验基础之上的，是对经验的模仿和复制，同时又进一步扩大了经验。他指出：“这一阶段的教学可以运用各种图画作为帮助，这些图画越是没有为儿童不假思索地观看过或者作为无意义的娱乐而误用过，对教学越有帮助。”① 单纯提示教学的目的在于，通过感官的运用，得到一些与儿童已经观察过的事物相类似并与之有关联的感觉表象，从而为观念的联合做准备。但是，由于它存在的局限性，因而单纯提示教学只能在一个有限的范围中加以运用。

在统觉过程的第二个环节中，由于要形成观念的分析和联合，首先必须对不同的观念和表象进行区分（分析），以便发现观念间的相似、相同和不同，这就需要进行分析教学。分析教学是在单纯提示教学的基础上进行的。它的作用在于，对同时出现在感官前的事物加以分析。通过分析，使儿童对当前刺激的反应更为清晰，从而为观念的联合做好准备。分析教学有两个阶段：第一，教师要求学生指出并命名当前出现的事物，然后转向尚未出现的事物；第二，学生讲述某一个整体分割成的各主要部分，这些部分的相对位置、它们的联系与变动。

根据赫尔巴特的观点，统觉过程的第三个环节是新旧观念的联合，即统觉的形成、综合教学，由单纯提示所提供的清晰表象分析教学生对表象的区分，就形成了

---

① 张斌贤，褚洪启．西方教育思想史 [M]．成都：四川教育出版社，1994：508.

观念的联合，即获得了新的知识和概念。

（二）教学形式阶段理论

赫尔巴特所提出的教学形式阶段，实际上就是课堂教学的完整过程，是一个包括教学方法、教学形式等在内的规范化的教学程序。

赫尔巴特认为，兴趣活动可以划分为四个阶段：（1）注意。由于心智活动使一种表象比较突出并对其余表象发挥作用，这就使兴趣活动对它产生一种倾向。（2）期待。新引起的表象活动往往并不能立刻出现在意识中，兴趣活动因而转向对它产生期待。（3）要求。从兴趣中产生欲望，它通过向对象提要求显示出来。（4）行动。

赫尔巴特指出，儿童在学习活动中的思维状态主要有两种：（1）专心与审思。专心是指集中于任何主题或对象而排斥其他的思想活动。（2）审思是指追忆和调和意识内容，即对由专心而得到的知识进行同化作用。他认为，由于专心活动是相互隔绝的，因而需要使专心活动与审思活动不断地相互转化，并使之在审思活动中结合起来。

在此基础上，赫尔巴特提出了教学形式阶段的理论。他指出，任何教学活动都必须是井然有序的，都经历以下四个阶段。

1. 明了（或清晰）

当表象以自身的力量突出在感官前时，兴趣活动对它产生注意，这时，学生处于静止的专心活动。教师通过运用直观教具和讲解的方法，进行明确的提示，使学生获得清晰的表象，以做好观念联合，即学习新知识的准备。

2. 联合（或联想）

由于新表象的产生并进入意识，激起原有观念的活动，因而产生新旧观念的联合，但又尚未出现最后的结果，这时，学生的兴趣活动处于获得新观念前的期待阶段。教师的主要任务是与学生进行无拘束的谈话，运用分析的教学方法。

3. 系统

新旧观念最初形成的联系并不是十分有序的，因而需要对前一阶段由专心活动得到的结果进行审思。学生的兴趣活动正处于要求阶段。这时需要采用综合的教学方法，使新旧观念间的联合系统化，从而获得新的概念。

4. 方法

新旧观念间的联合形成后需要进一步巩固和强化。这就要求学生自己进行活动，通过练习巩固新习得的知识。

六、赫尔巴特的影响和评价

从 19 世纪 60 年代开始，由于赫尔巴特门徒的大力宣传和研究，他的教育学说在中国、德国、美国和日本等多国开始传播，对各国师范教育的发展起到了至关重要的影响。尽管在 19 世纪末 20 世纪初的西欧新教育和美国的进步主义教育运动兴起之后，赫尔巴特教育学说被认为是传统教育的代表而受到批判，但赫尔巴特在欧美乃至世界近代教育发展中的重要影响是客观存在的。

［微视频］
赫尔巴特与教育学学科的定型

一方面，赫尔巴特教学形式阶段理论的突出贡献，是在严格按照心理过程规律的基础上，对教学过程中的一切因素和活动进行高度抽象，以建立一种明确的和规范化的教学模式。从这个意义上讲，教学形式阶段理论不仅反映了人类对教学过程和教学活动本质认识的发展，而且具有广泛的实践意义。正因如此，教学形式阶段理论对 19 世纪后期、20 世纪前期世界许多国家和地区师范教育的发展，发挥了重要的推动作用。但在另一方面，教学形式阶段理论所固有的机械论倾向，也使它不断受到来自各方面的批评。

第四节　张之洞的教育思想

张之洞（1837—1909）是洋务运动后期主要代表人物，清末著名政治家、实业家、教育改革家。他毕生重视发展教育，参与了我国近代教育的许多重大事件，是我国近代改革传统教育、创设新式教育的主要参与者和见证人，为近代教育制度的建立做出了重要贡献。张之洞作为清朝忠臣，本意是期望通过改良教育来巩固和加强专制统治，却因积极倡导改革传统教育和大力举办新式教育，成为我国传统教育制度的终结者、掘墓人和近代教育制度的开拓者、奠基人。张之洞最为核心、影响最为深远的教育思想，是系统阐述了“中体西用”的主张。

[拓展阅读]
李忠：《试析“中体西用”的演变及其矛盾与冲突》

一、“中体西用”思想的内涵

（一）“中体西用”的基本内容

“中体西用”是“中学为体，西学为用”的简称。“中学”又称“旧学”，指中国固有的传统文化教育思想（主要指经史之学和纲常名教理论）及其文教礼法制度。张之洞说：“四书五经、中国史事、政书、地图为旧学，西政、西艺、西史为新学。”[①]“中学”乃一切学问之根本，应当放在教育学习的首位，学生应当以传统经史之学屹立起根基，然后学习应对世事的实用“学问”，即“西学”。他特别强调纲常名教教育，认为“三纲”是“五伦之要，百行之原，相传数千年更无异议。圣人所以为圣人，中国所以为中国，实在于此”。针对维新派提倡民权、抑制君权、倡导男女平等等反对“三纲”的改良主张，张之洞针锋相对地指出：“知君臣之纲，则民权之说不可行也；知父子之纲，则父子同罪免丧废祀之说不可行也；知夫妇之纲，则男女平权之说不可行也。”[②]为了“明纲”，他特别强调读经的重要性，把学校诵读儒家经典比作西方学校诵读宗教经典。在为《奏定学堂章程》制定的说明书《学务纲要》中，张之洞说：“中小学堂宜注重读经以存圣教。外国学堂有宗教一门。中国之经书，即是中国之宗教，若学堂不读经书，则是尧舜禹汤文武周公孔子之道，所谓三纲五常者尽行废绝，中国必不能立国矣。”[③]

---

① 张之洞. 劝学篇·外篇 [M]. 桂林：广西师范大学出版社，2008：76.
② 张之洞. 劝学篇·内篇 [M]. 桂林：广西师范大学出版社，2008：25.
③ 陈元晖. 中国近代教育史资料汇编·学制演变 [M]. 上海：上海教育出版社，2007：498.

"西学"又称"新学"，指西方近代学术文化思想及其文教制度，包括西政、西艺和西史等重要内容。"西政"并非指西方近代社会政治制度，而是指近代西方的学校制度、工商财政、赋税管理、通商办法、军队建制、法律行政等具体管理层面的制度文化；"西艺"则有别于洋务运动初期的"坚船利炮"，是指近代西方生产技术等器物文化及其理论基础自然科学知识；何为"西史"，张之洞未作任何解释，应是指与"中学"中的"中国史事"（即文物制度）相对应的"西国史事"之类的东西，中国优于西方，与"西政""西艺"比起来无关紧要。张之洞看重的是"西学"的实用功利价值，认为"中学"只解决民族的根基和做人的问题，不切实用。随着社会的发展，"中学"日益表现出先天内在的不足，更不能适应发展洋务事业的需要，亦即救亡图存、富国强兵、发展社会经济的需要。相反，"西学"才是最有使用价值的。张之洞一方面强调讲西学必先通中学，另一方面却认为甚至要传存"中学"也必须要讲习"西学"。

（二）"中体西用"的相互关系

张之洞撰写《劝学篇》的总原则，就是"会通中西，权衡新旧"，是一种折中态度，即坚持"中学为体，西学为用"的根本原则，主张"旧学为体，新学为用，不使偏废"。[①]体用是中国古代哲学的一对基本范畴，"体"指根本或原则，"用"指形式或应用。"中体西用"是指以中国传统的儒家文化为根本，以学习西学为中国所实用。他把"体"解释为"务本"与"务通"的关系。针对当时革新派与顽固派围绕救亡图存各执己见、争论不休的情形，他著《劝学篇》批评"旧者不知通"，而"新者不知本"。"不知通则无应敌制变之术，不知本则有非薄名教之心。"[②]按照这种思路，在人才培养上，他对新型人才的知识结构、整体素养、各种技能等都提出了新的要求，强调："夫政刑兵食，国势邦交，士之智也；种宜土化，农具粪料，农之智也；机器之用，物化之学，工之智也；访新地，创新货，察人国之好恶，较各国之息耗，商之智也；船械营垒，测绘工程，兵之智也。此教养富强之实政也，非所谓奇技淫巧也。"[③]他强调人才应具有新知识结构，这是对狭隘的传统经史教育人才培养目标规格的批判，远远突破只讲修身、齐家、治国、平天下的旧有范畴，而以"新旧兼学""政艺兼学"为标志，既要学习四书五经、中国史事政书等"旧学"，又要学习西政、西艺、西史等新学；既要学习学校、地理、度支、赋税、武备、律例、劝工、通商等"西政"之学，又要学习算、绘、矿、医、声、光、化、电等"西艺"之学，最终培养出既忠君爱国又具有专门学识和技能的人才，从而进一步冲破了传统教育的藩篱，在自己的办学思想发展上迈上了新台阶。

在教育的社会功能上，张之洞主张将"保国保教保种正人心"与"求智求勇应世开风气"结合起来。《劝学篇》分内外两篇，"《内篇》务本以正人心，《外篇》务通以开风气"[④]。他从"中学""西学"各自不同的功能出发，主张"新旧兼学"。"中学

---

① 张之洞．劝学篇・外篇[M]．桂林：广西师范大学出版社，2008：76.

② 张之洞．劝学篇・序[M]．桂林：广西师范大学出版社，2008：2.

③ 张之洞．劝学篇・外篇[M]．桂林：广西师范大学出版社，2008：67.

④ 张之洞．劝学篇・序[M]．桂林：广西师范大学出版社，2008：2.

治身心，西学应世事，……如其心圣人之心，行圣人之行，以孝弟忠信为德，以尊主庇民为政，虽朝运汽机，夕驰铁路，无害为圣人之徒也。”[①] 因此应当做到“新旧兼学”“不使偏废”。他在《劝学篇》最初的序言中说：“中国学术精微，纲常名教以及经史大法无不毕具。但取西人制造之长补我不逮，足矣。”在《劝学篇·循序》中说：“今日学者，必先通经以明我中国先圣先师立教之旨，考史以识我中国历代之治乱、九州之风土，涉猎子集以通我中国之学术文章，然后择西学之可以补吾阙者用之、西政之可以起吾疾者取之，斯有其益而无其害”。[②] 后来，在他与张百熙、荣庆共同上奏的《重订学堂章程折》中，将这种思想定为“立学宗旨”：“至于立学宗旨，无论何等学堂，均以忠孝为本，以中国经史之学为基。俾学生心术壹归于纯正，而后以西学沦其智识，练其艺能，务期他日成材，各适实用，以仰副国家造就通才、慎防流弊之意”。[③]

西学包括“西政、西艺、西史”，即人文社会科学和自然科学。如何处理“政学”与“艺学”二者之间的关系？他认为，从学校教育的总体上说，应当“政艺兼学”。但对于不同的教育层次、不同的个人及不同的社会需要，其情形就有所不同。对不同层次的学校来说，“小学堂先艺而后政，大中学堂先政而后艺。”对不同年龄的学习者来说，“才识远大而年长者，宜西政。心思精敏而年少者，宜西艺。”对于不同的社会发展需要尤其在救亡图存富国强兵的当时情形来说，“西艺非要，西政为要”。“大抵救时之计，谋国之方，政尤急于艺。”但这样的区分也只是大概，决不可绝对，总体上还是“政艺兼学”，“然讲西政者，亦宜略考西艺之功用，始知西政之用意”。[④] 这就是说，西艺难学且难救急，须着眼于长远，从少年儿童抓起；西政相对易学且切合实用，救时应世，因此必须将其置于相对突出的优先位置。

二、“中体西用”思想的历史影响

（一）“中体西用”思想的积极意义

“中体西用”思想不但是对洋务教育最精辟的概括，而且在后来的《奏定学堂章程》中得到了具体和全面的发挥，成为洋务运动乃至清末新政的纲领，对清末教育在宏观管理上起着极其重要的作用。它一方面既符合统治阶级维护和巩固专制统治的需要，又迎合了当时国民普遍守旧、难以承受剧变的心理，坚持以固有传统文化为本，未能从根本上触及专制统治及传统教育制度，从而对中国教育近代化起着一定的阻碍作用。另一方面，作为晚清教育改革的指导思想，起到了保护新式学校的作用，推动了近代教育改革，促进了现代教育制度在中国的建立和发展。清末的“壬寅－癸卯学制”，就是以“中体西用”为指导制订出来的。

“中体西用”从表面上看是一种折中思想，其实质是为了富国强兵抵御外侮入侵，维护清王朝的专制统治。它企图以此来反对维新派提倡民权反对君权、提倡男

① 张之洞. 劝学篇·外篇[M]. 桂林：广西师范大学出版社，2008：130.
② 张之洞. 劝学篇·内篇[M]. 桂林：广西师范大学出版社，2008：44.
③ 陈元晖. 中国近代教育史资料汇编·学制演变[M]. 上海：上海教育出版社，2007：289.
④ 张之洞. 劝学篇·外篇[M]. 桂林：广西师范大学出版社，2008：76-77.

女平权等主张，维护专制统治和纲常名教制度，同时以此为指导利用西学来发展近代工商业和文教事业，以达到“强中国、存中学”即救亡图存、富国强兵的目的。保守派可以借它来维护传统纲常名教，从而延缓了中国社会近代化的进程。但维新派也可以借它来传播西方学说，从而使西方新学以不可抗拒之势在中国流行，在社会转型时期培养出一大批力图“学贯中西”的杰出人才，并最终敲响了清王朝的丧钟。出现这种结果，“中体西用”的倡导者们恐怕始料未及。

（二）“中体西用”思想的历史局限

[微视频]
严复教育思想

诚如严复批评的，洋务运动时期学习的西学，只是抄袭了西方资本主义的皮毛，真正的西学除此之外，还包括“民主”“政体”“科学”等社会政治学说。中西各有体用，体用一致，不能截然分开。因此，中国教育必须全面学习西方文化，尤其“在宜著意科学”[①]。事实上，清末中西权势转移下形成以西为尊、唯新是尚的社会风气，思想文化上如何既尽力输入外来思想学说，同时又不忘中华民族本位，使二者协调一致，教育改革如何从盲目效仿西方学制，到探索真正适合国情的学制系统，成为困扰中国教育转型的时代主题。

第五节　蔡元培的教育思想

蔡元培（1868—1940），晚清民国杰出教育家，北京大学校长，对中国文化教育事业的发展和中国现代教育制度的建立功勋卓著。蔡元培的教育思想最为突出的，一是民国初年最早提出“五育并举”的教育方针，二是长期从事高等教育实践，形成了颇具特色的高等教育思想。

一、“五育并举”的教育方针

（一）“五育并举”的基本内涵

蔡元培就任南京临时政府教育总长后，在报刊发表《对于新教育之意见》一文，提出军国民教育、实利主义教育、公民道德教育、世界观教育、美感教育的主张，成为民国教育方针的基础。

军国民教育，即军事体育教育。早在清末尤其是在甲午战争之后，改良派为救亡图存，极力提倡尚武教育。革命派出于以暴力推翻封建专制统治的革命目的，也大力鼓吹军国民教育。从 19 世纪末到 20 世纪初，社会上逐渐形成了一股军国民教育思潮，“尚武”也成为清朝的教育宗旨之一。辛亥革命后，蔡元培认为，军国民教育虽然本质上与民主共和精神相违背，并不是一种理想的教育，但是由于中国所处的特殊环境，它又是不可缺少的。因为就对外而言，当时“强邻交逼”，国权丧失殆尽，非凭武力势难恢复；就国内而言，辛亥革命虽然推翻了清王朝，然而国内军阀拥兵妄为的隐患并未消除，为破除军人独裁统治的可能，也要求进行军国民教育。第一次世界大战结束后，以德国、日本为代表的军国民教育思想遭到有识之士

① 陈元晖. 中国近代教育史资料汇编·教育思想 [M]. 上海：上海教育出版社，2007：325.

的反对，蔡元培将军事体育发展为普通体育，作为培养“共和国民健全之人格”的重要环节。他说：“健全的精神，必宿在健全的身体”[①]。如果一个人的身体不健康，精神上也必感痛苦，所以健全人格应首重体育。

实利主义教育即智育。实利主义教育因清末发展资本主义工商业的需要而提出，主要给人以各种普通的科学文化知识，发展实业的知识和技能，以及一定的职业训练，同时在清末所颁布的教育制度和教育宗旨中也有所反映。民国初年，中国民族资本主义有了进一步发展，实业教育备受资本家重视。与此同时，美国教育家杜威的实用主义教育思想（当时蔡元培称之为实利主义）在世界广为传播，也影响了中国教育界。蔡元培认为，实利主义教育的推行为当务之急。当时世界竞争不仅凭借武力，而且更重要的是依靠财力。可是，当时中国实业力量幼稚，地下宝藏远未开发，百姓失业者众多，国家非常贫困，实利主义教育为富国强民、发展国家经济的当务之急。此外，实利主义教育除了使人学到科学文化知识，受到职业训练外，更重要的是可以使人的思维“臻于细密”。

公民道德教育即德育。将传统专制王朝的臣民教育成现代民族国家的公民，是政权鼎革、社会转型对教育宗旨提出的时代要求。蔡元培认为，军国民教育和实利主义教育虽然是“强兵富国”之道，如果没有公民道德教育，那么有两者则可能不能受其利，反而受其害，出现智欺愚、强凌弱的局面，演变为贫富相差悬殊，资本家与工人间血战的惨剧。蔡元培把法国资产阶级民主革命提出的自由、平等、博爱，作为公民道德教育的全部内容，自由意志即孔子所说的“匹夫不可夺志”，孟子所说的“大丈夫贫贱不能移，富贵不能淫，威武不能屈也”，统称“义”。平等不是指平均整齐不相联系，而是说不以一己的片面之私而损害公众的利益，自己获得自由也必须顾及他人的自由，如孔子所说“己所不欲，勿施于人”，统称“恕”。博爱如同孔子的“己欲立而立人，己欲达而达人”，统称“仁”。虽然资产阶级的自由、平等、博爱不能简单附会到儒家的“义”“恕”“仁”，但其公民道德教育具有反专制的重大进步意义。

世界观教育，即以超越时空的世界观为目的的教育。蔡元培受德国哲学家康德将世界划分为现象世界和实体世界的影响，认为公民道德教育、军国民教育、实利主义教育仍然是隶属于政治的教育，都是以解决现世幸福为目的。但是现世的幸福会因临死而消灭，人们如果仅仅以临死而灭的幸福为最终目的，则人生将没有价值。世界观教育的主要任务是培养人们超越现世的观念，而达于实体世界的最高精神境界，使人生变得更有价值，人格变得更加完美。世界观教育的提法因与中国传统文化观念差异较大，意见分歧明显，最终没有被接受。

[拓展阅读]
汤广全：《自由与和谐——蔡元培“五育并举”观研究》

美感教育亦称美育。蔡元培说，美育者是应用美学理论于教育领域，以陶冶感情为目的，是实施世界观教育的主要途径。美感具有普遍性和超脱性，在现象世界中，由于离合、生死、祸福、利害而产生的爱恶、惊惧、喜怒、悲欢之情在美术中，除了美感之外都不存在了。通过美感教育，可以达到对于现象世界无厌弃也无

① 高平叔. 蔡元培教育论著选[M]. 北京：人民教育出版社，1991：381.

执着，对实体世界非常渴慕而渐近于领悟，达到对世界本性的认识。换言之，美育的作用在于陶冶人的感情，使人养成高尚纯洁的习惯，进而使人去私忘我，超脱利害，达于最高精神境界。

（二）“五育并举”的相互关系

蔡元培认为，“五育并举”以道德为中坚，但五者又都不可偏废。他曾借用人体的机制构造对各育功能及关系，作了形象的说明：“军国民主义者，筋骨也，用以自卫；实利主义者，胃肠也，用以营养；公民道德者，呼吸机、循环机也，周贯全体；美育者，神经系也，用以传导；世界观者，心理作用也，附丽于神经系，而无迹象之可求。”[①]“五育并举”的教育方针，就是德智体美和谐发展的民主共和教育。其各科课程分配，军国民主义占 10%，实利主义占 40%，德育占 20%，美育占 25%，世界观占 5%。蔡元培认为，革命已经成功，以后任务就是建设国家的认识，“五育并举”就是为巩固政权和发展资本主义对人提出的要求，也即造就“五育”和谐发展具有健全人格的新式人才。

二、高等教育的办学思想

（一）大学的根本性质

早在 1912 年 5 月 16 日，蔡元培以教育总长身份出席北京大学开学典礼的演说中就明确提出大学为研究高深学问之地。在担任北京大学校长之后，更是反复重申这一思想。1917 年 1 月 9 日，他在北京大学的就职演说中向学生明确提出：“诸君来此求学，必有一定宗旨，欲求宗旨之正大与否，必先知大学之性质。今人肄业专门学校，学成任事，此固势所必然。而在大学则不然，大学者，研究高深学问者也。”[②]1918 年，他在北大的开学演说中，又一次申明：“大学为纯粹研究学问之机关，不可视为养成资格之所，亦不可视为贩卖知识之所。学者当有研究学问之兴趣，尤当养成学问家之人格。”[③]此后，蔡元培在主持北大校务的若干年里，对于大学教育的性质每年开学时总要重申一遍。

由于大学的性质在于研究高深学问，所以大学不能只是从事教学，还必须开展科学研究。蔡元培汲取借鉴德国大学既注重教学又重视科研的优良传统，重视大学教学与科研双重职能的发挥。他强调：所谓大学者，非仅为多数学生按时授课，造成一毕业生之资格而已，实为共同研究学问之机关。因此，他要求大学教师不仅要传授知识予学生，自身还必须有浓厚的研究学问之兴趣，并能引导学生的兴趣，使大学成为集教学、科研双重优势于一身的高等学府。1917 年，他写了《论大学应设各科研究所之理由》一文，阐述了大学应该设立研究所的三点理由：一是大学无研究所，则教员易陷于抄发讲义不求进步之陋习；二是设立研究所，为大学毕业生深造创造条件；三是使大学高年级学生得以在导师的指导下有从事科学研究

---

① 高平叔．蔡元培教育论著选 [M]．北京：人民教育出版社，1991：6.
② 高平叔．蔡元培教育论著选 [M]．北京：人民教育出版社，1991：72.
③ 高平叔．蔡元培教育论著选 [M]．北京：人民教育出版社，1991：133.

的机会。①

根据对大学性质及其职能的认识，为了提高大学的学术水平，蔡元培于1917年年底，在北京大学成立了文、理、法三科研究所，首开国内大学设立研究所之先河。对推动我国高等教育学术水平的提高，发挥大学的教学、科研双重职能起到了极为重要的作用。由于认识到文理分科造成的缺陷与弊端，学术分科日益细化的同时，学科之间相互融合和彼此渗透的科学发展新趋势，蔡元培明确提出“沟通文理”的主张。1919年，蔡元培撤销北京大学文、理、法三科界限，进行了废科设系的改革。

（二）大学的办学方针

蔡元培认为，大学生多能自治，学校不妨放任，允许思想自由。而思想自由是大学作为学术研究机关的根本原则。蔡元培说：“大学者，囊括大典，网罗众家之学府也。”② 大学对于各家学说，应当“依世界各国大学通例，循‘思想自由’原则，取‘兼容并包’主义。无论为何种学派，苟其言之成理，持之有故，尚不达自然淘汰之运命者，虽彼此相反，也悉听其自由发展。”③

当时北京大学确实形成了不同学派云集荟萃的学术争鸣景象。对于教员的聘请，蔡元培主张以学术造诣为主。由于教员是以研究学问为主的，所以思想自由、兼容并包的原则实际体现在对教员的聘请上，即以其学术造诣为选聘的标准。为此，他改革北京大学，首先从聘请积学而热心的教员着手，对于教师的政治见解，只要不妨碍授课，则不作为取舍标准。因此北京大学的教师队伍里，既有提倡新文化运动的新派人物，也有在政治上保守但在学术上具有造诣的旧派人物。新旧学派共处一校，各讲其学，形成新旧学派对峙、争鸣的形势，极大地活跃了北京大学的思想，推动了学术理念发展，提高了教学质量。

当然，蔡元培并不是对新旧两派采取不偏不倚的中庸态度，而是借此打破长期以来对学术文化的束缚，发展新文化，达到开风气的作用。它不仅使北京大学很快成为闻名全国的名副其实的高等学府，而且使它成为新文化的发祥地和五四运动的摇篮。思想自由、兼容并包的办学方针具有巨大的进步意义，应当成为大学办学的根本原则。

（三）大学的行政管理

蔡元培是我国最早提倡教授治校的教育家。早在1912年任教育总长时，蔡元培就在其起草的《大学令》中对教授治校的学校管理体制做了具体而明确的规定。具体步骤是：第一步，组织评议会，给多数教授的代表决议立法方面的权利，恢复学长（学院之长）的权限，给他们分任行政方面的事；第二步，组织各门（相当于系）教授会，由各教授与所公举的教授会主任分任教务；第三步，将来更组织行政会议，把教务以外的事务均取合议制，并按事物性质组织各种委员会，来研究各种

① 高平叔. 蔡元培教育论著选 [M]. 北京：人民教育出版社，1991：657–659.
② 高平叔. 蔡元培教育论著选 [M]. 北京：人民教育出版社，1991：172.
③ 高平叔. 蔡元培教育论著选 [M]. 北京：人民教育出版社，1991：190–191.

事物。在执掌北京大学期间，他进一步建立完善了这一管理制度。

蔡元培留学德国，深受德国大学民主管理、专家治校管理体制的影响，推崇德国大学校长和各科学长均由教授会选举产生、每年更换一次的做法。他在北京大学提倡教授治校，旨在建立我国大学的民主管理制度，防止校长专权、教育腐败，同时在大学形成崇尚学术之风。让教授参与学校事务管理，既体现了民主、自由精神，也反映了现代大学的办学特色。

[课后练习]

一、名词解释题

1. 泛智教育　2. 班级授课制　3. 要素教育　4. 意识阈　5. 统觉　6. 教育性教学　7. 中体西用　8. 五育并举的教育方针

二、问答题

1. 简述夸美纽斯的教育适应自然原则。
2. 简述夸美纽斯提出的教学原则。
3. 论述裴斯泰洛齐的教育心理学化的原则。
4. 论述赫尔巴特的课程和教学理论。
5. 如何客观评价张之洞的“中体西用”对于清末文教改革的影响?
6. 论述蔡元培关于高等教育的办学思想。

第七章　现代教育制度的兴起与变革

［学习目标］

1．掌握壬戌学制的制订背景、基本内容和历史意义。

2．了解三民主义教育宗旨和党化教育。

3．了解中华人民共和国教育改革和发展的巨大成就。

4．掌握第二次世界大战后欧美主要国家教育改革的动因、措施、主要特点和总体趋势。

5．了解21世纪以来西方发达国家进行教育革新的时代背景及动因，掌握这些国家进行教育革新的主要措施及其对本国教育管理制度的影响。

[知识导图]

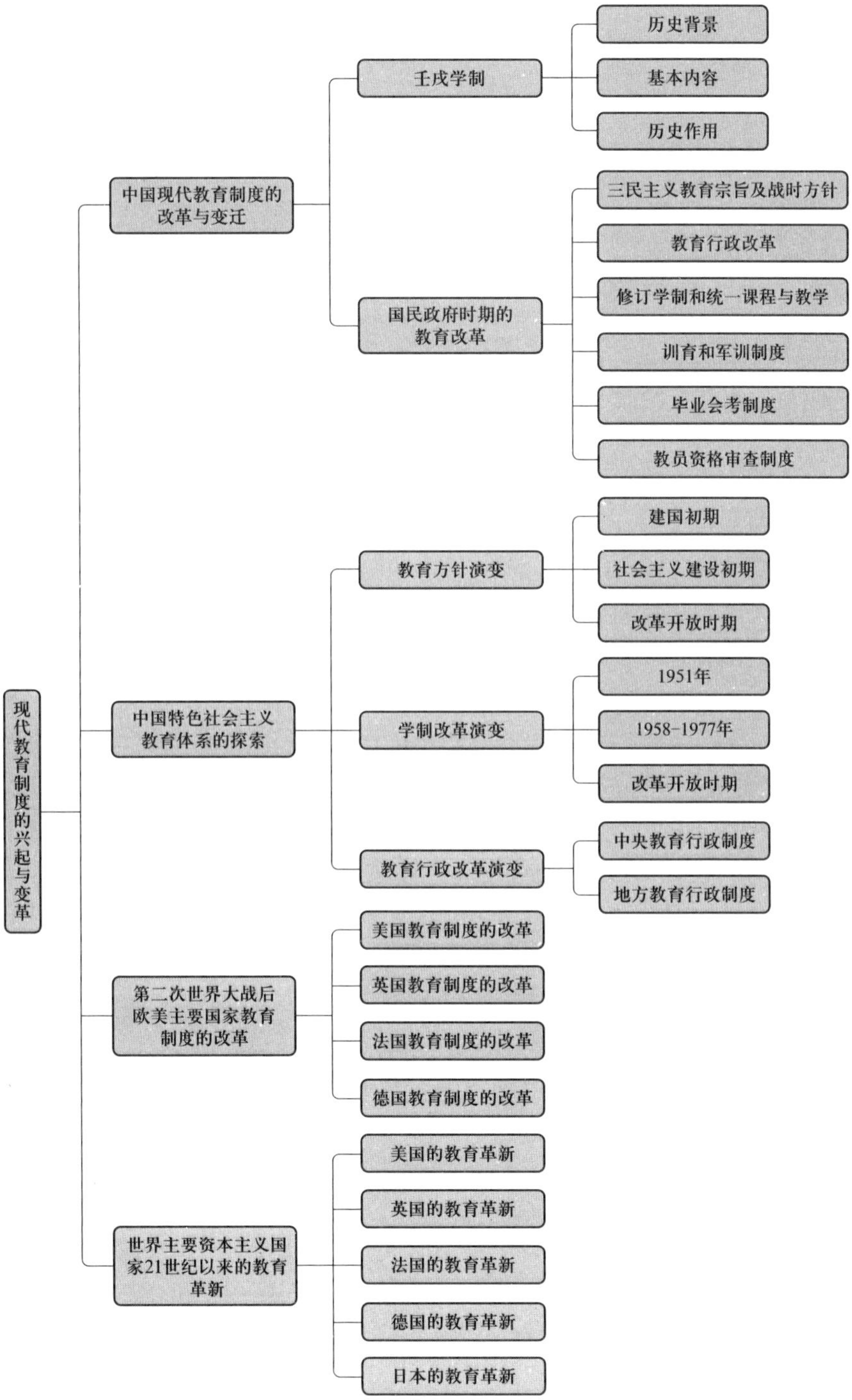
现代教育制度的兴起与变革
中国现代教育制度的改革与变迁
壬戌学制
历史背景
基本内容
历史作用
国民政府时期的教育改革
三民主义教育宗旨及战时方针
教育行政改革
修订学制和统一课程与教学
训育和军训制度
毕业会考制度
教员资格审查制度
中国特色社会主义教育体系的探索
教育方针演变
建国初期
社会主义建设初期
改革开放时期
学制改革演变
1951年
1958-1977年
改革开放时期
教育行政改革演变
中央教育行政制度
地方教育行政制度
第二次世界大战后欧美主要国家教育制度的改革
美国教育制度的改革
英国教育制度的改革
法国教育制度的改革
德国教育制度的改革
世界主要资本主义国家21世纪以来的教育革新
美国的教育革新
英国的教育革新
法国的教育革新
德国的教育革新
日本的教育革新

第一次世界大战之后，大量西方资本涌入中国，中国逐渐步入现代化社会，现代教育制度开始出现并不断改革完善，其主要包括壬戌学制的实行、国民政府时期的教育改革与中国特色社会主义教育体系的建立与改革。

第二次世界大战后，世界各国的政治、经济、文化都发生了巨大的改变，教育领域也不例外。美国、英国、法国、德国等世界主要资本主义国家纷纷在教育行政管理体制、基础教育、高等教育等方面进行了一系列的改革。

第一节 中国现代教育制度的改革与变迁

壬子－癸丑学制在实践中暴露出忽略社会的需要、地方的情形、学生的个性等种种弊端，在新文化运动推动下，中国社会形成了教育发展必须个性化、平民化、实用化、科学化的强烈要求。由于美国的国际地位上升和中国留美学生归国等多种因素影响，民间教育力量合力促使北京政府颁布了以美为师的壬戌学制，中国教育现代化在变迁中不断推进。国民党形式上统一中国以后，国民政府确立以党治国为特征的三民主义教育宗旨，各级各类教育有所发展，并在抗战时期努力保护了民族文化教育命脉。

一、壬戌学制

（一）壬戌学制的历史背景

清末民族工商业产生之后，由于一直受到外国资本主义的巨大压力和国内保守势力的严重摧残，发展十分缓慢，力量非常薄弱。第一次世界大战爆发后，欧美各帝国主义国家忙于战争，暂时放松了对中国的压迫，使得中国民族工业获得了一个千载难逢的发展机会。民族工业的发展，对劳动者不仅在数量上提出了新要求，而且在质量上也要求他们受过一定的教育，稍具职业知识和职业技术，能够成为管理机器的熟练工人。为了更好地经营生产、管理企业，需要各方面的技术管理人才。同时，劳动者自身也有接受教育、掌握知识、提高劳动价值的愿望。这种发展趋势对学校教育提出了新要求，希望学校能培养出一定数量的各种专门人才以及大量的、受过一定职业教育和训练的劳动后备力量，以适应民族资本主义的需要。

［微视频］
新文化运动与
教育观念变革

在教育自身领域，就学制系统而言，壬子－癸丑学制经过几年实施，日益暴露出诸如整齐划一有余而灵活性不足等缺点，被人视为是“不管社会的需要，不管地方的情形，也不管学生的个性”[1]。中等教育方面的问题尤其突出，例如修业年限过短，太偏重于普通教育，学生毕业后，升学既困难，就业也不易，而且中学规定省立，限制了地方设学的积极性，致使中学数目太少，小学生毕业后很多人便无校可读。就教育思想而言，新文化运动时期中国人开始全面接受西方教育观念，追求教育的个性化、平民化、实用化和科学化。随着大批留美学生的回国，美国的教育思想、教育方法、教育制度也大量输入中国，尤其是代表世界进步教育运动思潮的杜

① 朱有瓛. 中国近代学制史料：第三辑下册 [M]. 上海：华东师范大学出版社，1990：742.

威实用主义教育理论更是流行于全国，建立现代教育制度成为教育界迫切的呼声。

新文化运动影响下推进的教育改革，除了继续推进义务教育外，主要表现在以下方面。

第一，提出新的教育宗旨。为了适应第一次世界大战结束后的世界和平潮流，防止袁世凯复辟帝制时期尊孔读经势力的反扑，体现民主教育的时代新精神，1919年，由范源濂、蔡元培、陈宝泉、蒋梦麟等人组成的教育部教育调查会提出“养成健全人格，发展共和精神”的新宗旨。所谓健全人格，包括：（1）私德为立身之本，公德为服务社会国家之本。（2）人生所必需之知识技能。（3）强健活泼之体格。（4）优美和乐之情感。所谓共和精神，包括：（1）发挥平民主义，俾人人知民治为立国之根本。（2）养成公民自治习惯，俾人人能负社会国家之责任。这种教育宗旨的转变，必然会反映到新学制修订上。

第二，改革教育行政体制。辛亥革命后，中央政府以教育部取代学部，下设普通、专门、社会三司，除总务厅外，设立视学、参事二室，更加重视成人教育、初等教育和社会教育，但中央以下教育行政没有完成改革。1917年，北京政府公布《教育厅暂行条例》，规定各省设立教育厅，下设一二三科，第一科主管会计、庶务、文牍、统计，第二科主管普通教育、师范教育，第三科主管社会教育、留学教育和专门教育。1921年，教育界提出设立县教育局的主张。两年后，北京政府公布《县教育局规程》及《特别市教育局规程》。至此，教育行政体制形成了中央教育部、省教育厅、县教育局的新系统，为新学制推行提供了制度保障。

第三，改革课程结构和内容。为了兼顾学生的升学和就业，1919年4月，教育部发布通令，中学可以酌量地方情形增减部定各种科目和教学时间。于是全国学校纷纷进行课程结构与内容改革，根据社会和学生需要，增设农、工、医、商等实用学科，并在学校中实行选科制。选修课程分为两大类，一种是为满足升学需要的文、理分科；一种是满足就业需要的农、工、医、商等职业分科。学生在完成必修课程的基础上，可根据个人兴趣、特长与需要，自主选修某一科目。为了发展学生个性、提高教学质量，许多学校开始重视实验室和科学馆建设，加强学生实际操作能力训练和技能培养。选修制带来的课程结构和教学内容变革，改变了课程结构单一、内容严重脱离社会生产和生活以及学生个别差异的弊端。

第四，采用国语和白话文教学。国语运动从清末就已开始，民初则成立国语研究会，继续推动白话文教学和国语教材编写。教育界提请教育部速定国语标准，设法将注音字母推行各省区，为将来小学改革、国语教学做准备。1920年，教育部正式规定全国从一、二年级开始使用白话文教材，到1922年止，除语文课本中的文言文外，所有的文言文教科书停止使用。

新文化运动影响下的教育革新，对我国教育现代化具有关键意义。如果没有新文化运动对传统教育复辟的抗击和批判，没有新的教育思想观念的宣扬，没有教育制度、内容、方法等一系列的革新，是不可能实现我国教育从旧到新的完全蜕变的。总之，在民国北京政府时期，教育界进行了一场深度和广度都是前所未有的教育改革运动。这场教育改革运动的重要成果之一就是壬戌学制的颁布实施。

（二）壬戌学制的基本内容

1922年11月1日，北京政府颁布了全国教育会联合会经过长期讨论、修订的《学校系统改革案》，因此年为壬戌年，又称“壬戌学制”，为区别于壬子－癸丑学制，亦称“新学制”。因学制将中小学阶段以“6–3–3”划分，即小学6年，中学6年三三分段，所以又被称为“六三三学制”。

学制系统以儿童身心发展和社会经济发展需要为依据，纵向分为三段五级，儿童自6岁入小学，直到大学毕业，总计16~18年；横向以普通教育为基干，辅以师范教育、职业教育和成人教育。与高小对应的有职业预备教育和为年长失学者设立的补习学校。与普通中学对应的设有职业学校和根据各地情况需要设立的中等程度的补习学校或补习科，与普通高中对应的有师范学校。

具体来说，初等教育包括幼稚园和小学校。幼稚园收6岁以下幼儿。小学分初、高两级，初级小学4年，为义务教育；高级小学2年。各地根据需要可设职业预备教育和为年长失学者设立补习学校。中等教育包括中学校、职业学校、师范学校和补习学校。中学校分初、高两级，各为3年，共6年。初级中学为普通教育，视地方需要兼设各种职业科。高级中学实行选科制，设普通、农、工、商、师范、家事等科，既可单设一科，也可兼设数科。中学校一般采用初中3年和高中3年的“三三制”，但亦可变通，依设科的性质也可定为初中4年、高中2年的“四二制”，或初中2年、高中4年的“二四制”。取消甲种和乙种实业学校，设立职业学校。职业学校的修业年限及课程设置无统一规定，需视各地实际情况而定，也可在相当的学校内设职业教育养成科。师范学校6年，后2年或3年采取分科选修制，还可设立相当年限的师范学校或师范讲习所。各地可视情况需要设中等程度的补习学校或补习科。高等教育共分两级。第一级包括大学及专门学校。大学废除预科制，实行选科制，可单设一科或兼设数科，修业年限4~6年。医科和法科大学至少修业5年，师范大学修业4年。专门学校根据学科及地方情况设立。大学及专门学校可附设专修科，修业年限不定。第二级为大学院。此外，对身体有缺陷者施以相当之特殊教育。

壬戌学制提出了七项指导学制改革的标准。（1）适应社会进化之需要；（2）发挥平民教育之精神；（3）谋个性之发展；（4）注意国民经济力；（5）注意生活教育；（6）使教育易于普及；（7）多留各地方伸缩余地。七项标准反映出新学制的制订依据了三方面的考虑。第一，立足对壬子－癸丑学制的深刻反思和认真总结，注重学制与实际生活的联系，立足中国现实，以社会经济力为前提条件，注重不同社会条件下对学制的实施能力等；第二，注重吸纳民主与科学的社会观念，并结合平民教育、生活教育等教育思想，将社会意识形态的新动向及时转化为学制的具体策略；第三，注重学习吸收欧美教育思想及最新实践，尤其将杜威的实用主义教育理论和裴斯泰洛齐的平民教育思想实验融入新学制中，成为新学制的精髓。

随着新学制的确立，各地又开始了课程和教学法的改革。1923年6月，全国教育会联合会刊布了《中小学课程标准纲要》。课程改革的主要内容为：（1）小学取消修身课，增加公民、卫生课，将手工改为公用艺术，图画改为形象艺术；后又将初小的卫生、历史、公民、地理合为社会科，增加自然园艺科；将国文改为国语，体操改为体育。(2) 初级中学以社会、言文、算学、自然、艺术、体育六科组织教学，其中社会科含公民、历史、地理，言文科含国语、外国语，艺术科含图画、手工、音乐，体育科含生理卫生、体育。(3) 高级中学分普通科和职业科。普通科分文学、社科、数学三类；职业科分农、工、商、商船四类。课程分为公共必修科目、分科专修科目、纯选修科目三种，每一种中又有若干课程。此课程纲要虽是民间组织刊发，但由于其影响巨大，实际上许多地方都是依此施行。

（三）壬戌学制的作用和影响

1. 关注儿童发展特点

壬戌学制改变了以往“以日为师”的做法，转向“以美为师”，吸收美国学制精华，结合中国社会实际制订而成。它吸收杜威“学生中心论”思想，关注儿童身心发展，注重儿童内在需要，是我国第一部明确依据学生身心发展的特点划分教育阶段的学制。

2. 凝聚了教育界智慧

壬戌学制从酝酿到正式颁布，历时 7 年。学制制订不再局限于政府教育部门和少数教育家，而变成为民间行为与政府行为结合、普通教育工作者和教育专家结合、广泛讨论草案和试行实验结合，集中了当时教育界的智慧，这在中国现代学制制订中是绝无仅有的。审慎和科学的态度使学制制订更适合中国社会的状况，适应中国民众的需要。

3. 突出了重点和特色

一是初等教育修业年限缩短为 6 年且四二分段，有利于普及义务教育的推行。二是中等教育修业年限延长为 6 年且三三分段，既加强了中等教育，又给地方留有伸缩的余地；设立分科制综合高中，实行分科制和选科制，既增加了学生选择的余地，又兼顾了人才教育和就业培训的需要。三是完善了师范教育，适应了教育发展对教师培养的需求。四是更加重视职业教育。不仅用职业教育替代了清末民初的实业教育，而且建立起了从初级到高级的职业教育体系，提升了职业教育在学制中的地位。五是注重天才教育和特殊教育，在中国教育史上尚属首次。

4. 存在的不足

壬戌学制也存在着不可避免的不足。譬如，对实用主义教育理论缺乏深入分析，没有进行必要的哲学批判；中学普遍实行选科制和学分制，综合中学成为潮流，导致盲目开设各种科目；能力分级制的实施虽然有利于保证学习的选择性和教学的灵活性，但缺乏必备的师资和硬件，短期内带来不少混乱；师范教育办学机构多样化，有利于调动积极性，但各地一哄而上，办学质量良莠不齐，缺乏统一的行政管理和教育质量监督，容易流于形式；单科大学和多科大学同时存在，导致大学泛滥和大学合并成为潮流，等等。

此外，中国传统教育的知识体系主干遭受严重破坏，只有语文课保留的文史诗词篇章，作为读书写作的工具训练存在。与中国传统知识体系完全不同、以驾驭自然力为指归的充分外向的西方近代知识体系，在中国各级各类学校课程设置及其标准中完全占据主导地位。除了极少数因缘际会能够兼通中西，许多普通学生虽然口头上承认甚至大声疾呼“民主”“科学”重要，却对固有文化和西方文化的真正内涵知之甚少。

二、国民政府时期的教育改革

（一）三民主义教育宗旨及其战时方针

国民党在广东国民政府时期曾经提出“党化教育”口号，试图推行一个党、一个主义的专制教育，但过于露骨，遭到进步人士的批评。国民党不得不调整，以“三民主义”作为取代口号。

在制订教育宗旨时，中华民国大学院和主管党化训练的国民党中央执行委员会训练部存在意见分歧。1928 年 5 月，大学院在南京召开第一次全国教育会议，决定取消“党化教育”一词，以“三民主义教育”取代，并通过《三民主义教育宗旨说明书》，将“三民主义教育”界定为“以实现三民主义为目的的教育”，即“各级教育行政机关的设施，各种教育机关的设备和各种教学科目，都是以实现三民主义为目的的教育”。同时，提出 15 条实施原则。8 月，国民党中央训练部向国民党第二届第五次中央全会提出《确定中国教育宗旨及教育标准案》，提出“中华民国之教育，以根据三民主义，发扬民族精神，实现民主政治，完成社会革命，而臻于世界大同为宗旨”。1929 年 4 月 26 日，国民党第三次全国代表大会决议通过教育宗旨和实施原则，由南京国民政府正式以《中华民国教育宗旨及其实施方针》通令颁行，确立中华民国教育宗旨为：“中华民国之教育，根据三民主义，以充实人民生活，扶植社会生存，发展国民生计，延续民族生命为目的。务期民族独立，民权普遍，民生发展，以促进世界大同。”①

为了落实“三民主义教育”，1931 年 6 月，南京国民政府公布《中华民国训政时期约法》，以根本法形式规定了教育宗旨及方针政策。9 月，国民党中央执行委员会第 157 次常务会议通过了《三民主义教育实施原则》，分为八个方面，规定具体实施“目标”和“纲要”（包括课程、训育、设备三个细目）。它们包括以下几个方面。

初等教育（幼稚园、小学）：（1）使儿童整个的身心融育于三民主义教育中；（2）使儿童个性、群性在三民主义教育指导下均衡发展；（3）使儿童于三民主义教导下具有适合于实际之初步的知能。

中等教育（包括初、高中及相当程度的学校）：（1）确定青年三民主义之信仰并切实陶冶其忠孝仁爱信义和平之国民道德；（2）注意青年个性及其身心发育状态而予以适当的指导及训练；（3）对于青年应施以职业指导，并养成其从事职业所必具之知能。

高等教育：（1）学生应切实理解三民主义之真谛，并具有实用科学的智能，俾克实现三民主义之使命；（2）学校应发挥学术机关之机能，俾成为文化的中心；

---

① 周邦道. 第一次中国教育年鉴：甲编 [M]. 上海：开明书店，1934：10.

（3）课程应视国家建设之需要为依归，以收为国储材之效；（4）训育应以三民主义为中心，养成德、智、体、群、美兼备之人格；（5）设备应力求充实，并与课程训育相关联。

师范教育：（1）应根据三民主义的精神并参照社会生活之需要施以最新式的科学教育及健全的身心训练，以培养实施三民主义之师资；（2）学校应与社会沟通，并造成“教”“学”“做”三者合一的环境，使学生对于教育事业有改进能力及终身服务的精神；（3）乡村师范教育应注意改善农村生活并适应其需要以养成切实从事乡村教育或社会教育的人才。

社会教育：（1）提高民众知识使之具备现代都市及农村生活的常识；（2）增进民职业知能，以改善家庭经济并增加社会生产力；（3）训练民众熟习四权，实行自治，并陶冶其忠孝、仁爱、信义、和平之国民道德，以养成三民主义下的公民；（4）注重国民体育及公共娱乐，以养成其健全的身心；（5）培养社会教育的干部人才，以发展社会教育事业。

1931年11月，国民党第四次全国代表大会修订三民主义教育实施方针。要点为：（1）各级学校三民主义之教育，应与全体课程及课外作业相贯连。以史地教科阐明民族主义之真谛；以集团生活训练民权主义之运用；以各种生产劳动的实习，培养实行民生主义之基础；务使知识道德，融会贯通于三民主义之下，以收笃信力行之效。（2）普通教育，必须根据总理遗教，以陶融儿童及青年忠孝仁爱信义和平之国民道德，并养成国民之生活技能，增进国民之生产能力为主要目的。（3）社会教育，必须使人民认识国际情况，了解民族意义，并具备近代都市及农村生活之常识，家庭经济改善之技能，公民自治必备之资格，保护公共事业及森林园地之习惯，养老恤贫防灾互助之美德。（4）大学及专门教育，必须注重实用科学，充实学科内容，养成专门知识技能，并切实陶融为国家社会服务之健全品格。（5）师范教育，为实现三民主义的国民教育之本源，必须以最适宜之科学教育及最严格之身心训练，养成一般国民道德上学术上最健全之师资为主要之任务。在可能范围内，使其独立设置，并尽量发展乡村师范教育。（6）男女教育机会平等。女子教育注重陶冶健全之德性，保持母性之特质，并建设良好之家庭生活及社会生活。（7）各级学校及社会教育，应一体注重发展国民之体育。中等学校及大学专门学校，须受相当之军事训练。发展体育之目的，固在增进民族之体力，尤须以锻炼强健之精神，养成规律之习惯为主要任务。（8）农业推广须由农业教育机关积极实施。凡农业生产方法之改进，农民技能之增高，农村组织与农民生活之改善，农业科学知识之普及，以及农民生产消费合作之促进，须以全力推行，并应与产业界取得切实联络，俾有实用。

三民主义教育宗旨及实施原则与方针至此完备，直至1949年国民党败退到台湾为止，国民党政府一直努力落实。从教育理念来看，确有不少可取之处。首先，它使国家实施教育变得有法可依，有序可循，对民国教育在相当一段时期里的稳定发展确有指导作用。其次，它试图改变壬戌学制以来教育过于强调个性自由，忽略国家需要、统一要求和传统文化的现象，努力在三民主义之下调和个性和集团、自由和统制、外来思想和传统美德。最后，它扭转了清末以来中等及以上教育过于偏重文科，忽略实科的不良趋向，注重实用学科。尤其是派遣留学的学科选择方面，表现得更为明显，试图达到既垄断控制文科，又发展实科的双重目的。

[拓展阅读]
许庆如：《战时须作平时看——国家动荡中的教育智慧》

1937年8月，国民政府提出了“战时须作平时看”的教育方针，颁布了“一切仍以维持正常教育”为主旨的《总动员时督导教育工作办法纲领》，一方面采取一些战时教育应急措施，另一方面强调维持正常教育和管理秩序。1938年4月，国民党临时全国代表大会通过《中国国民党抗战建国纲领》，涉及教育的条款有：（1）改订教育制度及教材，推行战时教程，注重国民道德之修养，提高科学之研究，与扩充其设备；（2）训练各种专门技术人员，给予适当之分配，以应抗战需要；（3）训练青年，使能服务于战区及农村；（4）训练妇女，使能服务于社会事业，以增加抗战力量。国民政府还制定了《战时各级教育实施方案纲要》，包括9大方针和17项要求。9大方针为：（1）三育并进；（2）文武合一；（3）农村需要与工业需要并重；（4）教育目的与政治目的一贯；（5）家庭教育与学校教育密切联系；（6）以科学方法整理发扬我国固有文化之精粹，以立民族自信；（7）加速自然科学研究，以应国防与生产急需；（8）社会科学要取人之长，补己之短，以求适合国情；（9）各级学校目标明确，谋求各地均衡发展；普及义务教育依原计划按期实现，有计划地实施社会教育与家庭教育。17项要点则更为具体地规定了教育实施要求。这些教育方针政策成为战时教育的指导性原则，在日军大举进犯、国土相继沦丧、学校严重破坏的情况下，国民政府为保存教育实力，勉力应变，在高校内迁、学校国立、安置失学青年、战区教育、边疆教育等方面，都较有成效，使国家教育事业未因战争而中辍，反而在某些方面有所发展。

（二）试行教育行政改革

1927年6月，国民党中央执行委员会第105次政治会议通过蔡元培等人的提案，撤销广州国民政府的教育领导机构——教育行政委员会，仿照法国教育行政制度，中央政府设中华民国大学院主管全国教育，地方试行大学区，取代民国以来中央政府设教育部、各省设教育厅的教育行政制度。随后，国民政府任命蔡元培为大学院院长，公布了《中华民国大学院组织法》。1927年10月1日，中华民国大学院正式成立。根据大学院组织法规定，大学院为全国最高学术教育机关，隶属国民政府，管理全国学术和教育行政事宜。大学院设院长1人，综理全院事务，为国民政府委员。下设秘书处、教育行政处、中央研究院、国立学术机关和各种专门委员会。大学院设有大学委员会，为最高评议机构，有权推荐大学院院长及审议全国教育、学术等一切重大方案。1928年公布的《大学委员会组织条例》规定，大学委员会由大学院院长、副院长、教育行政处主任、各学区国立大学校长和副校长、由大学院院长推荐的5~7名国内专家所组成，大学院院长为大学委员会委员长。

与此同时，国民政府审议通过了《大学区组织条例》，并于次年公布《修正大学区组织条例》。规定全国各地按教育、经济、交通等状况划分为若干个大学区，每区设大学1所，大学设校长1人负责大学区内一切学术和教育行政事务。大学区下设高等教育处、普通教育处、扩充教育处（即社会教育处）、秘书处、研究院等机构。大学区的最高审议机构为评议会，由学区内大学校长教授、中学校长教员、小学校长教师、县教育行政人员、法定教育团体、扩充教育团体和学术界有名望且热心教育者各若干人所组成。大学区制先在江苏省、浙江省、河北省试行，取得经验后推广到全国。

[拓展阅读]
茹宁：《民国大学院与大学区制改革的价值重估》

早在1922年，蔡元培考察欧美教育回国后，就详细提出了教育独立主张，大学院和大学区制则为这一主张的实践。1926年，广州国民政府设立教育行政委员会为中央教育行政机构，实行的是有别于教育部组织的合议制。这是建立新教育行政机构的一种尝试。在此背景下，趁南京国民政府刚成立尚未完全控制教育之机，蔡元培尽力促成了大学院和大学区制的试行。蔡元培认为，这样做既可以促使教育与学术的结合，实现教育行政机构的学术化；又可以让教育摆脱官僚的支配，事权统一，使教育经费、图书设备、教职人员得到保障；还可以通过大学委员会和大学区评议会合议制度的建立，实现国家和地区教育决策、实施的民主化。

实行大学院和大学区制的教育行政体制改革方向不可谓无道理，但在国民党独裁统治逐渐建立、经济文化落后的中国，缺乏所需社会条件，难以推行。在一年多的试行中，问题不少，物议频频，受到各方反对，中小学界、江苏中央大学区反对尤甚，北平大学区更加建立不起来。1928年8月，大学院院长蔡元培辞职。11月1日，国民政府下令：大学院改为教育部，隶属于国民政府行政院，所有原大学院一切事宜均由教育部办理。1929年6月，国民党第三届执行委员会第二次全体会议决议废除大学区制，国民政府行政院决定浙江、北京两个大学区于暑假内停止试行，中央大学区限年内停止试行，从7月起一律恢复教育厅制度。

大学院和大学区制是一次忽略中国国情的失败的教育管理改革，原因很多，如教育独立与党化教育相悖；单独抽教育税的理想不能实现；实践者内部人事斗争等，结果反而使学术官僚化、教育政治化，留下关于大学去行政化管理改革的许多经验教训。

（三）修订学制和统一课程与教学

南京国民政府成立后，出于推行三民主义教育的需要，很快提出修订学制系统。1928年5月，中华民国大学院召集的第一次全国教育会议修正通过了《整理中华民国学校系统案》，即“戊辰学制”。

戊辰学制以1922年壬戌学制为基础并略加修改，分为原则、学校系统及说明三部分，但没有正式公布。1928年8月9日，大学院公布了其中的学校系统表。第一部分为原则，提案原文提出六项，大学院增加“提高学科标准”一项，修订为七项：（1）根据本国实情；（2）适应民生需要；（3）增高教育效率；（4）提高学科标准；（5）谋个性之发展；（6）使教育易于普及；（7）留地方伸缩之可能。第二部分为学校系统，同样分为三段五级，主干仍是壬戌学制的“六三三制”。儿童6岁以下入幼儿园。初等教育阶段，小学校修业年限为6年，分为初小4年，是义务教育范围，可以单独设立；高小2年，课程可以斟酌地方情形，增设职业学科。初小毕业以后，设立相当年限的补习教育。中等教育阶段，中学校修业年限为6年，分为初中3年，可以单独设立，实施普通教育，可以根据地方需要，兼设师范科和各种职业科；高中3年，分为普通科及农、工、商、师范、家事等科，或单独设立高级职业中学。各地可根据实际情形设立中等程度的补习学校等。高等教育阶段，分为大学校、专门学校、专修科和研究院。大学分设文、理、法、医、工、农等学院，修业年限分别是：文、理、医、农学院4年，法、工学院5年，医学院7年；专修科2年；研究院为大学毕业生而设，年限不定。专门学校就工业、农业、商业、美术、音乐等分别设立，招收高级中学或同等学力毕业生，修业年限为农、工、商、美术各3年，药学5年。

戊辰学制虽然没有正式公布，但实际上确是国民政府时期实施的学制，成为各级各类学校教育的基本依据。它从颁定后到1937年抗日战争全面爆发，经过多次局部增改和调整，也留下了南京国民政府统治时期政治、经济发展的烙印。例如，为了扫除训政和建国障碍，使占人口80%以上的不识字儿童与成年人受到一定教育，较为重视义务教育和成人补习教育；为提高民族文化程度，中等教育和高等教育工作重心定为整理充实，力求质量提高，不求数量增加；为适应经济增长，明显地向职业教育倾斜，使职业教育得到一定发展。最显著的特点是中等教育阶段，废除“综合中学制”，矫正了泛而不专、杂而不精的弊病，分别设立普通中学教育、师范学校教育、职业学校教育；废止高级中学的选科制，一律改为必修，集中学生注意力，加强基础课；普通中学除采用三三制，也可采用四二制；废止六年制师范学校，改为三年制师范学校；取消师范专修科，添设乡村师范学校；单独设立职业中学等。这些大多是针对壬戌学制的弊端做出的修订，具有一定的历史进步性。

为了从教育内容方面管理和控制学校，南京国民政府通过教育部制定和颁发了一系列有关法令，严格规范和统一全国学校的课程与教科书。

1928年12月，教育部公布《中小学课程标准起草委员会规程》，着手制定中小学校的课程科目、课程目标、教授时间、教学方法和学分标准等要点。1929年8月，教育部公布幼儿园、小学、中学三个课程暂行标准。试行三年后，1932年10月，教育部正式颁发《小学课程标准》，分别就小学初、高两级的课程目标、内容等做出规定，并要求将三民主义的“党义”课教材融于国语、自然、社会等科目中，另设有“公民训练”课以实施训育。1932年11月，教育部颁发《中学课程标准》，规定初中课程为公民、国文、英语、历史、地理、算学、物理、化学、动物、植物、体育、卫生、童子军训练、劳作、图画、音乐等，周学时34~35小时；高中课程为公民、国文、英语、中国历史、外国历史、中国地理、外国地理、算学、物理、化学、生物、体育、卫生、军事训练（女生为军事看护）、论理学、图画、音乐等，取消学分制和选修科目，实行学时制，周学时31~34小时。所有课程都是国家为了严格训练学生身心、培养健全国民，按起码要求设置的，各级学校不得擅自决定增减课程。1936年10月，教育部又公布《修订中学课程标准》，修订内容主要有减少学时数、修订劳作课程、增设职业科目等。

此外，为落实和加强小学公民训练课程，1933年2月，教育部公布《小学公民训练标准》，从公民的体格训练、德性训练、经济训练、政治训练等方面，按小学六学年分281个细目，逐年规定了训练要求。为统一规范全国公私立大学的培养工作，在1938—1948年的10年中，教育部召开了三次全国大学课程会议，先后颁发了文、理、法、医、农、工、商、师范8个学院的共同必修科目、分系必修科目和选修科目表，强调基础训练、基本要求和扩大知识面。

民国初年，南京临时政府曾经规定禁用清末学部颁行的教科书，颁布《审定教科图书暂行章程》。1927年，南京国民政府为贯彻党化教育，规定从速审查和编写教科书，以求与“党义”相合，并通过了《组织教科书审查会章程》。大学院时期，政府设立专门编审机构，还公布了《教科图书审查条例》，规定：非经大学院审定，所有教科书不得发行和采用；凡审定的教科书必须在书面上标明；教科书在使用一段时期后须重做审核认定。1929年，国民政府教育部先后公布了《教科图书审查规程》和《审查教科图书共同标准》，明确规定各级各类学校采用的教科书必须经过教育部审查，否则不得发行和采用；并具体提出了教科书审查的政治标准、内容标准、组织形式标准、语言文字标准和印刷装帧标准，如政治标准为“适合党义、适合国情、适合时代”，内容标准为“内容充实、事理正确、切合实用”等。这些审核规定除了突出强调教科书的政治指导外，也对教科书编撰的合理、实用提出了明确要求。

随着对教育控制的日益加强，国民党对教科书的审查日趋严格，试图扭转国民学校教科书由商务印书馆、中华书局等几个出版机构邀请学者和教育工作者编纂的局面。1932年6月，南京国民政府设立国立编译馆，会同教育部普通教育司代表政府办理中小学教科书的编纂审定事宜，拟定从1933年至1935年分三期完成编纂发行。1933年4月，国民政府公布《国立编译馆组织条例》和《办事细则》，详细规定了工作内容和教科书审定程序，重申学校教科书编纂的国定制和审定制，明确了教科书的初审、复审、终审的三审制，以及初审、复审发生争议时的特审制。全面抗战前，国民政府教育部还先后成立中小学教科书编审委员会、教科图书编辑委员会和大学用书编辑委员会，负责各级各类学校教材的审查、甄选。1942年，三个机构归入国立编译馆，教育部长陈立夫亲自兼任国立编译馆馆长。抗日战争胜利后，国民政府除继续由国立编译馆编纂教育部部编教材外，还通过选择各书局、出版社的优秀课本，指定实验学校优秀实验教材和向社会征求的形式，经严格审查修改后，确定教育部部编教科书，使学校教科书更为严格地纳入国民政府的控制之下。

［拓展阅读］
瞿骏:《“民国范儿”的迷思——论清末民国教科书之“另一面”》

国民政府教育部颁定大、中、小学校的课程标准，十分强调课程的统一性和规范性，不允许学校有自主权，尤其是将公民、党义、童子军训练、军训等硬性规定为必修科目。国民政府教育部强化对学校教育的控制，实际上也有益于规范教化工作，保证教学质量。教科书编审制度的建立，也对全国教科书的编写、出版起到规范作用，尤其是在教授、专家、学者，富有实践经验的学校教师，校长和出版界有识之士的共同努力下，国民政府时期的确出版了为数不少的优秀教科书，积累了不少教材编纂经验。

（四）建立各级学校训育和军训制度

国民政府在对学校实行高压强制的同时，又通过建立训育制度，实施严格管理。1929年7月，国民政府教育部通令全国实行国民党中央执行委员会所制定的

《中小学训育主任办法》，设立训育主任和训育人员，专门负责考察学生的思想、言论和行动，在全国中小学实行训育制度。1930 年 10 月，教育部批准上海市教育局拟定的《中学训育暂行标准》和《小学训育暂行标准》。1931 年 6 月，国民政府行政院下令教育部执行《确定教育设施趋向案》，学校训育一项规定：各级学校训育必须根据总理恢复民族精神之遗训，加紧实施，特别注重刻苦勤劳习惯之养成与严格的规律性之培养。1931 年 7 月，教育部通令全国各学校悬挂“忠孝仁爱信义和平”横匾，一律蓝底白字，以启迪道德，涵养品性。此后，还要求每个学校依其精神制订校训、校歌。

自从实施训育制度以后，国民政府历年所颁有关训育的法令法规多达数十个。全面抗战爆发后，国民党对各级各类学校的训育更为加强。教育部通令专科以上学校，学习教育部颁发的《青年守则》(即国民党《党员守则》)，要求学生背诵，由训育人员严加考核。1939 年 5 月，国民政府教育部遵照蒋介石建议，将“礼义廉耻”作为各级各类学校校训。不久，教育部颁布《训育纲要》，从意义、内容、目标、实施诸方面规定了学校训育，是一个最为集中体现国民党训育思想的纲领性文件。

作为对学生训育的组成部分，国民政府在小学和初中实行童子军训练，在高中以上学校实行军事教育和军事训练，用管理军营的办法管理学校，用管理军队的办法管理学生，目的在于养成儿童和青少年的绝对服从意识、统一行动习惯、团体主义精神和军事知识技能。

童子军是一种使儿童少年接受军事化教育训练的组织形式，民国初年传入中国，上海曾经成立中华全国童子军协会，在一些大城市设有分会。1926 年 3 月，国民党中央执行委员会决定由中央青年部组织中国国民党童子军委员会，统辖广州革命政府区域内的童子军组织和教育活动。南京国民政府成立后，中央青年部被撤销，国民党中央训练部下设中国国民党童子军司令部。1928 年 5 月，国民党中央常务会议通过《中国国民党童子军总章》，规定：以“三民主义”培养革命青年，凡 12—18 岁青少年皆须入伍接受童子军训练；未满 12 岁的幼童，愿受训者可组织党幼童子军。1929 年童子军正式更名为中国童子军，由国民党中央训练部长兼任司令。1933 年 10 月，中国童子军总会筹备处公布《中国童子军总章》共 9 章 150 条，规定中国童子军“以忠孝仁爱信义和平为训练的最高原则”，以“智、仁、勇”为教育目标。1934 年 11 月 1 日，中国童子军总会正式成立，蒋介石任会长。

根据国民政府教育部 1937 年 1 月颁发的《初级中学童子军管理办法》，童子军的组织和活动方式为：以学校为单位组织童子军团，校长任团长，主持军训等一切管理事务；初中学生均实施童子军组织管理；学生起居上课等一切作息均以号音为准；早晚举行国旗升降典礼；随时对学生进行服装、用品、勤务等项检查，予以矫正和奖惩；设童子军教练员主持训练管理一切事务。此外，对童子军的服装、出行、请假、寝食、上课、操练等，都规定了严格纪律，违者惩办不贷。全面抗战爆发后，1937 年 7 月 31 日中国童子军总部颁发《童子军战时服务大纲》。11 月，国民政府教育部公布《中国童子军战时后方服务训练办法大纲》，强调童子军活动为战时需要服务，要求围绕侦察、交通、宣传、募救、消防等内容，进行每日 1 小时的分组训练演习。1939 年 7 月，国民政府教育部又公布《中国童子军兼办社会童子军暂行办法》，要求各校童子军团招收学校附近 12—18 岁失学青少年组成社会童子军，从而将童子军组织扩大到社会范围，以组织和控制社会青少年。

早在 1928 年 5 月，基于对五三惨案的义愤，中华民国大学院曾经下令全国专门以上学校一律增加军事训练课程。1929 年 1 月，国民政府教育部颁发《修正高中以上学校军事教育方案》，规定高中以上学校军事科每学年 3 学分，两年共 6 学分。1933 年 3 月，蒋介石下令国民政府军政部、教育部、训练总监部，要求高中以上学校军事教育应当积极进行，认真训练。凡高中以上学生投考大学者，军训不合格时，不予录取。事实上军训已经变为完成学业和升学的必要条件。1934 年 5 月，国民政府教育部会同训练总监部公布《修正高中以上学校军事教育方案》和其他几个条例，规定军训活动方式为：每一个高中及同等学校组成一个军训团，校长任团长，军训团下设中队、小队，三小队为一中队，每小队 6~10 人；专科以上学校每校成立一个军训大队，校长为大队长，下设中队、区队、分队；训练教学科目分为学科与术科，各有若干科目；训练方式分为平时训练与集中训练；专科以上学校的训练还须按班、排、连战斗系列组织；训练时间，高中 3 年每周学科 1 小时，术科 2 小时，共 3 小时；大学第一学年每周学科 2 小时，术科 1 小时，共 3 小时；每年暑假尚需集中训练 3 周；每学年军训成绩不及格者不得升级，军训总成绩不及格者，经补习或留级一次仍不及格，则令其退学。1946 年，国民政府国防部成立，学生军训改归国防部领导。1947 年 7 月，国民政府国防部规定：大学毕业生受训半年，作为中尉预备军官任用；高中毕业生受训一年，作为少尉预备军官任用；初中毕业生受训一年，作为预备军士任用。

国民政府统治时期所建立的学校训育制度，在中国国难当头之际，出于抗击侵略、维护国家安全和发展的考虑，对大中学生进行国防教育和一定的军事训练，确有其必要性，抛弃了五四运动以来知识界一度认为世界和平是主流的幻想，有利于增强学生的爱国情感、民族责任心。虽然内含一些道德教育的价值，但训育逐渐异化为专制独裁统治服务的工具，辅助实施专制独裁统治的作用是主要的。训育当中的一些道德规范，不少属于传统道德中的糟粕，也没有适应道德观念的时代进步。

（五）实施中学和师范学校毕业会考

1932 年起，国民政府教育部开始整顿全国教育，重点在中等教育，中学毕业会考就是整顿的重要内容之一。

［拓展阅读］
张永平：《民国中学毕业会考之始末》

1932 年 5 月，国民政府教育部以整齐小学、初级中学、高级中学学生的毕业程度和“增进教学效率”的名义，公布了《中小学毕业会考暂行规定》，通令各省市县教育行政主管部门对所属公立及已立案的私立中小学应届毕业生，在经过所在学校考试合格后实行会考。要求各科考试成绩合格者始得毕业；一科或两科不及格者，可复试一次，复试仍不及格者，可补习一年再参加该科考试一次；会考三科以上不及格者，应令其留级，亦以一次为限。这就初步形成了民国时期中小学生的毕业会考制度。由于政府教育当局下令突兀，既未经专家充分论证，也未经过局部实验，各地学校措手不及，加之学校教学质量确实存在参差不齐的情况，当年会考考生不及格者居多。考前考后学生、家长、社会和教育界议论纷纷，莫衷一是，反对会考者颇具声势。

面对反对之声，国民政府教育部加强会考的实施力度。1933 年 2 月，教育部固守成命，坚持认为会考不及格者居多，反映出学生程度不齐、教学不良的弊病，根源是学校办理不善与训育废弛。因此，国民政府教育部责令各地教育主管部门对考生半数不及格之学校严加警告或整理，限期改善教学与训育，如下次会考成绩仍无进步者，将予以取缔或停办。当年，各地中小学校仍有强烈反对和抵制会考者，他们认为在毕业考试之外再增加会考实无必要，全面增加各科会考，徒增学校、教师和学生的压力。7 月，安徽省各中学公开反对会考，组织反会考大同盟，发出反会考宣言。国民政府不顾教育界强烈抵制，采取高压政策，蒋介石责成安徽省教育厅从严整饬，下令撤换大批中学校长。其他地区也有学校师生因“肇事”而被武力弹压。中学会考被强行推开。另一方面，国民政府教育部适当调整会考规定。1933 年 12 月，国民政府教育部公布《中学毕业会考规程》，取消小学生毕业会考；《中学毕业会考规程》规定：参加会考的学校应在会考前两周结束毕业考试；取消体育会考；高中会考科目为公民、国文、算学、历史、地理、物理、化学、生物学、外国语；初中会考科目为公民、国文、算学、理化（物理与化学）、生物（动物学与植物学）、史地、外国语；会考各科成绩计算方法，以学校各科考核成绩占十分之四，会考成绩占十分之六，合并计算；会考三科以上不及格者令其留级，以两次为限。1935 年 4 月，国民政府教育部又颁布《修正中学学生毕业会考规程》。全面抗战爆发后，由于战事频仍，全国各地举行统一会考已成困难。国民政府决定，已成战区的省市均免行会考，接近战区的省份由省教育厅派员至各校监考，后方各省则照行会考不误。中学毕业会考制度实行至 1945 年，受抗战经济、交通和复员返迁等原因制约，未再恢复。

中学实行毕业会考后，国民政府继续将这种做法向师范教育、专科以上学校等领域推广。1934 年 4 月，国民政府教育部公布了《师范学校学生毕业会考暂行规程》，一年后又正式颁布和严令施行《师范学校学生毕业会考规程》，规定了师范学校、乡村师范学校、简易师范学校、简易乡村师范学校、三年制和二年制幼稚师范科等各类师范毕业学生参加会考的科目、时间、合格评定标准等，并强调师范学生必须通过各科会考，方得被授予毕业证书，始获正式服务教职之资格，这一规定成了师范学生求得教职的关卡。1940 年 5 月，教育部颁发《专科以上学校学生学业成绩考核办法要点》，规定从 1941 年起，专科以上学校将毕业考试改为“总考制”，规定除考试最后一学期所学的 4 种以上（专科为 5 种以上）课程外，还须指定统考以前各年级所学专门科目 3 种，不及格者不得毕业。大专院校总考制成为大专学生的一道关卡，徒增学生学业负担，受到不少高校毕业班学生的强烈抵制和反对。

客观而言，毕业会考制度的用意和成效十分复杂。中国是一个区域辽阔、各地区经济、文化、教育发展极不平衡的国家，建立统一的会考制度，客观上会对提高各地各校的教学水平和教学质量有一定作用。通过会考建立一种中学教育阶段学生培养和学校办学的合格认定制度，也不是全无是处。事实上，社会公众也有赞同通过一种方法来考察学校工作成效者。

中学生毕业会考制度的实施，社会反响颇为复杂。国民政府各级教育主管部门多持维护态度，并不难理解；学生家长颇多支持，认为它能够保证教学质量，令子弟学业顺利；学校教师和主管由于工作和社会压力增大，工作受制过多，反对者众，或有保留；学生则表现出坚决反对和抵制态度，而且年级越高，反对越强烈；教育界人士大多比较慎重，不少人持反对或保留态度，希望通过科学研究和调查，说明其合理性。总之，国民政府时期的会考制度，在教育史上留下了不少值得研究的问题。

（六）施行教员资格检定制度

国民党政府为了控制教师队伍，施行了严格的教员资格检定制度。

1934 年 5 月，国民政府教育部公布了《小学教员检定暂行规程》《中学及师范学校教员检定暂行规程》，规定中、小学及师范教员资格的检定分为无试验检定和试验检定两种，其中无试验检定于每学期开学前举行，试验检定至少三年举行一次。1944 年 1 月，国民政府教育部又公布了《小学教员检定办法》，将试验检定改为至少每两年举行一次。试验检定分笔试、口试或实习，必要时举行体格检查。检定合格后发合格证书，有效期为 4 年。1944 年 4 月，国民政府教育部又公布了《中学及师范学校教员检定办法》，对 1934 年的规程予以修正，主要是将试验检定改为每年一次，于第一学期开始前举行；对无试验检定的教员资格也做了变动。

1946 年 11 月，教育部又公布了《国民学校教员检定办法》，共 25 条，再次对 1944 年的办法做了修正。其中规定：国民学校教员包括国民学校、中心国民学校、公私立小学、师范学校附属小学及幼稚园教员。国民学校教员凡未具以下资格之一者均应接受检定：（1）师范学校毕业者；（2）旧制师范学校本科或高级中学师范科或特别师范科毕业者；（3）高等师范学校或专科师范学校毕业者；（4）师范学院或大学教育学院教育科系毕业者。试验检定每年或隔年举行一次，检定合格在有效期内教学成绩优良者，经省市督学查报或县市教育行政机关呈报有案，或于服务期间参加假期训练 3 次以上并有成绩合格证明者，期满后发给长期合格证书。

施行教员资格审查和检定制度，是现代师资管理发展的必然趋势，客观上固然有助于提高教师水平和教学质量，但国民党政府的目的却是为了控制教师队伍，打击教育界的进步力量。这在当时也是一种不切实际的空想，因为按照这个办法，全国大多数小学教员、私塾教师将被宣布为不合格而失去任教资格，其结果反而打击了中国基础教育的发展。

第二节　中国特色社会主义教育体系的探索

中华人民共和国成立后，我国开始了建立中国特色社会主义教育并不断改革完善的探索历程。学制变迁大体上可以分为中华人民共和国成立初期、社会主义探索初期和改革开放以后三个历史时期。中华人民共和国成立初期取法苏联教育体制，经过艰难曲折发展，特别是改革开放后的逐步调整，中国特色社会主义教育获得了前所未有的繁荣发展。

一、教育方针演变

[微视频]
新民主主义教育方针

1．中华人民共和国成立初期的教育方针

1949 年 9 月中国人民政治协商会议第一次全体会议通过的《中国人民政治协商会议共同纲领》第五章“文化教育政策”规定：“中华人民共和国的文化教育为新民主主义的，即民族的、科学的、大众的文化教育。人民政府的文化教育工作，应以提高人民文化水平，培养国家建设人才，肃清封建的、买办的、法西斯主义的思想，发展为人民服务的思想为主要任务。”1949 年 12 月第一次全国教育工作会议重申了《共同纲领》制定的文教政策，提出新教育的目的是为人民服务，首先为工农兵服务，为当前的革命斗争与建设服务；教育必须为国家建设服务，学校必须为工农开门；对旧教育采取坚决改造，逐步实现的方针；建设新教育要以老解放区新教育经验为基础，吸收旧教育某些有用的经验，借助苏联教育经验；教育工作的发展方针是普及与提高相结合。这些方针政策明确了当时教育工作的性质、任务和总方向，对于肃清国民党政府的文教政策和旧教育的不良影响，对于中华人民共和国成立初期教育的改造与建设起着重要的指导作用。

1951 年召开的第一次全国中等教育会议提出要使青年在智育、德育、体育、美育各方面获得全面发展。1952 年颁布的《中小学暂行规程》（草案）也提出实施智育、德育、体育、美育全面发展的教育。这些都对教育产生了深远影响。社会主义改造时期关于教育目的的各种提法，都没有超出这个范围。

2．20 世纪 50 年代至 70 年代的教育方针

1957 年 2 月，毛泽东针对教育界与教育方针有关“全面发展教育”的讨论，提出：“我们的教育方针，应该使受教育者在德育、智育、体育几方面都得到发展，成为有社会主义觉悟的有文化的劳动者。”这个提法正式使用了“教育方针”概念，把“德育”放到首位，未提“美育”，用“几方面发展”取代了“全面发展”，明确提出了培养“劳动者”的目标。尽管还不是很完善，但仍不失为比较科学和准确的提法，明确了教育性质、方向、培养目标及其规格，成为长期指导我国教育的方针，对我国教育发展影响深远。

1958 年 9 月，中共中央、国务院在《关于教育工作的指示》中使用了“教育工作方针”和“教育目的”的提法，提出“党的教育工作方针，是教育为无产阶级的政治服务，教育与生产劳动相结合”，“教育的目的，是培养有社会主义觉悟的有文化的劳动者”，并指出这种主张“正确地解释了‘全面发展’的含义”。这个方针是当时我国特殊的政治、经济、文化、教育形势的产物，尽管在某些方面是正确的，但在指导思想上却犯了明显的“左”倾错误，在“以阶级斗争为纲”、片面突出政治的年代，在长期执行过程中产生了不良的影响，甚至给教育工作造成了损失。1966 年 8 月 8 日，中共八届十一中全会通过《中共中央关于无产阶级文化大革命的决定》。“文化大革命”期间，教育战线是重灾区，教育方针受到歪曲篡改，

未能得到正确理解和贯彻执行。

3. 改革开放时期的教育方针

1978 年 9 月 22 日，邓小平在全国教育工作大会上讲话提出恢复中华人民共和国成立初期的教育目的，研究新的条件下更好地贯彻教育与生产劳动相结合的方针的要求。后来，邓小平又提出教育要做到三个“面向”，要培养“四有”新人。这些都被写进了中央和国家有关文件，具有教育方针的性质，对新时期教育的改革和发展起着十分重要的指导作用。

1986 年 4 月，第六届全国人民代表大会第四次会议通过的《中华人民共和国义务教育法》规定：“义务教育必须贯彻国家的教育方针，努力提高教育质量，使儿童、少年在品德、智力、体育等方面全面发展，为提高全民族的素质、培养有理想、有道德、有文化、有纪律的社会主义人才奠定基础。”这一规定既包括德、智、体全面发展，又包括“四有”要求。1995 年 3 月 18 日，第八届全国人民代表大会第三次会议通过的《中华人民共和国教育法》规定：“教育必须为社会主义现代化建设服务，必须与生产劳动相结合，培养德、智、体等方面全面发展的社会主义事业的建设者和接班人。”这个方针被用法律形式确定下来，规定了我国未来教育的性质、方向、途径、目标及规格，对我国教育发展产生了重大而深远的影响。

二、学制改革演变

（一）1951 年学制

1. 1951 年学制的内容

1951 年，中央人民政府政务院颁布了《关于学制改革的决定》，根据中国现代教育的既有基础和新的发展要求，规定了幼儿、初等、中等、高等四个阶段的学制安排。

幼儿教育阶段。实施幼儿教育的组织为幼儿园，招收 3—7 周岁的幼儿，使他们的身心在入小学前获得健全的发育。

初等教育阶段。包括儿童的初等教育和青年、成人的初等教育。对儿童实施初等教育的学校为小学，给儿童以全面的基础教育，入学年龄以 7 周岁为标准，修业年限 5 年，实行一贯制，取消初、高两级分段制。对青年和成人实施初等教育的学校为工农速成初等学校、业务初等学校和识字学校。工农速成初等学校，修业年限 2~3 年，招收工农干部和其他失学劳动者，施以相当于小学程度的教育；业务初等学校，修业年限暂不规定，以学完规定的课程为毕业标准，招收工农劳动者和其他青年与成人，施以相当于小学程度的业务教育；识字学校（冬学、识字班），修业年限不定，以扫除文盲为目的。此外，为使不能升学的小学毕业生能继续接受适当的教育，小学将附设各种补习班或专业训练班，受过这种补习班或训练班教育的学生经过考试，插入中等学校的适当班次学习。

中等教育阶段：实施中等教育的学校为各种中等学校，包括中学、工农速成中学、业余中学和中等专业学校。中学修业年限 6 年，分初、高两级，三三分段，均单独设立。初级中学招收小学毕业生或具有同等学力者，入学年龄以 12 周岁为标准。高级中学招收初级中学毕业生或具有同等学力者，入学年龄以 15 周岁为标准。工农速成中学修业年限为 3~4 年，招收参加革命斗争和生产工作达规定年限并具有相当于小学毕业程度的工农干部和产业工人，施以相当于中学程度的教育，毕业后经过考试可升入各种高等学校。业余中学分初、高级两级，修业年限各为 3~4 年，均单独设立，分别招收业余初等学校或业余初级中学的毕业生或具有同等学力者，施以相当于初级中学或高级中学程度的教育，入学年龄不做统一规定。中等专业学校包括中等技术学校、中等师范学校和中等医药及其他学校。技术学校（工业、农业、交通、运输等）分中级和初级两类。修业年限各为 2~4 年，分别招收小学或初级中学毕业生或具有同等学力者，入学年龄不做统一规定。技术学校毕业生，应在生产部门服务满规定年限后，经过考试，分别升入技术学校、高级中学或各种高等学校。师范学校：包括中等师范学校、初级师范学校和幼儿师范学校，分别招收小学或初中毕业生或具有同等学力者，入学年龄不做统一规定，修业年限为 3~4 年。各类师范学校毕业生应在小学或幼儿园服务满规定年限后，经过考试，分别升入师范学校、高级中学、师范学院或其他高等学校。医药及其他中等专业学校（贸易、银行、合作、艺术等）修业年限、招生条件等，参照技术学校的规定。

高等教育阶段。实施高等教育的学校为各种高等学校，即大学、专门学院和专科学校。高等学校应在全面普遍文化知识教育的基础上给学生以高级的专门教育，为国家培养具有高级专门知识的建设人才。大学和专门学院修业年限 3~5 年（师范学院为 4 年），专科学校修业年限 2~3 年。高等学校招收高级中学及同等学校毕业生或具有同等学力者。入学年龄不做统一规定。研究部由大学和专门学院设置，招收大学及专门学院毕业生或具有同等学力者修业年限 2 年以上，培养高等学校师资和科学研究人才。高等学校毕业生由国家统一分配工作。

《关于学历改革的决定》还规定设立各级政治学校、政治训练班、各级各类补习学校和函授学校以及盲聋哑学校，以适应青年知识分子和旧知识分子革命的政治教育，工农干部及广大人民群众广泛的政治学习和业务学习以及生理上有缺陷的儿童、青年和成人的教育需要。

2. 1951 年学制的特点

1951 年学制的特点主要有以下方面：（1）人民性和平等性。它明确地和充分地保障了全国人民，尤其是工农劳动人民和工农干部受教育的机会，使城乡人民群众的子女能够平等地受到完全的基础教育，使失学的工农劳动者、工农干部和其他青年和成人能够接受到各种形式和层次的教育，反映了"学校向工农开门"的方针，反映了广大政治上翻身的工农大众的教育要求。（2）革命性。学制考虑到革命干部受教育的要求和对广大知识分子与人民群众革命政治教育的需要，确立了各种形式的干部学校和政治学校在学校系统中的地位。（3）灵活性。在初等和中等教育阶段，学校类型、修业年限、入学年龄等方面都有各种不同的规定，适应了我国文化教育发展状况和不同年龄不同文化程度的人的教育需求。（4）以专业教育代替职业教育，确立各种技术学校在学制系统中的突出地位，反映了教育要适应国家各项建设工作的广泛需要。

3. 1951 年学制存在的问题

1951 年学制存在以下问题：（1）缩短了小学修业年限，实行 5 年一贯制，不分段。这明显是受苏联学制的影响。由于我国经济和文化基础不同，再加上师资、教材、校舍等条件准备不足，5 年一贯制在大多数地方很难推行。1953 年初，又恢复了“壬戌学制”的规定。（2）加强工农教育是必要的，但由于片面强调正规化和速成化，实践证明不妥。又由于经过几年的努力，工农干部和产业工人的文化水平有所提高，而工农速成中学于 1955 年秋季起停止招生。

（二）1958—1977 年学制改革

1958 年中共中央、国务院在《关于教育工作的指示》中提出，现行学制需要积极地和妥当地加以改革，试验方案报请中央教育部批准后实施，取得成功后推向全国。并且提出办学形式多样化，建立全日制学校、半工半读学校和业余学校的主张。此后，各地广泛开展了群众性的改革学制的试验，试验的新学制有：小学五年一贯制；中小学七年、九年、十年一贯制，九二制；中学四年一贯制、五年一贯制、四二制、三二制、二二制，等等。

“文化大革命”期间，学制改革遵从毛泽东“学制要缩短，教育要革命”的指导方针，提出两个方面的意见：第一，中小学下放到工厂、社队办理，实行九年一贯制，小学开设政治语文、算术、革命文艺、军事体育、劳动五门课，中学开设毛泽东思想、工（农）业基础、革命文艺、军事体育、劳动五门课。第二，高等教育根据各专业具体要求，分别为 2~3 年，招收“政治思想好、身体健康、具有三年以上实践经验，年龄在 20 岁左右、有相当于初中以上文化程度的工人、贫下中农，解放军战士和青年干部。有丰富实践经验的工人、贫下中农，不受年龄和文化程度的限制。此外，还要注意招收上山下乡和回乡知识青年”。“实行群众推荐、领导批准和学校复审的办法。”这些意见后来反映在 1971 年 8 月 13 日中共中央批转的《全国教育工作会议纪要》中。

1958—1977 年，全国学制改革的情况是：高等学校实行二至三年制；中小学学制，有 14 个省、自治区实行 9 年制（小学 5 年，初中 2 年，高中 2 年），7 个省、市、自治区实行 10 年制（小学 5 年，初中 3 年，高中 2 年，或小学 6 年，中学 4 年），9 个省、自治区农村学校实行 9 年制，城市学校实行 10 年制，西藏自治区实行小学 5 年和 6 年并存、初中实行 3 年制。中等专业学校实行 2~3 年制，招收具有 2 年以上实践经验、年龄在 20 岁以内、具有初中毕业文化程度的工农知识青年。技工学校实行 2 年制，招收相当于初中文化程度、经过一二年劳动锻炼的知识青年或应届初中毕业生。各级各类学校招生都采取推荐免试入学的办法。

1958 年以来的学制改革具有如下特点：一是受极“左”路线影响，似乎修业年限越短越革命越好，课程越少越浅越好，甚至用领袖语录、阶级斗争、生产劳动取代了正常的文化科学技术课程；二是搞群众运动，缺乏科学、严肃的态度和方法，导致学制呈现出混乱状态；三是实行推荐免试入学，降低入学条件和标准，不仅给教学带来很大困难，而且大大地降低了各级学校的教育质量和学生的文化水平。

（三）改革开放时期的学制建设

1977年，邓小平就学制改革提出了五项指导意见：一是先恢复小学五年，中学五年，以后再进一步研究；二是大学学制本科一般定为四年，医科以及其他个别专业可以长一些；三是停止群众推荐，恢复高等学校通过考试择优录取，从高中毕业生中直接招生的办法；四是要办重点小学、重点中学、重点大学；五是扩大农业中学、各种中等专业学校、技工学校的比例，大力发展中等职业教育。

1978年1月，教育部颁布《全日制十年制中小学教学计划（试行草案）》，统一规定中小学学制为十年，其中小学五年，中学五年，三二分段，否定1958年以来实行的中学四年制，拉开了新时期学制改革的序幕。1980年12月，中共中央、国务院在《关于普及小学教育若干问题的决定》中指出："中小学学制，准备逐步改为十二年。今后一段时期，小学学制可以五年制与六年制并存，城市小学可以先试行六年制，农村小学学制暂时不动。教育部应当尽快提出学制改革方案，确定统一的基本学制"。这是中央关于学制改革的一个重大决策，否定了学制越短越革命的极"左"思想，完成了学制改革指导思想上的拨乱反正任务。1981年3月，教育部发出通知，要求各地从实际条件出发，逐步有计划、有准备、有步骤地将五年制中学过渡为六年制。

1986年通过的《中华人民共和国义务教育法》规定："国家实行九年制义务教育。"义务教育可以分为初等教育和初级中等教育两个阶段。初等教育和初级中学教育的学制，由国务院教育主管部门制定。之后，各地进行了学制改革试验。目前，我国小学和初中的学制年限有六三制、五四制、五三制和九年一贯制等多种形式，中学一般为三三制，但小学五年、初中四年、高中三年的五四三制试验影响较大。1995年3月18日，第八届全国人大三次会议通过的《中华人民共和国教育法》提出："国家实行学前教育、初等教育、中等教育、高等教育的学校教育制度。""国家建立科学的学制系统。""国家实行九年制义务教育制度。""国家实行职业教育制度和成人教育制度。""国家建立和完善终身教育体系，"从法律上明确规定了我国的学制及其系统构成。通过半个世纪的继承、改革和发展，形成了我国现行学制的基本框架。

三、教育行政改革演变

（一）中央教育行政制度

中华人民共和国中央政府教育主管部门的设置和名称，经历了复杂演变。1949年10月19日，中央人民政府政务院文化教育委员会成立（1954年改为国务院第二办公室），职责是"指导文化部、教育部、卫生部、科学院、新闻总署和出版总署"，郭沫若任主任，马叙伦、陈伯达、陆定一、沈雁冰任副主任，马叙伦任中华人民共和国教育部第一任部长。中共中央负责教育管理的机构是宣传部。1949年11月1日，中央人民政府教育部宣告成立，下设办公厅、高等教育司、中等教育司、初等教育司、社会教育司、视导司和高等教育委员会与识字运动委员会，1952年增设民族教育司。这样就形成了中华人民共和国成立初期政务院文化教育委员会、中共中央宣传部直接指导教育，中央人民政府教育部具体管理教育的新中国初期的中央教育行政体制。

此后，中央教育主管机关经历了教育部和高等教育部的分合过程。为适应高等教育院系调整等，1952 年成立高等教育部和扫除文盲工作委员会，分别任命张奚若、楚图南为部长、主任。前者下设办公厅、综合大学教育司、扫盲工作司、编审司，扫除文盲工作委员会 1954 年 11 月与教育部合并。

1958 年 2 月 11 日，第一届全国人民代表大会第五次会议通过《关于调整国务院所属组织机构的决定》，高等教育部和教育部合并，杨秀峰被任命为教育部长。1958 年 6 月 10 日，中共中央决定成立文教小组，直属中央政治局和书记处，陆定一、康生分别任正、副组长。1960 年 1 月 16 日，中共中央、国务院决定成立业余教育委员会，作为国务院指导全国业余教育工作的机关。林枫任主任，张际春任副主任。1963 年 10 月 23 日，国务院又决定将教育部分为高等教育部和教育部，杨秀峰、何伟分别担任部长。

1966 年 7 月 23 日，中共中央同意中央宣传部建议，又将两部合并，何伟任部长。"文化大革命"期间，教育部各项业务工作陷于停顿甚至瘫痪。1970—1975 年，全国教育行政工作受中央文革小组指导，由国务院科教组管理。

1975 年 1 月，第四届全国人民代表大会第一次会议任命周荣鑫为教育部部长，撤销国务院科教组，恢复教育部，并于 1977 年 10 月调整和加强了教育部的组织机构。1985 年 5 月 27 日，中共中央《关于教育体制的决定》指出，为了加强党和政府对教育工作的领导，成立国家教育委员会，负责掌握教育的大政方针，统筹整个教育事业的发展，协调各部门有关教育的工作，统一部署和指导教育体制的改革。1985 年 6 月，正式成立国家教育委员会，同时撤销教育部。1998 年国务院机构调整，九届全国人大一次会议又决定撤销国家教育委员会，恢复教育部。

（二）地方教育行政制度

地方教育行政管理制度也经历了相应改革。中华人民共和国初期，我国实行大行政区制，各大行政区设置有文教委员会和文教部（局），地位略高于同级行政部门。1950 年 1 月，政务院公布省、市、县三个组织通则，分别规定：省人民政府设文教厅或处，直辖市人民政府设文教局，县人民政府设教育科或局。1954 年 8 月 3 日，教育部为了适应大区行政机构撤销后的新情况，充分发挥省、市教育厅（局）的职能，提高工作效率，制定并颁行了《中央教育部与省（市）教育厅（局）之间职权范围的规定》和《省市教育厅局，向中央教育部请示报告问题的几项规定》。1954 年 9 月 20 日公布的《地方各级人民代表大会和地方各级人民委员会组织法》规定：省、自治区设教育厅、局或处；直辖市和设区的市设教育局、处；不设区的市设文化教育科或局；市辖区设文化教育科或股；乡、民族乡、镇设文化教育工作委员会，人口和商业较多的镇经县人民委员会批准可参照市辖区设工作部门。12 月 15 日，国务院在有关省人民委员会机构的决定中规定，省人民委员会设文教办公室，负责掌握文化、教育、卫生等工作。1956 年，国务院批准省、自治区、直辖市人民委员会逐步设立专门管理高等教育的行政机构。

“文化大革命”期间，地方各级教育行政部门陷于动荡状态。县级教育局一度被撤销，代之以县革命委员会下设的文卫办公室或学校组管理教育行政事务。农村社队，成立贫下中农管理学校委员会（组）（简称“贫管会”）或教育革命委员会（组）。整个地方基层教育行政体制呈现混乱状态。“文化大革命”结束后，地方各级教育行政逐步得到恢复。

1985 年，中共中央《关于教育体制改革的决定》颁发后，省、市、县教育行政部门相继改为教育委员会。有的地方县级政府仍设教育局或文教局，但权限有所扩大。乡级教育行政机构设置不一，有的设专职教育助理，有的设文教干事，有的设教育委员会，大多数设文教办公室。随着国家新的机构调整，地方各级教育行政机构也处于调整中。

中华人民共和国成立以来，我国教育行政制度经历了分设、合并、撤销、恢复等多次调整和改革，逐步形成了中央教育部—省（自治区、直辖市）教育厅（或局、教委）—县（市、市辖区）教育局（文教局或教育科、股）—乡（镇）文教办公室的四级管理体制，在教育改革和发展中发挥着重要作用。

第三节 第二次世界大战后欧美主要国家教育制度的改革

第二次世界大战之后，世界各国的政治、经济、文化等都发生了翻天覆地的变化，世界格局由以美国和苏联为中心的两极格局向多极化趋势发展，教育领域也发生了许多重大革新。为了更快地恢复经济的发展，加快人才培养的进程，进一步维持并加强国际地位，世界各国纷纷在教育行政管理体制、基础教育、高等教育等方面进行了一系列的改革。

一、第二次世界大战后美国教育制度的改革

美国的教育起步较晚，但发展迅速。殖民地时期北美的教育制度基本移植了英国的教育制度，并深受宗教的影响。独立之后，美国国会和各州政府不断颁布法案发展教育，并把办教育规定为州的职权，于是各州相继建立教育委员会、教育厅、教育局等，实行教育管理上的地方分权制，各级教育都得到了不同程度上的发展。第二次世界大战之后，美国经济迅速发展，并跻身于教育强国之列。教育的发展促进了经济的增长，经济水平的提升又为教育的发展提供了坚实的保障。美国的各级各类教育得到了空前发展。

（一）教育行政

第二次世界大战前，美国主要通过合并学区和削弱学区的管理权限，完善州内县市级教育管理机构及其职能，加强州一级教育行政管理机构及其职能等措施来加强州集权制，强化教育管理，提高教育行政的专业性与高效性。第二次世界大战后，美国联邦政府于 1953 年成立卫生部、教育部、福利部，将原教育局改为该部的教育总署，以更好地管理教育事务，满足政治、经济、军事、科技等的发展需求。1957 年，苏联发射第一颗人造卫星，美国上下颇为震惊，教育受到前所未有

的重视，并被提至“巩固国防”的高度。鉴于美苏争霸愈演愈烈，国内外形势急剧变化，美国联邦政府于 1979 年成立联邦教育部以加强对全国教育的领导与管理，同时也强调州和学区对于教育的权限和责任。

整体而言，美国实行的是典型的地方分权教育管理制度，主要通过教育立法、联邦拨款、信息传播等途径加强对全国教育事业的管理与调控。联邦政府主要对全国教育事业进行宏观调控，调动地方办学的积极性，通过调查统计反映教育情况、拨地拨款补助建校兴学，承担少数民族与特殊地区教育任务等手段推动教育积极发展。而教育管理的实际管理权力主要掌握在学区、市县、州等教育行政单位手中。

学区是由地方各界社会代表组成的直接管理地方学校的公共团体，一般设民选或委派的教育委员会管理学区的教育。由于各州情况各异，各学区教育委员会的职能也不尽相同，但主要包括制订教育计划、编制教育预算、征收教育税、管理教职人员聘用、购买教材教具等。

市县是州与学区中间的基层教育管理机构，若有的州在市县下不分学区或有的学区名存实亡，市县就负责管理该区域的教育事业，一般设教育局长。州一级教育行政机构设立州教育委员会，下设教育厅负责管理整个州的教育，使得市县和学区的教育有法可依、有章可循。其主要职能为：制订教育政策与教育计划；判定各种教育条件的最低标准；制订教学大纲与质量标准，等等。第二次世界大战后，美国联邦政府对教育的干预不断加强，1958 年国防教育法的颁布是国家干预教育的重要标志，其主要通过教育立法、教育拨款等手段提高联邦教育机构的地位和影响力，强化对教育的领导与指导作用。20 世纪五六十年代的教育改革是在里根总统任期内进行的，面对经济膨胀的严峻形势，他主张减少国家对教育的干预，让市场经济更好地发挥作用，因此国家并不对教育改革进行全面系统的指导。至 20 世纪 80 年代末期，里根总统才部分恢复对教育的干预。布什总统上台之后于 1991 年 4 月发布《美国 2000 年教育战略》，逐步加强联邦对教育的干预与管理。整体而言，美国的教育管理旨在充分保证各州办学自主权、调动各州办学积极性的前提下，不断加强联邦政府对于教育的管理和控制。

（二）基础教育

第二次世界大战前，美国初等教育基本普及，公立中学取代文实学校成为美国中等学校的主要类型，并形成了 6-3-3 和 8-4 两种学制。第二次世界大战后，美国进入发展的“黄金期”，对教育进行了大刀阔斧的改革。美国小学有四年制、八年制和六年制三种，其中公立学校占绝大多数。美国初等学校体制上发生的一个较大变化就是中间学校的产生，中间学校介于小学和中学之间，多体现在六年制小学中。中等学校基本采用第二次世界大战前的类型，多为综合中学，在高中阶段分为学术科、职业科和普通科，还有职业中学，二者都分为公立和私立两种体制，以公立学校居多。

［拓展阅读］
李立国，等：
《加强基础与追求优异》

由于第三次科技革命的兴起、国家垄断资本主义的发展以及美苏争霸的影响，已有的教育制度已不能再适应国内外的发展局势。面对社会日益强烈的教育需求与频发的教育问题，联邦政府通过颁布一系列举措来改革教育。20世纪前期的一系列教育改革并没有提升美国的教育质量，于是在苏联卫星上天与布鲁纳结构主义教育思想的影响下，美国于1958年9月颁布了《国防教育法》，预示着中等学校的教育目标将从适应生活转向加强基础科学教育，培养尖端科技人才。该法案明确提出要加强普通学校的“新三艺”（即自然科学、数学和外国语三门学科）以及其他重要科目的教学，要求更新这些学科的教学内容和提高教学水平；加强职业技术教育，要求各地区设立职业技术教育机构，有计划地进行职业技术训练；强调天才教育；增拨大量教育经费，等等。[①] 联邦政府通过国家科学基金会对中学教材进行改革。针对第二次世界大战后学生学习水平普遍下降、教育质量不高等问题，各专家学者纷纷提出自己的建议并发表了一系列的报告，其中影响最大的是1959年的《今日之美国中学》报告。科南特在此报告中对“有学术才能的学生”和“极有天才的学生”分别提出了专门的建议，还提出了全体学生都要加强普通教育的科学基础，加强共同必修课程的学习，对中学教育改革影响巨大。与此同时，1959年美国教育科学院召集35位著名教育学家和心理学家，围绕普通学校教育中的数学、自然科学等学科的教育改革展开讨论，主要任务是编写课程教材。但由于新教材内容深奥难懂，再加上教师专业能力不足，导致课程改革的失败。

20世纪60年代美国的教育改革是伴随着民权运动而开始的，其主要目标是促进教育机会的平等。美国不仅废止了学校中的种族隔离，还颁布了一系列教育政策与法案，比如《补偿教育方案》《中小学教育法》《残疾儿童教育法》《双语教育法案》等，为弱势群体提供资助，旨在保障绝大多数人的教育权益，促进教育平等。1965年通过的《中小学教育法》明确规定了中小学的学业目标，如小学的目标是加强普通文化科学知识的教育，为学生将来接受专业教育打好基础；中学的目标是学习各种科学知识技能方法，为培养未来的学者和专家打下基础，为高等学校输送合格生源做好准备。[②]20世纪70年代美国出现了诸多教育问题，例如入学人数减少，考试成绩下降，教育公众信任降低，等等，人们开始反思问题的根源。于是20世纪70年代掀起了“生计教育”和“返回基础学科运动”两种教育思潮，前者旨在将普通教育与职业教育结合起来，缓和社会矛盾，为青年人解决就业问题；后者强调增强小学阶段基本技能的训练以及中学阶段英语、自然科学、数学与历史的教学，旨在全面提高教育质量。与此同时，国会也相继通过禁止性别歧视的《教育修正法案》和保证残障儿童教育权利的《全体残障儿童教育法案》，以进一步促进教育机会平等。

20世纪80年代以来，强化政府在教育改革中的作用、提高教育质量成为美国教育改革的主旋律。20世纪80年代初，美国的世界霸主地位受到苏联、日本等国家强有力的挑战，国内教育问题层出不穷，于是美国联邦教育部部长贝尔成立“国家教育优异委员会”，通过对美国教育质量的调查最终提交了《国家处于危险之中：

---

① 藤大春. 外国教育通史：第六卷 [M]. 济南：山东教育出版社，1994：89–90.

② 瞿葆奎. 教育学文集 · 美国教育改革 [M]. 北京：人民教育出版社，1990：271.

教育改革势在必行》报告。报告将教育与国家的命运紧紧联系在一起，提出通过制订更严更高的修习标准和录取要求，延长学日和学年的时间，提高对中学毕业生的要求，提高对教师能力和素质的要求等来提升教育质量。为了使今日的儿童可以成功适应 2061 年世界在各方面发生的巨大变化，1985 年美国提出了《普及科学：美国 2061 计划》，通过对基础教育的科学、数学和技术领域进行改革，以加强基础知识的掌握，提高教育质量。该计划用三步走的形式勾画出美国未来半个多世纪的科学教育蓝图，为美国今后的教育发展指明了方向，随后一系列关于语言、人文、社会科学等课程的改革方案相继被提出。①

20 世纪 90 年代以来，美国的教育改革主要集中在确立 21 世纪教育发展的目标、进一步推进教育的市场化进程、提升教育质量、促进教育公平、加强学校与社区的联系、强化联邦政府对教育的干预等方面。据统计，美国在整个 20 世纪 80 年代，8—13 岁的学生成绩并没有任何长进，再加上校园内各种吸毒、酗酒、暴力等现象频发，民众对教育倍感失望，于是 1991 年布什政府发布了《美国 2000 年教育战略》，明确了未来美国教育发展的六大目标，旨在彻底改革美国中小学的教育模式，从根本上提高美国全体民众的知识和技能水平。《美国 2000 年教育战略》所列教育发展的主要目标包括所有儿童都乐于学习；将中学毕业率至少提高至 90%；学生在五门核心课程方面具有国际竞争力；学生在自然科学和数学方面要领先世界各国；每所学校都没有暴力和吸毒等现象，并适合学生学习生活，等等。《美国 2000 年教育战略》还提出了实现教育目标的重要措施：办好现有的 11 万所学校，建立 1 000 所新型学校，让 85% 的成人回学校学习，通过改进社区生活建立学习化社会。与此同时，各州各地纷纷提出了一系列创新的教育举措，通过引入特许学校、学券制等来改善教育质量。②1994 年，克林顿总统在继承布什总统的教育目标下，在其颁布的《2000 年目标：美国教育法》中又增加了教师培训和家长参与两个目标，并提出将五门核心课程扩展为包括外语与艺术的七门核心课程，特别强调每个人都应该拥有接受高质量教育的平等机会。此后，克林顿总统还批准了一系列配套法案，提出了提高处境不利儿童的学业成绩、保障校园安全、支持发展特许学校、在公立学校系统引入弹性机制等一系列教育改革措施。

［微视频］
美国现代教育改革

［拓展阅读］
洪明：《美国当代进步主义取向教育改革》

整体而言，第二次世界大战后，美国普通教育的改革发展是以不断促进教育公平、提高教育质量为导向的，既注重普通教育，也关注天才教育，其教育改革总是围绕着如何分配联邦政府和各州各地的教育权，如何促进教育公平与提高教育质量，如何解决普通教育和天才教育的冲突，如何处理学校、家庭与社会之间的关系和教育与市场之间的关系等问题展开的。纵观第二次世界大战后美国普通教育改革的整个过程，第二次世界大战初期美国主要通过加强天才教育来促进学生的发展，提高普通教育的质量；20 世纪 60 年代中期后美国又较为关注处境不利的学生，其目标的价值取向由效率优先转为追求平等和公平；而 20 世纪 80 年代初到 90 年代

① 史静寰．八九十年代美国教育改革述评 [J]．清华大学教育研究，1997（04）：15.
② 项贤明．20 世纪 90 年代以来的美国教育改革 [J]．比较教育研究，2003（05）：24.

末的美国教育改革则试图通过建立全国性的教育目标来提高教育质量，并促进教育公平。

（三）高等教育

第二次世界大战前，美国高等教育就已经形成了由社区学院、本科生院和研究生院组成的较为完整的体系结构，并能够培养各类专业人员和专业人才。第二次世界大战极大地刺激了美国资本主义的生产和发展，为了满足垄断资本的战略利益和需要，联邦政府调整了高等教育的培养目标。20 世纪 50 年代后，美国高等学校在继续强调社会服务职能的同时，更加凸显其研究职能。1957 年，美国教育政策委员会发表的《在决定性年代的高等教育》就指出要通过研究创新活动，促进新知识的发展，强调高校创造学术财富、促进个人发展的职能。[①] 在大学课程设置和教学方法方面，第二次世界大战之后也进行了相应的改革。改变以往基础学科少、专业课程多的局面，更加重视普通科学文化的学习，强调通才教育，并且越发重视高校的科学研究。美国联邦政府透过 1958 年的《国防教育法》为大学生和研究生提供大量奖学金、助学金和科研补助金等，以帮助学生更好地完成学业，并促进科学研究的发展。第二次世界大战后，为了更好地帮助退伍士兵适应平民生活，联邦政府按照《退伍军人法案》，资助退伍士兵进入美国高校学习。这些极大地推动了美国高等教育民主化、大众化的进程，但也造成一些不平等的问题。20 世纪 60 年代美国进入高等教育发展的“黄金时代”，联邦政府通过一系列教育立法，比如 1963 年《高等教育设施法案》、1965 年《高等教育法》、1968 年《高等教育法修正案》，等等，对高等教育的指导思想、课程设置、教学方法、教学组织形式等多方面进行了改革，使美国高等教育在规模和质量上都有极大的突破。1965 年的《高等教育法》作为美国第一部高等教育法，为高等教育的普及化奠定了法律基础。它对高校管理的诸多方面都有明确规定，为高校的发展提供了极大支持，主要通过奖学金、助学金和学习贷金等方式进行。

在美国政府发表的《国家处于危险之中：教育改革势在必行》报告的影响下，各种关于高等教育的文件法令相继出台，如《投身学习，发挥美国高等教育的潜力》《学院——美国本科生教育的经验》，等等。1984 年 10 月颁布的《投身学习，发挥美国高等教育的潜力》报告，主要针对美国本科生教育质量不高的问题，提出以下建议：提高毕业生的标准，改进教学方法，重视学生能力的培养，重新分配教育资源，改革现行评价制度，等等。鉴于此份报告所起的作用较为局限，两年后卡耐基促进教学基金会又发表了《学院——美国本科生教育的经验》报告，该报告建议：加强中学与学院的联系，培养目标要整合学生的个人需要与社会需要，加强学生的入学教育和普通教育，改进教学方法以引导学生积极主动学习；充分利用现有学习资源，等等。[②] 就整体而言，由于这些法规在教育思想上并没有突破和进展，使 20 世纪 80 年代美国的高等教育缺乏生气，发展较为缓慢。

---

① 迟恩莲，曲恒昌. 中外教育改革的指导思想与对策 [M]. 北京：北京师范大学出版社，1996：39.

② 迟恩莲，曲恒昌. 中外教育改革的指导思想与对策 [M]. 北京：北京师范大学出版社，1996：59–60.

20世纪90年代以后，伴随苏联解体，世界政治格局发生巨变，美国为保持自己的领先地位，在高等教育领域进行了一系列的改革，并相应地颁布了一些教育法律。比如，1991年的《美国2000年教育战略》，1993年的《学生贷款改革法》和《全国服务信托法》，1994年的《2000年目标：美国教育法》，1994年的《安全学校法》《教育研究开发、传播和改进法》《学校——工作机会法》《学生贷款拖欠免除扩大法》，等等。这些法律的颁布实施使得美国联邦政府对高等教育的干预不断加强。克林顿总统就任美国总统时期，主要通过设立“希望奖学金”、实施“一万美元减税款”提案等为经济贫困的大学生提供资金，重点解决因学费上涨而导致上大学难的问题，旨在实现普及高等教育的目标。在此期间，美国高等教育不管在规模上还是质量上都实现了极大突破。

二、第二次世界大战后英国教育制度的改革

第二次世界大战前，英国在一系列教育立法的指引下就已经建立了较为成熟的制度体系，形成了双轨学制，一轨自上而下，带有学术性，主要针对富裕家庭的子女，目的是为升入大学做准备；另一轨自下而上，带有职业性，大多针对劳动人民的子弟，目的是学习职业技术以便将来就业。第二次世界大战后，英国的初等教育、中等教育、高等教育等都在不同程度上得到了发展，并朝着促进教育公平、提升教育质量的方向发展。

（一）教育行政

英国的教育管理制度是“中央与地方结合型”的制度，由中央和地方共同管理教育。其优点是能调动地方办学的积极性和主动性，缺点是不利于进行全国性的改革和控制。英国的教育管理制度是在不断的立法指引下形成的，有其深刻的历史根源。英国早期的教育由教会控制，中央政府一般对地方教育事务不直接干涉。1833年，英国国会通过了《教育补助金法案》，这成为国家干预教育的开端。1902年，《巴尔福法》明确规定地方的教育领导权。第二次世界大战后，英国逐步加强中央对教育的管理和控制。1944年，英国颁布《1944年教育法》，进一步明确了中央和地方的教育职责，标志着英国现代国家教育行政制度正式确立。而后又颁布了《1988年教育改革法》，在原有法案的基础上进一步加强中央集权，并收回全国统一课程、考试和学校管理的权利，同时把教育推向市场。在教育行政机构的设置上，英国设有教育和科学部，并设教育和科学大臣，负责英格兰各级各类教育、政府与联合王国各大学间的联系与资助事宜。威尔士事务大臣、苏格兰事务大臣与北爱尔兰事务大臣则分别负责本地区除大学之外的各级各类教育，并为本地区的大学教育提供咨询。[①]此外，英国还设有一个与教育和科学部平行的教育机构——皇家督学团，该机构的职责主要有监督评价除大学外的各级各类教育，为各类教育提供政策咨询；为中央教育咨询委员会、全国课程委员会和学校考试与评定委员会等提供咨询服务，并协调各机构之间的工作。

① 吴遵民．教育政策国际比较[M]．上海：上海教育出版社，2009：94．

（二）基础教育

第二次世界大战后，英国人民的重要任务就是重建家园、振兴帝国，其主要通过发展社会福利、改革和发展教育事业两大举措进行。第二次世界大战前，英国还未建立相互衔接、系统完整的公共教育制度，第二次世界大战后，英国逐渐意识到教育阶段衔接的重要性与必要性，同时也认识到科学技术实力对于军事的重要作用，于是《1944 年教育法》应运而生。该法案确立了包括初等教育（5~11 岁）、中等教育（11~18 岁）和继续教育的公共教育体系，规定了义务教育的年限（5~15 岁），提出中等教育实行文法中学、技术中学、现代中学三轨制，也可在同一地区设立多科性中学和双科性中学，指出应根据教育经费来源的不同，对英国的公立学校、私立学校与独立学校进行分类管理，并规定将宗教教育纳入学校课程体系，为第二次世界大战后英国教育制度的发展奠定了基础，具有划时代的意义。[①] 由于《1944 年教育法》并未彻底解决历史上遗留下来的中等教育的多轨制问题，使得社会阶级差别日益明显，人们要求教育改革的呼声越发强烈。于是英国中等教育向着综合化的方向改革，1965 年工党政府发布《中等教育的结构》第十号通告，要求各地方教育当局在一年内递交综合改组计划，教育和科学部就此提供了六种可选的综合学校形式：一贯制综合学校、两段制综合学校、三种不同类型的两级制综合中学以及三级制综合中学。随后在两党交替的执政过程中，综合中学还是艰难地发展起来了，《1976 年教育法》使综合中学取得了合法地位。

20 世纪 70 年代，世界经济危机使英国受到重创，英国教育进入一个调整期，甚至停滞不前。1979 年，撒切尔夫人上台后推行了“教育券计划”和“补助学额计划”，并实行新的教育均等政策。1985 年，英国保守党政府发布教育白皮书《把学校办得更好》，针对普通教育存在的问题，提出四个改革重点：课程设置、评价方法与考试制度、教师效能管理、除学生之外的教育利益相关者对办好学校教育所能做出的贡献。随后围绕这些论题展开持续多年的讨论和调查，并于 1988 年颁布了《1988 年教育改革法》。该法案在教育体制方面，强调所有公立学校都要实施免费入学，推行直接拨款公立学校政策；在课程改革方面，设置全国统一课程，教学科目注重宽广性和平衡性，要求学生在义务教育期间必须修习十门必修课，其中 3 门核心科目（英语、数学、理科），7 门基础科目，并在第六学级增设自然课程以及技术性与职业性课程；在教学目标方面，更加重视课程的整体性和连续性，将知识、技能和理解有机结合；在成绩评定方面，推行全国统一考试，将原有的 1 次全国性考试改为 4 次，分别在 7 岁、11 岁、14 岁和 16 岁四个关键阶段进行。[②] 该法案被称为英国继《1944 年教育改革法》之后又一具有里程碑意义的法案，对英国教育的发展起着重大作用。

20 世纪 90 年代以来，英国政府继续颁布了一系列推进基础教育改革与发展的政策。比如《1992 年教育法》公布了新的教育督导制度方案，加强对普通教育的

---

① 迟恩莲，曲恒昌. 中外教育改革的指导思想与对策 [M]. 北京：北京师范大学出版社，1996：106–109.

② 王炳照. 中外教育管理史 [M]. 长沙：湖南师范大学出版社，2000：370–371.

督导工作，于1993年9月1日成立了“教育标准处”，取代原陛下督学处，负责英国中小学的督导工作，并对英国中小学督导体制进行了重大的改革。同年英国全国教育委员会发表题为《学会成功》的报告，强调21世纪英国教育的主要任务是使儿童从小掌握取得成功的知识和能力。1997年英国政府发布教育白皮书《追求更优秀的学校》，阐明了基础教育改革的计划，提出了基础教育改革的目标。至此，英国基本形成了稳定的学制体系。

初等教育分为两个阶段，即幼儿学校（5—7岁）和小学（5—11岁或7—11岁）。其中公立小学分为两类：一类是由地方教育当局开办和维持的郡立学校，一类是直接拨款的公立学校。

综合中学学制7年（11—18岁），学生入学不必经过考试。综合中学主要分为三类：一类是一贯制综合中学，招收11—18岁学生；一类是两级制综合中学，由招收11—16岁学生的综合中学和招收16—18岁学生的第六学级学院组成，第六级学院是区别于中学其他年级相对独立的最高学段，属于大学预科性质；还有一类是三级制综合中学，所有学生在8岁或9岁进入综合性的中间学校，然后在12岁或13岁转入综合中学。综合中学的发展是中等教育综合化的结果，是教育民主化、教育机会均等的社会发展结果，也是为了达到多元的教育目标和为所有学生提供同样的选择机会。继续教育是义务教育后实施分流的阶段，其性质主要是职业教育，但也包括普通教育、文化训练和娱乐活动。[1]

［拓展阅读］
刘强，刘浩：
《当前英国高等教育改革的路径与发展》

（三）高等教育

第二次世界大战前，英国高等教育在长期的发展中基本形成了两种类型的大学，一种注重人文学科，旨在培养绅士，以牛津大学、剑桥大学为典型；另一种重视发展自然科学和实用性学科，培养工程技术、法律金融等方面的人才，以伦敦大学、伯明翰大学为代表。第二次世界大战后，英国的经济发展迅速，原有的大学已无法满足人们对高等教育日益增长的需求。《1944年教育法》大力鼓励地方办学，于是各级政府从地方税收中拨出款项兴办了一大批讲授高等教育课程的机构。1946年英国政府发布《巴洛报告》，建议扩展大学，使科学人才的培养数量翻一番；确保大学的独立性，政府不能直接干预高等教育，等等。由此，英国大学生的人数在此期间剧增。

［拓展阅读］
崔军，等：
《英国高等教育改革新动向》

20世纪60年代是英国高等教育的全面扩充时期，期间的教育改革主要集中在高等教育机构数量上的扩充和高等教育体制的完善方面。1963年的《罗宾斯报告》拉开了英国高等教育改革的序幕。该报告建议：英国应在原有20所大学的基础上再创办6所新大学，设立5所新理工科院校，10所高级技术学院升格为正规大学；成立全国学位授予委员会，成立一个独立的拨款委员会以取代大学拨款委员会；加强大学与政府机构及企业之间的联系，并强调高等教育要向大众化、职业化和终身教育方向发展。[2] 此后，英国高等教育机构的数量迅速增加，大学生人数

① 袁锐锷．外国教育史新编[M]．广州：广东高等教育出版社，2005：228．
② 吴遵民．教育政策国际比较[M]．上海：上海教育出版社，2009：69．

也激增。

为了有效调节精英型高等教育和大众型高等教育的矛盾，英国政府决定改革高等教育的体制结构，并于1966年5月提出《关于多科性技术学院及其他学院的计划》的政府白皮书，确立了高等教育的“双重制”，即由自治的大学和不属于大学性质的公立的多科技术学院两部分组成。1973年，世界经济危机的影响使得英国经济全面衰退，撒切尔夫人迫于财政压力，决定在三年内削减高等教育经费的15%，此举严重影响了英国大学的教学和科研工作，也导致大学教学水平的下降和人才的大量流失。

为了使英国高等教育摆脱困境，提高高等教育质量，20世纪80年代以来英国出台了几十种有关高等教育的专题报告和政府文件，比如1981~1983年颁布的《雷弗休姆报告》、1984年的《英国高等教育的需求（1984~2000年）》、1987年的《高等教育：应付新的挑战》、1987年的《克罗哈姆报告》以及《1988年教育改革法》，等等，基本形成了高等教育改革的框架。主要体现在加强中央政府对高等教育的领导与管理、扩大高等教育入学途径、密切高等教育与工商界的联系等方面。①《1988年教育改革法》赋予了部分原属地方管辖的多科技术学院和规模较大的学院以自治权，使其具有独立法人地位，并提出设立大学基金委员会和多科技术学院基金委员会分别负责大学经费分配和负责对多科技术学院及其他学院分配经费。

[微视频]
英国现代教育改革

20世纪90年代末，英国高等教育体制的一个重要调整就是“双重制”的废止。1992年，英国颁布《继续与高等教育法》，明确规定将大学基金委员会与多科技术学院基金委员会合并为高等教育基金委员会，多科技术学院全部改称大学。至此，新的统一的英国高等教育体系开始形成。

三、第二次世界大战后法国教育制度的改革

第二次世界大战前，法国维持着中央集权的教育管理体制和双轨学制，并建立了严格的统一考试制度，整个教育体制的改革秉持着“义务、免费、世俗化”的原则，初步实现了现代化。第二次世界大战后，法国对教育管理体制、基础教育、高等教育等方面都进行了革新，基本向着民主化和现代化的方向进行。

（一）教育行政

法国教育管理制度是“中央集权型”的典型代表，其优点是便于对全国的教育进行规划和管理，缺点是难以充分调动地方办学的积极性，增加中央负担。第二次世界大战前，法国基本形成了中央集权的教育管理体制，第二次世界大战后逐渐开始有分权的迹象，并在20世纪80年代后得到更多落实。

为了实现教育管理的现代化，1982—1983年，法国颁布了几个法律文件推行分权以调动地方办学的主动性和积极性。1982年，法国进行了地方分权改革运动，重新划分了中央和地方的教育管理职权，旨在确保全国统一管理的前提下，充分调动地方、学校与社会的办学积极性。法国在1983年、1985年出台的一系列教育法

① 迟恩莲，曲恒昌. 中外教育改革的指导思想与对策[M]. 北京：北京师范大学出版社，1996：133-135.

中加强了教育管理的分权，扩大了地方和学校的自主权。20 世纪 80 年代中期，管理教学和非教学人员的权力已经下放至学区长——教育部长在各个学区的直接代表。1986 年法国政府再次大规模地调整教育体制，重新分配了国家和地方行政机构的教育管理权限，并逐渐形成了由中央教育管理部门、学区、省教育局组成的三级教育管理体制。

20 世纪 90 年代初，法国进行了全国督导体制的改革，更加明确并加强了各级教育行政及督导人员的职能。1998 年，法国颁布的法令规定，仅由学区长负责制订教育政策，以及制订本地区的教育四年规划。1999 年，各学区又设协调及互联网服务处，以加强教育系统内外的协调及信息交流。

在法国整个教育行政体系中，国民教育、研究和技术部是法国中央教育管理部门，起宏观调控的作用，其主要职责包括制定和颁布有关教育的规定、条例和实施细则等；制定国家教育发展战略和教学大纲；确定教育方针、政策和教育体制；规定考试及学位和文凭制度；负责教育经费的分配、发放和使用，等等。学区是教育部设在地方的直辖机构，省教育局局长在学区长的领导下负责管理本省的初等教育和初级中学，并制订学校计划。学校计划是一种实施国家目标和教学大纲的特殊方式，于国家而言，它是用于指导管理国家教育资源的新方法，于学校而言，它是学校结合自身实际情况，为达到国家教育目标而确定的子目标、方法与手段的有机体。

（二）基础教育

第二次世界大战刚一结束，法国政府就成立了一个教育改革委员会，在主席朗之万的领导下负责策划教育改革方案，而后又在瓦隆的领导下于 1947 年正式提出《朗之万—瓦隆教育改革方案》。该方案提出了六条改革原则：社会公正原则、学科价值平等原则、个性教育原则、方向指导原则、普通教育优先原则以及继续教育原则，并规定了 6—18 岁的 12 年义务教育阶段，使法国教育改革向着民主化的方向发展。[①] 但由于法国当时政局动荡不安，国内外矛盾尖锐，该方案并没有付诸实施，法国第五共和国成立之后，戴高乐政府迫于国内外的压力，连续公布了两个法案——《教育改革法令》和《国家和私立学校关系法案》。1959 年，法国颁布的《教育改革法令》规定：义务教育的年限延长至 16 岁，分三阶段进行；高中阶段的教育在四种不同类型的学校，分四种课程进行；加强科学教育，发展职业技术教育，等等。[②]《国家和私立学校关系法案》的主要内容是：国家采取“简单契约”或“协作契约”的形式给予私立学校以财政资助；规定这些私立学校必须采用公立学校的教学大纲；在学制、教师资历、班级人数、卫生条件等方面符合国家规定，并接受国家监督，这实际上加强了国家对私立学校的管理和控制，进一步强化了中央集权。

20 世纪 60 年代末，法国的教育改革主要在小学教育领域进行。1969 年，法国

---

① 王炳照. 中外教育管理史 [M]. 长沙：湖南师范大学出版社，2000：382.

② 袁桂林. 外国教育通史 [M]. 长春：东北师范大学出版社，1995：257.

对小学的课程计划进行变革，改变了小学分科过细、偏重人文学科的局面，把小学的整个课程划分为基础课、启发课和体重课三大部分。

1974年，德斯坦就任法国总统，次年议会就通过了教育部长哈比提出的教育改革法案《法国学校体制现代化建议》，也称《哈比法案》。该法案对从小学至高中的整个教育阶段都做了调整，并提出以下规定：加强教学内容和教学方法的现代化，运用个别化教学；重视学生个性差异，为不同基础的学生开设不同的课程；重视职业教育，初中三四年级必须开设具有职业教育特色的科目供学生选修，高中设置广泛的高度专门化的技术选修科目，等等。《法国学校体制现代化建议》促进了教育事业的现代化发展，但在颁布实施的过程中也出现了一些问题，比如教育内容难度较大且过于抽象，致使学生难以适应而造成学业失败，教学内容过于陈旧，忽视基础技能的训练；高中课业负担过重，数学和物理的教学内容偏难，增加学生学习的压力，等等。1975年的教育改革使统一后的初中变为地方公共教育机构，属于义务教育阶段，并实施免费教育。

20世纪80年代后，法国的普通教育在“分权”“现代化”和“适应”这一总的教育改革原则指导下，针对之前遗留下来的学业失败、教育机会不平等、教学内容与方法相对陈旧等问题，又进行了一系列重要改革。分权，就是赋予地方和学校更大的办学自主权，充分调动其主动性和积极性；现代化，主要是指改革教学内容和教学方法，实现其现代化；适应，指的是学校教育体制要适应社会进步、科技发展的要求，适应不断变化的当今世界。1981年法国社会党执政后，又开始了一次大规模的教育改革。为了扶植困难地区的教育，设置“教育重点区”，加大教育资源的投入，使得学生的学习效果得到明显加强。1998年，这一计划改称“教育重点网”。1989年7月法国议会通过《教育方向指导法》，该法强调教育在国家发展中的重要地位，提出包括小学在内的各级教育机构负责传授并保证使学生掌握知识和学习方法；建立法国全国教学大纲委员会，将整个学制分为若干阶段，每个阶段由若干学年组成，每个学习阶段均相应地确定全国统一的教学目标和教学大纲；所有学校必须制订各自的“教育计划”；还公布了国家教育的目标，规定每年的教育评估都必须向社会公布，等等，为整个教育体制结构改革奠定了新的基础。[①]1989年开始试行小学外语教学，次年9月法国颁布法令将学前教育与小学教育作为一个整体，并分为三个相互关联的教学阶段：起始阶段（幼儿学校）、基础阶段（幼儿学校的大班和小学一二年级）、深化阶段（小学的后三个年级）。

20世纪90年代末，法国对普通教育又做了较大的调整。在小学教育方面，1998年，教育部颁布《二十一世纪教育宪章》，再次重申将学前教育与小学教育作为一个整体，并调整小学教育的教学时间和教学组织形式。在初中教育方面，1999年教育部提出方案，提出要密切小学和初中的联系，改善初中新生的接待工作；安排小学教师帮助刚进初中且有困难的学生；修改评估标准，邀请校外专家进行评估；把法制教育内容引进公民教育。在高中教育方面，首先调整了高中分科，扭转

① 单中惠. 外国素质教育政策研究[M]. 济南：山东教育出版社，2004：185.

专业方向等级化（数学最高，职业技术最低）和重理论轻实践的趋势，普通高中由7科改为3科（文学、科学、经济与社会）；技术高中由16科减少到4科（医学—社会科学、工业技术、实验室技术、第三产业技术），每个方向都有一门核心课。

整体而言，20世纪50—70年代，法国政府主要围绕建立统一的初中进行学制的调整，80年代之后法国学校基本已经形成统一的制度，教育的阶段和结构的调查开始寻求如何使学生在整个受教育过程中保持连续性和取得学业上的成功。90年代法国主要是对课程教学等进行改革，强调普通教育和职业教育的均衡。在20世纪几番教育改革之下，法国的现行学制基本成型并趋于稳定。初等教育是义务教育的基础阶段，儿童6岁入学，学制5年；中等教育阶段结构多样灵活，普通教育和职业技术教育兼有，其中初中4年，分为两个阶段：前两年是观察期，主要实施共同基础教育；后两年是指导期，在实施统一教学的同时开设部分选修课程。

（三）高等教育

进入20世纪以后，法国高等教育改革的发展趋势是正规化、民主化与现代化。1947年颁布的《朗之万—瓦隆教育改革方案》设想第一阶段教育为免费的义务教育，接受所有6—18岁的儿童和青少年；第二阶段教育为高等教育，它包括两年的大学预科（由大学校预备班和大学低年级构成）和正式大学，拟将“大学校”归并于大学，使其成为专业学院。由于当时法国时局不稳、经济脆弱，该方案并未实施。但是，其教育民主思想对于第二次世界大战后法国的高等教育发展产生了重大影响。

第二次世界大战后，法国经济发展迅速，为了更好地适应经济的发展，法国政府在1956—1958年对高等教育进行了一系列的改革。其主要举措包括：扩建和新建一批高等学校，主要是应用科学学院和各类型的工程师高等学校；增加高等教育的层次——短期技术学院；改善高校的管理体制，将大学教育分为“基础教育”“专业教育”和“科学研究”三部分；规定大学免收学费，取消入学考试，等等。

20世纪60年代后法国进入发展的黄金期，高校陈旧落后的管理体制已无法适应社会发展的需求，为此法国政府又先后于1968年、1984年与1986年进行了三次重大的教育改革。1968年，一场政治危机引发了震惊法国国内外的“五月风暴”，大学生大规模游行以抗议高等教育制度过于陈旧保守，权力过于集中。由此法国政府于同年颁布了《高等教育方向指导法》，亦称《富尔法案》，提出了高等教育的三大指导原则：自主自治、民主参与、学科相通。其主要内容包括：取消大学的院系建制，改为“教学与科学研究单位”；大学设多种学科，且有自己的重点和发展方向；大学由各类人员代表组成的理事会管理，在内部实行民主化管理，等等，使高等教育管理朝着民主化、现代化的方向发展，并更加适合经济、社会以及科学技术的发展。[①] 此后，法国的大学数量和大学生人数激增。

20世纪70年代世界经济危机爆发，严重影响了法国经济、科技等方面在世界

① 袁锐锷．外国教育史新编[M]．广州：广东高等教育出版社，2005：242．

范围内的传统地位，社会各界纷纷对高等教育的管理体制提出质疑。法国国家除了不断调整经济政策之外，试图通过教育改革提高高等教育的质量。1984 年，法国议会通过了新的《高等教育法》，又称《萨瓦里法》，重申了高等教育改革的三大原则，并强调高等教育要面向“现代化、职业化和民主化”。现代化指的是高校的办学方向和管理方法要面向现代社会，教学内容要迅速反应现代科技发展的现状。职业化是指要在高等教育的每一个阶段对学生进行职业技术的教育和方向引导，注重培养学生的动手能力和实践技能。民主化有三层含义，一是在“自主自治、民主参与”的基础上，赋予教师、学生与其他相关人员更多的参与学校管理的权力；二是给予高校更多的自主权；三是教育政策要进一步民主化。这次改革大大加快了法国高等教育民主化、现代化的进程，符合社会发展的需要。规定高等学校的学习分阶段进行，阶段的划分、性质和年限可以根据学习内容有所差别。第一阶段实施大学基础教育并进行方向指导，第二阶段包括不同水平的一般教育和职业教育，第三阶段是博士培养阶段。[1]

[微视频]
法国现代教育改革

1986 年法国政府又对高等学校的办学思想、内部管理以及学位制度等方面进行了改革，要求高等教育应以“竞争、创造性和责任感”为发展方向，强调高等学校必须具有自主权和竞争力，试图重新恢复 1984 年之前的两级博士制度，等等。但由于这次改革直接触及学生及其家长的利益，再加上其他政治、经济方面的原因，改革并未付诸实施，但其对法国高等教育的影响是不容忽视的。经过几番改革，至 1989 年，法国高等教育的学生数量已达 212 万。1988 年，法国颁布“2000 年大学计划”，其重点是加快校舍建设和增加投资，以适应迅速增加的学生数量。十年后，法国教育部又提出了“第三个一千年大学计划”，旨在保证学生数量增加趋稳的前提下提高质量，特别是面向企业和地方，争取更多经费，建设重点学科和实验室，适应国际竞争。同时，为了和欧盟其他国家接轨，决定把传统的大学学制改为 3–5–8 年，分别授予学士、硕士、博士学位。

四、第二世界大战后德国教育制度的改革

第二次世界大战前，德国的教育主要在《魏玛宪法》的指导下进行，直至 1933 年希特勒取得政权将教育作为法西斯统治的工具，教育发展一直很缓慢，甚至停滞不前。第二次世界大战结束后，德国成为战败国，主要从两方面着手改革教育，一是对纳粹时期的教育宗旨、教育制度、教育政策等进行彻底清理和改造，以实现非纳粹化、非军事化与教育民主化；二是重建学校，恢复教育，以更好地适应社会经济的发展。

（一）教育行政

德国教育管理制度是典型的“地方分权型”教育制度，其教育与文化主权主要集中在地方各州，各州范围内的教育权又是集中的，主要在于州政府，但全国教育在结构、内容和结业水平等方面较为一致。联邦制一直是德国教育管理制度的

---

① 袁锐锷. 外国教育史新编 [M]. 广州：广东高等教育出版社，2005：243–244.

传统，德国只在纳粹时期实行中央集权。第二次世界大战后，联邦德国参照美国宪法，于 1949 年颁布了《德意志联邦共和国基本法》，采用美国式的联邦制，规定由各州管理教育事业。该法在 1964 年、1969 年得到修订，在明确有关教育和科学方面的立法和管理主要由各州负责的同时，进一步加强了联邦政府对教育的管理。此后 1969 年《高校建设促进法》、1971 年《联邦教育促进法》以及 1976 年《高校总规法》的相继出台，象征着各州文化主权独立的管理体制已经被强调文化合作的联邦制所取代。但总体而言，国家的教育主权仍在各州。

在几次教育管理体制的改革中，联邦德国基本形成了较为稳定的管理制度。首先，国家层面主要为教育协调、咨询和行政机构，包括联邦教育和科学部、联邦和各州教育规划和科研促进委员会、文化部长会议以及大学校长会议，它们本身并不是决策机构，但对于全国各州的教育决策会产生重大影响，其建议只有通过各州立法才能最终发挥作用。其次，地方层面主要是州、县市和学校，州政府包括州议会和州文化与教育部，负责对学校各项事务进行监督，其主要职能包括制定学校立法、财政计划、课程教学计划等学校核心事务；县市或其他法人团体主要负责学校的校产、校舍、设备及管理人员工资等；在学校内部管理上，一般由教师负责，校长享有最终决定权，各州之间也有差异。①

（二）基础教育

第二次世界大战前，德国教育基本采用魏玛共和国时期的教育模式，是典型的双轨制。义务教育年限为 8 年（6—14 岁），4 年的初等国民学校，成绩优异者可升入各类中学（包括文科中学、文实中学和实科中学，后增设德意志中学和上层建筑中学）、其余学生进入 4 年的高等国民学校，并且 18 岁之前必须接受职业教育。

第二次世界大战后，联邦德国开始进入教育改革和发展的新时期。第二次世界大战结束初期，德国采用美国的地方分权制，使得各州学校教育差别较大，学制过于多元，不利于德国教育的发展，因此，各州总理于 1955 年签署并发布了《联邦德国各州关于统一教育事业的协定》，也称《杜塞多夫协定》，该协定规定：统一各州各类学校的名称、学期时限以及考试分数的等级；学级为 13 级，达第 10 级学校称为“中间学校”而不是“实科学校”，达第 13 级为“完全中学”，完全中学毕业生均可升入大学；将英语作为各类学校的必修科目，等等。②

1958 年，联邦德国成立德国教育委员会，该委员会作为联邦内务部和各州教育部长常务会议的咨询机构，在批判《杜塞多夫协定》的基础上于 1959 年发表《关于普通教育改革和统一的总纲计划》，简称《总纲计划》。该计划旨在通过学校体制的改革，尽可能地开发人才资源，培养高度熟练的科学技术人才，以更好地适应经济社会发展的需求。《总纲计划》提出在基础学校之上建立一种分流的中间阶段，即“促进阶段”，以帮助学生更好地完成过渡阶段。此外该计划还建议将国民学校高级班改为五年制初级中学，“中间学校”改为“实科学校”，仍为六年制不完

① 王炳照. 中外教育管理史 [M]. 长沙：湖南师范大学出版社，2000：388-390.
② 吴遵民. 教育政策国际比较 [M]. 上海：上海教育出版社，2009：148.

全中学；原来的文科中学维持原状，仍为九年制完全中学，另外为具有特殊才能的学生设立一种与完全中学学制相同的“学术中学”。[①] 此后不久，德国教师联合会发布《不莱梅计划》，将基础学校到大学的整个教育阶段视为一个有机整体，强调每个儿童都应获得科学教育。这两个计划使德国教育获得了前所未有的关注。

20 世纪 60 年代，国际竞争日趋激烈，各国纷纷颁布一系列法案对教育进行改革，与此同时，德国各阶层对教育的不满也日益显露，再加上教育民主化思潮的影响等，德国政府在上述两个计划的基础上制定了《联邦德国各州就教育领域中的统一问题签订的协定》，简称《汉堡协定》，基本确立了联邦德国的学校教育系统。该协定共 5 章 22 款，对学年的起止时间、义务教育的年限、学校名称以及各学校必须开设的课程、对考试分数的认可以及分数的等级等都做了具体说明，为德国统一学制的建立奠定了基础。在此期间德国义务教育的年限已延长至 9 年，所有年满 6 岁的儿童都必须进入 4 年的初等国民学校，再进入 5 年的高等国民学校。[②] 自此，德国教育改革进入了快速发展的新时期，真正进入了教育改革的实施阶段。

1970 年，联邦德国审议会颁布《教育结构计划》，旨在对教育进行长远的规划和改革。该计划首先强调教育是每个公民的基本权利；其次明确规定联邦德国的学制，主张把幼儿园纳入学校教育系统中，将普通义务教育的目标年限定位 10 年；最后提出了改革基础学校的设想，将整个教育体系划分为初步教育领域、初等教育领域、中等教育领域以及继续教育领域（包括高等教育领域），等等。[③] 为了使计划的目标更好地实现，1973 年联邦教育和科学部下设的联邦与州教育计划委员会提出了《综合教育计划》。20 世纪 80 年代，联邦德国的一些州进一步将义务教育年限延长至 10 年，再加上 3 年职业义务教育，实际上为 13 年，使得德国普通教育学校数量和学生人数迅速增长，学校类型朝着综合方向发展。

（三）高等教育

第二次世界大战前，德国高等教育一直保持着传统的三大特点：以公立（州立）为主，实行大学自治，强调学术自由以及教学与科研的统一。纳粹时期德国高等教育遭到严重破坏，大批专家学者流亡国外，大学水平严重下降。第二次世界大战后，美国、英国和法国占领德国时，首先对德国高等学校实行了非纳粹化的措施，包括解聘大学教师、建立大学教育委员会，等等，并建议改革大学的监督管理制度和组织机构。在此期间，联邦德国新建了一批大学，高等学校管理也恢复了“大学自治、国家监督”的模式，并继续发扬学术自由、教学与科研相结合的传统。

随着第二次世界大战后德国经济的腾飞、科学技术的发展，20 世纪 60 年代德国对高等教育进行了一系列的改革，旨在拓宽高等学校招生途径，满足社会对高级人才的多层次需求。首先，在结构上增设高等专科学校以符合经济社会发展对人才的需求；其次，建立一种将传统大学、高等师范学校与高等专科学校联合起来的

① 迟恩莲，曲恒昌．中外教育改革的指导思想与对策 [M]．北京：北京师范大学出版社，1996：225．

② 迟恩莲，曲恒昌．中外教育改革的指导思想与对策 [M]．北京：北京师范大学出版社，1996：232．

③ 吴遵民．教育政策国际比较 [M]．上海：上海教育出版社，2009：153．

"综合高等学校"，以加强不同学制高等学校之间的变通性；最后，创办哈根遥授大学以满足未能接受正规高等教育的青年与成人的教育需求。[①] 此外，还有电视学院和广播学院，电视学院对所有人开放，广播学院主要针对在职人员和大学生，以科学讲座的形式进行教学，二者的课程要求较为严格，须参加国家认可的考试方能毕业。总体来说，20 世纪 60 年代，联邦德国的高等教育就出现了大众化和多样化的趋势，70 年代联邦德国进入高等教育大发展时期。联邦政府相继颁布高教总法规和高校建筑促进法以加强对高等教育的协调和控制，但由于绝大多数大学和高等院校都是州办的，因此管理学校仍主要是各州的职责。20 世纪 70 年代最重要的一部法案就是联邦政府于 1976 年颁布的《高等教育总纲法》，该法案首次为联邦德国高等教育事业的发展和亟待解决的问题确立了统一的前提，并对高等学校的任务、入学资格、组织和管理工作以及招生制度、专业内容、选拔方法等都做了具体说明，但却未对学习年限进行限制，因而导致大学生的学习年限无限延长，也在一定程度上影响了高等教育的质量。

[微视频]
德国现代教育改革

至 20 世纪 80 年代末，联邦德国的高等教育基本发展成了一个体系，包括多种类型的高等学校，主要分为科学性高等学校和非科学性高等学校，其中科学性高等学校包括综合大学、技术综合大学和技术高等学校、综合大学、医科大学、体育高等学校、教会和哲学—神学高等学校以及师范及教育科学高等学校，而非科学性高等学校主要指专科高等学校、函授大学、国民大学等。1998 年，德国高等教育框架法的修正案正式出台，该法案决定引入学士和硕士两个层次的学位体系，逐步代替传统单一层次的德国学位层次。各州的高等教育法也据此做出了相应的修改。州教育与文化部长联席会议强调，第一学位是从事专门职业必须具备的学历资格。德国各类高校，包括综合大学、工业大学和应用科技大学等，确定的学士—硕士学制一般为 5 年，学士阶段为 3 年至 3 年半，相应地，硕士研究生学制为 1 年半到 2 年。整体来看，德国高等教育最大的特色就是高等学校的自主权较大。这一方面是从历史上遗传下来的，另一方面也是在不断的教育改革中逐渐深化的，更以法律的形式予以保证。

简言之，第二次世界大战后，欧美国家教育改革都取得了较大的实效，各国在人才培养的规模和质量上都有了较大成就。其整体特点主要体现在：一是在教育行政体制方面，虽然各国的教育管理体制不尽相同，但其改革都旨在保证国家管理和控制的前提下，积极调动各地方办学的积极性和主动性；二是在基础教育方面，虽然各国的学制不尽相同，但是整体上都围绕"教育公平"和"教育质量"两个主题进行改革；三是在高等教育方面，各国的教育改革都较为注重高校自身的主动性，赋予高校一定的自主权。此外，各国大多通过教育立法、拨款等形式来保证各级各类教育的实施，教育改革也涉及教育的各个层次等。

---

① 迟恩莲，曲恒昌. 中外教育改革的指导思想与对策 [M]. 北京：北京师范大学出版社，1996：241-243.

第四节 世界主要资本主义国家21世纪以来的教育革新

进入21世纪，科学技术突飞猛进，人才竞争日趋激烈，经济全球化的步伐日益加快。为了更好地应对21世纪的挑战，维持并巩固自身的有利地位，进一步提升综合国力，世界主要资本主义国家纷纷进行了一系列的教育改革。

一、美国21世纪以来的教育革新

美国通过对教育领域进行数次改革，包括20世纪50年代的学科结构运动、70年代的生计教育运动和恢复基础运动以及80年代的教育质量改进运动，等等，在提高教育质量、促进教育公平等方面已经取得了较大的突破。进入21世纪以来，美国为了进一步巩固霸主地位，提升国际竞争力，掀起了又一轮教育改革浪潮。

学前教育作为个体接受教育的初始阶段，是个体今后发展的坚实基础，对个体的影响不言而喻。进入21世纪以来，美国尤为关注学前教育，并于2000年颁布《早期学习机会法》，旨在提高儿童早期发展的义务性项目、服务和活动的有效性，增强家庭教育的有效性，促进儿童为入学做好准备。该法案计划在2001年、2002年、2003年分别拨款7.5亿美元、10亿美元和15亿美元，并保证2004年、2005年分别有15亿美元拨款用于发展学前教育。[①]

针对美国学生读写能力低下、整体教育质量不高等问题，2001年刚上任的布什总统颁布了《不让一个孩子掉队》法案，旨在提高美国整体的教育质量，为21世纪美国教育改革的发展指明了方向。该法案的主要内容包括：加大对学前教育的资金投入；强调阅读领先，提高学生读写能力；帮助英语语言运用欠熟练的学生达到英语流利水平；改进数学和科学教学，提高学生科学素养；建立问责制，提高教师素质；增加家长选择权和促进学校革新计划；创建安全学校，保证学生的身心健康发展；提高学业标准和办学责任，缩小弱势群体儿童和主流社会儿童的学业差距，等等。该法案还通过制定“阅读领先”行动计划、优化双语教育计划、数学和科学合作计划，促进特许学校的发展等具体措施来保障教育改革的顺利进行。总体而言，该法案有效地促进了各州中小学都采取措施革新教育，在一定程度上提升了教育质量，尤其是处境不利学生在阅读和数学方面的学习效果，但也造成了一系列问题，比如问责制度让不成功的学校变得越来越多；按照统一标准进行的考试加重了学生和学校的负担；过分关注阅读和数学两个科目，导致中小学课程的广度变窄，降低了教育质量，等等。[②]

2009年，奥巴马就任美国总统，对教育进行了一系列改革。为了更好地刺激经济的发展，2009年，奥巴马签署了《美国复苏与再投资法案》。该法案计划在2009—2019年，投资7870亿美元用于教育培训、卫生保健、税收减免等方面，其

---

① 张蓉. 美国推进学前教育均衡发展的举措探析 [J]. 比较教育研究，2011（06）：10-14.

② 谷贤林. 破解《每个学生都成功法案》的“成功密码”[J]. 人民教育，2016（05）：70-74.

中用于教育培训的资金超过1000亿美元。在学前教育方面，主要是实行“自主儿童早期开端计划”，在基础教育方面，制定了“力争上游”等项目。由于美国实行的是地方分权制，各州的基础教育的学术标准差异较大，影响美国教育的整体质量，而《不让一个孩子掉队》法案又使得有些州降低学业标准以规避惩罚，造成标准的权威性和实效性大为降低。为了提升学生的学业成绩，使学生能够更好地为大学和职业生涯做好准备，奥巴马政府呼吁各州建立新的、能反映学生学习能力和就业能力的学术标准和评价标准。据此，美国州长协会和州教育厅长委员会于2010年6月共同颁布了美国首部《州共同核心课程标准》，确立了包括英语、数学、科学等一系列重要课程在内的共同核心标准，致力于使高中毕业生“为大学和职业做好准备”。[①]

为了解决《不让一个孩子掉队》法案实施过程中所面临的问题，奥巴马政府决定对其进行修订并于2010年3月颁布了《改革蓝图—对〈初等与中等教育法〉的重新授权》法案。该法案旨在通过建立具有公平性、灵活性和专注性的责任制，从而实现全面促进基础教育均衡及提高教育质量的改革目标。其主要内容包括：制定更高的学术标准，致力于“为大学和就业做好准备”；建立更公平的责任制，奖励优秀与进步；赋予各州及教育者以“弹性空间”，解决当地实际教育问题；采用更严格的干预手段，提升“表现不佳”学校的教育质量，等等，具体举措有：制定弹性的学业标准、评估机制、责任机制；灵活采用多种模式提升“表现不佳”学校的质量；通过教师招聘、教师培训、改革教师工资体制等，为学生选择更高效的教师和校长；继续推动“力争上游”项目并扩大公立学校的选择范围；满足所有学生的学习需要，尤其对弱势群体学生提供补偿教育，等等。

[拓展阅读]
马早明，高皇伟：《大学通识教育价值取向的演进与转向》

2015年12月10日，美国总统奥巴马签署了基础教育新法案——《每个学生都成功》，该法案是对《初等与中等教育法》和《不让一个孩子掉队》这两部法案的修订和再授权，主要是为了解决这两部法案在实施过程中的问题。该法案包括9部分内容：改进由州和地方教育部门实施的基础项目；培养、培训及聘任优质教师、校长和学校领导者；英语学习者及移民学生的语言教学；21世纪学校；各州创新与地方灵活性；印第安、土著夏威夷及阿拉斯加本土教育；影响援助；总则；无家可归子女教育及其他法律。[②]其主要内容包括：不再强制要求各州遵从“共同核心标准”；减少不必要的考试；建立新的问责制，用综合性的、由州设计的“州问责制”代替原来以统一的“适度年度进步”和“熟练”水平为标准的联邦问责制；改造薄弱学校，由各州每三年确定一次本州需要改进的学校；废除了高质量教师条款，把教师的决定权留给了州政府，由州政府决定如何提高教师与校长的质量。[③]整体而言，《每个学生都成功》法案与之前法案的最大区别就是教育控制权又重新给了州和地方政府，联邦政府并不直接干预教育，而是通过制定政策、颁布法

---

① 陈时见，覃丽君．世界教育改革概览[M]．北京：高等教育出版社，2013：90.

② 滕珺，王杨楠．美国基础教育体系真的要大改？——奥巴马政府基础教育新法案《每个学生都成功》述评[J]．比较教育研究，2016（03）：8-14.

③ 谷贤林．破解《每个学生都成功法案》的“成功密码”[J]．人民教育，2016（05）：70-74.

律，对美国教育发展施加间接影响；并且不再对各州制定各种统一的要求和标准，给予各州广泛的自主权和灵活度。

奥巴马就任总统期间，对高等教育也进行了一系列的改革。针对21世纪美国本科教育质量下滑、毕业率低下以及学生沉重的高等教育费用负担等问题，奥巴马提出了高等教育改革的目标，包括促进高等教育的公平性、加强高等教育质量管理、提升高等教育的学业完成率、深化高等教育的职业培训职能等。这些目标在2011年颁布的《2011—2014教育战略规划》与2014年颁布的《2014—2018教育战略规划》中得到具体落实。在高等教育层面，美国联邦政府也是主要通过拨款与立法两个层面进行改革的。上任初期，奥巴马就在预算法案中拨出将近140亿美元用来增加大学发展所需要的补助经费，6000多万美元用于低息贷款。此外，美国高等教育改革的具体举措还包括：改革高校学生资助计划，主要有税收减免计划、联邦助学金计划、联邦贷学金计划等；制定让大学成为现实计划，以达到奥巴马提出的“让每个美国人接受至少一年高等教育或职业培训，使美国2020年成为世界大学毕业生比例最高的国家”的目标；开展社区学院合作伙伴项目，旨在促进社区学院的积极发展，提供奖励以提升社区学院的教学积极性。

二、英国21世纪以来的教育革新

为了迎接21世纪的挑战，进一步提升综合国力，英国政府在进入21世纪以来相继出台了从学前教育至成人教育的一系列教育改革政策和方案，旨在转变教育理念、促进教育均衡发展、全面提升教育质量。

2001年，英国教育部就针对初等教育存在的问题提出了《植基于成功之上的学校》的教育方案，指出英国初等教育在进入21世纪后要达到三个目标：第一，在2002年之前，全英国80%的11岁小学生要在英文方面达到国家规定的第二关键阶段第四级或之上的标准，学童在数学方面达到同样标准的比例为75%。第二，在2004年全英国11岁的小学生当中，要有85%在英文和数学方面达到政府为他们所定的标准，同时要有35%的学童在每一个科目都达到第五级。第三，确保所有小学生都能接受全方位的、丰富的教育，以及接受一个广域课程的教育。[①] 要实现这三个目标，英国需要面临更多的挑战，比如为最需要帮助的地区和学生提供特定的方针；继续改进学校的师生比，改善班级的教学条件；为所有落后的学童进行支持性教学；避免儿童滥用药物、中途辍学、逃学及犯罪，等等。2003年英国教育与技能部出版了《卓越与快乐：初等教育策略》，其主要内容包括学校特色与创新、政府职责、卓越教学、学生学习、学校同伴、学校领导与合作、人力改革、目标的实现等内容。该策略概述了英国小学的发展战略，提出将支配课程的权力赋予学校，要求所有的学校都要达到更高标准；继续把读写算技能置于核心地位，并通过丰富课程，以多种方式促进儿童发展；鼓励学校之间相互学习，分享并发展良好的实践与做法；与父母合作确保教育的持续性和一致性，与社区建立广泛的联系；

[拓展阅读]
孔令帅、韩明玉：《21世纪以来英国数学教育改革述评》

① 闫闯. 21世纪初英国初等教育改革进程及其启示[J]. 基础教育研究，2012（20）：58-60.

政府要在教育过程中发挥更加能动的作用，等等。此外，为了进一步改善政府与学校之间的关系，2004 年英国教育与技能部和教育标准局发布了《与学校建立一种新关系》报告，旨在改革教育视导制度，减少学校的纷乱与不确定性，为家长提供有关学校的更多信息，并进一步推动学校教学质量和教育改革的发展。

自《1944 年教育法》颁布以来，英国政府一直在思考教育公共服务质量得不到提高的原因。为此，2004 年，英国教育与技能部发布了《儿童和学习者的五年改革战略》报告。该报告指出了教育公共服务发展不够的原因，并提出了四项关键原则：提供更多个性化的选择，以满足儿童、家长及学习者的期望与需求；广纳各方提供的服务；在确保绩效责任要求和经费使用安全的前提下，给予校长、学校董事会等更多的办学自由；和家长、社区及志愿服务组织建立密切的合作关系，等等。[①]2005 年英国教育与技能部发布了《全民之更高的标准、更好的学校：为了家长与学生提供更多的选择的教育白皮书》（简称《2005 教育白皮书》）报告，主要对英国过去 8 年的教育改革进行了反思与检讨，在总结经验教训的基础上重新对教育进行了规划。《2005 教育白皮书》强调确保为每一位学生提供卓越的教育，确保最大限度发挥每一位学生的潜能，确保教育制度得到逐渐改善，并且这是由家长和选择权的实践所促进的。其具体举措包括：将家长与学生的需求置于学校制度的核心位置；给予学校最大限度的自由，使其能够创新与成功；全力消除各种教育改革的阻力因素，确保所有的学校改革都要顺利进行，等等。在 21 世纪初的几次教育改革中，英国初等教育取得了较大的发展。2006 年英国发布了《2020 蓝图：2020 教与学评议小组报告》（简称《2020 教育蓝图》，勾画了英国初等教育的发展蓝图。其主要关注如何通过改革教学来提高学生的学习成效、缩短学生之间学业成就的差距，主要目标包括：保证所有儿童都有成功的机会；保证所有的学习者都能够享受高标准并能满足其需要的教育服务；确保所有离校的儿童和年轻人，在英文和数学方面都能拥有高级技能；确保教师能很好地运用技能和知识参与学生的学习；保证家长能够参与学校教育，作为子女的共同教育伙伴，等等。[②]

2010 年，由大卫・卡梅伦领导的保守党和自由民主党组建联合政府开始执政，其教育改革基本是对 20 世纪 80 年代以来改革的巩固和延续。2010 年 11 月，英国政府颁布了《教学的重要性：学校白皮书 2010》（简称《2010 年学校白皮书》），主要内容包括：引言；教学与领导；行为；课程、考试与资格；新的学校制度；问责；学校改进；学校经费。该白皮书指出了当前英国教育存在的问题：教师严重受限，其权威受到学生挑衅；学校经费分布不均，学生之间学业水平相差过大；政府干预学校过多等等，并提出了一系列具体措施，比如继续提高教师职业准入的资格，改革教师培训和发展方式；提高教师管理学生的权威，加大对校长的支持；重新修订国家课程，提高学生的计算能力和阅读能力，改革教学评价和资格标准；扩大学校办学自主权，开放自由学校准入市场；加大信息公开程度，提高学校的最低

① 闫闯. 21 世纪初英国初等教育改革进程及其启示 [J]. 基础教育研究，2012（20）：58-60.

② 闫闯. 21 世纪初英国初等教育改革进程及其启示 [J]. 基础教育研究，2012（20）：58-60.

要求；开展学生助学金计划，改革国家拨款分配制度，等等。[①]2011 年 3 月，英国教育部发布《支持与期望：针对特殊需求与残疾儿童的咨询提案》绿皮书，次年针对此提出了详细发展计划，对英国特殊教育进行了近 30 年来规模最大的一次改革，其中提出改革特殊教育经费投入机制，整合地方特殊教育支持体系，提升主流学校特殊教育的服务质量，并赋予家长和儿童在特殊教育中的参与权利，等等。[②]

为了更好地应对欧洲教育一体化的挑战，更好地解决英国政府财政紧缩的问题，英国在高等教育领域进行了一系列的改革。2006 年公布的被称为“利奇报告”的《全球经济中的全民富足—世界一流技能》指出，英国的经济已持续增长 14 年，进入了有史以来最长的经济扩张期，18—30 岁人口的高等教育参与率为 42%，达到历史新高。该报告对英国的高等教育政策产生了决定性影响，促使政府提出到 2010 年，18—30 岁人口高等教育参与率达到 50%，到 2030 年，40% 以上成人接受高等教育的目标。自此，英国高等教育改革主要围绕以下方面展开：提高高等教育参与率，推动高等教育多样化；加大成本分担，保障教育公平；关注学生就业能力，吸引企业积极参与。具体举措有：扩大传统的高等教育入学渠道，开发多种非传统入学途径；提高学费的同时实施各种奖学金、助学金以及贷款计划；加强高校就业指导，吸引企业与高校合作，为学生提供到企业实习的机会，等等。[③]2010 年 10 月 12 日，英国发布了题为《确保英国高等教育可持续发展的未来》（简称《布朗尼报告》）。该报告包括七个部分：高等教育投资状况、现行制度评估、改革原则、加强学生选择作用、学生资助计划、保障高等教育系统中的公共利益、其他建议。旨在提高高等教育的参与水平，改进高等教育教学质量，确保可持续发展的高等教育未来。2011 年英国商务、创新和技能部公布了高等教育改革新的白皮书—《高等教育：把学生置于体系中心》，强调提高学生在高等教育体系中的地位。白皮书主要是为了解决公众对学费增长的不满问题，旨在提高高等教育参与率，放宽高等教育机构准入机制，调动民间资本以发展高等教育。其主要内容包括：推行持续和公平的资助政策；扩大学生知情权，提高教学质量；确保更佳的高等教育体验，更优秀的毕业生；建立多样而积极的高等教育体系，主要举措有：调整高等教育资助局拨款方案，鼓励慈善捐赠；鼓励高校起草《学生宪章》，鼓励用人单位参与支持；改革“大学”头衔与学位授予，增加社会流动性，制定新的高等教育管理框架，等等。此外，英国高等教育在 21 世纪改革方面还体现在国际化进程的加快，其通过推动课程国际化、实行学分学历及文凭互认、促进师生国际流动以及开拓国际教育市场等促进欧洲教育一体化的形成。

三、法国 21 世纪以来的教育革新

法国政府非常重视教育的发展问题，并一直将教育置于优先发展的位置，但其

① 北京师范大学国际与比较教育研究院. 国际教育政策与发展趋势年度报告（2013）[M]. 北京：北京师范大学出版社，2014：73-79.

② 陈时见，覃丽君. 世界教育改革概览 [M]. 北京：高等教育出版社，2013：13-14.

③ 丁笑炯. 英国高等教育改革与成效 [J]. 国家教育行政学院学报，2012（09）：86-90.

教育中仍然存在很多问题。为了更好地面对知识经济与信息化社会的需求，法国在进入 21 世纪以来也提出了一系列教育改革，旨在培养高水平人才，提升教育质量。

一直以来，法国教育中的诸多问题在历次教育改革中都得不到很好的解决，比如学业失败与文盲的比例居高不下；无资格与无文凭的青年数量有所增长；校园暴力未能得到有效遏制，等等，由此法国总理拉法兰于 2003 年 9 月 15 日组建了“学校未来全国讨论委员会”，要求该委员会通过组织全国性的讨论，收集所有关于学校问题的思考和建议，并为未来 15 年法国教育系统可能或期望的变革进行原则性描述，使政府能够清晰地选择决策并准备一项新的指导法。次年委员会提交了《为了全体学生成功》报告，2005 年法国政府颁布了《学校未来的导向与纲要法》，该法案的基本精神为：为了一个更公正的学校；可信任的学校；为了一个更有效率的学校；高质量的学校；为了一个更开放的学校；倾听全国的学校。其主要内容包括：构建学生知识与能力的共同基础；促进教育平等；改革初等教育课程课程设置，等等。具体举措包括：加强语言和数学教学，提高使用英语和信息技术的能力，学会在民主社会中共同生活；设立教育成功个人项目，增加奖学金学生数量，促进男女学生平等，改善残疾学生教育；缩减初等教育课时，为学习困难的学生设置辅导课，调整成绩评估模式，等等。①2007 年 5 月，法国教育部长达尔科斯上任，于 2008 年发布《达尔科斯宣言》进一步推动了教育改革，其改革举措主要包括调整课时结构、设置辅导课、调整评估年级、设置假期补习班，等等，但有些举措比如强调减少历史、地理课时以及缩减教师规模等，引发教师和学生的强烈不满，使得改革受到重重阻碍甚至停滞不前。

2010 年 9 月 1 日新任教育部长吕克・夏岱尔正式推行新一轮高中教育改革，旨在确保每一位高中生都成功。此次新高中教育改革提出三种课程分流：普通取向课程、技术取向课程和职业取向课程。选择普通取向课程的学生，其学业使命是为接受高等教育做准备，即为进入大学或大学技术学院等做准备，修业年限为三年，毕业后授予普通高中会考文凭；选择技术取向课程的学生，享有优先缩短高等修业时限、获得高等技术员资格或为工艺文凭的资格，修业年限为三年，最终授予技术类文凭；选择职业取向课程的学生主要是直接面向现实生活，但也允许学生为更高层次与资格进行继续深造。职业高中的学生最终是通往职业高中会考，同时也为取得职业能力证书或工艺证书和职业教育文凭做准备，获得职业能力证书或职业教育文凭后可就业或以一年时间进修专业文凭，修业年限依据毕业文凭不同分为两到三年。②

法国教育部于 2011 年初开始实施“中小学创新与成功计划”，旨在改善学校环境、帮助每个学生学业成功、加强教师队伍的稳定、促进教育机会平等。该计划具体内容包括以下方面：一是在人力资源方面，学区总长可以根据中小学校长的建议录用教师和学校管理人员；二是在初中和高中一年级设置学监，以加强对学生的管

---

① 王晓辉．法国新世纪教育改革目标：为了全体学生成功 [J]．比较教育研究，2006（05）：22–27.

② 陈时见，覃丽君．世界教育改革概览 [M]．北京：高等教育出版社，2013：33–34.

理；三是在教学方面，教育督导人员与教学人员要共同组织学校课程，确定学生的学业定向计划，强调跨学科学习，注重学生学习成绩的评估；四是设置学校生活委员会，对违背学校规则的学生行为予以惩罚，并要求家长予以配合；五是加强个别辅导，特别是在小学毕业年级开设补习课。[①]

2012 年，法国新任总统奥朗德上台，其教育改革的宗旨是“重建和实现全体学生的成功”，并将初等教育置于教育改革的首要任务，尤其是小学低年级教育上。在针对弱势地区教育问题上，奥朗德建议：在全法国的教育优先区改善师生比，提高发给有 6—18 岁在学儿童与青少年的低收入家庭的开学津贴；在小学教育方面，合理调整假期与教学时间，在充分保证学生休息的基础上提高学习效率；在初中教育方面，支持维持所有学生都可以入读的“统一初中”制度，加强知识与能力兼顾的课程；在会考制度上，建议进一步加强会考安全防范措施，保证考试的公正性与有效性，等等。

21 世纪法国高等教育的改革和发展深受欧洲一体化进程，尤其是 1998 年发表的《索邦宣言》和 1999 年签订的《博洛尼亚宣言》的影响。两个宣言的宗旨就是通过建立统一的学制和学分互认体系，促进学生和学者在欧洲境内的交流，促进欧洲教育一体化的实现。在此指引下，法国高等教育进行了一系列的改革：改革高等教育体制，建立了新的“LMD”体制（从中学会考通过后开始算起，学士学位 3 年、硕士学位 5 年和博士学位 8 年的学位体制）；全面实施由博洛尼亚进程所确定的欧洲学分转换系统；设立高等教育与研究中心，成立专门的质量评估机构；加强高等教育与经济部门的联系，增加企业的培训计划，提高对学生职业信息的指导；改革高等教育管理机构，管理职责开始由各相关部门分别负责而不是由教育部统一管理，等等。法国高等教育本身存在中途淘汰率及毕业淘汰率较高、教育质量不高等原因也促进了进一步教育改革。2002 年时任法国教育部长的吕克·费里发表了题为《高等教育的新展望》的长篇谈话，指出了法国高等教育改革发展的方向，包括改革法国的高等教育以适应欧洲和世界的标准、促进大学等高等教育机构的自治、更好地指导本科生、为高校打开新的研究思路等。2006 年 2 月，以萨科奇为主席的人民运动联盟公布了《教育协定》，确立了未来教育发展的两大目标：优质与机会均等。2007 年 5 月，萨科奇当选法国总统并于同年颁布了《关于综合大学自由与责任的法律》（简称《大学自治法》）。按照法国政府的初衷，该法追求三个目标：一是提高高等教育质量、增强大学的吸引力，主要体现为降低本科学业失败率，缩短大学毕业生找到第一份工作所需的时间；二是走出目前大学治理的瘫痪状态，加强校长的调解职能和权力，提升高等教育机构的自治程度；三是提高法国大学的国际竞争力，改善法国大学在国际排名中的地位。[②] 为了解决目前法国大一年级淘汰率居高不下，进一步提升本科教育的质量，2008 年 1 月法国推出了“学士学位成功计划”，其主要内容包括：根据学生实际情况进行分流定向指导以确定大

① 王晓辉．新世纪法国基础教育改革举措 [J]．中国教育学刊，2012（08）：88-92．

② 刘敏．解析法国高等教育改革趋向：综合大学迈向“自治”[J]．比较教育研究，2009（09）：59-63．

学定向；加大政府财政支持；调整教学计划与教育模式，实行教学改革；实行导师制等等。

四、德国21世纪以来的教育革新

在世界范围内，德国以“教育强国”著称，更是世界上最早实行强制义务教育的国家，但是德国基础教育却呈现下滑局势。在全民教育思潮影响下，为了更好地应对21世纪的挑战，德国进行了一系列教育改革，旨在确保每位学生都有接受教育的机会，并都能获得成功。

据1999年的TIMSS研究结果和2000年的PISA调查报告中显示，德国学生的学习水平和学习能力远低于经合组织成员国的水平，这使得德国社会各界人士震惊，并促使了德国教育大改革。根据对基础教育质量下降的原因分析，德国采取的主要改革举措包括：强化早期教育干预；调整教育体制；发展全日制学校；加强数学与自然科学教学质量；制定质量评价标准，等等。德国政府长久以来把早期教育看作家长的义务，对早期教育并未过多关注。但是早期教育的质量直接影响着初等教育的质量，德国政府逐渐开始干预早期教育。在此影响下，早在2001年巴伐利亚州就制定了“巴伐利亚早期儿童的培养与教育计划”，强调早期教育与小学之间的衔接，特别重视对幼儿基本能力的培养。2005年8月《巴伐利亚儿童教育托育法》开始生效，旨在强化学生学习的主动性，并帮助他们获得基本的学习能力。此外，2003年北莱茵—威斯特法伦州也制定了“教育协定计划”，并于2007年实施了“德育加强计划”，主要目的是为了加强对早期儿童的教育干预，使儿童能够较早地形成良好的学习习惯并培养其学习能力。2011年德国联邦教育与科研部、阅读基金会又共同实施了一项旨在促进儿童早期阅读的项目：启动阅读—阅读的三个里程碑。该项目的执行期为2011年至2018年，共投资2600万欧元，旨在通过向孩子及其父母免费赠送三份阅读套装来激发和鼓励父母为孩子朗读图书、讲故事，使儿童从小养成良好的阅读习惯。①

21世纪以来，人们对德国教育质量下降的问题开展了大讨论，比如过早地在中学阶段实施对学生向不同类型中学的分流的影响、联邦州之间以及不同类型的中学之间教育水准的差异的影响；学生社会出身（如移民背景等）对其学业成绩的显著影响；半日制学校教育的问题，等等。基于此，德国政府提出了一系列改革教育体制的举措，包括资助全日制中小学的设立；改革现有的中等教育结构，开始由传统的多轨制向双轨制转型；缩短学制，将9年制文科中学改为8年制文科中学；增加学校的独立性和中学校长的管理权限；改革高中阶段的课程设置、课程结构以及毕业考核方式；引进全州统一的中学毕业考试等等。

2003年5月12日，德国联邦教育与研究部部长布尔曼表示，德国联邦政府与各州已经达成一致，共同签署“教育与指导的未来投资计划”，预计联邦政府在未来的5年内拨款40亿欧元，帮助各州建立10000所全日制学校，以改善学校基础

---

① 陈时见，覃丽君．世界教育改革概览[M]．北京：高等教育出版社，2013：116．

设施和教学条件，调整德国中小学校的教学系统，提高教学水平，同时为家长解决后顾之忧。[①] 同年，德国联邦教育与研究部、各州文化部长联席会议也开始探讨构建"国家教育标准"的事宜，以强化政府对教育结果的管理，提升教育整体质量。2003 年 12 月，德国文化部长联席会议提出了用于"中等学校毕业资格"（第 10 年级）的国家教育标准，这些标准在 2004—2005 学年被各州采用。

2004 年 10 月，文化部长联席会议公布了用于小学教育（4 年级）的国家教育标准以及用于"主体中学毕业资格"（9 年级）的国家教育标准（包括德语、数学和第一外语 3 个科目）。12 月，文化部长联席会议又通过了用于"中等学校毕业资格"其他 3 个科目（生物、化学、物理）的国家教育标准。2004 年通过的各类国家教育标准在 2005—2006 学年得到了实施。2007 年 10 月，文化部长联席会议通过决议，决定将文科高中毕业考试（2/13 年级）的统一考试要求进一步发展成用于"普通高等学校入学资格"的国家教育标准。这样一来，国家教育标准就覆盖了整个基础教育阶段，从小学直到高中。[②]

德国是《博洛尼亚宣言》的首批签署国，也是博洛尼亚进程的倡议国和积极推动者。在此宣言的影响下，德国进行了一系列高等教育改革，主要包括：一是构建高等教育三级学位（学士—硕士—博士）体系。近代来德国实行的是特殊的硕士—博士相连的两级学位制度，不利于国际竞争。2002 年联邦政府通过《联邦大学基准法》，将 1998 年学士和硕士学位的试行规定称为法定规定。德国计划到 2005 年普遍实现新的学位体系，同时计划在 2010 年之前完成由传统的学位制度向新学位制度的全面转轨。二是引入欧洲学分转换系统。欧洲学分转换系统的引进可以有效解决学生的学习压力问题、自学能力培养问题、学分转移问题以及学习成绩认可等问题，提高学生在大学学习期间的灵活性、流动性。三是完善高等教育质量保证体系。1998 年，德国引入认证体系；1999 年，德国设立了专业认证委员会，负责专业认证机构的资格认证，监督他们的认证工作；2007 年，德国开始引入更为系统的认证体系，更加注重内部质量保障，重点考查学生学习成果以及专业计划的质量。四是促进人员国际流动。通过采取多种措施，比如设置国际化课程、设立教育补助项目与计划等方法鼓励教师、学者和学生出外交流。五是改革博士生培养体系。改变博士生培养以独立的科学研究为主的局面，建立新的培养体系，兼顾课程学习和科学研究，等等。[③]

此外，德国还制定了一系列的政策计划来推动高等教育改革。2006 年，德国发布了"卓越创议"，旨在提高德国大学的尖端科研水平及科研后备人才（博士生）培养水平。该创议分两个阶段执行，第一阶段为 2006 年 7 月至 2011 年 12 月，第二阶段为 2012—2017 年。2012 年已进入第二阶段，其主要内容是政府通过额外出资重点资助一批严格按照学术标准筛选出来的、高水平的大学科研机构及科研项

---

① 黄华. 从半日制到全日制：德国中小学学制改革在争议中艰难前行 [J]. 比较教育研究，2012（10）：32-36.

② 孙进. 变革中的教育体制：新世纪德国普通中等教育改革 [J]. 比较教育研究，2010（07）：36-40.

③ 徐理勤. 博洛尼亚进程中的德国高等教育改革及其启示 [J]. 德国研究，2008（03）：72-80.

目，提高其国际竞争力，使其达到一流大学的水平。为了应对 21 世纪知识经济的挑战，满足更多学生接受高等教育的需求，同时增强德国高校的科研实力与国家创新能力，2007 年 8 月联邦政府与 16 个州政府签署了《高等教育协定 2020》。该计划的总目标是确保年轻一代接受高等教育的机会，培养科学研究所需要的后备人才，提升德国的国家创新力。该计划分为三个阶段实施：第一阶段从 2007 年 1 月 1 日至 2010 年 12 月 31 日，第二阶段从 2011 年 1 月 1 日至 2015 年 12 月 31 日，第三阶段从 2016 年 1 月 1 日至 2020 年 12 月 31 日。该计划的主要内容包括：增加高校的学习位置，满足更多高中毕业生接受高等教育的需求；资助高校的高水平科研项目，即向已经获得德国科研协会资助的高校科研项目提供额外项目经费。在第二阶段除继续实施上述两项措施之外，还将改善教学人员配备情况，优化辅导与咨询服务；采取措施对大学教师进行培训与再培训以及保证教学质量；采取措施进一步优化学习条件和发展创新性学习模式。[①]

五、日本 21 世纪以来的教育革新

随着国际化、信息化和知识经济全球化的到来，日本面临着新的发展机遇和挑战，于是日本顺势进行了以政府为主导的教育改革，以适应新时代对教育提出的新要求，旨在满足人的发展及个性化发展的需求，满足具有创造力的社会和国家的需求以及满足信息化、国际化等时代变化的需求。

2002 年日本就实施了《日本 21 世纪教育新生计划》，明确地提出了新世纪日本教育改革的七个战略重点：通过通俗易懂的教学提高基础学力；通过多种多样的服务、体验活动养成感情丰富的日本人；完善可以愉快安心学习的学习环境；创建受家长、地方信赖的学校；培养“教育内行”的教师；推进世界水准的大学建设；确立与新世纪相适应的教育理念、完善大学的基础设施等等。[②] 进入新世纪以来，日本实施的是宽松式的教育，即让学生在学校没有太大压力的情况下学习，以培养其创造能力和个性。但“宽松教育”政策导致了一系列问题，比如在 PISA 调查中学业成绩下滑、校园暴力、逃学辍学现象严重，人们纷纷质疑“宽松教育”政策，并呼吁教育改革。2005 年 10 月 26 日中央教育审议会发表了《创造新时代的义务教育》报告，促使了日本对“宽松教育”进行彻底性的改革，提出了义务教育结构改革的发展方向及战略构想，并从修订义务教育目标、提高教师水平、明确各级教育机构的职责以及改善基本教育条件等方面做了具体阐述。从某种程度上来说，该报告预示着日本基础教育从宽松教育向掌握型教育和探究型教育发展。2006 年日本修订了《教育基本法》，其中规定政府必须提交教育振兴基本计划，提交国会并进行公布。据此，2008 年 7 月日本政府制订了《第一期教育振兴基本计划（2001—2012 年）》，同年日本政府还修订了《学习指导纲领》（日本文部省制定

---

① 北京师范大学国际与比较教育研究院．国际教育政策与发展趋势年度报告（2013）[M]．北京：北京师范大学出版社，2014：126–130．

② 李明华．面向 21 世纪的日本中小学教育改革：兼与中国的素质教育相比较 [J]．广西师范大学学报（哲学社会科学版），2001（02）：87–91．

的中小学教育课程的国家标准)。该纲领将培养学生的“生存能力”定为日本义务教育的基本目标，旨在提升学生学力水平。新世纪日本课程改革的原则是：贯彻加强基础知识和基本技能的方针，精选教育内容；注重综合学习，促进知识的横向联系；调整、合并现有的课程，重新构造未来课程体系。[①]其主要的改革体现在对课时安排、课程内容等方面的调整。具体如下：在课时安排方面，2011 年开始，日本小学阶段的总课时将达到 5645 节（每节课 45 分钟），比此前的 5367 节增长了 5.2%；初中阶段 3 年的总课时将达到 3045 节（每节课 50 分钟），比此前的 2940 节增长了 3.6%。中学阶段的选修课得以取消，作为“宽松教育”代表的综合课将被缩减课时，而日语、数学、外语、科学和社会课将增加 1000 课时。科学和数学的课时更是分别增长了 33% 和 22%。在课程内容方面，为了减轻学生负担，日本曾于 1998 年将课程内容削减 30%，现削减的内容又重新回到课本中，这意味着课程内容增多，教材变得更厚。外国语课程内容明显增加，更加注重提升学生的语言交际能力和应用能力；理科、数学及科学等学科方面的深度和广度也明显提升。此外，日本在这次课程改革中更为强调道德教育和体育，并规定学校和学生要在开学典礼、毕业典礼以及重大活动中升国旗、唱国歌，也增加了体育课时，重新界定了体育保健课的学习内容。[②]在课程的实施与管理方面，日本政府明确肯定了地方的作用。2004 年，日本开始实施“学校运营协议会制度”，该制度赋予了家长参与学校管理的权利，自此日本的课程形成了中央、地方、学校、家长共同参与管理的局面。同时，教师和学生对课程内容享有选择自主权。2011 年 12 月日本中央教育审议会颁布了《制订第二期教育振兴基本计划的基本思路》，旨在设定明确的教育成果目标，并制订具体的、体系化的政策措施，保证教育改革的顺利进行。该文件指出“自立、协作、创造”理念是日本跨越大震灾等各种危机和构建可持续发展的、有活力的社会不可或缺的理念，在该理念的指引下，今后日本教育发展的方向是：培养能够立足于社会的各种能力；培养能够实现未来飞跃的人才、构筑学习的安全保证、构筑相互协助的有活力的社区。文件提出当下的教育不容乐观，其主要表现在：学习意愿和学力水平下降；倾向于在国内发展；学生的规范意识、社会性、体育方面存在问题；终身学习在实施上存在问题。该计划也指明了今后教育行政的方向：培养能够立足于社会的各种能力，对应自立、协作理念；培养能够实现未来飞跃的人才，对应创造理念；构筑学习的安全保证，对应自立理念；构筑相互协助的有活力的社区，对应自立理念。

近年来，由于日本老龄化和少子化时代的到来，高等教育适龄人口不断减少，为争夺生源，日本大学间竞争日益激烈，再加上经济与科技发展的需要，日本高等教育也开始进行改革。21 世纪初日本高等教育改革的基本精神就是建立拥有国际竞争的充满个性的大学。为此，2001 年 6 月，文部科学省发布了《大学结构改革方针》，开始大力推进大学机构改革，其基本内容包括：对国立大学进行合并重组，

---

① 王智新，潘立. 日本基础教育 [M]. 广州：广东教育出版社，2004：22.

② 陈时见，覃丽君. 世界教育改革概览 [M]. 北京：高等教育出版社，2013：189–190.

确定出一定数量具有实力的特色大学并进行重点扶植；将国立大学改革成与独立行政法人不同、采取民间经营方式的新模式法人，使大学更具有灵活性、战略性和较强的国际竞争力；实行通过第三者对大学进行评估的制度，推动大学开展竞争，坚决果断地将好大学（不论是国立还是公立、私立）建设成世界一流大学。[1] 在该方针的影响下，日本出台了“21世纪COE”计划，旨在通过对国立、公立和私立大学的若干优势尖端学科领域进行重点资助，建立世界高水平的研究基地和学术研究中心，推动学科建设和发展，创新世界尖端的研究成果，培养具有高素质、创新性年轻研究者，推动有关大学能够成为具有国际竞争力、具有独特个性得到世界高水平大学。为实现日本行政改革的总体目标，改变因国立大学僵化的官僚管理体制而造成国立大学缺乏应有活力的状况，2003年日本国会通过《国立大法人法》，并于2004年4月1日起对日本全部89所国立大学进行“法人化改革”。其具体内容包括：确立国立大学的身份，从文部省下属机构转变为具有法人资格的办学实体；引进民间的运营管理方式，由校长、理事会负责学校决策；建立新的人事制度，采取教师公开招聘制，教职员的身份向非公务员型转变；引入独立于政府与大学之外的第三方评价机制，评价结果直接与政府拨款挂钩。2005年9月，中央教育审议会提出《新时代的研究生院教育》，明确了研究生院改革的方向。2006年3月，文部科学省制定了《研究生院教育振兴措施纲要》，确定了未来5年的具体措施：通过有组织地强化教学课程的开发落实研究生院的教育；保证研究生院的教育质量，提高其国际适用性和信赖性；建设具有国际竞争力的卓越的教育研究基地。[2]2007年日本开始对研究生院课程改革进行重点财政援助，旨在改善研究生教育质量，提高其国际竞争力。2011年日本发布了《全球化社会的研究生教育》，旨在通过研究生院的实质化（强调教育课程的有组织展开），国际的通用性、信赖性（研究生教育质量）的提高，构建国际性的富有魅力的研究生教育政策。在此影响下，同年日本文部科学省又制订了《第二次研究生教育振兴政策纲要》，具体实施时间为2011—2015年，目的是针对研究生院课程多样化的特征，进一步加强研究生教育，为今后研究生教育改革提供方向性的指导。其主要内容包括：确立基于学位计划的研究生教育；依照课程制定研究生制度，建立高质量的研究指导体制，推进有实效性的研究生院评价机制。培养具有引领新社会创造、发展的博士；建立博士前后期一贯制的课程体系，建立世界性的研究生教育基地。加强与社会的合作；推进教育信息公开化、可视化，构建对学生未来发展具有展望性的环境，强化与企业的合作，改善年轻教师教育研究环境。促进研究生院的国际化；促进高质量的国际性的交流和合作，促进外国学生与日本学生的联合培养。促进专业学位研究生院的质量，等等。[3]

整体而言，进入新世纪以来，各国对教育的关注力度逐渐加强，改革力度也逐

---

① 魏蕾，杜国宁．21世纪日本高等教育体制改革透视[J]．现代日本经济，2005（02）：61-64．

② 曾瑶，王保田．论当代日本高等教育的改革[J]．黑龙江高教研究，2010（02）：76-78．

③ 北京师范大学国际与比较教育研究院．国际教育政策与发展趋势年度报告（2013）[M]．北京：北京师范大学出版社，2014：183-185．

[微视频]
俄罗斯现代教育改革

渐加大，并进一步与当前社会的发展实际与国际需求相结合。各国的教育改革趋势为：基础教育领域，进一步关注弱势群体的受教育程度，促进教育公平与教育质量的有机结合；更为重视课程与教学领域的改革，注重教育与信息技术的有机结合；重视学校的外部支持，进一步加强学校与社区、社会的联系；高等教育领域，重视高等教育管理体制的改革，赋予高校充分的自主权；更加关注高尖端人才的培养，注重对课程教学等方面的改革；高等教育体系改革与国际接轨，促进高等教育国际化发展等。

[课后练习]

一、名词解释题

1. 壬戌学制　2. 党化教育　3. 战时须作平时看　4. 大学院与大学区制　5. 综合中学　6.《1988年教育改革法》　7.《哈比法案》　8.《富尔法案》　9.《总纲计划》　10.《不让一个孩子掉队》

二、问答题

1. 简述壬戌学制对于中国现代教育发展的历史意义。
2. 以抗日战争期间的教育发展为例，简述近代战争与教育发展的关系。
3. 简述1949年以来我国社会主义教育现代发展道路探索的经验教训。
4. 西方各主要资本主义国家建立本国现代教育制度的措施是什么？
5. 简述第二次世界大战后世界主要国家教育制度发展的主要特点及总体趋势。

第八章　现代教育思想的探索与反思

[学习目标]

1. 了解20世纪上半叶中国主要的教育思潮，掌握晏阳初的平民教育思想和梁漱溟的乡村教育思想。

2. 掌握陶行知的生活教育思想及其对中国现代教育发展的影响。

3. 掌握杜威关于教育本质问题的论述。

4. 掌握杜威教育思想的历史地位及影响。

5. 掌握现代西方主要教育思潮的代表人物、基本教育主张与影响。

[知识导图]

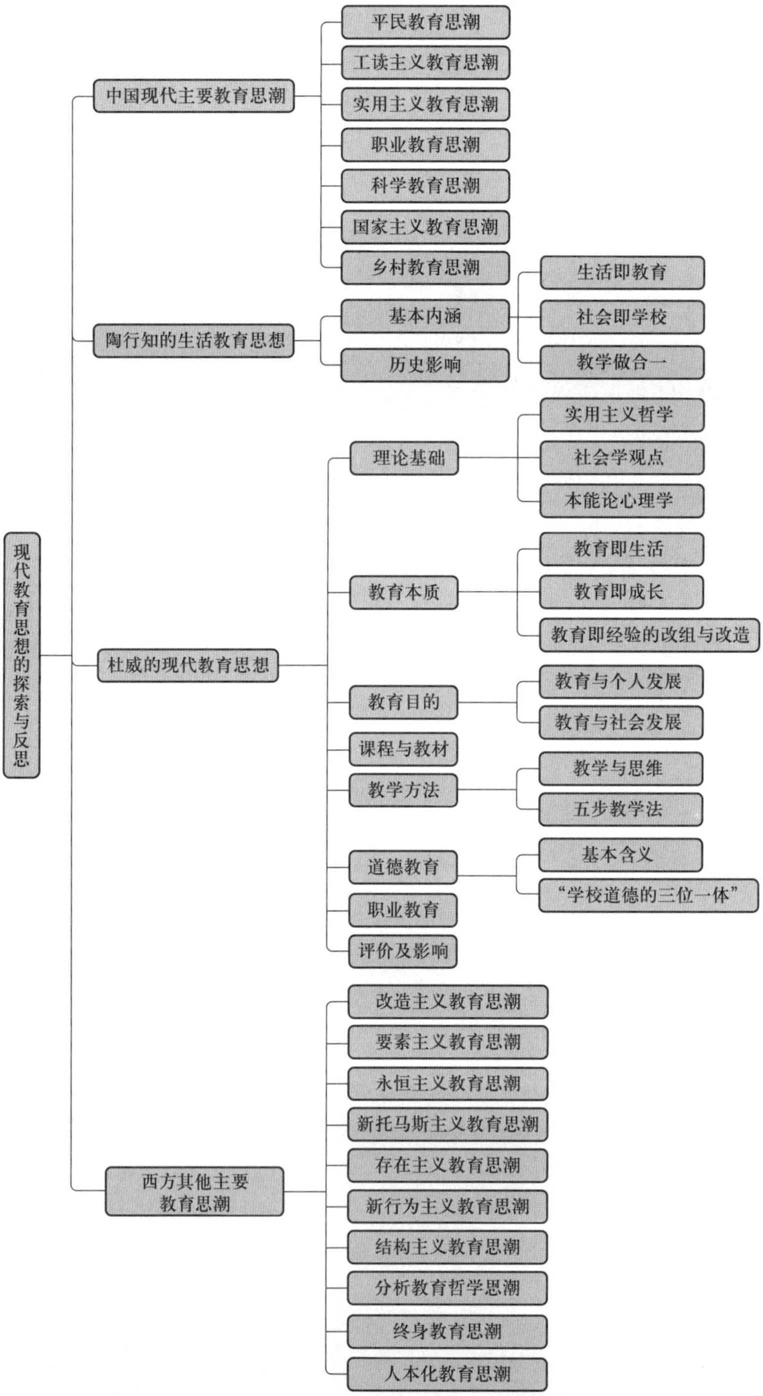

现代教育思想的探索与反思
中国现代主要教育思潮
平民教育思潮
工读主义教育思潮
实用主义教育思潮
职业教育思潮
科学教育思潮
国家主义教育思潮
乡村教育思潮
陶行知的生活教育思想
基本内涵
生活即教育
社会即学校
教学做合一
历史影响
杜威的现代教育思想
理论基础
实用主义哲学
社会学观点
本能论心理学
教育本质
教育即生活
教育即成长
教育即经验的改组与改造
教育目的
教育与个人发展
教育与社会发展
课程与教材
教学方法
教学与思维
五步教学法
道德教育
基本含义
“学校道德的三位一体”
职业教育
评价及影响
西方其他主要教育思潮
改造主义教育思潮
要素主义教育思潮
永恒主义教育思潮
新托马斯主义教育思潮
存在主义教育思潮
新行为主义教育思潮
结构主义教育思潮
分析教育哲学思潮
终身教育思潮
人本化教育思潮

美国教育家杜威提出传统教育概念并对其进行批判后，实用主义教育理论在其后约半个世纪中占据主导地位，并影响了我国教育思想的传播与发展。随着各国教育改革过程中新的问题和发展要求的出现，欧美国家又先后出现了重新论证教育理论的高潮。

第一节　中国现代主要教育思潮

新文化运动以来对传统教育的改革，极大地促进了人们思想观念的变化。教育领域围绕着教育如何救国、兴国展开了一场轰轰烈烈的思想争鸣，一时间各种教育思潮、教育运动、教育实验纷呈迭现，产生了晏阳初、黄炎培、梁漱溟、陶行知、杨贤江、陈鹤琴等一大批著名的教育家，将我国现代教育改革推向了新的高潮。

[微视频]
杨贤江教育思想

一、平民教育思潮

1916 年 10 月，全国教育界联合会通过《注意贫民教育案》，1919 年 10 月又通过了《失学人民补习法》。受此影响，许多读书人和教育工作者积极宣传平民教育思想，投身平民教育运动，形成了平民教育的热潮。

[微视频]
陈鹤琴教育思想

（一）平民教育思潮的基本内容

平民教育思潮的基本观点是：要实现自由、民主、平等的社会，必须打破等级制度和阶级差别。因此主张破除千百年来的封建统治者独占教育的局面，使所有人都享有受教育的权利，都能获得文化知识，改变生存的状态，成为社会的平等国民。当时推行平民教育运动的人，根据其政治立场、思想倾向的不同和在教育目的、内容、方法、途径等方面表现出来的差异可分为三大派别。

[拓展阅读]
桑东华：《五四平民教育思潮的演变、分化和发展》

一派是以陈独秀、李大钊、邓中夏、毛泽东、何叔衡等为代表的受苏联“十月革命”胜利影响而初步具有共产主义思想的知识分子。他们站在劳苦大众的立场上，认为学校应当坚持“庶民”方向。要解决平民的教育问题，必须先解决经济和政治制度问题。他们出版刊物，撰写文章，创办工人夜校和劳动补习学校，一面大力宣传马克思主义，一面积极地推行平民教育。例如，1917 年 11 月，毛泽东、蔡和森在湖南第一师范学校创办工人夜校，对工人进行识字教育，作为帮助劳工大众从困苦中摆脱出来的有效方法。1919 年 3 月，邓中夏发起组织北京大学平民教育演讲团，以增进平民知识，唤起平民之自觉心为目的。通过创办工人夜校，并深入农村对农民讲演，一面进行生产、生活知识的传授，一面进行民主意识的启发。很快，早期共产主义者开始认识到仅用教育的方法来实现社会的改造是不可能的。毛泽东在给留法新民学会会员的信中明确地说，教育权之所以落在资本家的手里，是因为他们有议会、政府、法律、军队和警察，无产阶级不得不先夺得政权，才能办好教育。1921 年 8 月，毛泽东、何叔衡在长沙创办湖南自修大学，是这一派别的平民教育逐渐发展成为共产党领导下的工农教育的重要标志。

另一派是由一些受西方平民思想（主要是受杜威民主主义教育思想）影响的新知识人所组成。他们把平民教育视为救国和改良社会的主要手段，主张“教育救国”。1919 年 10 月，北京高等师范学校的部分教师和学生联合组织了平民教育社，创办了《平民教育》专刊，进行教育调查。1922 年又成立了平民教育演讲部，邀请社会名流到平民教育社内进行专题演讲，对什么是平民教育、平民教育与平民政治的关系、平民教育实施的途径与方法进行了全面和深入的探讨，建立起了一个较为完整的平民教育理论体系。

还有一派是以晏阳初为首的中华平民教育促进会总会。这一派早期不愿意把教育的改造更多地与政治的改造联系在一起，主张就教育谈教育，把更多的时间和精力投入到平民教育的实际活动中去。第一次世界大战期间，晏阳初在法国从事华工补习教育，回国后在上海、长沙、烟台、杭州等地兴办平民学校。1922 年，他主编出版了平民教育的识字教材《平民千字课》。1923 年 8 月，晏阳初发起成立中华平民教育促进会总会，自任总干事，熊希龄夫人朱其慧任董事长，东南大学教授陶行知任书记。中华平民教育促进会总会以“除文盲，作新民”为宗旨，大规模推行平民教育，在不到 9 个月时间里，就在全国 20 个省区范围内办起了“平民学校”“平民读书处”和“平民问字处”等团体，成立了 50 多个平民教育分会，引导 50 多万人读《平民千字课》。通过他们的努力，平民教育达到了高潮。到 1927 年，全国平民教育促进会分会达到 150 多个。此后，平民教育的主流地位逐渐为乡村教育运动所取代，最终汇集成 20 世纪 30 年代流行一时的乡村教育运动。

（二）平民教育思潮的历史影响

平民教育思潮作为我国 20 世纪 20 年代最有影响的教育思潮之一，其对当时的教育实践以及整个社会都产生了深刻的影响，主要有以下方面：（1）传播了新知识、新思想，是教育思想的一次重要启蒙。（2）影响了当时教育宗旨和政策的制定。（3）推动了平民教育实践活动的开展。（4）推动了义务教育的发展。（5）有力促进了男女教育机会的平等。

二、工读主义教育思潮

[拓展阅读]
吴洪成、赵娟：《中国近代工读主义教育思潮述略》

工读主义教育思潮的渊源可以追溯到清末吴稚晖、蔡元培、李石曾等人倡导下形成的“俭学风”。五四运动爆发后，青年学生为新思潮所鼓舞，受“劳工神圣”口号启迪，尝试用工读主义来改造社会、改造自己。他们发起成立了工读互助团、工学会等新团体，出版发行理论刊物，进行工读尝试。这种设想和试验得到全国许多进步青年的热烈响应，越来越多的人投身其中，使工读运动在各地蓬勃开展，形成了一个声势浩大的工读主义教育思潮。

（一）工读主义教育思潮的基本内容

工读主义教育思潮的基本内涵是：尚俭乐学、以工兼学、勤工俭学、工人求学、学生做工、工学结合，培养朴素工作与艰苦求学的精神，倡导工学兼营、工学并进、消灭体脑差别。新文化运动中的工读主义教育思潮，根据提倡和参加者的思想立场与主张的不同，大致可将其分为四个派别。

一派是北京高等师范学校的工学会。由匡互生、周予同等学生于 1919 年 2 月成立。他们提倡以“工学主义”为目的，认为“工便是学，学便是工”，主张把工和学并立，做工的人一定要读书，读书的人一定要做工。工学会成员接受“劳工神圣”的口号，要求打破中国千百年来“贵学贱工”的谬见。为了试验这种思想，会员们不仅对清洁卫生及各种力所能及的事都自己动手，而且利用学余时间分组从事石印、木版印刷雕刻、打字、照相和书报文具销售等工作。此外，还出版了《工学》月刊，宣传和研究工学主义理论。

一派是北京工读互助团。在蔡元培、陈独秀、李大钊、胡适等人的支持下，北京工读互助团于1919年底由“少年中国学会”会员王光祈发起组织。他们受无政府主义和空想社会主义影响，希望通过工读互助途径建立一个没有阶级、没有剥削、没有贫穷的“少年中国”。北京工读互助团以“本互助精神，实行半工半读”为宗旨，主张以互助为原则，以工养学为途径，以“新组织”“新生活”“新社会”的试验为手段来开展工读活动。当时参加的青年达400余人，并在北京试行半工半读、人人做工、人人读书、各尽所能、各取所需的“共产”新生活，在全国引起极大的反响，上海、天津、南京、广州、武昌、扬州等地先后也成立了类似的组织。后来由于遇到经济困难，同时内部发生意见分歧，北京工读互助团很快就自行解散。

一派是纯粹“工读主义”者。以胡适和张东荪为代表，将工读仅仅看成以工作换学费，解决青年失学问题的好方法，不承认其改造社会的功能。胡适在《工读主义试行的观察》一文中极力提倡美国式半工半读，但将工读主义看作“不过是靠自己的工作去换点教育经费而已”，要求青年学生老老实实去“研究怎样才可以做到靠自己和工作去换一点教育经费的方法，不必去理会别人的问题和别的主义”。[①] 张东荪则纯粹从经济角度出发，提倡工读活动，主张把省立学校和工厂合二为一，或者是“学校的工场化”。这样，学校可以不收费，工厂有了徒工，而徒工又有了读书的学校。如此一来，既可解决穷苦学生的学费和发展教育的经费问题，又可以开发实业，增强国力。

一派是初步具有共产主义思想的知识分子。以李大钊为代表的初步具有共产主义思想的知识分子，从改造中国社会的目的出发也倡导工读。1919年2月，李大钊在《北京晨报》发表的《劳动教育问题》一文中指出，资本家对劳工社会精神上的工夫剥夺比物质上的剥夺更为可怕，更为可恶，是造成社会黑暗和罪恶的根源。他一方面提出了工人和农民的工读问题，主张为工人“多设补助教育机关”，另一方面支持青年学生的工读互助试验，尤其是号召知识青年到工农中去“作现代文明的导线”。[②] 只要劳工的文化知识、社会觉悟提高了，社会改造就有了希望。换句话说，李大钊初步提出了知识分子与工农结合的思想。

近代勤工俭学运动的典型是留法勤工俭学，发展历程大致可以“五四”为界分前后两个阶段。前一阶段是由一些著名的资产阶级民主主义者发起，以输入西方资本主义文明为指导思想，主张工人受教育，以工兼学，是以科学救国、实业救国、

---

① 胡适．胡适文存：第1卷[M]．北京：华文出版社，2013：449-453．

② 中国李大钊研究会．李大钊全集：第2卷[M]．北京：人民出版社，1991：291-293．

教育救国思想为主要倾向的旧民主主义教育运动。

后期由于早期共产主义者参与，许多勤工俭学者开始走上自觉与工农相结合的道路，孕育了新民主主义教育运动和无产阶级革命运动，将勤工俭学运动推向了新高潮。五四运动后，经过新文化运动洗礼的中国青年，在“十月革命”胜利的鼓舞和影响下，怀着救国图强愿望，纷纷出洋寻找“新知识”“新思想”。周恩来、邓小平、徐特立、陈毅等一大批共产主义者加入了留法勤工俭学的行列。他们抱着出去“磨炼才干”的决心和他日归国实现祖国自由独立的宏愿，将勤工俭学运动推向了一个新的高潮。1921 年后，一方面由于法国经济萧条，勤工俭学发生困难，另一方面由于李石曾、吴稚晖等人克扣留学生费用及留学生受到法国政府的歧视，留法勤工俭学运动进入低潮，1925 年后走向衰落。

（二）工读主义教育思潮的历史影响

工读主义教育思潮到 20 世纪 20 年代中期后便已沉寂，但它对中国现代教育有较大影响，表现在以下方面：（1）工读主义教育思潮具有鲜明的民主精神，给予了旧教育有力的冲击。它猛烈地抨击了数千年来“劳心者治人，劳力者治于人”的传统观念，虽然多少误解了孟子更多只是阐述社会分工的客观趋势，但毕竟对新教育进行了有益的探索。（2）工读主义教育思潮在中国教育史上首次提出了教育与生产劳动相结合的命题，并对此做了可贵的探索。（3）工读主义教育思潮主张劳心与劳力结合，有利于青年学生德智体的和谐发展。

三、实用主义教育思潮

（一）实用主义教育思潮的基本内容

以美国杜威为代表的实用主义教育思想是 19 世纪末 20 世纪初风行世界的一种教育思想，最早将实用主义教育思想介绍到中国的是留日学生张东荪和蓝公武等人，他们早在 1906 年就已撰文介绍实用主义观点。而使中国教育界对“实用主义”产生浓厚兴趣的是黄炎培。1913 年 10 月，黄炎培在《学校教育采用实用主义之商榷》一文中指出，自兴学以来，学校普及，入学人数大增，但是质量让人担忧。他批评当时的教育，“今之学子，往往受学校教育之岁月愈深，其厌苦家庭鄙薄社会之思想愈烈，扞格之情愈著，而其在家庭社会间所谓道德身体技能知识，所得于学校教育堪以实地应用处，亦碌碌无以自见”，学生“往往毕小学业，习农则畏勤动之多劳，习商则感起居之不适”。如果不改变这种情况，将会导致“学校普而百业废，社会生计绝”的恶果。教育的目的是在于使个人生活和社会现实密切联系起来，学校教学必须用“实用主义教育”进行改革，各科教学应与儿童的日常生活联系起来，不必强调学科本身的系统性，而重在具体应用；要因科制宜地采取不同的教学方法，重视实物教学。[①] 黄炎培此文将实用主义教育作为医治当时我国“教育病”的唯一良药，引起了教育界的强烈反响。

实用主义教育思想在中国形成一种声势浩大的教育思潮是在“五四”时期。原

---

① 田正平，李笑贤．黄炎培教育论著选 [M]．北京：人民教育出版社，1993：17-22.

因从本质上来说，在新文化运动到五四运动期间，中国新知识人对旧思想、旧道德展开了激烈批判，思想界广泛宣传的民主、科学、天赋人权和进化论等新思想、新观念，为实用主义教育思潮的形成提供了思想上的条件。在教育界，实用主义教育理论正好为批判传统教育提供了理论武器。直接原因主要有两个：一是杜威来中国讲学。1919 年 5 月，杜威受北京大学等学校邀请来华讲学，在中国两年零两个月时间里，足迹遍及 11 个省。杜威先后在南京和北京做了 10 场系统的教育演讲，在各地做了五六十场短篇演讲。这些演讲内容被各地报刊连续发表，其中主要的演讲被整理汇编出版。杜威亲自来华介绍教育理论，加深了新知识人对其学说的了解，激起了人们的热情，有力地推动了实用主义教育思潮的传播。二是杜威弟子及信奉者的积极宣扬。新文化运动期间，杜威的学生胡适、郭秉文、蒋梦麟、陶行知等一批留美学生先后回国，成为推行中国新教育的中坚分子。他们怀着对老师学说的诚敬，抱着改变中国教育的志向，展开了宣传实用主义教育思想的活动，如组织社团、创办刊物、撰写文章、翻译著作，一时间“儿童中心论”“教育即生活”“学校即社会”的口号遍布报纸杂志。他们的努力活动加大了实用主义教育思想传播的声势，使其成为当时“中国最有影响的教育思潮之一”。

（二）实用主义教育思潮的历史影响

实用主义教育思潮对中国教育的影响，无论是理论还是实践都十分深刻和巨大。从宏观层面来说，它影响了我国 20 世纪二三十年代整个教育领域的改革，当时的许多教育思潮，如平民教育、职业教育、乡村教育、生活教育、教育救国、教育独立等，几乎都受其影响。具体来说有四个方面。

[拓展阅读] 黄书光：《实用主义教育思想在中国的传播与再创造》

1. 影响了教育观念转变

我国现代教育产生以来，主要是受以赫尔巴特为代表的西方传统教育学理论影响。因此，在目的观、教学观、教师观、学生观上占主导地位的是西方传统的教育观念。杜威实用主义教育思想传入后，“儿童中心论”“教育即生活”“学校即社会”观点被广泛地宣传和接受，在很大程度上改变了人们的教育观念。

2. 直接影响了 1922 年“新学制”的制定

“新学制”不论是在指导思想上，还是在形式和具体内容上都受到实用主义教育思潮的影响。如“新学制”的框架结构是模仿美国学制结构，明确规定儿童是教育的中心，尊重儿童个性的发展；新学制以七项标准代替教育宗旨，明显是受“教育即生长”“教育无目的”影响。

3. 影响了课程设置和教材编纂

“新学制”制订后中学采用学分制，开设大量选修课，把初中课程综合为社会、言文、算学、自然、艺术和体育六大门类。在中学增设大量实际生活所需的课程，力求实现职业教育与普通教育的沟通。在教材编写上，以“儿童本位”“生活教育”为指导思想，以形式、内容儿童化，贴近儿童生活为编写原则，教材编写体例也由“直线式”改变为“圆周式”。

4. 影响了教学方法改革

随着杜威实用主义教育思想的传播，学校教学方法改革亦掀起高潮，许多以儿童活动为中心的教学方法相继传入我国，如设计教学法、道尔顿制、文纳特卡制、葛雷制、德克乐利制、能力分级制等教学法就是这一时期被介绍到中国并被用于教育改革实验的，尽管它们大多以失败告终，但为中国教学改革积累了丰富的经验教训。

四、职业教育思潮

职业教育思潮由清末民初的实利主义和实用主义教育思想发展演变而来，是20世纪20年代最有影响的教育思潮之一，最主要的倡导者是近代著名教育家黄炎培。

[拓展阅读]
吴洪成、张士伟：《试论新文化运动前期职业教育思潮的兴起》

（一）职业教育思潮的基本内容

职业教育产生的历史背景是我国民族工业在第一次世界大战时期获得了较大的发展，需要大量的各级各类技术和管理人才，而学校却培养不出社会所需要的人才来，学校教育与社会需要形成了尖锐矛盾。职业教育思潮的基本内涵是：主张沟通教育与实际生活、学校与社会百业的联系；强调学校教育应授予学生从事某种职业所必需的知识、技能和职业道德，这对于个人可以解决生计问题，对于国家可以增进社会生产力。

较早撰文提倡职业教育的是陆费逵、陈独秀、蔡元培等。1911年，陆费逵在《世界教育状况序》中提出，“吾国今日，亟宜注意者有三。国民教育，一也。职业教育，二也。人才教育，三也”[1]，并认为职业教育更是急中之急。随后，陈独秀、蔡元培等也极力主张发展职业教育。陈独秀在对世界经济发展与社会变迁的关系进行了纵向和横向比较的基础上指出：“今日教育，倘不以尊重职业为方针，不独为俗见所非，亦为经世家所不取。盖个人以此失其独立自营之美德，社会经济以此陷于不克自存之悲境也。”[2] 主张将职业教育作为教育的重要方针。蔡元培不仅主张“当注重职业教育”，还具体设想了提倡职业教育的三条途径：在普通教育中酌加农、工、商诸科；改变教育结构，开办各种类型的职业学校；对现有的职业学校进行改造。[3] 受他们影响，全国教育会联合会从1915年起多次提出推行职业教育的议案，对职业教育思潮的形成做出了贡献。

对职业教育思潮兴起影响和贡献最大的是黄炎培。他直接参加和领导了职业教育运动的开展，对职业教育理论进行了全面的探讨，形成了系统的、具有中国特色的职业教育理论。1917年，在黄炎培发起组织下，中国近代第一个研究、倡导、试验和推行职业教育的专门机构——中华职业教育社创立，黄炎培被推举为办事部主任。1917年7月，由黄炎培起草，蔡元培、马良、伍廷芳、张元济等48位全国教育界、文化界、实业界、政界著名人士署名的《中华职业教育社宣言书》发表。宣言书在指出我国教育弊端与介绍欧美国家实施职业教育盛况的基础上，论述了实施职业教育的必要性，并具体地提出了实施职业教育的方法、内容和途径。在中华

---

① 吕达. 陆费逵教育论著选 [M]. 北京：人民教育出版社，2000：88–89.

② 戚谢美，邵祖德. 陈独秀教育论著选 [M]. 北京：人民教育出版社，1995：33–34.

③ 高平叔. 蔡元培教育论著选 [M]. 北京：人民教育出版社，1991：63.

职业教育社推动下，全国很快形成了职业教育运动高潮。

职业教育思潮从其产生发展的历程来说大致可分为三个大的阶段。1917—1919年为第一阶段，以解决个人生计问题为重点，讨论的中心问题是职业教育的内涵，最后得出了职业教育的“三要旨”：为个人谋生的准备、为个人服务社会的准备、为世界增进生产力的准备。1920—1925年为第二阶段，职业教育重点出现泛化，不仅强调解决个人生计问题，还强调职业教育要为社会服务，要在人的发展方面发挥作用。1926—1937年为第三阶段，提出了“大职业教育主义”，其基本特点是职业教育突破了办正规职业学校的单一格局，开始试办各种类型的职业补习学校、星期日学校、晨校、夜校、函授学校等，使职业教育走出学校、城市，走向社会、农村。全面抗战爆发后，中华职业教育社的主要领袖都积极投身到抗日救亡运动中，到20世纪30年代中期以后，职业教育思潮陷入低潮。

（二）职业教育思潮的历史影响

职业教育思潮对我国教育产生了非常重大和深远的影响。从观念层面上来说，它促进了我国教育从传统观念向现代教育观念的转变，提高了人们对职业教育的认识。从实践层面来说，它影响了现代学校教育结构的改变，推动了学校教育制度、内容的改革。对其意义可以具体概括为以下三点：（1）推动了当时我国职业教育的大发展。据孙祖基《十年来中国之职业教育》一文介绍，1917年中华职业教育社成立之初，社员数为786人，到1926年发展到6758人；1918年全国职业教育机构为513个，到1926年增加到1695个，增长速度高于其他各类教育。[①] 另外，职业教育在实施范围、形式和内容上都得到了很大发展。（2）对1922年的学制改革产生了重大影响。癸卯学制和壬子－癸丑学制都没有涉及职业教育，在“新学制”中职业教育取代了实业教育，并使职业教育与普通教育相沟通，改变了整个教育结构。（3）形成了系统的具有中国特色的职业教育理论。在职业教育思潮中对职业教育的作用、地位、目的、办学方针、教学原则、方法和职业道德教育等方面进行了全面深入的理论研究，形成了以黄炎培为代表的具有中国特色的职业教育理论。

五、科学教育思潮

20世纪20年代前后兴起的科学教育思潮，源于清末“西艺”教育，并在资产阶级改良派的思想中萌发了近代科学教育思想的火花。真正意义上的科学教育思潮的形成，与中国科学社的创立及《科学》杂志的创刊密切相关。1914年6月10日，任鸿隽与赵元任、胡明复等留美学者在美国发起组织“中国科学社”，任鸿隽任社长。它组织提倡以“传播科学知识，促进实业发展”为宗旨。1915年1月，创办《科学》杂志，专门以阐发科学精义及其效用为主要职责。1918年，科学社迁回国内，并在上海、南京设立事务所，蔡元培被选为董事长。

［拓展阅读］
曲铁华：
《五四时期科学教育思潮及对当代教育的启示》

（一）科学教育思潮的基本内容

科学教育思潮的基本内涵是“科学的教育化”与“教育的科学化”。所谓“科

---

① 孙培青．中国教育史[M]．3版．上海：华东师范大学出版社，2013：390.

学的教育化”是指学校设置科学课程，扩大、加深科学内容，吸收最新的科学成果，在教学中尤重科学方法、科学态度及科学精神的培养与训练。所谓“教育的科学化”是指，要将教育作为一门科学，应该用科学的方法，加强教育的科学研究，努力提高教育自身的科学性。

科学教育思潮初起之时的主要代表人物是任鸿隽，他以揭明“科学教育”的真义为目的，主张科学与教育相联系，为科学教育思潮的兴起做出了奠基性贡献。一批科学家以《科学》杂志为阵地，在广泛传播科学知识的同时，特别注重科学世界观的培养与科学方法的训练。1915—1919 年是近代科学教育思潮蓬勃兴盛之时，新文化运动更是促成科学教育思潮进入新的发展阶段，发展到前所未有的高度。新文化运动以后，科学教育运动向以下两个趋势发展：第一，提倡在学校中教授科学课程，而且必须讲究科学方法，根据教育原理与科学方法来培养人才，即“科学的教育化”趋势；第二，提倡以科学方法研究教育，包括儿童心理和教育心理的研究、各种心理和教育统计与测量及量表的编制应用，也就是“教育的科学化”趋势。

不过，由于渊源有别，本意不同，近代中国人使用的“科学”概念相当复杂。但就新文化运动时期影响较大的科学教育思想而言，当数以陈独秀为代表的激进民主主义和以胡适为代表的实证主义。陈独秀通过文化反思，倡导科学启蒙，尊重客观事物，探索科学规律，主张以理性和科学判断一切，提倡自然科学实验方法和形式逻辑。胡适从实证主义哲学的角度提倡“实验主义”的科学方法论，把科学法则理解为“大胆的假设，小心的求证”，是一种较为具体的科学教育主张，在当时起到了解放思想的作用，在新知识界影响更大。

继“问题与主义”“社会主义”的论战以及批判无政府主义的斗争之后，1923 年发生了“科学与玄学”论战。以张君劢为代表的“玄学派”认为，无论科学如何发达，人生观问题非其所能为。科学教育只能解决人的理智与体质问题，而艺术、意志、情感、道德等方面的问题则无法解决。以丁文江、胡适为代表的实证主义科学家、学者对此做了批驳，认为科学将能满足中国对技术的需要，并能使中国人养成一种按现代科学语言进行思维的新模式，科学是教育和修养的最好工具，它能解决人生所有问题。胡适指出，科学的方法不只是研究学术的方法，还是解决人生观问题的方法。“科玄之争”对科学教育思潮的传播和科学教育运动的推行产生了积极作用。主要表现在以下方面：第一，“科学派”驳斥了“玄学派”贬低科学的价值和轻视科学作用的言论，对新青年进行了一次科学思想洗礼，为科学教育发展奠定了一个良好基础。第二，将科学作用扩大到人生、社会各方面，使我国科学教育观产生了一个质的飞跃，扩大了科学教育领域。第三，在论战中两派，特别是“科学派”，对学生品德教育、心理素质培养、知识与能力、科学与道德、美感教育等问题的阐述，丰富了教育教学理论。

经过“科玄论战”，科学教育思潮开始由观念传播进入具体实施阶段，即由以往重在理论宣传向着重在教育实践中落实方向发展。这种转折性变化，主要表现于在科学教育思潮的影响下，中国教育领域发生了下列变化：（1）教育统计、教育测量、智力测验等科学方法在教育界得到广泛试行和推广；（2）新的教学方法如设计教学法、道尔顿制等，在各级学校中进行了广泛实验；（3）学校教育开始注重培养教育科学人才。

（二）科学教育思潮的历史影响

科学教育思潮将西方的科学精神、态度、方法和内容运用于教育过程并把教育作为一门科学来进行研究，对我国当时的教育产生了深刻影响，它逐步改变了人们的认识观念，不仅使人们的思想从传统中解放出来，同时还促使学校教育内容加重了“科学”的成分，推动了教育教学方法改进，对中国教育现代化进程发挥了积极作用。但“科学”究竟是作为方法还是作为学科？作为方法如何体现？作为学科边际在哪？一直见仁见智，众说纷纭。如何界定“科学”的概念，如何界定“科学”的内涵外延，建立所谓科学的世界观、人生观、价值观，仍然值得今人反复深思。

六、国家主义教育思潮

国家主义教育思潮是一种民族主义思潮，产生于18世纪末的德国。最主要的思想内涵是反对专制制度，对外宣扬“民族至上”，对内宣扬“国家至上”，在德国抗击拿破仑入侵斗争中发挥过积极作用。随后，法国、日本相继建立国家主义教育制度。19世纪末至20世纪初国家主义教育思想传入我国，清末教育宗旨的“尚公”“尚武”，民初教育宗旨的“军国民教育”是其萌芽。第一次世界大战德国战败后，国家主义在国际实践中受挫，此时我国新文化运动大力宣传民主、自由和个性发展，故国家主义教育思想并没有形成大的声势。

国家主义教育思想在我国形成兴盛一时的思潮，则是在1922年以后，以曾琦、左舜生、李璜、余家菊、陈启天等一批从欧美回国的留学生为代表。1923年12月，曾琦、李璜在法国成立了中国青年党，即“中国国家主义青年团”。同年，余家菊、李璜出版《国家主义的教育》一书，标志着国家主义教育思想重新兴起。1924年9月，他们在上海创办《醒狮》周报，进行国家主义教育思想宣传。1925年7月，国家主义教育思想的骨干分子39人联合组织发起了国家主义教育协会，出版《国家与教育》周刊，在全国形成了极大反响，成为盛极一时的思想潮流。他们赋予了国家主义教育思想新的面目，主要内涵有二：第一，教育是国家的工具，其目的在于对内保持国家安宁和谋求国家进步，对外在于抵抗侵略、延存国脉；第二，教育是国家的任务，应完全由国家负责经营、办理，国家不能对教育采取放任态度。国家主义教育思想的主要目的在于反对社会革命，主张以国家为中心，通过加强国家观念的教育来实现国家的统一与独立。

国家主义者认为，“五四”时期的强调个性解放及各种思潮的争辩，客观上造成了当时中国教育在指导思想上混乱、无序和散漫的局面，致使许多青年只顾个人不顾国家，对于当时处于列强压境的中国来说极其不利，故必须强调国家主义教育。他们批评平民主义教育，“为谋个性发展，则学校之规矩可废，教育之宗旨可无。而教育逐成为混乱之局，不仅无以救国，亦且无以自救也”，职业教育是“多以个人为立论之出发点”，只重视个人求得生存之职业，而忽视了国家实业的发展和政治的进步，有舍本求末之弊，无助于国家的独立与统一。他们认为，真正的教育应该“是社会需要的产物，不是个人理想的产物。大凡一个社会要想保着它的生存，必须这个社会内的份子有共同的情感、共同的信仰，然后才能聚散沙于一盘，以共同扶持这个社会生存与不坠”。因此，他们强调在当时那种内忧外患的情况下，教育的目的不在于培养人的个性，也不在于谋求个人的生计，而是必须从国家的高度来阐述教育的目的，“即将个人生活的人造就成社会生活的人即国家社会生活的人”。要实现这一教育目的，必须抓住四个要点：（1）培养自尊精神以确立国格；（2）发展国华以阐扬国光；（3）陶铸国魂确定国基；（4）拥护国权以维系国脉。[①] 总之，国家主义教育强调教育的根本作用就是要形成国民一致的立国精神和民族凝聚力，以达到对外能抵抗侵略，对内能讨伐国贼的目的。正因如此，国家主义者要求国家必须从对中国有侵略野心的外国教会手中收回教育权；提倡义务教育以培养出良好公民；加强军事教育、蒙藏教育、侨民教育，以期维护国家和民族统一。

国家主义教育思潮在当时具有非常积极的意义，其不足和错误也非常明显，主要表现在：（1）国家主义教育思潮本质上是一种彻头彻尾的“教育救国论”，其核心概念“国家”以全民为对象，对于新知识人树立和传播国家观念的确有所裨益，但过于抽象、含糊，理论上存在严重不足。（2）国家主义教育思潮鼓吹者在实践上依靠北洋军阀，所谓爱国，实质是军阀官僚的国家，所谓立国根本，实质是中国古代文化中的封建糟粕，是封建文人所迷恋的东西，而这正是新文化运动所要批判的。（3）从教育角度来看，国家主义派反对外国化教育，尤其是反对教育界唯美国是从的现象，主张救中国的教育不是美国式，而是结合中国国情还未产生的中国式的新教育。由于牵涉问题面颇大，他们对当时的许多其他教育思潮虽然做了理论上的反思，不乏有益之见，但其中许多观点自相矛盾。在教育目的、教学管理、师生关系等方面，由于强调国家性、统一性，只能偏向赫尔巴特的传统教育理论，在当时来说具有严重保守性。总之，国家主义教育思潮总体上与“五四”新文化运动所形成的教育民主观念相抵触，与20世纪20年代已经形成的民主发展潮流相背驰，所以一开始就受到当时进步的民主者的批判。随着北伐战争的胜利，国民党明令禁止国家主义派的活动，国家主义教育思潮逐渐消亡。

七、乡村教育思潮

[拓展阅读]
曹天忠：《新县制“政教合一”的演进和背景》

乡村教育思潮是在平民教育思潮催生下，勃兴于20世纪二三十年代，影响极大的教育思潮，它掀起了我国教育史上一个发展乡村教育的高潮。许多教育家和教育团体纷纷将自己的教育活动重心由城市转向乡村，形成了一场声势浩大的乡村教育运动。

（一）乡村教育思潮的基本内容

乡村教育思潮的基本内涵是：要改变中国的落后面貌，必须先改变中国乡村“愚、贫、弱、私”的问题，而解决这一问题的根本途径在于改变乡村的教育，改

① 余家菊．国家主义教育学[M]．上海：中华书局，1925：32．

变乡村教育最有效的方法是通过对一村一县的改革试验，然后将成功经验推广到各地，最后实现改变全国乡村，进而改造全中国的目的。简而言之，乡村建设是目的，乡村教育是手段。到20世纪30年代，乡村建设运动普遍采取“政教合一”模式。其背景有二：第一，教育与生活、学校与社会相结合的出路。“五四”后教育界流行杜威的“教育生活化”和“学校社会化”等教育观念，并翻转过来说“生活教育化”和“社会学校化”。要使教育及学校与生活、社会相化，“首先便是利用‘通俗教育’‘平民教育’‘扩充教育’‘民众教育’‘社会教育’等名称不同而办法相似的一套政策，但那些究竟还不离教育的范围，虽然各有其作用，仍不能达到‘化’的目的。于是有人提出‘政教合一’的口号了”[①]。第二，教育主导理论逐渐由心理学转向社会学。1932年9月，冯和法在《农村社会学大纲》一书中指出：“我们知道教育的理想与实施，是建立于社会的基础之上的，教育不是超然的神秘的东西，它必须以社会的需要为依归的。因之，教育家除具有教育的原理和实施的知识外，对于当时当地的社会情况，必须先有一种了解，而后决定其施教的方针。教育社会学便是由于这种需要而产生的。”[②]

所谓“政教合一”，不仅是指从事乡村建设的教育机关与国民党各级政权合作，共同推行乡村建设运动，即乡村教育与县、区、乡镇、村保地方各级政权的纵向合作，更重要和关键的是“政”与“教”之间的横向合作“采取何种方式”，以及由此引起的双方的矛盾与纠葛。事实上，这就涉及教育学的范畴争论。孟宪承专门撰写《教育学所不能解答的教育问题》一文，借鉴杜威等人的主张，批评乡村教育家超出了教育学的范围。他认为，教育学的对象和任务，不外乎以下方面：“（1）求得关于个人心智行为与社会文化的事实，从而觅取其发展或变化的原则；（2）试探关于鉴别心智差异、编制课程教材、施行教学、测量结果的有效的方法，以及关于学校行政、教学辅导的适用的技术。”“凡比较重大而复杂的教育问题，与政治、经济、文化诸问题密切相联系的，教育学只能解答其中关于教育事实、原则与方法的部分，而不能解答这些问题的全部。”[③]这一主张遭到乡村教育家的强烈批判。1938年，庄泽宣、陈学恂在《民族性与教育》一书中也指出：“教育心理学的研究，只能解决教育上的内涵，尤其是教与学方面的问题，而不能解决教育的外延方面所发生的问题。教育既为社会各种事业的一部分，且为延续社会生命，促使社会进步的利器，纯赖教育心理学的研究，求教育效率的增加，是不足而且有时不可能的。”[④]因此，教育心理学和教育社会学缺一不可。

在乡村教育运动中，根据参加者的思想和实施教育活动的侧重点不同，当时存在十多个互有联系又有区别的模式。其中，影响最大的是分别以晏阳初、黄炎培、陶行知、梁漱溟为首的四个流派。

以晏阳初为代表的中华平民教育促进总会，被称为平民教育派。1920年8

① 姜书阁．新县制下的国民教育[M]．重庆：中国政治建设学会，1940：8-9．

② 冯和法．农村社会学大纲[M]．4版．上海：黎明书局，1934：543．

③ 周谷平，赵卫平，盛玲．孟宪承文集：第1卷[M]．杭州：浙江大学出版社，2010：269、277．

④ 庄泽宣，陈学恂．民族性与教育[M]．上海：商务印书馆，1939：1．

月，晏阳初留美回国后，积极从事平民教育活动。在平民教育实践中，他逐步认识到，农村是中国 85% 以上人民的着落地，要想普及中国平民教育，应当到农村去。1924 年后，他开始将平民教育的活动转向乡村，在河北定县创办乡村平民学校，以保定、宛平、获鹿等地为乡村平民教育实验区。通过三年乡村平民教育实验，晏阳初进一步认识到，仅靠单一地办乡村教育是不可能实现改造中国社会的目标的。他在《中华平民教育促进会定县工作大概》中说："在农村办教育，固然是重要的，可是破产的农村，非同时谋整个的建设不可。"[①] 于是，从 1927 年冬季开始，晏阳初又将乡村教育实验扩大为乡村建设实验。晏阳初在定县进行了长达 10 年的乡村教育和建设实验，取得了非常大的成绩，形成了一套较为完整的乡村教育理论。即通过文艺、生计、卫生、公民这"四大教育"和运用学校式、社会式、家庭式这"三大方式"来解决乡村的"愚、贫、弱、私"的问题。晏阳初的乡村教育实验在当时产生了非常大的影响，受到国内外高度重视和赞扬，1936 年起开始在湖南、四川、广西等地推广，由于抗日战争爆发而被迫停止。

以黄炎培为代表的中华职业教育社，被称为职业教育派。在长期的职业教育实践活动中，黄炎培认识到，要使中国的职业教育达到普及，就必须重视乡村教育。1925 年，他开始计划开展乡村职业教育，并做了一个《山西职业教育计划书》，准备在晋南北各县开展乡村职业教育，由于战争缘故没能实施。1926 年，黄炎培提出大职业教育主义主张，认为乡村问题是贫、病为主，只从职业学校、教育界、农工商职业界做功夫，不能从根本上发达职业教育，将职业教育的重点转向乡村建设。[②]1928 年 4 月，中华职业教育社正式启动江苏昆山徐公桥实验区为期 6 年的实验，随后又在江苏的镇江、苏州、泰县，浙江的余杭、宁波、长兴等地建立了实验区。黄炎培以"无旷土，无游民，村民生活状况日趋改善，知识日进，地方生产日增"为乡村的改进标准，在昆山徐公桥成立乡村改进委员会，设立宣传、教育、农艺、卫生、建设、娱乐、总务 7 个部，大力开展禁烟禁赌宣传，开办夜校，进行科学生产试验，创办合作社，组织妇女制作花边等工艺品，建立娱乐室、家庭识字处，进行移风易俗。通过努力，昆山徐公桥社会面貌发生了巨大的变化，实现了三个"绝无"：农民物品典质由少数而进入绝无，烟赌由公然的盛行而进入绝无，游民乞丐由极少数而进入绝无。中华职业教育社的乡村改进实验在当时产生了极大影响，对于推动乡村改进运动发挥了非常大的积极作用。

以陶行知为代表的中华教育改进社，被称为生活教育派。陶行知 1917 年留美归国后，便积极地投身于改造中国教育的活动。在进行平民教育活动的实践中，他深刻地认识到，中国以农立国，人民十之八九住在乡下，平民教育应当到民间去，到乡下去。1926 年，陶行知又以中华教育改进社的名义发表了《中华教育改进社改造全国乡村教育宣言书》，提出："要筹募一百万元基金，征集一百万位同志，提

① 马秋帆，熊明安．晏阳初教育论著选 [M]．北京：人民教育出版社，1993：48.
② 田正平，李笑贤．黄炎培教育论著选 [M]．北京：人民教育出版社，1993：204—206.

倡一百万所学校，改造一百万个乡村”的改革蓝图，[①] 成为我国乡村教育运动的发起人之一。陶行知认为，要改造乡村必须先改造乡村教育，改造乡村教育的关键又在于培养能实施“活教育”的校长和教师。1927 年 3 月，陶行知在南京郊区创办了晓庄师范学校，目的在于培养具有农夫的身手、科学的头脑、改造社会的精神的新教师。晓庄师范学校最初设小学师范和幼稚师范两个院，并附设燕子矶、尧化门和晓庄 3 所中心小学。后来逐步增设了三元庵、黑墨营、大象房、万寿庵等中心小学和劳山中学。此外，还设立了中心茶园、剧社、商店、实验民众学校等教育实践机构和民众教育研究会、《乡教丛讯》编辑部等研究机构。在晓庄乡村教育实验中，陶行知创造性地提出了他的“生活教育理论”。晓庄实验产生了巨大影响，各地前来参观访问者络绎不绝，许多地方纷纷效仿，并请求给予支援实验干部。陶行知派出了许多师生到其他地方指导乡村教育实验，对当时的乡村教育实验运动的勃兴发挥了重要的作用。1930 年，晓庄师范学校因遭国民党政府查禁，陶行知被通缉流亡日本而停办。1931 年后，陶行知回到上海，继续坚持乡村教育改造实验，创办了著名的山海工学团，提出了“工以养生，学以明生，团以保生”的普及乡村教育新构想，提倡用“小先生制”作为普及乡村教育的方法。这一改革很快得到人们的赞赏，迅速被推广到国内二十多个省市及东南亚一些国家。

以梁漱溟为代表的新儒家乡农教育派，也被称为乡村建设派。梁漱溟从中国传统儒家思想出发，认为中国是一个“伦理本位”的社会，维持社会秩序靠的是礼俗，而不是法律。近代社会由于西洋文化输入，传统礼俗秩序被破坏，造成了社会混乱。中国社会问题的根源是“文化失调”，而救治的最根本的办法是实施教育。他认为，当时的中国社会“已被破坏得体无完肤，不堪收拾，非从头建设起不可！这一个从头建设的工作，全是教育的工作。……只有从一点一滴的教育入手，才可以一点一滴的建设”[②]。他希望通过乡村教育和乡村建设，重新恢复伦理本位的社会秩序。梁漱溟的乡村教育活动大致可分为两个阶段。第一阶段是 1928—1930 年，主要在广东省、河南省辉县进行“乡治”活动，是其“乡农”思想的形成时期。他认为要改造中国，必须从地方自治入手，于是在广州开办了一期“乡治讲习所”，并拟定了一个创办“乡治讲习所”的方案。第二阶段是 1931 年后受山东省主席韩复榘邀请，到山东邹县、菏泽县开展“乡村建设”试验阶段。梁漱溟在试验区建立起了村学、乡学、乡农学校作为推行乡村建设的组织机构，用以代替原来的区公所、镇公所，实行“以教统政”“政教合一”，将学校教育与社会教化融合起来。乡村学校分为成人、妇女、儿童三个教育部，以成人教育为主，兼顾妇女教育和儿童教育，对不同对象分别施以不同内容的教育。其课程设置上的一个最大的特点就是各地乡农学校不求统一，各自根据自己的特点和需要因时因地来设置课程，力求解决当地的实际问题。梁漱溟的试验在当时产生了较大的影响，试验区很快扩大到了 14 个县，后因抗日战争爆发而被迫停止。

---

① 董宝良．陶行知教育论著选 [M]．北京：人民教育出版社，2015：187.

② 马秋帆．梁漱溟教育论著选 [M]．北京：人民教育出版社，1994：190.

（二）乡村教育思潮的历史影响

在20世纪二三十年代的乡村教育运动并不是没有局限，焦点问题一是长期以来难以厘清教育和政治的边界；二是难以分割国民党政权内部教育部和内政部在实践当中的权限。结果，产生了诚如梁漱溟所说的两大难处，即“高谈社会改造而依附政权”“号称乡村运动而乡村不动”，“走上了一个站在政府一边来改造农民，而不是站在农民一边来改造政府的道路”。[①] 尽管如此，我国教育先辈们以其卓越智慧和创造才能，对乡村教育进行了多方面、多层次的探索，为我们留下了宝贵的农村教育理论财富和实践经验，对于我们今天社会主义新农村建设下乡村教育改革的深化，具有重大借鉴意义。

第二节　陶行知的生活教育思想

陶行知（1891—1946）是我国现代教育史上伟大的人民教育家，深受杜威的进步主义教育影响，创造和发展了生活教育的理论与实践。他的教育思想非常丰富，涉及生活教育、普及教育、儿童教育、师范教育和创造教育等方面。最为代表性的是生活教育思想。

一、生活教育思想的基本内涵

（一）“生活即教育”

“生活即教育”是陶行知生活教育的本质论，是其吸收杜威“教育即生活”的观点并结合中国教育实际加以改造而提出来的，是对教育本质、教育起源问题的概括和对教育内容的规定，其内涵十分丰富。主要包括以下方面：（1）生活含有教育的意义。（2）实际生活是教育的中心。（3）生活决定教育，教育改造生活。

陶行知认为，自有人类社会以来，便有生活教育，生活教育随着人类生活的变化而变化。早在20世纪20年代，他从事乡村教育时便提出，生活教育要以培养学生和农民群众的“征服自然改造社会的本领”为总目标，使之具有“农夫的身手”“科学的头脑”“艺术的兴趣”“改造社会的精神”。这实际上也是其理想中的具有全面高素质的“现代人”。1936年春，陶行知在《生活教育之特质》一文中，提出“生活教育”有六个特点：一是“生活的”，“要从生活的斗争里钻出真理来”；二是“行动的”，“为行动而读书，在行动上读书”；三是“大众的”，“大众都是先生，大众都是同学，大众都是学生”；四是“前进的”，“要用前进的生活来引导落后的生活”，“教人真正的向前去”；五是“世界的”，“冲开校门，冲开村门，冲开城门，冲开国门，冲开无论什么自私自利的人所造的铁门”，“使整个世界都成为我们真正的学校”；六是“有历史联系的”，一方面“我们必须用选择的态度来接受人类从几千年生活斗争中所得到而留下来的宝贵的历史教训”，将它“从现生活中滤下来”再用以“指导生活”，另一方面将“争取大众解放”“争取中华民族的解放”

① 中国文化书院学术委员会．梁漱溟全集：第二卷[M]．济南：山东人民出版社，1990：573．

作为“每一个生活教育同志当前所不可推卸的天职”。[①]1940 年，陶行知在《谈生活教育》的信函中回应各种质疑时说：“从定义上说，生活教育是给生活以教育，用生活来教育，为生活向前向上的需要而教育。从生活与教育的关系上说，是生活决定教育。从效力上说，教育要通过生活才能发生力量而成为真正的教育。”[②]

（二）“社会即学校”

“社会即学校”是陶行知生活教育的范围论。陶行知吸收杜威“学校即社会”的观点，提出“社会即学校”的教育主张。“社会即学校”是陶行知生活教育理论的重要组成部分。他批评统治阶级不承认社会即学校的事实，是因为他们有特殊的学校给他们的子弟授以特殊的教育。“从大众的立场上看，社会是大众唯一的学校，生活是大众唯一的教育。”在“学校即社会”的主张下，学校里学的东西太少了，“一切都减少了，校外有经验的农夫，就没人愿意去领教；校内有价值的活动，外人也不能受益。”因此，他批评“学校即社会”是鸟笼，就好像把一只活泼的小鸟关在鸟笼子里一样。而“社会即学校”则不然，是要把鸟笼子里的小鸟放到天空中使它任意翱翔，是要把学校的一切伸张到大自然里去，把整个社会作为教育的范围。他认为：“不运用社会的力量，便是无能的教育，不了解社会的需要，便是盲目的教育。”传统的教育把学校与社会隔绝，学校与社会之间有一道高墙。“社会即学校”就是为了冲破这道高墙，从而把学校伸张到社会，从而在社会这所大学校里，人人可以做先生，人人可以做学生。“随手抓来都是活书，都是学问，都是本领。”“社会是大众唯一的学校”，“凡是生活的场所，都是我们教育自己的场所”。[③]茶馆、戏院、破庙、茅棚等，都可以成为大众的课堂。“社会即学校”是广义的教育，指的是与传统教育相对立的大众教育，并不是取消学校教育。

（三）“教学做合一”

“教学做合一”是陶行知生活教育的方法论。陶行知基于“生活即教育”“社会即学校”的教育目的观、教育本质观、教育内容观和教育范围观，受杜威活动课程、主动作业思想的影响，明确地提出了“教学做合一”的教育方法论。他反对教师“教死书，死教书，教书死”，学生“死读书，读死书，读书死”这种陈腐的教学方法，主张“教学做合一”。

1927 年，陶行知受南开大学校长张伯苓的“学做合一”的启发，在五四运动后逐渐形成的“教学合一”思想基础上，提出“教学做合一”。他在《教学做合一》一文中说：“教学做是一件事，不是三件事。……在做上教的是先生，在做上学的是学生。从先生对学生的关系说，做便是教。从学生对先生的关系说，做便是学。先生拿做来教，乃是真教；学生拿做来学，方是实学。”[④]1931 年，他在《教学做合一之教科书》一文中比较完整地总结了这种教学方法。他说：“教学做合一是生活现象之说明，即教育现象的说明。在生活里，对事说是做，对己之长进说是学，对

---

① 董宝良．陶行知教育论著选 [M]．北京：人民教育出版社，2011：444–446.
② 董宝良．陶行知教育论著选 [M]．北京：人民教育出版社，2011：527.
③ 董宝良．陶行知教育论著选 [M]．北京：人民教育出版社，2011：377–378.
④ 董宝良．陶行知教育论著选 [M]．北京：人民教育出版社，2011：217.

人之影响说是教，教学做只是一种生活之三个方面，不是三个各不相谋的过程。同时，教学做合一是生活法也就是教育法。它的含义是教的方法要根据学的方法，学的方法要根据做的方法。事怎样做就怎样学，怎样学就怎样教。教与学都以做为中心。"[①] 陶行知的"教学做合一"思想，是有很强针对性的，它是针对注入式的"教授法"只注意教师的教和理论脱离实际的弊端而提出来的，要求在教育过程中，不仅要注意教师的教，而且要注意学生的学，要把教与学与实际的做紧密地联系在一起。这在教学方法的改革中有巨大意义。

"教学做合一"要求"做"是教与学的中心，但不等于盲目莽撞地行动，而是要"在劳力上劳心"。它不但要求"手到心到"，而且要求"奉头脑作总司令""用心以制力"，由此才能获得真理，并进而"征服自然实力，创建大同社会"。也就是说，"单纯的劳力，只是蛮干，不能算做；单纯的劳心，只是空想，也不能算做。真正的做只是在劳力上劳心。我们做一件事便要想如何可以把这件事做好，如何运用书本，如何运用别人的经验，如何改造用得着的一切工具，使这件事做得最好。"[②] 需要注意，"教学做合一"并不排斥对书本知识的学习。陶行知指出："教学做合一的理论不是不要书，它要用的书的数目之大，比现在的教科书要多得多。它只是不要纯粹以文字作中心的教科书。"书只是用来学习和生活的一种工具，"一种生活的工具，一种'做'的工具。"[③] 此外，他还强调"教人者先教己"，即做先生必先做学生并获得可为人师的知识能力，同时人人都应有"即知即传"、敢为人师的志向和勇气。

总的来说，提倡"教学做合一"的原因有三个理由：①先生的责任不在教而在教学，在教学生学。②教的法子必须根据学的法子，教师教得快慢多少都根据学生学习的兴趣、能力和速度来定，其实质就是因材施教、教学相长。③先生不但要拿他教的法子和学生学的法子联络，并须和他自己的学问联络起来。在陶行知看来，教而不做，不能算教；学而不做，不能算学。

二、生活教育思想的历史影响

（一）生活教育思想的积极意义

生活教育是陶行知教育思想的核心。生活教育理论是他提倡平民教育、乡村教育时逐渐形成的系统教育理论。生活教育思想贯穿陶行知从事新教育、普及教育、平民教育和乡村教育的全部过程。

"生活即教育"所强调的是教育以生活为中心，所反对的是传统教育脱离生活而以书本为中心。尽管它在生活与教育的区别和系统知识传授方面有所忽视，但在破除传统教育脱离民众、脱离社会生活的弊端方面有十分重要的意义。陶行知主张"生活即教育"，是想借用教育的力量，来达到达民之情、遂民之意、把天理与人欲

---

① 董宝良．陶行知教育论著选 [M]．北京：人民教育出版社，2011：337.
② 董宝良．陶行知教育论著选 [M]．北京：人民教育出版社，2011：353.
③ 董宝良．陶行知教育论著选 [M]．北京：人民教育出版社，2011：338.

打成一片的目的。中国遗留下来的旧教育，生活与教育之间是脱节的，是为少数人服务的，而不是为劳苦大众谋福利的。生活即教育就是要求将儿童从成人的桎梏中解放出来，因此，生活即教育所强调的是教育必须以生活为中心，反对教育以书本为中心。“社会即学校”扩大了学校教育的内涵和作用，对传统的学校观、教育观有所改变。传统学校与社会生活脱节，学生孤陋寡闻，而以社会为学校，使得教育的材料、教育的方法、教育的工具、教育的环境，都可以大大地增加，有利于学生扩展知识、增强能力。“教学做合一”思想在陶行知生活教育理论中的地位至关重要。据他所述，正是“教学做合一”的形成，才使他的思想从“教育即生活”转变成了“生活即教育”，而晓庄师范学校的“基础就是立在这五个字上”的。这是由于“教学做合一”是生活教育理论的方法论，“生活即教育”“社会即学校”都需借助它得到落实。

（二）生活教育思想的历史局限

毋庸讳言，陶行知的生活教育思想也有其不足之处。“生活即教育”的说法，本意是说明人类的实际生活中具有教育的作用和火花，但未能充分注意生活不完全等同于教育，二者既有相融，也有矛盾。为了把教育和生活统一，陶行知不可避免地在客观上取消了教育，误把教育的火花当成教育，忽视了对于教育火花的调制和整理。“社会即学校”的主张目的在于打破传统教育与现实生活、学校与社会相隔绝的落后封闭状况，并非主张取消学校。但客观上将社会等同于学校，没有注意到学校与社会的区别，未免把学校概念泛化了，难免有“取消学校”之嫌。而“教学做合一”的提法，究竟只是“学由于做”一语的简单“拉长”，还是属于教育学上的重大发明，至今也存在不同意见。从根本上说，陶行知过分夸大了社会生产生活实践的教育价值，在一定程度上忽视了社会实践活动与学校教育活动之间的区别。

第三节　杜威的现代教育思想

约翰·杜威（1859—1952）是美国现代哲学家、心理学家、教育家，实用主义哲学的创始人之一，机能心理学的先驱，美国进步主义教育运动的代表。他是公认的 20 世纪影响最大的教育家，对现代教育的影响极为深远。在美国，他也是一位积极推动社会改革、倡言民主政治理想的自由主义人士，同时也是一位致力于民主主义教育思想的实践者。

一、生平与著作

杜威于 1859 年 10 月 20 日出生于美国东北部佛蒙特州柏林顿镇附近的一个零售商家庭，该地区牧民保留了新英格兰殖民区的传统精神，习于自治，崇尚自由，笃信民主制度。

杜威年少时比较内向，但却好学深思，手不释卷，喜爱阅读。16 岁进入佛蒙特大学就读，20 岁从本州大学毕业后，到乡间中学执教 3 年。1882 年入霍普金斯大学研究教育和哲学，1884 年获博士学位。1884 年秋，受聘为密歇根大学哲学和心理学讲师。除 1888—1889 年曾在明尼苏达大学任哲学教授外，杜威在密歇根工作了 10 年。在此期间，他主要致力于黑格尔和英国新黑格尔主义哲学研究，对霍尔与詹姆斯在美国提出的新实验生理心理学进行了深入研究。

1894 年，杜威应聘到芝加哥大学任哲学、心理学和教育学系主任，并讲授哲学、伦理学、心理学、教育学等课程。他认为教育理论研究应同哲学和心理学有效地联系起来。1896 年，他创办“芝加哥大学实验学校”对教育问题进行实验研究。他让 4—13 岁儿童在学校的学习生活中养成互助合作的习惯和心理，采用活动课程和以活动为中心的教学方法。“芝加哥大学实验学校”的实验对杜威教育理论的形成影响很大。由于芝加哥大学领导部门在对实验学校的管理问题上存在分歧，杜威于 1904 年到哥伦比亚大学任哲学教授，直到 1930 年退休。在此期间，他曾到日本、中国、土耳其、墨西哥和苏联等国进行教育考察和演讲，这扩大了杜威的教育理论在世界范围内的影响。杜威 1919 年 5 月 1 日来到中国，此后在其学生胡适等人的陪同下在中国的 11 个省做演讲。1952 年 6 月 1 日，杜威于纽约逝世，享年 94 岁。

杜威生平著述宏富，有论文 815 篇，专著 44 本（其中 11 本论教育）。其主要教育著作有：《我的教育信条》（1897）、《学校和社会》（1899）、《儿童语课程》（1902）、《民主主义与教育》（1916）、《明日之学校》（1915）、《经验与教育》（1938）、《人的问题》（1946）等。

二、杜威教育思想的理论基础

［拓展阅读］张晓华、刘旭东：《教育价值的追寻与守望》

杜威的教育理论形成于 19 世纪 90 年代。这一时期正是美国由农业社会向工业社会快速转变的时期，到 19 世纪末，美国完成了第一次工业革命，一跃成为世界第一经济大国。杜威是美国大转折年代的见证人，也是大转折后半个多世纪美国社会变迁的见证人。美国社会的变化及其存在的问题在杜威的教育理论中有鲜明的反映。

杜威也是一个思想家，具有深厚的哲学、社会学、心理学功底。杜威教育思想主要有三大理论基础。

1. 实用主义哲学

实用主义哲学是杜威教育理论的首要基础。1878 年美国哲学家皮尔斯首次提出实用主义哲学的基本思想，他认为任何一个观念的最本质的意义即在于它能引起人的有效的行动，因此有效成为人的观念、概念清晰的基础，概言之：存在就是有用。[①] 实用主义的代表人物之一詹姆斯不仅承认存在就是有用，而且进一步提出有用就是真理。杜威集其大成后运用于教育，提出“哲学甚至可以解释为教育的一般理论”，“教育乃是使哲学上的分歧具体化并受检验的实验室”。[②] 他把教育与哲学紧密结合起来，认为哲学是教育的一般理论，教育乃是使哲学上的分歧具体化并受

---

① 孙世杰，冯喜英. 外国教育思想精粹 [M]. 北京：中国档案出版社，2000：195.

② 吕达，刘立德，邹海燕. 杜威教育文集：第 2 卷 [M]. 北京：人民教育出版社，2008：316–317.

到检验的实验室。经验是实用主义哲学的中心概念。杜威认为，自然的存在离不开人的经验，经验是认识自然、深入自然奥秘的方法，并且是唯一的方法。在主动方面，经验是尝试；在被动方面，经验是承受所成的结果。[①]他强调尝试错误在认识过程中的作用。他以此为基础，认为教育是通过儿童的主动活动去讲演一切和获得各种直接经验的过程。他曾提到：“在我的教育著作的背后，存在着一个思想，这就是颇为抽象的知和行的关系的学说。”[②]

2．社会学

以人性论和庸俗进化论为核心的社会学观点是杜威教育理论的又一基础。他认为人性天然具有趋向分化（形成个人主义）和趋向结合与联合（结合成社会）的本质，这就是人性中的利己和利他的倾向。社会是由具有原来的人性诸如本能、习惯等的个人连接而成。要使社会进步，只需采用发展人性激发只会的教育方法，而无需阶级斗争。因此，教育对改进社会具有决定性的作用。

3．生物化的本能论心理学

生物化的本能论心理学是杜威教育思想的另一重要依据。杜威是技能主义心理学的创始人，他强调整个心理的协调作用，而反对心理学内的元素主义。他认为心理活动的实质就在于有机体采用一定的行动来适应环境并满足自己的需要，人的心理活动的基本内容是诸如情绪、习惯、冲动等生物性的本能。他据此提出教育的任务就是按照儿童本能生长的各个阶段供给他适当的材料，促进本能的表现欲发展。他的儿童中心学说就是以本能论心理学为依据的。

三、论教育本质

在教育本质上，杜威提出了“教育即生活”的观点。从心理学角度出发，他又提出了“教育即生长”，强调不要到教育过程以外去寻求教育目的。针对传统学校的弊端，杜威提出了“学校即社会”的观点。但“学校即社会”与“教育即生活”无疑是紧密相连的，因为杜威始终认为，只有学校本身是雏形社会时才能使教育成为生活的过程。应该说，“学校即社会”与“教育即生活”是杜威实用主义教育思想体系中的最基本观点，并对他的课程论、教学论、职业教育论、道德教育论以及儿童教育观和教师观产生了重大影响。

[拓展阅读]
王坤庆，卢洁莹：《民主、民主国家及其教育理想》

（一）教育即生活

一切教育都是通过个人参与人类的社会意识而进行的，教育是一个社会过程。杜威认为，教育既然是一种社会过程，学校便是社会生活的一种形式，因此，教育是生活的过程，而不是将来生活的准备。

杜威反对教育为固定的成人生活做准备，认为生活准备说的弊病有四：其一，使教育丧失动力。“儿童生活在现在，这不仅是一个不能回避的事实，而且是一件好事。将来只是作为将来，它缺乏紧迫性和可见的形体。为某件事情作预备，如果

① 孙世杰，冯喜英．外国教育思想精粹 [M]．北京：中国档案出版社，2000：196.
② 赵祥麟．外国现代教育史 [M]．上海：华东师范大学出版社，1987：56.

不知道去预备什么，也不知为什么要预备，这是抛开已有的力量，而在模糊的机会中寻找动力。”其二，将来距现在非常遥远，如果教育着力于预备将来，则贻误了现在所提供的“许多极好的机会”和有利条件，就不会收到好的教育效果。其三，用传统的、陈旧的要求去控制教育过程，“受教育者个人的特殊才能”受到漠视。其四，它使人不得不更多地求助于利用外来的快乐和痛苦的动机。如果预期的未来和现在的可能性割裂，就没有激发和指导的力量，必须另外搭上一些东西，才能发生作用。于是就采用威逼利诱的方法，以奖赏为诺言，以痛苦作威胁。①

杜威认为儿童的生活和成人的生活具有同样重要的地位，或者说现在的生活和将来的生活地位同样重要，在《民主主义与教育》第18章“教育的价值”中，杜威明确地讲道：既然教育并不是谋生的手段，而是与富有成效和本身有意义的生活的过程是一致的，它所能提出的唯一最终价值正是生活的过程本身。②

因此，杜威强调的生活是现在的、儿童的生活，他要求教育重视儿童现在生活的内在价值，使儿童从目前的生活中得到乐趣，而不仅仅将现在的生活视作另一种生活做准备的工具与手段。

（二）教育即生长

杜威明确提出“教育即生长”的命题，对此命题的得失人们争议最多。杜威明确地讲：“如果只是放任儿童的兴趣，让他无休止地继续下去，那就没有‘生长’，而‘生长’并不是消极的结果”。③“生长”在杜威教育理论中甚至哲学理论中占有重要地位。胡克说：“在他（指杜威—引者）的生活和教学中，他把生长看成教育和道德价值的关键。”④以至于胡克称杜威为“生长的哲学家”。

在杜威看来，生长的内部条件是指儿童现有的生理和心理水平（兴趣、能力和后天形成的习惯等）及其发展的可能性（可塑性）。但只有内在条件还不够，生长还需有外部条件，即社会性的环境。杜威提出的“学校即社会”集中地反映了生长所必备的外部条件。杜威认为，天赋能力是始基，是起点，它们不是目的且本身不能决定目的，外部的环境条件是人的各种内在可能性得到发展的不可取代的手段；每个人都必须在社会的媒介中才能获得生长。

儿童的生长就是内部条件与外部条件相互作用的结果。如不顾及内部条件，生长就失去了基点；如不顾及外部条件，生长就失去了情境和内容，就成为抽象的真空中的东西。杜威对生长内外条件的看法实质上就是对儿童身心发展内外因关系的看法。杜威非常重视内因，反对传统教育对内因的漠视和压制，但同时也重视外因，认为儿童的生长和发展是内外因相互作用的结果。

（三）教育即经验的改组与改造

“教育即经验的改组与改造”是杜威教育理论中的一个重要命题。早在1897年，杜威就在《我的教育信条》中指出，教育应该被认为是经验的继续改造。有些

---

① 约翰·杜威．民主主义与教育：第2版[M]．王承绪，译．北京：人民教育出版社，2001：64．

② 约翰·杜威．民主主义与教育：第2版[M]．王承绪，译．北京：人民教育出版社，2001：258．

③ 杜威教育论著选[M]．赵祥麟，王承绪，编译．上海：华东师范大学出版社，1981：9，36．

④ 胡克．现代美国哲学[M]．北京：商务印书馆，1962：264．

论者将杜威理论中“经验的改造”或者视为一个直接经验的累加过程，或者视为一个经由直接经验获取间接系统知识的过程，或者视为一个知识积累的过程。这些认识都是片面的。经验在杜威的概念里是一种机体与外部环境间的交互，是二者关系的改造和优化。

我们一般将杜威的经验改造理解为直接经验的改造，实际上这种改造过程本身就含有知识与理性（智慧）因素，这些知识与理性因素是儿童理解、驾驭新经验过程的重要条件。动态的经验过程不是儿童通过感官消极被动获得感官印象的过程，而是一个运用智慧与思维积极行动的活动过程，感官与感官作用只是这个活动过程的一部分。这个动态过程不仅检验原先机体具有的理论认识是否正确，而且通过抽象、概括等形成对事物的新的理性认识。例如：“一个儿童伸手去碰火光，烫痛了。从此以后，他知道某一接触活动和某一视觉活动联系起来，就意味着烫和痛；或者知道光就是热的来源。”① 杜威认为，儿童通过活动所获得和增加的经验，既可能是个人的，也可能是社会的，但总的来说，“两者是不可以分离的”②。因此，教育中“经验改造”过程绝不仅仅是直接经验累加的过程，绝不仅仅是形成感性认识的过程。

四、论教育目的

教育目的涉及教育与个人发展和教育与社会发展两大层面的问题。杜威在《民主主义与教育》一书中，将人类几千年的教育发展史尽收眼底，在对各种代表性的理论进行总结、批判、反思的基础上，提出了自己的观点。

[拓展阅读]
饶舒琪、安然：《社会转型期的道德危机与道德教育》

（一）历史上关于教育与个人发展关系的理论

杜威在分析教育与个人发展的关系时，归纳出历史上的五种理论。③

1. 生活预备说

该理论以英国教育家斯宾塞为代表，他认为教育只是为将来的生活做准备，而与现在的生活无关。杜威认为其弊端是忽视儿童现在的经验。

2. 开展说

福禄培尔可作为此理论的代表之一。他认为教育即潜在能力向着一个确定不变的目标展开，而不是不断地生长。杜威指出其弊端是脱离儿童直接的感觉经验。

3. 形式训练说

该理论以洛克为代表，他主张将教育看作各种天赋心能的训练，养成使人成功的专门能力。在杜威看来，其弊端是忽视教材和牺牲了人的创造力及适应能力。

4. 形成说

该理论认为教育即通过表象形成心智、道德。传统教育家都持这一观点。杜威认为其弊端是忽视人的技能及天赋能力，只注重教材而不注重活动。

---

① 杜威教育论著选 [M]. 赵祥麟，王承绪，编译. 上海：华东师范大学出版社，1981：159.
② 常道直. 平民主义与教育 [M]. 北京：商务印书馆，1922：62.
③ 杨汉麟. 外国教育名家思想 [M]. 武汉：华中师范大学出版社，2010：132-133.

5. 复演与回顾说

该理论以赫尔巴特的门徒为代表。主张教育是向儿童复演以往的文化。杜威认为其弊端是凭借的生物学基础有误，此外教育不应重蹈前人足迹亦步亦趋。

（二）历史上关于教育与社会发展关系的理论

杜威在分析教育与社会发展的关系时，归纳出历史上的三种理论。①

1. 柏拉图主义

该理论强调社会组织在教育上的重要性，认为社会公正应建立在各尽其才、各尽其职的基础上。其弊端是只包容三个阶级（即哲学家、军人、工农商），才能的鉴别也只有三类（智、情、欲），因而难免压抑个人。

2. 18 世纪的个人主义（卢梭主义）

该理论主张教育顺应自然，旨在使个人不受社会束缚。其弊端是将自然与社会对立。

3. 19 世纪的国家主义

该理论主张将教育作为实现国家政治目的的手段，造就国民。其弊端是忽视个人价值，使受教育者沦为国家的机械工具。

（三）历史上有代表性的教育目的论

杜威根据对教育与个人发展的关系和教育与社会发展的关系两方面的分析研究，概括出三种教育目的论。②

1. 自然发展论

该理论以儿童的自然发展作为教育的目的，以卢梭等人为代表。杜威对这一理论予以很高评价，认为其中包含真理的要素。但他也指出其弊端是否定或忽视了社会环境的教育作用。

2. 社会效率论

该理论以社会效率（社会本位）作为教育的目的，以更好地训练个人，培养有用的公民，为社会服务，以柏拉图、德国国家主义者为代表。杜威对此亦部分肯定，但指出其弊端是使个人的自然能力受制于社会的主宰，而不是利用自然能力去获得效率。

3. 文化修养论

该理论注重通过文化知识的教学，启发个人智慧，培养理想人格，以赫尔巴特等人为代表。其弊端是脱离社会实际，使文化成为一种外表的装饰，缺乏实际价值。

（四）杜威的观点

纵观上述教育目的论，不是使个人受社会约束，就是使个人脱离社会，均将个人自由与社会需要对立起来。杜威认为，理想的教育应使社会每个成员既实现最大的个性化，又能给社会带来更大的利益，教育目的应当体现个人利益与社会利益的

---

① 杨汉麟. 外国教育名家思想 [M]. 武汉：华中师范大学出版社，2010：133.

② 杨汉麟. 外国教育名家思想 [M]. 武汉：华中师范大学出版社，2010：133.

一致，将个人与社会的目前利益和长远利益结合起来。[1] 为此，杜威力图提出既有鲜明个性特征，又有明确社会特征的教育目的论。

基于反传统教育的需要，杜威主张教育只有历程而无目的，或只有教育历程内的目的，而无教育历程外的目的，并指出“教育即生长”及“教育即经验的改造”，是教育应当具有的教育历程内（或当前的）的目的。

杜威反对外在、固定和终极的教育目的，主张以生长为教育目的，意在反对外在因素对儿童的压制，要求教育尊重儿童愿望和要求，使儿童从教育本身和生长过程中得到乐趣。

［拓展阅读］李小丽：《陶行知和杜威教育思想比较及其启示》

杜威认为，这样的教育目的，不是为了一个遥远的未来，或是潜在能力的显露，或是使人为形成某种既定模式做准备，而是对社会中的人的经验进行连续不断和富有意义的改造，这样就使个人的需要和社会的需要有机结合在一起了。

有人指出：“杜威的教育目的理论是杜威教育思想中最为晦涩的部分。”[2] 这是因为杜威对教育的有关提法异乎寻常。但如果我们抓住杜威教育思想的主线及其反传统的特点，也不是不可理解的。“概括地说，杜威的教育目的论着力于怎么样使教育目的更民主、更人道而不受外在的强制；着力于怎样使教育目的更有成效，而不是流于美好的空想。”[3]

五、论课程与教材

在课程论上，杜威主张课程与教材心理化，强调以儿童现有生活的经验为根基来组织课程与教材。对于传统学校中的分科教学，杜威早期是持明确反对态度的，但到后期他也谈到课程与教材的逻辑顺序并且不反对在中学阶段进行分科教学。尽管如此，杜威更强调课程与教材的心理顺序。在教学论上，杜威主张“从做中学”，反对静听的传统教学方式。同时，他强调教学应该唤起儿童的思维。虽然杜威的教学论存在着明显的不足，但是，他提出的“如何做”和“如何思维”这两个命题无疑能给人启迪。

杜威指出：“假使我们希望学校适应现在的社会，则旧式学校中间有三件事体一定要改变：第一，校中所用的教材，第二，教员处理这些教材的方法，第三，学生处理这些教材的方法。”[4] 要求改革教材和教学方法。对此，杜威对改革课程与教材提出了三项要求：其一，新教材应适合儿童的心理需要、兴趣与能力。他主张教师在指导教学时，要努力使教材“心理化”，即“回复到它所被抽象出来的原来的经验”[5]，使教材变成儿童经验的一部分，用时通过对儿童现有经验的不断改造的过程，达到掌握有组织体系的真理的目的。在杜威看来，传统教育的课程是由前人所积累起来的系统的间接经验构成的，是一种符号和文字构成的系统，杜威认为传统

① 杨汉麟. 外国教育名家思想 [M]. 武汉：华中师范大学出版社，2010：134.
② 吴式颖，任钟印. 外国教育思想通史：第 9 卷 [M]. 长沙：湖南教育出版社，2002：334.
③ 吴式颖，任钟印. 外国教育思想通史：第 9 卷 [M]. 长沙：湖南教育出版社，2002：342.
④ 约翰·杜威. 学校与社会·明日之学校 [M]. 朱经农，潘梓年，译. 北京：商务印书馆，1993：153.
⑤ 杜威教育论著选 [M]. 赵祥麟，王承绪，编译. 上海：华东师范大学出版社，1981：89.

教育把成年人的种种标准、教材和方法强加给仅是在缓慢成长而趋向成熟的儿童。它们规定的教材、学习和行为的种种方法，不适合儿童的现有能力，二者之间差距极大。这些教材和方法，超出年轻的学习者的已有经验，是他们力不能及的东西。其二，新教材应是统一的，具有整体性，而不是支离破碎的。儿童的生活和经验具有“统一性和完整性”，但儿童到学校，多种多样的分门别类的学科便把他的世界加以肢解，使儿童对世界的认识失去应有的全面性而流于片面。因此，新教材应克服旧教材所具有的这种弊端。其三，新教材应具有社会性。并不是说旧的以系统知识为主的教材与社会无关，因为系统知识本身就是人类社会日积月累的产物。但是，当这种系统知识在新的社会情境中以不恰当的方式灌输给儿童时就失去了其应有的价值，就丧失了其效用，因而也就失去了其能动的社会作用。在《民主主义与教育》中，杜威专列一章讨论“教材的社会性”问题，认为一个课程计划必须考虑课程能适应现在社会生活的需要；选材时必须以改进我们的共同生活为目的，使将来比过去更美好。

六、论教学方法

与其课程论相应，杜威提出的教学方法是一种“从做中学”的方法，是一种经验的方法、思维的方法、探究的方法。在《我们怎样思维》和《民主主义与教育》中，杜威对这种方法有较为集中的论述。

（一）教学与思维

在杜威看来，思维的过程包含观察、分析与综合、想象、抽象与概括等多种能力的运用。

1．观察能力

观察本身不是目的，它是一个主动的探究过程。杜威讲：“学生学习观察是为了（a）发现他们所面临的疑难问题；（b）对观察到的令人费解的特征加以推测，并提出假设性的解释；（c）验证暗示的观念。”观察能发现问题、提供解决问题的资料、提出假设、验证观念，实际上渗透于思维过程的诸环节中。

2．分析与综合能力

使混乱的事实得以澄清，便是分析，将表面上支离破碎和互不联结的事实连贯起来形成一个整体，便是综合。杜威认为，每当我们评估一件事情时，我们既要选择和强调一种特殊的性质或特点，也要用理智的观点把以前分散的种种事实联结在一起。

3．想象能力

想象使人从狭隘的直接经验中解脱出来，“通过想象，符号才能使人了解直接的意义，并和比较狭隘的活动结合起来，使这种狭隘的活动得以扩大和丰富。”[①] 杜威认为并非只有审美经验才含有想象的因素，一切有意识的经验必定具有某种程度的想象的品质。

---

① 约翰·杜威. 民主主义与教育：第 2 版 [M]. 王承绪，译. 北京：人民教育出版社，2001：255.

4．抽象与概括能力

在杜威看来，抽象作用就是有意识地从过去经验的材料中选择有助于应对新经验的东西。抽象作用就是有意识地把蕴藏在过去经验中的意义，迁移到新的经验上，加以运用。概括是指对抽象出来的理论和观念的运用。概括和抽象是相对应的东西，概括是抽象应用于新的具体经验时所起的作用——扩大抽象作用，借以阐明并指导新的情境。

掌握思维方法（或者说形成新的行为方式）是杜威所要培养的人的素质中最重要的内容。杜威将学生掌握思维的方法置于教育的中心地位，他说，虽然“教育并不只是局限在它的理智的方面，教育还要有一种有意识的目的，亦即要有一个思想的因素。否则，实际的活动便是机械的、因循守旧的，道德也要流为轻率的和独断的，美的欣赏就会成为感情的冲动。”①

（二）五步教学法

杜威认为，教学法即研究经验如何进行的问题。②他指出：“人们最初的知识，最根深蒂固的知识，是关于‘怎样做’的知识。”③他指责传统的教学是填鸭式的灌输，“只让儿童静听”，把师生关系搞成“像抽水桶和蓄水池一样的关系”，“忽视学生的个性、个人经验以及他自由的、直接的和主动的活动”。④教学法的要素和思维的要素是相同的。因此，从思维的观点出发，杜威指出，教学过程也可分成以下五个阶段。

第一阶段：教师给学生准备一个真实的经验的情境。

杜威认为，教学的过程应该从儿童有一个真实的经验的情境开始，这是一个与现在生活的经验相联系的情境。教师要给予儿童一些暗示，使儿童有兴趣了解某个问题，以便获得某种为现在生活所要求的经验。这个情境应该具有引起思维的性质，激发儿童的思维。在杜威看来，它既是学习的情境，也是思维的情境。在这个阶段，儿童要有一种对活动本身感兴趣的连续的活动。在活动中，儿童不仅自己提出很多问题，而且自己想出多种多样和有独创性的解决问题的方法。因此，“如果要有能产生引起富有思想的探究的问题的情境，就需要有利用材料达到各种目的的主动的作业。”⑤但教师在准备各种暗示时，应该根据儿童的本能需要和生活经验。

第二阶段：在这个情境中能产生真实的问题作为思维的刺激物。

杜威认为，儿童必须有足够的资料和实际材料，以便应对这个情境中产生的问题。资料和实际材料首要的是儿童本人现在生活的经验以及各种活动和事实。由于疑难是引起思维的不可缺乏的刺激物，因此，在这个阶段，疑难的情境必须和儿童曾经应对过的情境有足够相似之处，使他们对解决疑难的方法有一定的控制能力。当然，儿童应该能利用他人的经验以克服个人经验的狭隘性，但与此同时，要防止

---

① 约翰·杜威．我们怎样思维·经验与教育[M]．姜文闵，译．北京：人民教育出版社，1991：64．
② 常道直．平民主义与教育[M]．北京：商务印书馆，1922：223．
③ 吕达，刘立德，邹海燕．杜威教育文集：第2卷[M]．北京：人民教育出版社，2008：181．
④ 约翰·杜威．学校与社会·明日之学校[M]．朱经农，潘梓年，译．北京：商务印书馆，1993：79．
⑤ 约翰·杜威．民主主义与教育：第2版[M]．王承绪，译．北京：人民教育出版社，2001：171．

静止的和冷藏库式的知识理想，因为它不仅放过了思维的机会，而且扼杀思维的能力。要特别反对给儿童提供一些现成的答案，而不是给他材料并让他自己加以整理并解决所遇到的疑难问题。

第三阶段：从经验的占有和观察中产生对解决疑难问题的思考和假设。

杜威认为，推论总是进入到未知的东西，是从已知的东西产生的一个飞跃。在这个阶段，通过资料和观察的激发，儿童进行了思考、设计、发明、创新和筹划，以便找到解决疑难问题的答案。在这个意义上，思维已含有某种发明的性质，是创造性的。因为“只有当他亲身考虑问题的种种条件，寻求解决问题的方法时，才算真正在思维”①。儿童在思维中能考虑从前没有被认识的事物，使他的经验有了真正的增长，而成为一种新的性质的经验。教师不再把现成的教材提供给儿童，而要参与儿童的活动。

第四阶段：儿童自己负责一步一步地展开他所设想的解决疑难问题的方法。

在搜集资料和通过观察获得经验后，儿童应尝试提出解决疑难问题的初步方法，将其整理和排列，形成合适的次序。因为离开这种整理和排列，思维也就无法存在。但是儿童必须自己去做，否则就学不到什么东西，也体验不到思维活动的创造性所带来的快乐。

第五阶段：儿童通过应用检验他的观念是否有效。

杜威认为，儿童的观念，即他自己提出的那些解决疑难问题的假设，在运用于实际的情境中之前，缺乏充分的意义和现实性。因此，只有应用才能检验儿童的观念是否有效。在这个阶段，为了检验假设的意义和价值，学校要使儿童有机会去进行检验，儿童要亲自动手去做并在做的过程中自己做出判断。

这种教学过程被后人称为“教学五步法”。杜威指出，对于教学过程的各个阶段来说，“他们在培养学生优良的思维习惯方面做到什么程度，就统一到什么程度”。

七、论道德教育

在杜威的教育思想体系中，道德教育也是一个重要的组成部分。早在 1909 年，杜威就写了《教育中的道德原理》一书。后来在《民主主义与教育》一书中，他又专门列了“道德论”一章。他反对狭隘的和说教式的道德观，提出了“学校道德的三位一体”的观点。

（一）道德教育的含义

关于道德教育的含义，杜威认为，道德培养是学校教育的一个普遍目的。他明确指出：“一切能发展有效地参与社会生活的能力的教育，都是道德的教育。这种教育塑造一种性格，不但能从事社会所必需的特定的行为，而且对生长所必需的继续不断的重新适应感到兴趣”。② 在杜威看来，道德教育的作用在于它的社会价值。在题为《教育哲学》的演讲中，他指出，从哲学上讲，道德教育的含义很深，

① 约翰・杜威. 民主主义与教育：第 2 版 [M]. 王承绪，译. 北京：人民教育出版社，2001：175.

② 约翰・杜威. 民主主义与教育：第 2 版 [M]. 王承绪，译. 北京：人民教育出版社，2001：379.

最重要的是个人与社会的关系。道德教育不如旁的教育。它一方面发展个性，养成个人的知识、能力、感情；另一方面发展个性之后，还须使社会的同情格外增加。所以问题在怎样使个性发展，同时并把同情的范围扩大，对于社会，情愿尽忠，情愿牺牲。诚如美国学者福克斯曾说："解决个人与社会之间的二分法，是全部杜威思维的一个主要突破点。"[①] 因此，在杜威看来，道德教育也可以称为道德伦理教育。

杜威还认为，在道德教育中，应该把"道德观念"和"关于道德的观念"区分开来。所谓"道德观念"，是指能够影响和改进行为并使行为变得更好的观念，它是在参与合作的社会生活的过程中形成的。对行为没有影响的观念就是与道德无关的观念，使行为变得更坏的观念就是不道德的观念。所谓"关于道德的观念"，是指以语言文字的方式传授的观念，即直接的道德知识的传授。尽管它的传授是必要的，但是与通过间接的道德教育所形成的全部的道德品质相比较，它在数量上相对是比较少的。在杜威看来，这种区分对于道德教育来说是十分重要的，因为"学校中道德教育最重要的问题是关于知识和行为的关系"。[②] 在道德教育上不断出现误解的根源就在于不能正确区分"道德观念"和"关于道德的观念"。显然，杜威对抽象地谈论道德教育或仅仅以语言文字的方式传授道德知识是持反对态度的，他坚信，道德知识的传授并不是真正的道德教育，也不能代替真正的道德教育。

（二）"学校道德的三位一体"

杜威认为，学校的道德教育可以通过学校生活、教材和教学方法来进行。因为"每一门学科、每一种教学方法，学校中的每一偶发事件都孕育着培养道德的可能性"。[③] 而且，这三者是相互联系而不可分割的，可以称之为"学校道德的三位一体"。

1．通过学校生活进行道德教育

杜威认为，在学校生活中，儿童可以逐步培养适应环境的能力，形成道德观念。从这个意义上讲，学校生活是进行道德教育的必要条件。但是，必须看到，只有当我们联系到与学校有关更大范围的社会活动来解释学校活动时，我们才能真正找到判断它们道德上意义的任何标准。在杜威看来，学校道德教育要用它的社会价值来衡量。

因此，杜威强调指出，学校生活必须与社会生活紧密联系起来，使学校本身成为社会生活的一种形式。具体来说，那就是，学校生活具有社会生活的全部含义，校内学习和校外学习之间应有自由的相互影响。在杜威看来，学校道德和社会道德是统一的，两者有着共同的道德原则。学校在道德上的责任就是对社会的责任，即"培养儿童自制的能力，使他可以自己管理自己；不仅使他能适应正在变化的环境，还要使他有能力去形成和指挥这种变化"[④]。

---

① 瞿葆奎．教育学文集·教学（上）[M]．北京：人民教育出版社，1988：441．

② 约翰·杜威．民主主义与教育：第 2 版 [M]．王承绪，译．北京：人民教育出版社，2001：378．

③ 约翰·杜威．学校与社会·明日之学校 [M]．朱经农，潘梓年，译．北京：商务印书馆：164．

④ 约翰·杜威．教育中的道德原理 [M]．1909 年英文版，第 10 页。

总之，依靠社会化的学校生活，学校的道德将会变得生机勃勃。如果“学校既与社会隔离，学校里的知识就不能应用于生活，因此也无益于品德”①。无疑，这是杜威的“学校即社会”思想在道德教育上的体现。

2．通过各科教材进行道德教育

杜威认为，知识的题材与道德的发展有着密切的和有机的联系，各种教材是培养儿童道德品质的主要手段。因此，他强调，道德的目的是各科教学的共同的和首要的目的。

在杜威看来，怎样把道德价值的社会标准应用于各科教材上，成为学校道德教育的一个重要问题。在谈到地理、历史、数学等学科时，杜威指出，要把一门学科看作使儿童认知社会活动的情况的一种工具。知识只有在提出被置于社会生活背景中材料的明确形象和概念时，才是名副其实的或有教育性的。在谈到娱乐和艺术时，杜威则指出，它们具有无法取代的道德功能，应该受到至今尚未获得的重视。

杜威认为，道德教育与学科教学是联系在一起的。“当一个学科是按照了解社会生活的方式去教的时候，它就具有积极的伦理上的意义”②。在杜威看来，这是一个普遍的原理。

3．通过教学方法进行道德教育

杜威认为，教学方法是培养儿童道德品质的主要手段。因此，他强调，对儿童的活动能力，对他在建造制作、创作方面的能力有吸引力的每一种教学方法的采用，都标志着把伦理的重心从自私的吸收转移到社会性的服务上来的机会。

在杜威看来，学校的教学方法应该把着重点放在建造和发表上，而不是吸收和单纯的学习上。在学校活动中，应该强调合作交流和共同参与，并使儿童逐渐从相对来说属于外部的动机中摆脱出来，乐于去理解他们所做工作的社会价值。这样，就使儿童的社会精神得到了培养。

杜威对道德教育领域做出了许多极重要的贡献，其中最重要的是重视发展青年的批判性智慧，认识到道德价值不是永恒的。杜威的道德教育方法强调儿童要在实际环境中学习价值，并在审慎考虑结果后做出自己的选择。他所强调的在与别人的合作中学习价值的观点已成为当代许多道德理论的一个重要方面。

八、论职业教育

杜威十分强调职业教育的重要性，在《民主主义与教育》一书中就专门列了一章“教育与职业”。尽管职业教育在西方教育史上并不是一个新的论题，但值得注意的是，杜威从一种宽广的社会背景来探讨职业和职业教育，反对狭隘的职业教育计划，主张把职业教育和普通教育有机地结合起来。

（一）职业教育的含义

在《民主主义与教育》一书中，杜威指出，“职业是唯一能使个人的特异才能

① 约翰·杜威．民主主义与教育：第2版[M]．王承绪，译．北京：人民教育出版社，2001：377.

② 约翰·杜威．新旧个人主义：杜威文选[M]．孙有中，等译．上海：上海社会科学院出版社，1997：107.

和他的社会服务取得平衡的事情，找出一个人适宜做的事业并且获得实行的机会，这是幸福的关键”。[①]

杜威对职业教育这一概念进行了新的阐释，首先，他认为，职业教育这一概念由来已久，但是，人们对它的理解是十分狭隘的，以为职业教育就是商业教育或工艺教育。由于每个人在社会中都要从事一种职业，因此，所有的教育实际上都具有职业的性质。杜威强调指出，职业教育应该注重使人懂得实业工业所应知的科学方法；一方面应用手足肢体发展的本能，一方面不能不注重知识，知道科学的所以然。因此，“我们不仅要防止把职业的概念局限于生产直接有形的商品的职业，也不要认为职业的区分是相互排斥的，每个人只有一种职业”[②]。

在反对狭隘的职业观的同时，杜威也反对狭隘的职业教育理论。他认为，过去人们往往把职业狭隘地理解为仅仅与身体有关的、为获得报酬或获得产品的操作活动，同时在理论上和实践上把职业教育解释为仅仅作为获得专门职业技术的手段，从而把职业教育与文化修养对立起来。实际上，这种对职业和职业教育的片面看法，正反映了在教育上所存在的种种对立，例如，劳动和闲暇的对立、理论与实践的对立、身体与精神的对立等。因此，在杜威看来，职业教育的对立面既不是闲暇活动也不是文化修养。从广义上来说，职业教育与文化修养是联系起来的。例如，学习历史，对于要做历史老师或专门从事历史研究工作的人来说是职业教育，而对于要做律师或医生的人来说就是文化修养。

杜威特别强调，职业教育不等于狭隘的职业训练。对于职业教育来说，最根本的问题不是要训练每个人从事于某种特别的职业，不是要训练养家糊口的人。而是使他们对于必须进入的职业产生生动的和真诚的兴趣，如果他们不愿成为社会寄生虫的话，并且还要使他们知道关于那种职业社会的和科学的态度。

（二）职业教育的实施

在强调职业教育的重要性的同时，杜威指出当时美国职业教育存在的弊病。一是职业教育纯粹从经济利益的角度去考虑其重要性。在杜威看来，它仅仅是教学生以后更容易赚钱；一是职业教育是以现存工业为标准，非常之狭隘；一是职业教育认定某个人天生是从事某州职业的，使学生以后不能调换工作；一是职业教育使学校成为工业或商业的附属机构，使学校忽略学生系统地学习社会生活所必需的各种职业；最后现行职业教育维护了职业教育与文化修养的对立以及教育与民主分离的旧传统。[③] 为了更好地实施职业教育，杜威认为，必须改革学校的课程体系，把职业教育与普通教育结合起来，组成一个完整的系统。

首先，学校应该开设各种职业课程。其中包括：为男生开设机械制图、模型制作以及印刷等课程，为女生开设缝纫、织布、烹饪等课程，以及为男女共同开设图案设计、陶器制作等课程。杜威认为，开设各种职业课程的目的是使儿童通过让他

---

① 杜威．民主主义与教育：第 2 版 [M]．王承绪，译．北京：人民教育出版社，2001：327.
② 杜威．民主主义与教育：第 2 版 [M]．王承绪，译．北京：人民教育出版社，2001：326.
③ 单中慧．现代教育的探索：杜威实用主义教育思想 [M]．北京：人民教育出版社，2002：365-366.

理解供给人们日常所需的各种职业的基本要素，认清他自己社会的生活脉络，而不是通过教他某种精巧的技艺，让他局限于所在地区的某种工业上。其次，学校应该把普通课程和职业训练结合起来。例如，植物学与园艺结合起来教；在学习物理、化学等课程时，使学生了解其与职业之间的关系。最后，所有的学生都要上一门科学概论课，使他们的职业训练能在理论上有一个初步的基础。在杜威看来，只有这样才能把普通文化知识同准备从事适当工作和职业的知识互相结合起来，并在一定程度上有助于消除知识与行动、理论与实践的隔离现象。

杜威还指出，在学校里应该有完备的工场，给学生提供各种职业课程，例如机械工场、印刷工场、家政室等。与此同时，学生也可以到工场、商店、医院和政府部门进行职业训练方面的实习。在杜威看来，从职业教育的角度看，这样的方法比让学生固守在教室里具有更多的优点，因为"学生有了一个试验他自己的兴趣和能力的机会，并且考察他对他们的判断是否正确；如果判断不正确，他就有了一点科学依据，并在这基础上建立了一种更为正确的判断"。①

通过职业教育的实施，杜威认为学生不仅有机会学习任何一种职业的专门过程，而且能在获得普通文化知识的基础上加深对职业及其意义的理解。这样的职业教育不仅"给每个学生应该具备的理论知识赋予实践的价值。并且给予他一种对他周围环境的条件和制度的理解能力。当这一点做到了，学生就具备了正确选择工作和引导自己努力去获得必要的技能所必不可少的知识和智慧"②。在杜威看来，只有这样，才能使学生对他今后从事的工作或职业有更充分的准备。应该看到，杜威从一种广阔的社会背景出发，探讨了现代科学技术和工业发展时代的职业和职业教育，提出了一种新的职业教育观，这不仅表现出时代的特色，而且是颇有新意的。

九、杜威教育思想的影响及评价

（一）对美国教育的影响

杜威对教育真正发生影响是从他的《民主主义与教育》发表以后开始的。1916年以后，《民主主义与教育》作为美国进步主义教育运动的理论说明，使美国教育真正从以赫尔巴特主义为主导转入以杜威主义为主导的新阶段。

杜威及其许多追随者的教育理论深入而广泛地影响了美国20世纪前半期的教育。在20世纪30年代，杜威的实用主义教育思想受到巴格莱等要素主义教育家的激烈批判。第二次世界大战后，杜威的教育思想影响便逐渐有所失势。但是，到了50年代，布拉梅尔德等人重复杜威的理论，宣扬改造主义教育思想。60年代，康南特等人掀起了一个广泛的课程改革运动，杜威的教育模式似乎成了改革的对象。70年代后，美国流行"开放教育"，在具体实施上有许多地方与杜威的教育模式相似，杜威的教育思想又受到重视。

---

① 杜威. 学校与社会·明日之学校 [M]. 朱经农，潘梓年，译. 北京：商务印书馆，1993：376.

② 杜威. 学校与社会·明日之学校 [M]. 朱经农，潘梓年，译. 北京：商务印书馆，1993：391.

（二）对世界教育的影响

可以说，杜威是当代世界教育史上最有影响的人物。杜威对世界教育的影响，主要表现在以下方面：第一，出访、讲学，最突出的是杜威到中国、日本、土耳其和苏联等国家进行教育演讲活动；第二，杜威的著作被翻译成至少35种语言文字，传播到世界各国；第三，杜威的门徒有来自世界各地的几千名学生，其中许多人都成了他们国家教育的领导人。

（三）对杜威教育思想的评价

与传统的教育观相比较，杜威的教育观是一种崭新的教育观。这种教育观建立在对前人学说系统地批判与吸收的基础上，建立在杜威的哲学、心理学和社会政治观的理论基础上，建立在美国社会工业化的现实基础上。这种教育观的核心体现在社会政治方面是倡导资产阶级民主主义，力图调和个人与社会的冲突；体现在哲学方面是以经验论作为方法论基础，批判各种二元论力求克服各种二元对立；体现在经济方面则是要求加强广义的职业训练，希图以之克服美国的工业化带来的社会弊端；体现在文化上则是倡导科学方法，企图以之破除陈规陋习，建立一种新文化，从文化层面上改良社会。这种教育观的基本要求是实现教育的内在价值与工具价值的结合，使教育过程本身既是有乐趣的、有益于儿童个人的，又是富有实效的、有利于国计民生的。这种教育观的直接目的是试图通过活动性、经验性的课程和教学方法使学生掌握科学的思维方法。可以说，这种教育观体现了现实主义与理想主义的结合，它源于现实又高于现实，通过教育这种手段在理论和现实基础方面和基本内容方面皆与传统教育理论有着根本的不同。

尽管杜威的教育理论产生于美国社会并且是为完善美国资本主义社会制度服务的，但它毕竟是立足于现代社会物质文明和精神文明基础之上的现代教育理论，充满着浓厚的现代气息，它的价值是超越国界的。因此，虽然杜威生前就曾受到诘难，死后也曾一度蒙受恶名，甚至在1957年苏联卫星上天后曾受到激烈抨击，但是，他的许多基本观点仍然经受住了时间的考验，他提出的许多教育根本问题也仍然需要继续探讨。概而言之，杜威的教育理论旨在解决三个方面的重要问题，即教育与社会生活的脱离、教育与儿童生活的脱离、理论（包括教育理论）与实践的脱离。可以说，他提出的各种理论、各种设想从某种程度上都是为了克服这三种弊端。这三种弊端不仅杜威的时代存在，而且现在乃至将来依然会存在，也许不同的国家具有不同的社会制度、迥异的文化传统，杜威的观点也许不能尽然合乎各国国情，但他解决现代教育问题的思路及其理论所反映出的总体精神，如要求加强教育、学校与社会生活的联系，使学校不只是消极地适应现代社会的变化，而且要积极参与社会生活的优化；要求尊重儿童心理发展水平，使教育过程既有效，本身又有乐趣；要求加强理论与实践的联系，使理论能有效地指导实践并使自己受到检验和发展，等等，至今依然有很大的启发意义。而且杜威在具体论述中所提及的不少观点，如要求克服个人与社会的对立；要求以道德文化的力量加强对经济（尤其是市场经济）活动的规范与调控；要求培养一种新型的人以适应变世；要求将教育的工具价值与内在价值结合起来；要求克服教育教学中只是与行为、知识与道德、理智与情感、感性与理性诸方面的对立，等等，都对当今教育具有重大理论价值与实际意义。

当然，杜威的教育理论形成于美国特定的社会转折时期，也正如美国著名教育史家克雷明所说的，它是“以美国的经验为素材加工构成的”，它产生于美国社会，也服务于美国社会。杜威的目的是要借助教育改良美国的资本主义制度，缓和并解决社会矛盾。然而，杜威过分地抬高了教育的社会作用，从而走上了社会改良主义道路。在教材与教学方法问题上，他希望学校的教材和教法既合乎儿童心理水平，又能使儿童在经验的基础上最后获得系统的知识，并能在理解的基础上将知识应用于生活经验，这个思路是无可厚非的，但杜威的“从做中学”却不能负起此项重任。杜威并没有能妥善地解决课程与教材问题，这是他的教育理论的根本缺陷之一。

第四节 第二次世界大战前后的西方主要教育思潮

19世纪末20世纪初，在欧美国家教育理论中，占据统治地位的是以德国教育家赫尔巴特为代表的教育理论。1899年，实用主义教育的创始人、美国教育家杜威在《学校与社会》一书中第一次使用“传统教育”一词，对赫尔巴特的教育理论进行了批判，同时把他自己所主张的教育理论称为“现代教育”。此后，在现代欧美教育理论中，开始出现了“传统教育”和“现代教育”的概念。随着20世纪社会政治、经济和科学文化的发展以及哲学思想的变化，特别是在第二次世界大战后，在欧美国家中先后出现了一些新的教育思潮，对教育的理论或实践问题做出了各自的阐述，诸如改造主义教育思潮、要素主义教育思潮、永恒主义教育思潮、“新托马斯主义”教育思潮、存在主义教育思潮、新行为主义教育思潮、结构主义教育思潮、分析教育哲学思潮、终身教育思潮、人本化教育思潮等，它们的产生和发展为教育学的蓬勃发展奠定了坚实的基础。

一、改造主义教育思潮

改造主义教育是20世纪30年代从实用主义教育和“进步教育”中逐渐分化出来的，到50年代已成为一种独立的教育思潮。[①] 在现代欧美教育思潮中，改造主义教育以实用主义教育的一个分支而著称。改造主义教育家自称是“进步教育”的真正继承者和亲密的盟友。第二次世界大战后，特别是在20世纪五六十年代，在现代教育派与传统教育派的争论中，改造主义教育是作为现代教育派的代表理论而出现的。

改造主义教育所说的“改造”一词包含三方面的含义：一是认为改造主义教育是适应“改造的时代”的新的教育理论；二是强调把“改造社会”作为教育的根本

① 唐爱民. 当代西方教育思潮[M]. 济南：山东教育出版社，2010：172.

目标；三是提出改造主义教育的使命是对过去的教育理论的缺陷进行“改造”。[1] 从“社会改造”这个目标出发，改造主义教育家强调课程与教学应该把社会问题作为中心。课程以社会学科为主，教学以问题为中心进行。布拉梅尔德曾设计了一种与“理想社会”相对应的内容广泛的课程，涉及经济、政治、哲学、艺术以及人际关系等方面。到 20 世纪 50 年代，他又扩充为 17—20 岁的四年制学院的“轮状课程”，学生从一年级起按学年依次学习社会的经济、政治、文化和心理等四个领域中的有关问题。尽管每一学年的内容有所侧重，但是“四年的课程将环绕一个中心题目：‘我们能有哪一种世界，我们要哪一种世界？’每一学期将研讨这个问题的各个方面：政治的、经济的、道德的、美术的、宗教的以及许多别的方面”[2]。

与实用主义教育和“进步教育”不同的是，改造主义教育更加强调教育是“社会改造”的工具。美国教育学者范斯科德指出：“作为从进步主义派生出来的一个支流，改造主义者忠于实用主义的哲学和进步主义的原则，但是扩展了这些见解，从而提出以明确的社会改造作为教育的主要目的。”[3] 但就改造主义教育的理论基础和具体主张来说，它是实用主义教育在新的社会时期中的继续。其他现代欧美教育理论也抓住这一点对它进行批判。改造主义教育批判了与它同一时期出现的要素主义教育和永恒主义教育，但又包括了它们所阐述的教育观点并结合到自己的模式里去。连布拉梅尔德本人也承认“改造主义无疑地具有折中主义性质”。20 世纪 50 年代，改造主义教育虽然在教育理论上有一定的影响，但在教育实际中的影响并不大。60 年代后，改造主义教育开始受到冷落。

二、要素主义教育思潮

要素主义教育是 20 世纪 30 年代末作为实用主义教育和“进步教育”的对立面而出现的，到五六十年代成了一种势力很大和影响很广的教育思潮。1938 年在美国成立的“要素主义者促进美国教育委员会”是要素主义教育形成的标志。发起成立这一组织的美国教育家有巴格莱、德米阿什克维奇、莫里森、坎德尔等。从那时起，巴格莱一直被看作要素主义教育的领袖。同一年，他发表的题为《一个要素主义者促进美国教育的纲领》全面阐述了要素主义教育的观点。[4]

第二次世界大战以后，特别是 20 世纪 50 年代中期以后，为适应与苏联争霸的需要，要素主义教育在美国教育界逐步占据优势。1956 年，美国建立以贝斯特为代表的“基础教育协会”，在中小学里设置更多的基础课程，属于要素主义教育这一派。1958 年，《国防教育法》的颁布进一步促进和扩大了要素主义教育对 20 世纪 60 年代美国教育改革的影响。在 20 世纪 60 年代，要素主义教育的主要代表人物是科南特和里科弗。

要素主义教育对实用主义教育和“进步教育”进行了尖锐的批评。在《一个要

［拓展阅读］
朱琼敏、洪明：《美国要素主义教育思想的当代发展》

---

① 单中惠．西方教育思想史 [M]．太原：山西教育出版社，1996：710–711．

② 白恩斯，白劳纳．当代资产阶级教育哲学 [M]．瞿菊农，译．北京：人民教育出版社，1964：155．

③ 理查德 · D. 范斯科德，等．美国教育基础：社会展望 [M]．北京：教育科学出版社，1984：59．

④ 唐爱民．当代西方教育思潮 [M]．济南：山东教育出版社，2010：47．

素主义者促进美国教育的纲领》中，巴格莱逐条分析了“进步教育”理论的缺陷，例如，取消了学业成绩的严格标准、轻视学习的系统性和教材的逻辑性、否认学科在陶冶和训练心智方面的价值、抛弃了学校纪律与心智训练等，同时巴格莱在这份纲领中系统地提出了要素主义教育的基本观点。

1. 把人类文化的“共同要素”作为学校课程的核心

要素主义教育家认为，在人类的文化遗产中，存在着永恒不变的、共同的、超时间和空间的要素，即“一种知识的基本核心”，那是一切人都应该学习的。所以，他们强调学习的系统性，提出应该严格按照逻辑系统来编写教材，并恢复各门稳定的学科在学校教育中的地位。

2. 教学过程必须是一个训练智慧的过程

要素主义教育家认为，蕴藏在儿童身上的智力和道德力量的资源是不应该被浪费的，这是学校教育的真正的根本利益所在；学校要提高“智力标准”，注重思维力的严格训练。贝斯特强调说：“真正的教育就是智慧的训练。”“思维也许不是生活中最重要的技能，但对学校来说，却是最重要的；同时，智慧的训练也许不只是学校的职责，但归根结底是学校存在的理由。”[①] 心智训练对儿童具有积极的意义，“只有经过心智训练的人，才能对他自己的生活进行理性的思考并做出理性的决定和行动；只有经过心智训练的人，才能理智地分析环境而不是简单地使用环境。”[②]

3. 学生在学习上必须刻苦和专心

要素主义教育家强调指出，学习必须通过严格的艰苦的训练，而且要进行近于强迫的专心勤学。他们认为，不能像实用主义教育和“进步教育”那样只强调儿童个人的兴趣和自由，只有强调“努力”这个概念，才能实现最有价值的学习。

4. 教师应该是整个教育过程中的权威人物

从强调系统的学习和智力的训练出发，要素主义教育家认为，教育过程中的主动权在于教师而不在于学生。强调应该“把教师放在整个教育体系的中心”，充分发挥教师核心地位的作用，树立教师的权威。正如巴格莱所言：“成年人对未成年人所负教导和管束的责任，对于延长人类的未成熟期和必需的依赖期具有生物学意义。人类不知道经历了多少年才认识到这个责任。”[③]

三、永恒主义教育思潮

在现代欧美教育思潮中，永恒主义教育形成于20世纪30年代，它以复兴西方古老的人文主义教育传统而著称，因宣扬宇宙精神的“永恒”存在而得名。尽管实用主义教育和“进步教育”自20世纪初起在美国学校教育中产生了很大的影响，但在1929年资本主义世界经济大危机之后，传统教育思想开始有所回潮，出现了旨在复活古典教育的永恒主义教育思潮，主张加强“理智”的训练并把“永恒学

① 吴式颖，任钟印．外国教育思想通史：第9卷[M]．长沙：湖南教育出版社，2002：436．
② 陆有铨．躁动的百年：20世纪的教育历程[M]．济南：山东教育出版社，1997：63．
③ 王承绪，赵祥麟．西方现代教育论著选[M]．北京：人民教育出版社，2001：198．

科”作为课程的核心，强调教育的基本原则是不变的和永恒的。永恒主义教育思潮的主要代表人物是美国的赫钦斯、阿德勒，英国的利文斯通和法国的阿兰等。永恒主义教育思潮的主要理论可以概括为四个方面。

1．教育的主要目的是发展永恒的“理性”

永恒主义教育家认为，“人是理性的动物”，理性是人类共同的最主要的永恒不变的特性，因此，教育应该把重点放在发展人的理性上。赫钦斯强调说：“如果教育是被正确地理解的话，那么，教育就是理性的培养。理性的培养对一切社会里的一切人都同样是适合的。”①

2．永恒的古典学科应该在学校课程中占有中心地位

永恒主义教育家认为，从“永恒真理”中引申出来的“永恒学科”是发展“理性”的最好途径。永恒主义教育家所说的“永恒学科”，就是指历代伟大思想家的伟大著作，尤其是经历了许多世纪的古代著作。在他们看来，古代、中世纪和现代各个时代的名著杰作超越了地域和时间的限制，是人类知识和智慧的宝库，因为“永恒学科”的内容早已包括在这些最有名的作家的伟大著作之中，学生可以在这些传统的材料中去培养“理性”。

3．教育不是生活的复本，而是生活的准备

永恒主义教育家尖锐地抨击实用主义教育和“进步教育”，反对把学校作为真实生活的情境或社会的仿造。他们坚持认为，学校是一个有价值的教育机构，应该首先注意发展儿童的智力，而不是让儿童去适应现在的生活。在永恒主义教育家看来，教育是生活的准备就是要使学生了解人类文化遗产中的精华，了解和实现其价值标准，成为有理性的和具有负责精神的公民参加未来的生活。

4．熟读古典著作，模仿古代伟大人物

永恒主义教育家认为，首先应该让学生阅读和复述古典名著的内容，背熟其中许多重要的段落，并且在自己的心目中认定几个伟大的思想家作为自己的榜样，在各方面模仿他们，并像他们那样去思考。利文斯通强调说：“读原著，学生能邂逅并结识一位天才，如若不然，则无此良机。”② 早在 20 世纪 20 年代后期，艾德勒就在哥伦比亚大学发起了一个“优等”课程计划，给学生列出了大约 50 本经典名著的清单，不久他又与布坎南一起提出了一个后来被称作“百本名著计划”的方案，受到了赫钦斯的高度赞赏。这些经典著作涵盖了从荷马史诗到联合国宪章，从古希腊、中世纪的名作到近现代包括马克思、爱因斯坦在内的思想巨著，共 80 多位作家的约 150 部巨作。③“教育的中心应该是体现在‘名著’之中的西方的伟大传统和智慧，而他们之所以重要，是因为可以给人们提供一个关于人性、人的价值、人的命运的永恒真理，可以引导我们解决当前社会存在的问题，并可以避免错误和混乱。”④

① 赫钦斯．民主社会中教育的冲突 [M]．1935 年英文版，第 69 页。
② 利文斯通．保卫古典教育 [M]．邵威，徐枫，译，合肥：安徽教育出版社，1991：67.
③ 陆有铨．躁动的百年：20 世纪的教育历程 [M]．济南：山东教育出版社，1997：65.
④ 陆有铨．躁动的百年：20 世纪的教育历程 [M]．济南：山东教育出版社，1997：65.

四、"新托马斯主义"教育思潮

在现代欧美教育思潮中，"新托马斯主义"教育是提倡宗教教育的一种教育理论。20世纪30年代产生于意大利、法国等西欧国家。1894年，卢汶高等哲学研究所在其创办的《新经院哲学评论》杂志第一期上，刊发了一篇名为《新经院哲学》的文章，正式提出了"新经院哲学"和"新托马斯主义"的概念。[①]"新托马斯主义"教育思潮的主要代言人是法国天主教神学家、哲学家和教育思想家马里坦。[②]"新托马斯主义"教育是以宗教为基础的，在哲学上以经院哲学为理论。它是"新托马斯主义"哲学的组成部分，主张把教会的权力提到至高无上的地位，把宗教教育作为教育的核心和最高的目标。由于"新托马斯主义"教育也主张复古，因此，它有时也被归入永恒主义教育一派。但是，与永恒主义教育不同，它提倡基督教教育，主张教育属于教会，培养真正的基督教徒，故又是一个独立的教育理论派别。"新托马斯主义"教育的主要理论可以概括为五个方面。

1. 神性是教育的最高原则

"新托马斯主义"教育家力图调和信仰与理性，没有因强调信仰而去否定理性，主张使理性服从于宗教信仰。他们认为，每个人都是上帝的后嗣，所以应该培养统一于神性之上的共同人性。宗教也是预防现代性的某些病态现象的精神依赖。正如有学者所言："过去是现代性杀死了上帝，现在上帝开始报复了。信仰、价值观的领域是不能长期空白的。宗教衰落，主义兴起；主义衰落，宗教兴起。"[③]西方社会从未脱离这一规律性的历史进化规律。

2. 教育的目的是培养真正的基督教徒和有用的公民

"新托马斯主义"教育家把学校看作自然和上帝为了培养人而提供的一种机构，强调学校应该为实现上述的教育目的而努力。他们认为，教育的目的首先是要培养一种虔信上帝、热爱上帝和服从上帝的人。马里坦在其《新托马斯主义的教育观》一书中申明了"新托马斯主义"教育观的核心："教育的主要目的，在最广泛的意义上就是'塑造人'，或者更确切地说，帮助儿童成为充分成型的和完美无缺的人。其目的如传递特定文明区域的文化遗产，为参与社会生活和成为优良的公民做好准备，以及履行整个社会的特定职能，完成家庭责任和谋生所需要的精神准备，乃是一些推论，它们是重要的但又属于第二位的目的。"[④]就教育而言，尊重学生的价值和尊严，重视学生的生存现状与需要，是教育得以发挥自身价值的基本选择。因此，教育也应把培养富有社会责任感善于解决问题的"优秀公民"作为教育服务于社会的基本责任。

3. 学校课程以基督教精神为基础

"新托马斯主义"教育家认为，为了对学生进行道德上的再教育和培养他们的

---

① 唐爱民. 当代西方教育思潮[M]. 济南：山东教育出版社，2010：57.

② 唐爱民. 当代西方教育思潮[M]. 济南：山东教育出版社，2010：57.

③ 苏国勋，张旅平，夏光. 全球化：文化冲突域共生[M]. 北京：社会科学文献出版社，2006：235.

④ 王承绪，赵祥麟. 西方现代教育论著选[M]. 北京：人民教育出版社，2001：313-314.

宗教信仰，学校课程应该以基督教精神为基础。在他们看来，宗教就是学校中全部训练的基础和顶点。每一级学校的教学与学校组织，以及每一部门的教师、教学大纲和教科书都要受基督教精神的约束。各级学校的学生都要接受宗教教义的教育，以培养自己具有基督教的虔诚信仰。在学校中，必须开设神学课程，加强“道德上的教育再教育”是学校教育的当务之急。马里坦曾说：“为了使公立学校的教师不致遇到无礼和粗暴的举动，道德的权威是必须承认的；必须认真进行道德原则的教学。”[①]“从根本上讲，马里坦人文道德教育的最终形式仍是宗教教育，道德生活必须与宗教信仰和宗教经验相连，这构成了他的道德教育上最富有特色的观点。”[②]

4. 教育应该处在教会的严密控制之下

“新托马斯主义”教育家强调“教育特别是属于教会的”“教育的使命主要属于教会”，在“新托马斯主义”教育家看来，人一生下来就要受到家庭、学校和教会的三种教育，构成一个以宗教教育为核心的完整的教育体系。

5. 反对制度强迫与精神宰制，追求民众的利益

“新托马斯主义”反对一切专制主义，无论是国家制度、文化政策还是教育体制，都不应该以强制、管制、压制为方针，而应以民众的利益、需要为转移。正如马里坦所言：“人民高于国家，人民不是为国家服务的，国家是为人民服务的。”[③]

五、存在主义教育思潮

在现代欧美教育思潮中，存在主义教育是一种以存在主义为其哲学基础的教育理论，是当时兴起的人本化教育思潮的分支。存在主义是 20 世纪西方哲学史上最负盛名的思潮，是 20 世纪人类文化现象最突出的表征之一。“在现代西方诸种哲学、伦理学和社会思潮中，确实没有哪一个流派或学说像存在主义这样对西方现代哲学、伦理学、文学艺术、政治学以及社会实际生活诸方面发生如此浩大而广泛的影响。”[④]“在哲学史上，很少有一种哲学能够如此广泛的社会影响和如此明显的时代精神。”[⑤]

存在主义思潮的主要代表人物是德国的雅斯贝尔斯和海德格尔，法国的萨特和马塞尔，以及奥地利的布贝尔等。存在主义哲学的基本论点就是萨特提出的著名格言：“存在先于本质。”[⑥]它强调把人的“自我意识”作为“第一原理”，以唤醒人对他自己个人的认识；人生来就是自由的主体，并自由地为自己做出人生的选择。所以，存在主义全部哲学的核心就是有思想和有感情的人。存在主义教育思潮的主要理论可以概括为五个方面。

---

① 王承绪，赵祥麟．西方现代教育论著选 [M]．北京：人民教育出版社，2001：301-302.
② 戚万学．道德教育新视野 [M]．济南：山东教育出版社，2004：254.
③ 马里坦．人和国家 [M]．霍宗彦，译．北京：商务印书馆，1964：27.
④ 万俊人．现代西方伦理学史：下卷 [M]．北京：北京大学出版社，1992：95.
⑤ 赵敦华．现代西方哲学新编 [M]．北京：北京大学出版社，2001：137.
⑥ 萨特．存在与虚无 [M]．陈宣良，等译．北京：生活・读书・新知三联书店，1987：56.

1. 教育的目的在于使学生实现“自我完成”

存在主义教育家认为，人是教育的主体，教育者应该帮助学生认识到生活的价值，成为一个对自己负责的人，并且帮助他去过自己所选择的生活和做出自己的决定。他们还认为，要使学生认识到死，但并不是使他堕入不健全的幻想，而是促使他真正领会人存在的意义，以追求自由自在的生活。如果只让学生“服从社会”，那就会使他丧失“自我”。所以，教育就是要使学生通过“自我表现”“自我肯定”，消除不安与忧虑，使他自己意识到自我的存在，并能作为一个自由的人更好地生活下去，实现“自我完成”。

2. 强调品格教育的重要性

存在主义教育家认为：“名符其实的教育，本质上就是品格教育。”在学校教育中，教材本身并没有价值，知识只是学生个人借以发展自我认识和养成自我责任感的工具，知识可以使人从无知和偏见中解放出来并养成自由选择的能力。因此，“课程的全部重点必须从事物世界转移到人格世界”。但是，存在主义教育家并没有否定知识教育，而是强调对知识的看法必须进行修改，学校不能传统地把传授知识看作学生准备谋求职业的工具，而必须看作认识“自我存在”和发展“自我”的手段。

3. 提倡学生“自由选择”道德标准

存在主义教育家认为，人是由自己造就的。人的自由就是人的存在，但这种自由只是个人的“自由选择”，即个人对自己所做的一切负责。所以，在道德教育方面，他们反对客观的道德标准，认为如果要学生服从外界规定的道德标准，必将会损害他认识“自我”。“存在主义的核心思想是什么呢？是自由承担责任的绝对性，通过自由承担责任。”① 在存在主义教育家看来，道德教育的基础应该是享有充分自由的学生有权自己选择道德标准，并承受自己行动的后果，而不是去接受一些永恒的道德原则。

4. 存在主义强调教学是师生之间的真正对话

存在主义教育家认为，团体教学的方法实际上抑制和阻碍学生个人的发展，不利于学生认识“自我”和发展“自我”。在他们看来，如果团体教学适应了学习进度快的学生，就会阻碍进度慢的学生发展；反之，它适应了学习进度慢的学生，又会损害进度快的学生的才能。雅思贝尔斯明确地主张，教育不是知者随便带动无知者，而是教师基于对话而共同寻求真理。“对话便是真理的敞亮和思想本身的实现。对话以人及环境为内容，在对话中，可以发现他所思之物的逻辑及存在的意义。”② 所以，存在主义教育家特别强调教学是一种师生之间的真正的对话。他们十分推崇古希腊苏格拉底的问答法。

5. 教师的责任是帮助每个学生实现“自我完成”

存在主义教育家反对传统的师生关系观，认为教师的作用不是传授知识，不

---

① 萨特．存在主义是一种人道主义[M]．周煦良，等译，上海：上海译文出版社，1988：23.

② 雅思贝尔斯．什么是教育[M]．邹进，译．北京：生活·读书·新知三联书店，1991：12.

是在有问题的情境下当顾问，也不是把纪律强加给学生，而是利用自己的人格和知识，引导学生认识“自我”和发展“自我”。应该说，存在主义教育思想对欧美国家的青年学生影响很大，但是，在教育工作实践中的影响是有限的。由于存在主义教育本身存在的消极因素，致使它在 20 世纪 70 年代后逐渐衰落下去。

六、新行为主义教育思潮

新行为主义教育思潮也是一种比较有影响的现代欧美教育思潮。它是新行为主义这一现代心理学思想在教育理论上的具体应用。20 世纪 30 年代，一批行为主义心理学家试图对行为主义进行改造，于是产生了新行为主义。它的主要代表人物是美国的托尔曼、赫尔和斯金钠和加涅等。新行为主义强调行为的目的，试图解决包括一切心理现象的复杂的行为问题；主张一切心理活动都可以用行为来解释，而一切行为都是由外界引起和受外界控制的。20 世纪 60 年代是新行为主义教育的鼎盛时期。新行为主义教育思潮的主要理论有以下四个方面。

1. 教育是按照“刺激—反应—强化”的程序进行的

新行为主义教育家认为，在教育工作中，按照“刺激—反应—强化”的程序进行训练，就可以随意塑造有机体的行为。“人性”也是富有可塑性的，通过对环境的“操作”和对某些行为的“积极强化”，任何行为都是能够随时设计、塑造和改变的。而且，反应和强化之间相隔的时间越短，效果就越佳。

2. 学生的行为可以由外界引起和受外界控制

在新行为主义教育家看来，学生的学习过程必须用行为来解释，而这种行为又都是由外界引起和受外界控制的。在科学控制的情境中，教师可以发现学生行为形成的规律，弄清行为与行为结果之间普遍存在的关系。

3. 学生的学习行为需要用教学机器来强化

新行为主义教育家认为，为了使学生的学习行为得到及时的和足够数量的强化，必须改进教学方法和技术。由于人的行为不仅是用动作而且是用言语反应的，显得更加复杂，因此，对人类学习过程的最有效控制应该得到工具的帮助，提供积极的强化条件。

4. 教育研究应该以教和学的行为作为研究的对象

新行为主义教育家认为，在新行为主义理论指导下的教育研究可以分为两种：一是观察教的行为与学的行为的关系，以选择和判断哪一种教法有效，哪一种教法无效；二是教育目的行为化后，可以从学生行为的改变程度来判断教育和教学工作的效果。教师应该研究教学过程中具有操作性的学习理论以及教学方法和技术。

七、结构主义教育思潮

结构主义教育思潮是 20 世纪五六十年代形成的一种西方科学主义教育思潮。瑞士心理学家皮亚杰的学说为它奠定了基础，美国心理学家和教育家布鲁纳发起的结构主义课程改革运动是它形成的标志。结构主义教育思潮强调对儿童认知结构的研究和儿童认知能力的发展，注重对知识结构的理解，提倡发现学习和早期教育。

结构主义教育思想曾对美国和其他许多国家的课程改革产生过重大影响。结构主义教育思潮的主要理论可以概括为四个方面。

1. 注重学习各门学科的基本结构

结构主义教育家认为，知识是人们赋予经验中的规律以意义和结构而构造起来的模式。皮亚杰将结构理解为“由具有整体性的若干规律组成的一个自身调整性质的图式结构”。[①] 任何一门学科，都可以归成一系列基本概念，具有知识的基本结构。学生学习任何一门学科，主要是使学生理解和掌握这门学科的基本结构，并在此基础上扩大和加深知识。在他们看来，课程的知识结构是教学论的一个中心问题。因此，结构主义教育的课程论，既不同于以科学为中心的“分科课程论”，也不同于以儿童为中心的“经验课程论”，而主张课程以各门学科的基本结构为中心。“任何学科都能够以智育上是诚实的方式，有效地教给任何发展阶段的任何儿童。”[②] 结构主义教育家还认为，智力活动是一种连续的构造过程，教师必须从结构的观点来考虑学生的心智发展。学生越注重学习各门学科的基本结构，就越能容易地掌握整个学科，这样既有助于知识的记忆，又能促进知识的“迁移”，还能弥补教学过程中的缺点。

2. 强调基础学科的早期学习

结构主义教育家十分重视早期学习，要求学生尽早地学习许多重要学科的基本结构。在实验研究的基础上，他们提出课程设计与教材编写应该在学科基本知识的学习准备的基础上，根据学生再现表象的情况，把知识改造成为一种与儿童的智力发展相契合的形式。他们还认为，应该重视一门学科的基本概念和基本原理的连续性，即螺旋式课程的概念，打破中小学和大学的同一门学科的界限。这样，小学低年级儿童就可以用某种方式尽早地学习和掌握任何一门学科。

3. 提倡广泛使用与结构课程相适应的“发现法”

结构主义教育家认为：学习并不是儿童对环境刺激的被动反应，而是将其纳入自己的构造之中的过程；学习过程类似于人类探求知识的过程。因此，他们提倡“从发现中学习”的方法。在他们看来，“发现”不只限于寻求人类尚未知晓的事物，确切地说，它也包括用自己的头脑亲自获得知识的一切方法。

4. 教师是结构教学的主要辅助者

结构主义教育家认为，教师应该注意对教育和教学过程的动态研究，从儿童的心理能力引出关于不同年龄儿童学习和理解的一般性法则。教师应该经常考虑基本结构在学习中的作用以及它如何成为教学的中心，引导学生进行智力运算或主动学习。[③]20 世纪五六十年代，结构主义教育思想引起了人们的极大兴趣。它把认知发展与教育统一起来，为心理学研究和教育研究的互相协作提供了一个范例，并提出了一些值得研究的问题，对现代西方课程论影响很大。

---

① 皮亚杰．结构主义 [M]．倪连生，等译．北京：商务印书馆，1984：2.

② 王承绪，赵祥麟．西方现代教育论著选 [M]．北京：人民教育出版社，2001：446.

③ 唐爱民．当代西方教育思潮 [M]．济南：山东教育出版社，2010：57.

八、分析教育哲学思潮

在现代欧美教育思潮中，分析教育哲学思潮属于当时兴起的科学主义思潮的分支，其主张把分析哲学作为一种方法广泛地应用于教育。它是一种“元教育哲学”，注重对教育名词和概念的分析，而不追求教育理论的系统。这一思潮在英美等国曾一度成为教育哲学家族中声名显赫的成员，20 世纪 60 年代甚至跃至西方教育哲学的主流行列，大有成为教育哲学之正宗科学的代表之势。

分析教育哲学的主要代表人物是美国的索尔蒂斯和谢弗勒，英国的奥康纳和彼得斯。应该指出，美国的哈迪早在 20 世纪 40 年代就明确提出要用分析哲学的方法来讨论教育问题。到目前为止，英国的赖尔于 1949 年出版的《心的概念》一书，基本上是一些分析哲学家和分析教育哲学家的必读书。

与传统的哲学不同，分析哲学强调用逻辑方法和语言分析方法来澄清一些基本概念。具体来讲，分析哲学有两个特点：一是认为哲学的任务不是建立一个系统和主义，也不是追随普遍的定义，而是对名词和概念进行分析；二是认为哲学的作用不在于增加知识，而在于“清思”，即分析概念、命题及问题，把思想搞清楚，用清晰的概念来取代混乱的思想，并说明这些概念的正确使用方法以及它们之间的相互关系。在分析哲学看来，问题不在于是否能获得知识，而是要了解获得知识的条件和过程，关注探究的逻辑或方法论，澄清表述知识和信念的语言含义。

受到当代英国分析哲学影响很大的哈佛大学教授谢弗勒则力图把分析教育哲学的两个分支结合起来。他认为，教育家必须有一个新的开端，重新对教育理论中所使用的专门术语下定义，对诸如“教育”“教学”“学习”等一些名词进行严密的逻辑分析和语言分析。谢弗勒指出，分析教育哲学的“精髓即是批判的严格性而不是教义，它的重要意义最好是用具体例子的检查来阐明”。这样，可以帮助教师澄清一些教育概念，加深教师对怎样进行教育和教学的理解。总之，分析教育哲学的各派比较一致地认为，在以前的教育理论中，教育术语和概念是十分混乱并被人误解的，在教育哲学系统和大纲的标题下所写的许多东西，助长了标语口号化的体系的信仰。因此，注意正确使用教育的语言，应该作为认真地进行教育哲学研究工作的第一步。在论述教育问题时，应该尽量使语言合乎逻辑、明白易懂。

在对教育名词和概念进行分析时，分析教育哲学家提出了两个具体方法。

1. 举出反例

有学者认为，如果一个教育名词有个定义，那么所有能表示这个教育名词的例子都需要符合这个定义。如果发现有一个反例，就可以证明这个定义是错误的。如果人们能对已分析的教育名词和概念列举出反例，那就说明原来对这个教育名词和概念的分析不完善，需要重新进行分析。反之，如果人们找不出反例，那至少证明对这个教育名词和概念的分析已达到了很高的水平。

2. 解决先决问题

他们认为，在分析教育概念和名词之前，首先要注意是否有先决问题。如果有先决问题的话，那首先要解决先决问题，然后再进行分析。例如，在分析“好教师”这一概念之前，首先要分析“教”的概念，因此，“教”的概念的分析就是分析“好教师”这一概念的先决问题。否则，分析教育哲学将处于束手无策的境地。

分析教育哲学对现代欧美教育理论的影响主要是引起教育理论研究者重视语言和逻辑分析在表述教育概念或命题中的作用，对在教育理论中严格地、正确地使用各种教育术语和概念无疑是有帮助的，但是由于分析教育哲学夸大分析哲学方法的作用，正如黄济先生的客观评论：“其分析的严密性是可取的，但脱离一定的思想观点和体系的分析，有时很难讲清问题的实质。”① 因此，就有可能把教育理论的一些根本问题淹没在空泛的、烦琐的字句分析之中。还应该指出，分析教育哲学对教育工作实践的影响是比较小的。

九、终身教育思潮

在现代欧美教育思潮中，终身教育思潮是一种在国际上具有重要影响的思潮。终身教育思潮在20世纪50年代中期产生于法国，60年代后在世界上得到了广泛的传播。但从历史的角度来看，终身教育思想可以追溯到文艺复兴时期的成人教育活动实践和理论。一般认为，在工业革命时期，终身教育开始被社会和公众所接受。

在20世纪前半期，一些国家的教育家已经认识到，成人教育不仅应该是普遍的，而且应该是终身的。诚如查尔斯·赫梅尔所言：“自从地球上出现人类，终身教育就存在了。”② 在第二次世界大战后，随着社会和经济以及科学技术的发展，人们越来越清楚地认识到单一的制度化教育的负面影响。为了解决共同面临的问题，在联合国教科文组织的协调下，许多国家在强调对制度化教育进行改革的同时，也开始重视非制度化教育，形成了“终身教育”的理论，提出今后的教育应该能够在每一个人需要的任何时刻以最好的方式提供必需的知识和技能。终身教育的主要代表人物是法国成人教育理论家和活动家朗格朗。他于巴黎大学毕业后，曾在中学和大学任教，也从事过成人教育工作。第二次世界大战后，朗格朗在联合国教科文组织秘书处任职，曾任终身教育科科长。他的主要著作是《终身教育引论》，被公认为终身教育思想方面的代表作。1965年12月，联合国教科文组织在法国巴黎召开了国际成人教育促进委员会第三次会议。会上，主持会议的朗格朗首次以“终身教育”为题作了总结报告。③ 这次会议被认为是“终身教育”走向世界的开始。

终身教育思潮的主要理论可以概括为三个方面。

1. 终身教育是现代社会的需要

终身教育家认为，现代人面临着一系列的挑战，例如，世界变化速度加快、人口的增长、科学知识和技术的迅速进步、政治基础和经济结构的变革、大众传媒的出现、闲暇时间的增多、生活模式和人际关系出现危机、文明形式的变更以及思想意识形态的危机等。而这些来自人类生存环境改变的挑战，向人们提出新的教育问

---

① 黄济．教育哲学通论[M]．太原：山西教育出版社，2000：259.

② 查尔斯·赫梅尔．今日的教育为了明日的世界[M]．王静，等译．北京：中国对外翻译出版社，1983：22.

③ 唐爱民．当代西方教育思潮[M]．济南：山东教育出版社，2010：222.

题和教育需要，并呈现出前所未有的广泛性、复杂性和不可预见性，要求人们在智力、体力、情感等方面做好准备。因此，能够使人在各方面做好准备并应对新的挑战的教育模式和教育观念就是“终身教育”。

2. 终身教育没有固定的内容和方法

终身教育家认为，终身教育没有固定的内容。其任务是为了使人“学会学习”，即养成学习的习惯和获得继续学习所需的各种能力，更好地应对新的挑战。在他们看来，应该用适当的手段去训练和引导每一个人，使他为在未来的学习化社会中生存和发展做好准备。由此出发，终身教育家提出了一些新方法的规则：强调学生而不是课程；把教育看作一个过程而不仅是知识的传授；注重对儿童个人所做的质量评价；使每一个人都能发挥其才能和运用其经验，并采用小组学习制度；不能把儿童当成小大人来对待；尽可能少做鉴定；尽可能广泛地把教育与生活联系起来；采用适当的方法实施早期教育。[①]

3. 终身教育是未来教育发展的战略

终身教育家认为，教育的整个未来是与建立并实施终身教育制度联系在一起的。未来的教育就其整体和自我更新的能力来看将取决于终身教育。终身教育对于实现教育机会的均等和建立学习化社会无疑是有积极意义的。各个国家应该根据自己国家的具体情况来提出终身教育的模式。但是，必须使教育成为生活的工具，成为使人成功地履行其生活职责的工具。

终身教育理论自 20 世纪 60 年代中期兴起后，在教育领域中引起了一场广泛而深刻的革命。“终身教育”已成为建立一个学习化社会的象征。赫梅尔曾这样说：“可以与哥白尼学说带来的革命相媲美的终身教育概念的发展，是教育史上最惊人的事件之一。”[②] 朗格朗的《终身教育引论》一书在 1970 年出版后，曾被译成 17 种文字而广泛流传。70 年代以后，许多国家把“终身教育”作为教育改革和发展的战略重点。尽管如何按照终身教育理论对教育进行总体规划仍需进一步探讨，但是，旨在“学会生存”“学会学习”“学会关心”的终身教育理论和模式正在改变世界教育的面貌。

十、人本化教育思潮

人本化教育思潮是 20 世纪 70 年代后在美国盛行的一种现代教育思潮。它以人本主义心理学为理论基础，是人本主义心理学在教育领域中的直接应用。人本化教育思潮试图通过挖掘人类理智与情感诸方面的整体潜力来确立人的价值。它的兴起直接起因于对 20 世纪 50 年代中期以后的“主知主义”教育的批判。

1962 年，以库姆斯为主席的美国管理和课程发展协会发表了题为《理解，行为，形成—— 一种新的教育焦点》的专题文章，阐述了人本化教育理论。正如瑞士教育家胡森所说的：“或许过去 10 年来人本主义所反对的极端理智主义的钟摆，

---

① 朗格朗. 终身教育引论 [M]. 周南照，陈树清，译. 北京：中国对外翻译公司，1985：132-133.

② 朗格朗. 终身教育引论 [M]. 周南照，陈树清，译. 北京：中国对外翻译公司，1985：65.

现在正回到更适当的位置上，人们正在认识到情感与认知之间的一种更重要的平衡。”[①] 人本化教育思潮强调教育是为了培养整体的、自我实现和富有创造性的新人，主张人本化的课程和方法，提倡学校必须创造良好的心理气氛，使每个学生达到自己力所能及的最佳状态。从理论上来看，人本化教育不仅继承了西方的人文主义教育传统，受到了20世纪复兴的各种人本主义思潮，而且与实用主义教育、存在主义教育也有着一定的联系。人本化教育思潮的主要代表人物是美国人本主义心理学家马斯洛、罗杰斯、弗洛姆、奥尔波特等。尽管他们的观点并不完全相同，论述的角度也各有侧重，但是，他们都对人的整体性以及如何促进人的潜能实现等教育问题进行了深刻的论述。人本化教育思潮的主要理论可以概括为三个方面。

1. 教育的目标是培养“自我实现”的人

人本化教育家认为，教育的目的就是人的自我实现、人性的形成以及人的潜能的充分发展。首先，这种人是整体的人。他们不仅在身体、精神、理智和情感各方面达到了整体化，而且在人的内部世界与外部世界的联系方面也达到和谐一致。其次，这种人是形成过程的人。他们具有更强烈的成长需要，不断产生前所未有的需要，不断获取新经验和探求新事物。正如马斯洛所说：“教育的终极目标是使他的最高级的潜能得以最大限度的发挥与实现，总之，理应帮助他进入他能进入的最好境地，使他的内在潜能得以实现。”[②] 最后，这种人是具有创造性的人。他们具有创造性地做任何事情的倾向、特殊的洞察力、创造性的人格，并总是处于创造过程之中。

2. 传统的课程模式必须进行改革

人本化教育家尖锐地指出传统的课程模式、固定的大纲以及严格的记分标准和单一的考试制度不利于学生的发展，实质上忽视了学生作为整体的人的本性以及个人潜能的不断实现，忽视了学生行为的立体意义。因此，他们提出“一体化”的课程，主张课程内容应建立在学生的需要、生长的自然模式和个性特征的基础上，应体现出思维、情感和行动之间的相互渗透和相互作用，应与学生的生长过程有机地联系起来。

3. 学校应该创造自由的心理气氛

人本化教育家认为，教育的作用就是创造最佳的条件，即一种自由的气氛，以利于学生的“自我实现”。他们认为，这是一种个人中心的气氛，一种能使学生自由地选择和接受挑战并表达各种体验的心理气氛。人本化教育家强调，影响学校气氛的因素有三个方面：首先是教师和管理者。他们应该是优秀的促进者，通过鼓励、关怀和提供选择机会等，满足学生的各种需求，促使学生个性的充分发展和潜能的实现。其次是人与人之间的关系。在学校中应该建立一种相互帮助的关系，并把这种关系与尊重人的价值联系起来。最后是学习过程。在学习过程中，应该提倡“以人为中心的教学”“非指导性教学”“自由学习”“自我学习”等，在强调教师的

---

① 单中惠. 西方教育思想史 [M]. 北京：教育科学出版社，2007：707.

② 吴式颖，任钟印. 外国教育思想通史 · 20 世纪的教育思想 [M]. 长沙：湖南教育出版社，2002：139.

促进和催化作用的同时，不仅使学生与教师一起共同参与，而且鼓励学生自己参与评价。

人本化教育是围绕培养“自我实现”的人这一教育目标来展开论述的。它力图纠正 20 世纪以来教育领域中“主知主义”和“主情主义”两种偏向，从多方面来考虑人的整体发展，强调认知和情感两方面在教育过程中的作用，主张学校应形成最佳的学习气氛，充分发挥和实现人的各种潜能，无疑给教育理论带来了观念上的革新。

［微视频］
苏联教育思想

十一、现代西方教育思潮的主要特征和发展趋势

在西方教育的发展过程中，各种教育思潮此起彼伏、异彩纷呈、相互激荡，汇成了一部教育思潮的交响曲。各种教育思潮在一定时期都传播较广、影响较大，不仅在欧美教育领域发挥作用，而且对我国教育也产生了深远影响。在处于社会急剧变革的今天，通过对现代外国教育思潮的了解及分析比较，有助于我们理解当今外国教育改革的内涵，把握外国教育思想发展的动向，批判地吸收或借鉴其中的成果与经验，并为建设有中国特色的社会主义教育理论体系服务。

（一）现代西方教育思潮的主要特征

纵观西方教育发展的历程，第二次世界大战以后每隔 10 年左右，就呈现出一些新的发展特点。第二次世界大战结束伊始，教育的首要任务是重建民主主义的教育秩序，20 世纪 60 年代掀起第二次世界大战后第一次教育发展的浪潮。由于受经济衰退影响，70 年代教育发展速度明显放慢。80 年代迎来了教育的第二次发展浪潮，教育改革如火如荼。在多极化世界格局的 90 年代，促进教育的多样化发展，协同解决全球性的人类困扰，成为时代主题。正是由于这些原因，现代教育出现了思潮林立的繁荣局面：既有人本主义的倾向，又有科学主义的追求；既有对教育法制化建设的重视，又有对教育现代化、国际化的探索。在不同的时代，各种教育思潮都意图为教育开出各自的“济世良方”。尽管当代西方教育思潮的时间跨度较长，形成背景复杂，形式多样，派别繁多，但其发展的主要特征仍然清晰可辨。

1．教育思潮多样化

在现代西方，各种教育思潮形式多样，派别众多。它们粉墨登场后，无论在教育理论还是教育实践领域，都产生了或大或小的影响，有时甚至成为某个时期占主导地位的势力。

教育思潮的多样化标志着教育实践的繁荣。20 世纪 50 年代以后，美国在要素主义、结构主义等各种思潮的影响下，于 1958 年颁布《国防教育法》，拉开了新一轮教育改革的序幕。80 年代以后，美国更是紧锣密鼓地进行教育改革，《国家处在危险之中：教育改革势在必行》（1983）、《国家为 21 世纪的教育做准备》（1986）、《普及科学 2061 计划：为了全体美国人民的科学》（1989）、《美国 2000 教育战略》（1991 年）、《2000 目标：美国教育法》（1993）、《不让一个孩子掉队》（2002）等一系列报告、法规相继出台，出现了全美国上下大规模进行教育改革的浪潮，以求实现“把自己的国家建设得尽善尽美”的最终目标。

2. 科学与人文追求处于主导地位

第二次世界大战以来西方国家在发展过程中涌现出了两股巨大潮流：一方面努力把教育引向科技和经济发展，另一方面强烈主张教育改革要为人的发展服务。从某种意义上说，这一时期是科学主义教育与人文主义教育相互较量的时代。其表现形式一是以适应外在的、社会科技的和经济发展为旨趣的科学主义思潮；二是以适应内在的、受教育者自身精神的、道德的需要为主的人文主义思潮。他们此消彼长，交替震荡，主宰了世界教育的发展。一方面，第二次世界大战后世界竞争集中体现于科学技术的竞争，科技竞争直接导致以培养高质量科技人才为目的的科学教育竞争。1957 年，苏联卫星上天对美国科技界不亚于一场“珍珠港事件”，美国人惊呼：“俄国的教室和图书室、实验室和教学方法，对我们的威胁可能比氢弹还要厉害！”美国即于 1958 年颁布《国防教育法》，宣布联邦政府增拨巨款，加强以外语、数学和自然科学“新三艺”为主体的课程改革，欲通过此法律来大大地加强美国的教育制度，使之能满足国家基本安全所提出的要求。科学教育运动就此拉开序幕。美国许多政治家、科学家、教育家积极投身于这场运动。美苏两国具有竞争性的教育科学化运动迅速产生连锁反应，英、法、德、日、以色列等许多国家也都争先恐后地进行教育科学化改革，从而形成世界性的教育科学化潮流。但另一方面，科学发展在很大程度上也造成了人们对道德和价值体系实际处境的担忧。正是出于对这种倾向的反动，人本主义精神的高涨才成为当代人类理念的另一道风景线。人本主义教育家认为，科学的过分乐观会带来自我误解，将有限的科学原则无限地扩张必然会导致人类各方面的危机。“现代科技把理性的智慧抬到高于其他一切之上，从而造成了一种可怕的怪物”，“集体的文明同现代技术一道使我们生活在一种缺乏真实性的存在中，个人变成了完全失去人性的对象，他丧失了自己的统一性，被其他的社会和经济职能所吞没”。①

在现代教育思潮中，对科学和人文的追求处于主导地位这一现象表明，教育的发展既要完成“求真”的任务，将教育作为一种社会的基础事业加以对待，也要完成“求善”的任务，将教育作为一种育人的工程加以对待。值得注意的是，对教育的科技取向的重视和对教育的民主化与个性化问题的重视，在最近十几年国外的教育思潮中，表现得尤为明显。

3. 国家或国际组织强化对教育思潮影响

在现代社会里，政府、国际组织对教育问题越来越重视，这就使得某种教育理念一旦形成，很快就能在实践中反映出来，并汇成一股强大的具有国际性的教育思潮。如果说教育的科技取向和教育的经济取向等思潮是在个别国家兴起而后波及世界的话，那么从 20 世纪 70 年代开始的一些教育思潮（如终身教育思潮）则是由联合国教科文组织发起的。在联合国教科文组织国际教育委员会工作的埃德加·富尔 1972 年完成研究报告《学会生存——教育世界的今天和明天》，报告提出的终身教育思想对很多国家尤其是西方国家的教育体制、教育结构，内容和方法产生了愈来

① 陈友松. 现代教育哲学 [M]. 北京：人民教育出版社，1981：538.

愈深刻的影响。日本、法国、瑞典、英国、美国等已经用政府报告或立法形式规定终身教育理论为本国当前和今后教育发展和改革的基本指导思想，从而强化了这一思潮的影响。例如，瑞典从 20 世纪 70 年代初开始推行回归教育；法国于 1971 年和 1984 年通过《终身教育法》和《职业继续教育法》；美国于 1976 年通过了《终身学习法》；英国于 1980 年制定了为终身教育服务的国家职业技能标准，随后在全国建立终身职业教育体系；日本临时教育审议会先后提交的四份教改报告都把终身教育列为教育改革的根本指导思想，并于 1992 年通过了适应日本今后社会变化的《终身学习振兴方策》。从此终身教育思潮迅速席卷各国，成为一种世界性的教育思潮。

综观现代教育思潮的发展，各国政府在不同程度上或主动，或被动，通过政府行为或政策立法全面应对教育思潮的反应和冲击，逐步深化、强化了教育思潮的影响和传播。多种思潮在很多国家得到前所未有的发展，这与国家或国际组织（尤其是联合国教科文组织）强化对教育思潮的影响密不可分。

（二）现代西方教育思潮的发展趋势

当代西方教育思潮的此起彼伏充分反映了一定时期政治、经济和科学文化的发展以及哲学思想的变化。随着社会的发展，现代教育思潮也会通过不断发展而与之遥相呼应。尽管对未来教育思潮的发展趋势做出预测是一件相当困难的事情。然而，透过纷繁复杂、此起彼伏的教育思潮，我们仍然能够觉察到现代各种教育思潮在运动过程中所呈现出的发展趋势。

1. 教育思潮的价值取向：从分离走向融合

20 世纪以来可谓是科学教育思潮与人本主义教育思潮相互较量的时代。国家之间激烈的对抗和竞争，现代科学技术迅猛发展带来的科学巨大功能的显现，以及人们物质消费需要的恶性膨胀，客观上刺激了科学教育的发展，使科学主义教育思潮不断得到强化，以致发展到了极端。60 年代以后，人们认识到现代科技极端发展带来了一系列社会问题和人类自身的危机，人们日益关注人自身存在的价值、人的精神需要和人性的完善。人本主义教育思潮的兴起在一定程度上制约了科学主义教育思潮的发展势头，遏制了教育发展的失衡。20 世纪 80 年代以来，科学主义、人文主义教育思潮观念上开始走向融合，使国外的教育在注重科学教育的同时也越来越强调人文教育的重要性。

今天人们已经认识到，作为教育思潮发展和指导教育改革的哲学思想，无论是科学主义的还是人本主义的，都存在着巨大的偏颇。它们都在一个方面反映了教育的功能和价值，也都在另一个方面忽视或拒斥了教育的功能和价值。教育发展的客观规律在昭示人们，现代教育必须适应现代科技和现代生产的发展。但是现代社会的发展不仅仅是科技和经济的发展，政治、文化以及人自身的发展完善也同样是其重要内容和标志。那种把人与科学相对立的认识是错误的，教育思潮的价值追求应从一元目标走向多元目标，科学与人文教育思潮必然会在较量中从排斥、对抗到相互理解、融合。

2．教育思潮的文化基础：从单一转向多元

教育思潮总是建立在一定的文化基础之上的，是与特定的民族文化联系在一起的。以往的教育思潮多是建立在单一文化基础之上的，具有单一的民族特性。当代科学技术突飞猛进，知识经济已显端倪，世界各国、各民族的文化日益广泛交流、渗透于融合，多元文化思潮的影响日益增强，出现了以多种文化为背景的基础教育思潮，即多元文化教育思潮或跨文化教育思潮。

多元文化论思想与西方社会所强调的平等、公平、公正等原则是一致的。伴随60年代欧美民权运动的兴起，“多元文化主义”走出书斋进入政坛，被纳入一些西方国家的国策之中，以此为背景，多元文化教育在欧洲、北美及大洋洲等地区国家出现端倪，通过近半个世纪的发展，在国外逐渐成为一种教育的理念、一种新的教育思潮。这种思潮实际上是在不同的文化背景中人们通过教育信息的传达、沟通、相互作用形成的。它主要通过课程开发、成就提升、群际教育等实施途径来强调文化的多样性以及所有文化群体和各种类型的文化价值观的平等性。

历史经验表明，社会经济发展到一定阶段后，随之而来是对社会民主问题的关注，人们更加注重能平等地参与政治生活，人们要建立的民主目标包括要在社会发展中把不同文化背景的人纳入发展体系。教育领域也应如此。根据罗尔斯的主张，“在社会的所有部分，对每个具有相似动机和禀赋的人来说，都应当有大致平等的教育和成就前景。”[①] 其表明教育的一个作用是使一个人欣赏他的文化，介入社会事务，从而以这种方式提供给每个人以一种自我价值的确信。多元文化教育思潮无疑是对这种理念追求的反映，它也预示着未来教育思潮发展的一个新趋势。

3．教育思潮的发动力量：从组织影响到个人选择

在现代社会中，政府组织和国家机器在教育思潮的形成中与强化方面起到了很大的作用。外国教育思潮的兴起表现出来了这样的规律。20 世纪 90 年代以来，我们可以清楚看到，各种教育思潮的广泛传播和联合国教科文组织等许多组织与部门所做的大力宣传、广泛发动的工作是分不开的。然而未来教育的发展仅仅依靠国际组织的推动是远远不够的，在未来，个人选择与参与教育必然会引起教育思潮的新发展。

在人类跨入 21 世纪后，人们更加坚信未来的社会是学习化社会，也是个人意识充分觉醒，个性不断得到弘扬、得到健康发展的和谐社会。因此，个人的选择将成为时代发展的必然。在这样的社会里，人们对于教育的价值追求将是一种发自内心的倾向，而不是主要表现为社会舆论，从而形成新的教育思潮的发动力量。

第二次世界大战前后，在欧美国家中，各种教育思潮十分活跃，流派纷呈，教育思想日趋多元化。近百年来，西方世界先后产生了以杜威为代表的进步主义，以赫钦斯为代表的永恒主义，以巴格莱为代表的要素主义，以波尔诺夫为代表的存在主义，以布拉梅尔德为代表的改造主义，以皮亚杰为代表的结构主义。此外，还有新教育运动、新托马斯主义等等。这些流派或同时并存，或相继发生，各有其明确

① 约翰·罗尔斯．正义论 [M]．何怀宏，等译．北京：中国社会科学出版社，2003：56–57．

的教育主张，相互讨论、相互辩驳，使教育思想的发展呈现出前所未有的活跃状态。它们对教育问题提出了自己的观点和主张，在人类的教育史上都做出了巨大的贡献。

[课后练习]

一、名词解释题

1. 平民教育思潮 2. 乡村教育思潮 3. 科学教育思潮 4. 教育即生长 5. 五步教学法 6. 从做中学 7. 改造主义教育 8. 要素主义教育 9. 终身教育

二、问答题

1. 简述近代乡村教育思潮的基本思路和历史意义。
2. 如何客观评价陶行知的生活教育思想?
3. 简述杜威教育思想的思想基础、主要内容、历史地位及其影响。
4. 当代教育思潮呈现出怎样的发展趋势？对我国的教育改革事业有何启发?

参考文献

[1] 孟宪承．中国古代教育文选 [M]．北京：人民教育出版社，1980．
[2] 孟宪承，等．中国古代教育史资料 [M]．北京：人民教育出版社，1979．
[3] 熊承涤．中国古代教育史科系年 [M]．北京：人民教育出版社，1985．
[4] 舒新城．近代中国教育史料 [M]．上海：中华书局，1933．
[5] 陈元晖．中国近代教育史资料汇编 [M]．上海：上海教育出版社，2007．
[6] 陈学恂．中国近代教育文选 [M]．北京：人民教育出版社，1983．
[7] 毛礼锐，沈灌群．中国教育通史（六卷本）[M]．济南：山东教育出版社，1985–1989．
[8] 李国钧．中国教育大系・历代教育制度考 [M]．武汉：湖北教育出版社，1994．
[9] 李国钧，王炳照．中国教育制度通史 [M]．济南：山东教育出版社，2000．
[10] 王炳照，阎国华．中国教育思想通史（八卷本）[M]．长沙：湖南教育出版社，1994．
[11] 朱有瓛．中国近代学制史料 [M]．上海：华东师范大学出版社，1986．
[12] 华东师范大学教育系．中国现代教育文选 [M]．北京：人民教育出版社，1989．
[13] 陈东原．中国教育史 [M]．台北：台湾商务印书馆，1970．
[14] 孙培青．中国教育史 [M]．上海：华东师范大学出版社，2000．
[15] 王炳照．简明中国教育史 [M]．北京：北京师范大学出版社，1985．
[16] 张传燧．中国教育史 [M]．北京：高等教育出版社，2010．
[17] 毛礼锐，等．中国古代教育史 [M]．北京：人民教育出版社，1979．
[18] 张瑞璠．中国教育哲学史 [M]．济南：山东教育出版社，2000．
[19] 陈学恂．中国教育史研究 [M]．上海：华东师范大学出版社，2009．
[20] 郭齐家．中国教育思想史 [M]．北京：教育科学出版社，1987．
[21] 孙培青，李国钧．中国教育思想史（三卷本）[M]．上海：华东师范大学出版社，1995．
[22] 黄济．中国传统教育哲学思想概论 [M]．郑州：河南教育出版社，1994．
[23] 方晓东，等．中华人民共和国教育史纲 [M]．海口：海南出版社，2002．

[24] 李华兴．民国教育史 [M]．上海：上海教育出版社，1997.
[25] 李国钧．中国书院史 [M]．长沙：湖南教育出版社，1994.
[26] 陈学恂．中国近代教育大事记 [M]．上海：上海教育出版社，1981.
[27] 田正平．中国教育近代化研究丛书 [M]．广州：广东教育出版社，1996.
[28] 宋恩荣，章咸．中华民国教育法规选编 [M]．南京：江苏教育出版社，1990.
[29] 张瑞璠，王承绪．中外教育比较史纲 [M]．济南：山东教育出版社，1997.
[30] 胡金平．中外教育史纲 [M]．南京：南京师范大学出版社，2010.
[31] 克伯雷．西方教育经典文献 [M]．任钟印，译．北京：人民教育出版社，2016.
[32] 夏之莲．外国教育发展史料选粹 [M]．北京：北京师范大学出版社，1999.
[33] 任钟印．西方近代教育论著选 [M]．北京：人民教育出版社，2001.
[34] 浙江大学教育系．西方古代教育论著选 [M]．北京：人民教育出版社，2001.
[35] 吴元训．中世纪教育文选 [M]．北京：人民教育出版社，2005.
[36] 张斌贤．外国教育史 [M]．北京：教育科学出版社，2008.
[37] 吴式颖．外国教育史教程 [M]．北京：人民教育出版社，2001.
[38] 博伊德·金．西方教育史 [M]．任宝祥，吴元训，译．北京：人民教育出版社，1985.
[39] 佛罗斯特．西方教育的历史和哲学基础 [M]．吴元训，等译．北京：华夏出版社，1987.
[40] 姜琦．现代西洋教育史 [M]．北京：东方出版社，2012.
[41] 涂尔干．教育思想的演进 [M]．李康，译．北京：商务印书馆，2016.
[42] 雷通群．西洋教育通史 [M]．北京：东方出版社，2007.
[43] 吴式颖．外国教育思想通史（十卷本）[M]．长沙：湖南教育出版社，2002.
[44] 弗里曼·伯茨．西方教育文化史 [M]．王凤玉，译．济南：山东教育出版社，2013.
[45] 亨利马鲁．古典教育史（希腊卷）[M]．龚觅，孟玉秋，译．上海：华东师范大学出版社，2017.
[46] 亨利马鲁．古典教育史（罗马卷）[M]．王晓侠，龚觅，孟玉秋，译．上海：华东师范大学出版社，2017.
[47] 葛怀恩．古罗马的教育 [M]．北京：华夏出版社，2015.
[48] 艾伦·科班．中世纪大学：发展与组织 [M]．周常明，王晓宇，译．济南：山东教育出版社，2013.
[49] 格莱夫斯．中世教育史 [M]．吴康，译．上海：华东师范大学出版社，2005.
[50] 伍德沃德．文艺复兴时期的教育研究 [M]．赵卫平，赵花兰，译．济南：

山东大学出版社，2013.

[51] 安迪格林. 教育与国家形成——英法美教育体系之比较 [M]. 王春华，译. 北京：教育科学出版社，2004.

[52] 奥尔德里奇. 简明英国教育史 [M]. 李洪绪，译. 北京：人民教育出版社，1987.

[53] 韦恩·厄本. 美国教育：一部历史档案 [M]. 周晟，谢爱磊，译. 北京：中国人民大学出版社，2009.

[54] 鲍尔生. 德国教育史 [M]. 滕大春，滕大生，译. 北京：人民教育出版社，1986.

[55] 陆有铨. 躁动的百年：20 世纪的教育历程 [M]. 济南：山东教育出版社，1997.

[56] 克雷明. 学校的变革 [M]. 单中惠，马晓斌，译. 济南：山东教育出版社，2013.

[57] 沃特拉斯. 20 世纪美国教育中的哲学冲突 [M]. 王璞，於荣，译. 合肥：安徽教育出版社，2011.

[58] 安迪格林. 教育、全球化与民族国家 [M]. 朱旭东，徐卫红，等译. 北京：教育科学出版社，2004.

[59] 艾格勒·贝奇，多米尼克·朱利亚. 西方儿童史 [M]. 申华明，译. 北京：商务印书馆，2016.

[60] 彼得伯克. 知识社会史 [M]. 陈志宏，等译. 杭州：浙江大学出版社，2016.

郑重声明

高等教育出版社依法对本书享有专有出版权。任何未经许可的复制、销售行为均违反《中华人民共和国著作权法》，其行为人将承担相应的民事责任和行政责任；构成犯罪的，将被依法追究刑事责任。为了维护市场秩序，保护读者的合法权益，避免读者误用盗版书造成不良后果，我社将配合行政执法部门和司法机关对违法犯罪的单位和个人进行严厉打击。社会各界人士如发现上述侵权行为，希望及时举报，我社将奖励举报有功人员。

反盗版举报电话　（010）58581999　58582371

反盗版举报邮箱　dd@hep.com.cn

通信地址　北京市西城区德外大街4号　高等教育出版社法律事务部

邮政编码　100120